Chronik 2002

Der vollständige Jahresrückblick
in Wort und Bild,
Übersichten und Vergleichen

Chronik Verlag

VORWORT

Liebe Chronik-Leserinnen und Chronik-Leser,

das Jahr 2002 wird vermutlich zukünftigen Betrachtern als das historisch bedeutsame Jahr der Einführung der europäischen Einheitswährung in Erinnerung bleiben. Wir selbst – die unmittelbar Beteiligten des vergangenen Jahres – tun uns mit einer solch historischen Perspektive eher schwer.

Die Einführung des Euro in zwölf Staaten der Europäischen Union wurde gewiß als bahnbrechendes und mit vielen Hoffnungen verbundenes Ereignis empfunden. Aber sehr schnell ging das Jahr 2002 zur »Tagesordnung« über. Die allgemeine Enttäuschung über angebliche oder tatsächliche Preiserhöhungen, die weiter andauernde weltweite wirtschaftliche Abwärtsentwicklung, die hohe deutsche Arbeitslosenquote und besonders die verunsichernde Diskussion um die zukünftige Stabilität unserer Altersversorgung zeichneten ein eher düsteres innenpolitisches Stimmungsbild Deutschlands. Selbst die Bundestagswahl mit der für viele Beobachter überraschenden Wiederwahl von Bundeskanzler Schröder brachte keinen dauerhaften Umschwung der öffentlichen Meinung.

Positive Erlebnisse wie das überraschend gute Abschneiden der deutschen Nationalelf bei der Fußball-WM in Japan und Südkorea oder das bewunderungswürdige Ausmaß an privater und öffentlicher Solidarität und Hilfsbereitschaft bei der Bewältigung der »Jahrhundertflut« gerieten schnell in Vergessenheit. Zumal sich außenpolitisch weltweit das große Thema »Kampf dem Terror« wie ein roter Faden durch das Jahr zog. Besonders die Bombenattentate in Djerba, auf Bali und in Kenia, die mehrheitlich Urlauber betrafen, hielten die allgemeine Angst vor dem Terror wach. Der drohende Krieg mit dem Irak und die weiterhin explosive Situation in den Palästinagebieten boten dazu die bedrückende »Begleitmusik«.

War es nun ein schlechtes Jahr 2002, müssen wir in kollektiven Trübsinn und große Depression verfallen? Wir meinen, nein! Dabei geht es aus unserer Sicht gar nicht so sehr um die Frage, ob wir Deutsche gerade mal wieder unsere Lust am »Selbstmitleid« ausleben. Ob eine Flasche halb leer oder halb voll ist, ist wohl nur psychologisch interessant. Wichtiger erscheint uns, relativ klar erkennen zu können, welchen Füllungsgrad die Flasche hat, um in diesem Bild zu bleiben.

Es geht also nicht um Schönfärberei oder Schwarzmalerei. Wichtiges ist von Unwichtigem zu trennen, schnellem Informationskonsum ist die distanzierte, nachhaltige Betrachtung vorzuziehen. Keine Darstellung kann dabei aber wirklich vollständig sein, keine Einordnung und Bewertung absolut gültig.

Dies ist unser Arbeitsfeld und, wie wir auch glauben, unsere bewährte Stärke. Wir sammeln Berichte aus aller Welt, ordnen, vergleichen und beschreiben. Wir fixieren Ereignisse des Jahres und machen sie so verfügbar für unsere gemeinsame Erinnerung. Bleiben dabei aber nicht bei der reinen Darstellung stehen, sondern ergänzen um Hintergrundinformationen und Spezialerklärungen. Das Bild des Jahres bleibt dauerhaft präsent. Der Chronik-Leser kann so immer wieder mit den unterschiedlichsten Zeitabständen das Jahr 2002 Revue passieren lassen. Die individuelle Bewertung des Jahres wird sich so vermutlich bei jeder Auseinandersetzung leicht verändern.

Wir sind davon überzeugt, dass es uns auch in diesem Jahr gelungen ist, der Marke Chronik im Sinne von Transparenz, Lesbarkeit und Objektivität gerecht zu werden. Aber nichts ist perfekt! Wir freuen uns über jede Anregung aus Ihrem Kreis, damit der »Jahresrückblick 2003« noch besser und lesefreundlicher ausfällt.

Mit den besten Wünschen

Ihr

Detlef Wienecke
Verlagsleitung Chronik

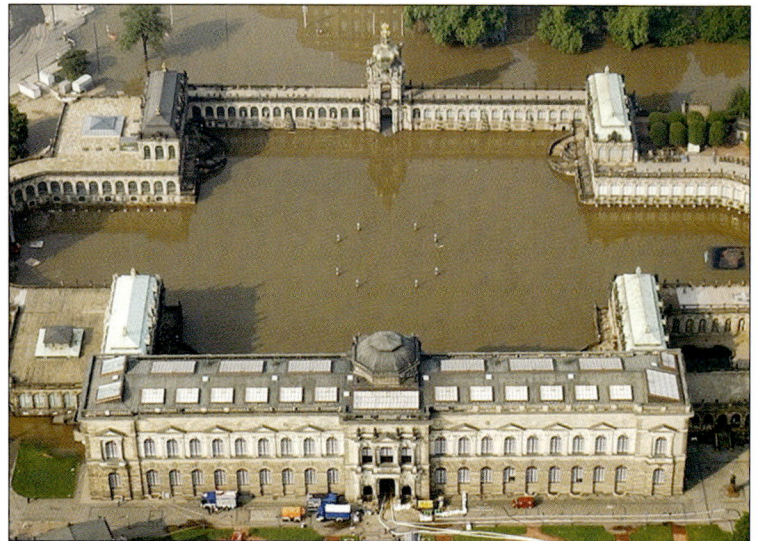
Die Jahrhundertflut in Sachsen trifft auch Dresden: Der weltberühmte Zwinger und andere historische Gebäude stehen zeitweilig unter Wasser.

Der niederländische Kronprinz Willem Alexander heiratet seine Máxima.

Zum 1. Januar gibt's eine neue Währung, den viel geschmähten Euro.

Michael Schumacher (r.) in der Formel-1-WM vor Rubens Barrichello

Sie bleiben Partner: Nach dem knappen Wahlerfolg besiegeln Gerhard Schröder und Joschka Fischer die Fortsetzung der rot-grünen Koalition.

INHALT

Trost für Kahn nach der Niederlage im WM-Finale gegen Brasilien

Trauer um die Opfer: Zwei Flugzeuge kollidieren in Bodenseenähe.

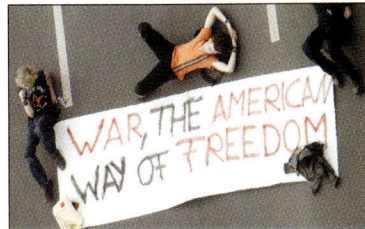

Die USA bereiten sich auf einen Krieg gegen den Irak vor – nicht ohne Proteste.

Der Terror richtet sich gegen Touristenzentren: Gebet für die Opfer auf Bali.

DEUTSCHLAND

EUROPA

NAHER OSTEN

AFRIKA

AMERIKA

ASIEN

WIRTSCHAFT

WISSENSCHAFT UND UMWELT

KULTUR UND MEDIEN

SPORT

KATASTROPHEN UND UNGLÜCKSFÄLLE

ANHANG

1. Januar, Neujahr

Frankfurt am Main: In zwölf Ländern Europas beginnt die Ausgabe der Euro-Banknoten und -Münzen. → S. 5

Berlin: Mit dem Jahreswechsel treten in Deutschland zahlreiche Gesetzesänderungen in Kraft. → S. 7

Buenos Aires: Der Peronist Eduardo Duhalde wird zum Präsidenten von Argentinien gewählt. → S. 12

PERSON DES MONATS

Pat Cox

Der irische Fraktionschef der Liberalen wird am 15. Januar zum Präsidenten des Europäischen Parlaments gewählt. Mit Cox hat erstmals seit zwölf Jahren wieder ein Mitglied einer kleinen Partei den Präsidentensessel in Straßburg inne.

2. Januar, Mittwoch

Wilhelmshaven: Einheiten der Bundesmarine laufen im Rahmen des internationalen Anti-Terror-Einsatzes in Richtung Horn von Afrika aus. → S. 11

Mainz: Im ZDF läuft Dieter Wedels »Die Affäre Semmeling« an. → S. 14

3. Januar, Donnerstag

Düsseldorf: Das Landgericht untersagt dem Textilfilialisten C & A eine Rabattaktion zum Euro-Start. → S. 5

4. Januar, Freitag

Kabul: Eine Übereinkunft mit der afghanischen Regierung ermöglicht die Stationierung der International Security Assistance Force (ISAF). → S. 10

5. Januar, Samstag

Tampa: Im US-Bundesstaat Florida rast ein 15-Jähriger mit einer gestohlenen Cessna 172 in den 28. Stock des Hochhauses der Bank of America. Nach einer von dem Todespiloten hinterlassenen schriftlichen Notiz hat er aus Sympathie mit dem Terrorführer Osama bin Laden gehandelt.

6. Januar, Sonntag

Bischofshofen: Als erster Skispringer gewinnt der Deutsche Sven Hannawald alle vier Wettbewerbe der Vierschanzentournee. → S. 15

7. Januar, Montag

Kabul: Der britische Premier Tony Blair trifft als erster Regierungschef der Anti-Terror-Koalition zu einem Besuch in Afghanistan ein (→ 4.1./S. 10).

8. Januar, Dienstag

Tallinn: Estlands Ministerpräsident Mart Laar tritt wegen Problemen in seinem Mitte-Rechts-Kabinett zurück. Am 28. Januar wird eine Minderheitsregierung unter Premier Siim Kallas vereidigt.

9. Januar, Mittwoch

Rafah: Bei einem Palästinenser-Überfall auf einen israelischen Militärstützpunkt an der Grenze zum Gasastreifen werden sechs Menschen getötet. Als Vergeltung zerstört die israelische Armee die Rollbahn des Flughafens von Gasa (→ 1.4./S. 36).

10. Januar, Donnerstag

Berlin: Bundespräsident Johannes Rau mahnt nach dem schlechten Abschneiden deutscher Schüler in der internationalen Lernstudie Pisa Reformen im Bildungssystem an. → S. 15

11. Januar, Freitag

Magdeburg: Nach dem Verzicht von CDU-Chefin Angela Merkel wird der CSU-Vorsitzende Edmund Stoiber Kanzlerkandidat der Union. → S. 7

Guantanamo: Auf dem kubanischen US-Marinestützpunkt treffen die ersten 20 Taliban- und Al-Qaida-Gefangenen aus Afghanistan ein. → S. 11

12. Januar, Samstag

Islamabad: Pakistans Präsident Pervez Musharraf verbietet zwei Muslimgruppierungen, die von Indien für den Anschlag auf das Parlament in Neu-Delhi am 13. Dezember 2001 verantwortlich gemacht werden.

13. Januar, Sonntag

Berlin: Mit einer Subventionierung von Niedriglöhnen nach dem sog. Mainzer Kombilohn-Modell sollen Langzeitarbeitslose und Sozialhilfeempfänger wieder in den Arbeitsmarkt eingegliedert werden, beschließt der SPD-Bundesvorstand.

14. Januar, Montag

Wien: Die Freiheitliche Partei Österreichs (FPÖ) beginnt ein einwöchiges Volksbegehren gegen den Betrieb des grenznahen tschechischen Atommeilers Temelin. 15,5 % der knapp 5,9 Mio. Stimmberechtigten befürworten das Vorhaben der Partei von Jörg Haider, den EU-Beitritt Tschechiens zu blockieren, sollte der Reaktor nicht abgeschaltet werden.

15. Januar, Dienstag

Karlsruhe: Das Bundesverfassungsgericht erlaubt muslimischen Metzgern in Deutschland unter bestimmten Bedingungen das »Schächten« von Schlachttieren. → S. 12

16. Januar, Mittwoch

Nikosia: Die Führer der griechischen und türkischen Volksgruppen auf Zypern nehmen Gespräche auf. → S. 13

Sydney: Die Feuerwehr hat die im Südwesten von Australien tobenden Buschfeuer gelöscht. → S. 13

17. Januar, Donnerstag

Berlin: Das Abgeordnetenhaus wählt einen Senat aus SPD und PDS. → S. 8

Goma: Ein Vulkanausbruch im Osten des Kongo treibt ca. 350 000 Menschen in die Flucht. → S. 9

18. Januar, Freitag

Ramallah: Die israelische Armee besetzt große Teile der Stadt und umstellt das Hauptquartier von Palästinenserpräsident Jasir Arafat mit Panzern.

SPRUCH DES MONATS

»Die Enten sind hinten fett.«
Bundeskanzler Gerhard Schröder will am 11. Januar in der SPD-Bundestagsfraktion angesichts magerer Umfragezahlen für Rot-Grün mit diesem Sprichwort deutlich machen, dass erst am Wahltag im September abgerechnet wird.

19. Januar, Samstag

Düsseldorf: Das Bundeskartellamt untersagt die Übernahme der Ruhrgas AG durch den Energiekonzern E.ON.

20. Januar, Sonntag

Mainz: Das ZDF startet die philosophische Diskussionssendung »Im Glashaus« → S. 14

21. Januar, Montag

Berlin: Die Grünen ziehen erstmals mit einem Spitzenkandidaten in den Bundestagswahlkampf. → S. 8

22. Januar, Dienstag

Karlsruhe: Das Bundesverfassungsgericht hebt wegen der sog. V-Mann-Affäre die mündlichen Verhandlungstermine im NPD-Verbotsverfahren auf. → S. 6

Moskau: Der unabhängige Fernsehsender TW-6 muss sein Programm einstellen. → S. 13

Paris: Der Couturier Yves Saint Laurent verabschiedet sich von der Modeszene. → S. 14

23. Januar, Mittwoch

Houston: Kenneth Lay tritt als Vorstandschef der insolventen Energiehandelsfirma Enron zurück. → S. 12

24. Januar, Donnerstag

Assisi: Zu einer Koalition für den Frieden rufen die Teilnehmer eines interreligiösen Gebetstreffens auf. → S. 13

25. Januar, Freitag

Porto: Die deutsche Fußball-Nationalelf trifft in der Qualifikation für die Europameisterschaft 2004 auf Schottland, Island, Litauen und die Färöer-Inseln. Dies ergibt die Auslosung.

26. Januar, Samstag

Vandenberg: Die USA testen erstmals eine Raketenabwehr auf See.

27. Januar, Sonntag

Lagos: Nach dem Brand eines Munitionslagers finden mehr als 1000 Menschen den Tod. → S. 9

Melbourne: Der schwedische Tennisprofi Thomas Johansson gewinnt die Australian Open. → S. 15

28. Januar, Montag

Antananarivo: Auf Madagaskar demonstrieren die Anhänger des Oppositionskandidaten Marc Ravalomanana für die Anerkennung seines Sieges bei der Präsidentenwahl. → S. 9

Stockholm: Die schwedische Schriftstellerin Astrid Lindgren stirbt im Alter von 94 Jahren. → S. 14

29. Januar, Dienstag

Karlsruhe: Regierung und Opposition legen vorerst den Streit um die Finanzierung von 73 Airbus-Transportern für die Bundeswehr bei. → S. 6

30. Januar, Mittwoch

Berlin: Der Bundestag erlaubt den Import embryonaler Stammzellen unter strengen Auflagen (→ 25.4./S. 41).

31. Januar, Donnerstag

Washington: In einem Gespräch mit US-Präsident George W. Bush sichert der deutsche Bundeskanzler Gerhard Schröder (SPD) einen längerfristigen deutschen Einsatz in Afghanistan zu.

Der Euro krönt europäisches Einigungswerk

Die Ausgabe der Euro-Banknoten und -Münzen in zwölf Ländern Europas vollendet die 1999 eingeleitete Währungsunion.

Fast 306 Mio. Menschen zahlen nun mit dem Euro. Er gilt in Belgien, Deutschland, Finnland, Frankreich, Griechenland, Irland, Italien, Luxemburg, den Niederlanden, Österreich, Portugal und Spanien. Auch in Martinique und Saint-Pierre-et-Miquelon, San Marino, Andorra, Vatikanstadt und Monaco kann man mit der Gemeinschaftswährung bezahlen. Drei Länder der EU – Dänemark, Schweden und Großbritannien – nehmen nicht an der 1991 beschlossenen Europäischen Wirtschafts- und Währungsunion teil.

Als erste bekommen die 700 000 Einwohner der südöstlich von Afrika gelegenen Insel La Réunion das neue Geld. Das französische Übersee-Departement gibt den Euro wegen der Zeitverschiebung schon drei Stunden früher aus. Es folgen die Griechen und Finnen um 23.00 Uhr MEZ. Fast überall vollzieht sich die größte Währungsumstellung der Geschichte problemlos.

Deutschland verabschiedet sich nach mehr als 53 Jahren von der DM – seit der Währungsreform im Juni

Feuerwerk zum Start in die neue Währung an der Euro-Skulptur vor der Europäischen Zentralbank in Frankfurt

1948 das Symbol wirtschaftlichen Aufschwungs und finanzpolitischer Stabilität. Einzelhandel und Kreditinstitute nehmen noch bis zum 28. Februar 2002 DM an und geben als Wechselgeld Euro heraus. Danach tauschen nur noch die Landeszentralbanken und ihre Zweigstellen.

Allerdings vollzieht sich die Abkehr von der DM rascher als erwartet.

Schon nach wenigen Tagen wird überwiegend in Euro bezahlt, trotz langer Wartefristen drängen sich in den Schalterhallen der Banken und Sparkassen umtauschwillige DM-Besitzer.

Debatte um den »Teuro« und die »gefühlte Inflation«

Nachdem der Anfangstrubel um den Euro vorbei ist, häufen sich die Klagen der Verbraucher über massive Preissteigerungen.

Das Landgericht Düsseldorf stoppt am 3. Januar eine Rabattaktion der Bekleidungskette C & A zum Euro-Start. Die Firma darf bei bargeldloser Zahlung weder Sonderrabatt gewähren noch damit werben. C & A hatte damit Reklame gemacht, seinen Kunden in der ersten Januar-Woche bei Zahlung per Karte 20 % Rabatt zu geben.

Aber nicht nur juristisch sieht sich C & A – wie andere Einzelhändler – mit Klagen konfrontiert: Hersteller und Geschäfte hätten – so der Vorwurf von Verbraucherschützern – Waren schon im Sommer 2001 verteuert, um sie mit

der Euro-Umstellung demonstrativ senken zu können. Das Wort vom »Teuro« macht bald die Runde.

Im Prinzip werden die Preise durch die Währungsunion nicht direkt beeinflusst, sondern – mit dem seit Anfang 1999 geltenden Kurs von 1,95583 DM – wertgleich umgerechnet. Weil dadurch aber meist krumme Werte entstehen, werden die Preise geglättet.

Dominic Brenninkmeyer von C & A. Er weist den Vorwurf zurück, die Firma habe vor der Rabattaktion die Preise angehoben. Vielmehr wollte C & A mit dem Nachlass für Kartenzahler Schlangen an den Kassen vermeiden.

Zwar steigen laut amtlicher Statistik die Preise nicht ungewöhnlich stark an, doch nach einer im Mai veröffentlichten Umfrage empfinden rd. 85 % der Deutschen bei Obst und Gemüse sowie in der Gastronomie deutliche Preisanhebungen. Etwa drei Viertel vermuten dies bei Backwaren, Fleisch, Wurst oder Käse. Auf entsprechende Kritik erklären Handel und Gastronomie, dies sei allenfalls ein psychologisches Phänomen.

Diese »gefühlte Inflation« ist nach Erkenntnissen des Kölner Instituts der deutschen Wirtschaft (IW) aber kein Hirngespinst. Zwar ist der amtlich errechnete Mittelwert der Preise nur moderat gestiegen, aber viele der Güter, welche die Verbraucher täglich einkaufen, seien massiv teurer geworden.

22. JANUAR

V-Mann-Affäre stoppt NPD-Verbot

Die Enttarnung eines Belastungszeugen als V-Mann des Verfassungsschutzes bringt das Verbotsverfahren gegen die Nationaldemokratische Partei Deutschlands (NPD) vor dem Bundesverfassungsgericht vorerst zum Stillstand.

Der Zweite Senat hebt die für Februar angesetzten Termine der mündlichen Verhandlung auf. Der Grund: Ein Zeuge hat sich nachträglich als Mitarbeiter des Verfassungsschutzes entpuppt: »Äußerungen dieser Anhörungsperson sind von den Antragstellern mehrfach als Beleg für die Verfassungswidrigkeit der Antragsgegnerin angeführt worden.«

Bei dem Zeugen handelt es sich um Wolfgang Frenz, ein langjähriges Mitglied des NPD-Bundesvorstandes, der bis 1995 auch V-Mann des nordrheinwestfälischen Verfassungsschutzes war. Insgesamt sind 14 Rechtsextremisten als »Auskunftspersonen« zur mündlichen Verhandlung geladen.

Als bis Mitte Februar insgesamt neun V-Leute bekannt werden, die in den Verbotsanträgen genannt sind, wird der Fall endgültig juristisch problematisch. Denkbar ist immerhin, dass der Verfassungsschutz seine Informanten bewusst zu verfassungsfeindlichen Äußerungen angestachelt hat, um ein Verbot zu erwirken.

Voraussichtlich Anfang 2003 will das Gericht entscheiden, ob das Verfahren fortgesetzt wird.

△ Bundesinnenminister Otto Schily (SPD) gerät wegen mangelnder Information des Karlsruher Gerichts heftig in die Kritik. Nach der Enttarnung von V-Männern des Verfassungsschutzes im NPD-Verbotsverfahren fordern die Unionsparteien seinen Rücktritt. Schily will aber keine personellen Konsequenzen ziehen, weder in Bezug auf sich selbst noch auf die für Informationspannen verantwortlichen Mitarbeiter im Innenministerium.

◁ Horst Mahler, einst APO-Aktivist, heute NPD-Anwalt. Die 1964 gegründete Partei hat rd. 6500 Mitglieder.

Doppelrolle für Vertrauensleute

Nachrichtendienste und Polizei halten den Einsatz von V-Leuten (V steht für Vertrauen) trotz diverser Pannen und Skandale für unverzichtbar. V-Männer sind keine als »verdeckte Ermittler« arbeitenden Sicherheitsbeamte, sondern Mitglieder aus den jeweiligen Strukturen der organisierten Kriminalität oder des politischen Extremismus.

Sie erklären sich zu einer geheimen Kooperation mit den Sicherheitsbehörden bereit und werden entweder in die entsprechenden Gruppierungen eingeschleust oder waren dort bereits zuvor Mitglieder. Die V-Leute sollen dann direkte, sonst unzugängliche Informationen aus dem »Innenleben« der überwachten Organisation sammeln.

Der Einsatz von »Vertrauensleuten und Gewährspersonen« ist in den entsprechenden Bundes- und Landesgesetzen vorgesehen und wurde sowohl durch das Bundesverfassungsgericht als auch durch den Bundesgerichtshof und die Oberlandesgerichte anerkannt.

Wegen gleichwohl bestehender schwer wiegender Bedenken ist die Zusammenarbeit mit V-Leuten genau geregelt. Dazu gehört, dass nach den Richtlinien des Verfassungsschutzes V-Leute weder die Zielsetzung noch die Tätigkeit des Beobachtungsobjekts entscheidend mitbestimmen dürfen.

29. JANUAR

Rot-Grün setzt Airbus-Kauf im Bundestag durch

Der Streit um das Geld für 73 Airbus-Militärflugzeuge bringt Verteidigungsminister Rudolf Scharping (SPD) in Bedrängnis.

Der Konflikt zwischen Regierung und Opposition vor dem Bundesverfassungsgericht wird beigelegt. Die Fraktionen von Union und FDP ziehen ihre Anträge auf eine einstweilige Verfügung zurück. Zuvor hat Scharping erklärt, die Regierung werde das Etatrecht des Bundestages achten und Aus-

Der Transporter A 400 M soll voraussichtlich ab 2008 die Transall ablösen.

gabeverpflichtungen für die Beschaffung der Maschinen vom Typ A 400 M auf die im Etat 2002 vorgesehenen 5,1 Mrd. € begrenzen.

Bei dem Streit geht es nicht so sehr um den Kauf im Rahmen des von acht Staaten in Auftrag gegebenen Rüstungsprojekts, sondern um die Frage, ob Scharping 73 Maschinen bestellen kann, obwohl das vorgesehene Geld nur für 40 Flugzeuge ausreicht. Die ausstehenden 3,5 Mrd. € sollen nach dem Willen der rot-grünen Koalition in den Haushalt 2003 übernommen werden, um einen Nachtragsetat zu vermeiden.

11. JANUAR

Stoiber soll Union zum Wahlsieg führen

Zum zweiten Mal nach Franz Josef Strauß 1980 wird ein CSU-Politiker gemeinsamer Kanzlerkandidat der Unionsparteien.

CDU-Chefin Angela Merkel zieht im Kandidatenrennen den Kürzeren und verzichtet zu Gunsten des bayerischen Ministerpräsidenten und CSU-Vorsitzenden Edmund Stoiber. Auf einer CDU-Vorstandsklausur in Magdeburg – das Tagungshotel heißt ausgerechnet »Herrenkrug« – begründet Merkel den Entschluss mit den mutmaßlich größeren Siegchancen Stoibers gegen Bundeskanzler Gerhard Schröder (SPD) bei der Wahl am → 22. September (S. 88). Vorangegangen war ein gemeinsames Frühstück im Hause Stoiber in Wolfratshausen.

Noch im November 2000 hatte Stoiber auf einem CSU-Parteitag eine Kanzlerkandidatur für sich ausgeschlossen. Dennoch spitzte sich im Laufe des Jahres 2001 die unions-interne Debatte auf ein Duell zwischen Merkel und Stoiber zu. Nach dem Wahldebakel der CDU im Oktober 2001 in Berlin geriet der verabredete Zeitplan, erst im Frühjahr 2002 einen Kandidaten zu benennen, ins Wanken. Führende Unionspolitiker forderten eine raschere Entscheidung.

Nachdem die »Süddeutsche Zeitung« berichtet hatte, alle wichtigen CDU-Landeschefs bis auf Jürgen Rüttgers aus Nordrhein-Westfalen hätten sich für Stoibers Kandidatur ausgesprochen, erklärte Merkel am 5. Januar in der »Welt am Sonntag« erstmals öffentlich, sie sei zu einer Kandidatur be-

Angela Merkel und Edmund Stoiber zeigen sich in demonstrativer Einigkeit.

reit. Daraufhin bekundete auch Stoiber offen sein Interesse.

Stoiber, seit 1993 bayerischer Ministerpräsident und seit 1999 auch CSU-Chef, strebt nach einem Erfolg bei der Bundestagswahl eine Koalition mit der FDP an. Er kündigt u.a. an, er wolle die Ökosteuer nicht weiter erhöhen und den Atomausstieg rückgängig machen. In einem Positionspapier zur Wirtschaftspolitik plädiert die CSU für ein Programm 3 mal 40: Die Höchstsätze bei Einkommensteuer, Sozialabgaben und Staatsquote sollen jeweils unter die Marke von 40 % gedrückt werden.

Das Wahlkampf-Hauptquartier der Unionsparteien wird im Berliner Kon-

rad-Adenauer-Haus angesiedelt. Der frühere Chefredakteur der »Bild am Sonntag«, Michael Spreng, wird zum Medien-Verantwortlichen des Kandidaten ernannt.

In ein »Kompetenzteam«, das nach dem erhofften Wahlsieg für Regierungsämter bereit steht, beruft Stoiber in den nächsten Monaten neben frischen Kräften, wie der 28 Jahre alten Brandenburgerin Katherina Reiche – unverheiratet und allein erziehende Mutter (Jugend und Familie) –, auch altgediente Unionspolitiker, darunter Wolfgang Schäuble. Der frühere Partei- und Fraktionschef der CDU vertritt die Bereiche Außen-, Sicherheits- und Europapolitik.

Bayerns Innenminister Günther Beckstein (CSU) holt Edmund Stoiber als ausgewiesenen Experten für Innen- und Sicherheitspolitik in sein Team.

Lothar Späth (CDU), scheidender Chef des Technologiekonzerns Jenoptik, soll für Wirtschaft, Arbeit und Aufbau Ost zuständig sein.

Der stellvertretende CSU-Chef und frühere Bundesgesundheitsminister Horst Seehofer ist als Minister für Gesundheit und Soziales eingeplant.

1. JANUAR

2002: Nicht nur der Euro ist neu

Auf Bürger und Unternehmen kommen 2002 viele gesetzliche Änderungen zu.

Altersvorsorge: Vermehrt gefördert wird die private Altersvorsorge. Wer für den Ruhestand spart, den belohnt der Staat mit Zulagen und Steuererleichterungen.

Krankenversicherung: Kassenversicherte können ihre Kasse jederzeit mit einer Frist von zwei Kalendermonaten zum Monatsende kündigen, müssen sich an die neue Kasse dann aber 18 Monate binden. Erhöht die Kasse die Beiträge, hat der Versicherte ein verkürztes Sonderkündigungsrecht.

Arbeitsmarkt: Aus den bisherigen 630-DM-Jobs werden 325-€-Jobs. Im Rahmen des Job-Aqtiv-Gesetzes zur beschleunigten Vermittlung von Arbeitslosen werden viele Neuerungen wirksam. Zeitarbeitsfirmen können ihre Beschäftigten künftig 24 Monate (bisher zwölf) ausleihen.

Innere Sicherheit: Das zweite sog. Anti-Terror-Paket ändert Sicherheitsbestimmungen in etwa 100 Gesetzen. Die Kompetenzen der Geheimdienste werden erweitert, ausländerrechtliche Bestimmungen verschärft und Ausweisungen erleichtert.

Steuerreform: Aktionäre versteuern künftig nur die Hälfte der Ausschüttung, dies aber mit dem vollen Steuersatz. Spekulationsgewinne aus dem Verkauf von Aktien, die kürzer als ein Jahr gehalten wurden, werden ebenfalls zur Hälfte besteuert. Erlöse aus der Veräußerung von Kapitalbeteiligungen werden steuerfrei.

Ökosteuer: Durch die vierte von fünf Stufen der Ökosteuer wird die Abgabe um 3,07 Cent je Liter Kraftstoff und um 0,26 Cent je Kilowattstunde Strom angehoben.

Tabak- und Versicherungssteuer: Um die Terrorismusbekämpfung zu finanzieren, werden die Tabaksteuer um einen Cent je Zigarette erhöht und die Versicherungssteuer von 15 auf 16 % angehoben.

Leistungen für die Familie: Das Kindergeld wird für die ersten beiden Kinder auf 154 € im Monat erhöht. Dieser Betrag gilt auch für das dritte Kind, für alle weiteren gibt es 179 €. Pro Kind gilt ein Steuerfreibetrag von 5808 €, der Betreuung, Erziehung und Ausbildung abdeckt.

17. JANUAR

Rot-roter Senat regiert in Berlin

Das Berliner Abgeordnetenhaus wählt einen Senat aus SPD und PDS.

Klaus Wowereit (SPD) bleibt Regierungschef, sein Stellvertreter und Wirtschaftssenator wird der PDS-Politiker Gregor Gysi. Beide müssen Gegenstimmen aus dem eigenen Lager hinnehmen: Für Wowereit stimmen 74 Abgeordnete, für Gysi sogar nur 70. Nominell haben SPD und PDS 77 Stimmen, eine SPD-Abgeordnete fehlt an diesem Tag wegen Krankheit.

SPD-Landeschef Peter Strieder wird erst im zweiten Wahlgang mit 75 Stimmen als Senator für Stadtentwicklung gewählt. Zuvor hatte er sich Kritik von den SPD-Frauen und Ost-Abgeordneten anhören müssen, die sich im Senat unzureichend repräsentiert sehen. Die SPD besetzt fünf, die PDS nur drei statt der erhofften vier Ressorts (→ 26.7./S. 69).

Neue Regierungspartner in Berlin: Klaus Wowereit (l.) und Gregor Gysi

RÜCKBLICK

Ampel wurde auf Rot umgeschaltet

Am 6. Juni 2001 hatte die SPD nach gut zehn Jahren das Bündnis mit der CDU u. a. wegen der Krise der Bankgesellschaft aufgekündigt. Zehn Tage später wählte das Abgeordnetenhaus mit den Stimmen von SPD, PDS und Grünen den SPD-Fraktionschef Klaus Wowereit als Nachfolger von Eberhard Diepgen (CDU) zum Regierenden Bürgermeister. Er bildete einen rot-grünen Senat.

Bei der Neuwahl zum Abgeordnetenhaus am 21. Oktober 2001 erreichte die SPD 29,7 %, die CDU kam auf 23,8 %, die PDS auf 22,6 % der Stimmen. Zunächst nahm die SPD Gespräche mit der FDP (9,9 %) und den Grünen (9,1 %) über eine »Ampelkoalition« auf, die aber am 4. Dezember scheiterten. Daraufhin verhandelte die SPD mit der PDS – mit Erfolg: Am 7. Januar 2002 einigte man sich – nach einer Verständigung über die nötige Haushaltskonsolidierung und Einsparungen im Personalbereich – auf ein Bündnis.

21. JANUAR

Grüne setzen Joschka Fischer an die Spitze

Bündnis 90/Die Grünen legen sich erstmals in ihrer 22-jährigen Parteigeschichte auf einen Spitzenkandidaten für den anstehenden Bundestagswahlkampf (→ 22.9./S. 88) fest.

Die Bündnisgrünen wollen auf Beschluss des Parteirats mit Bundesaußenminister Joschka Fischer als alleinigem Spitzenkandidaten in den Wahlkampf ziehen. Er wird unterstützt von einem Spitzenteam mit sechs Mitgliedern, dem neben den Parteivorsitzenden Claudia Roth und Fritz Kuhn die Fraktionschefs Kerstin Müller und Rezzo Schlauch, Verbraucherschutzministerin Renate Künast und Umweltminister Jürgen Trittin angehören. Bei der Kandidatenkür in den Wahlkreisen scheitern in den folgenden Wochen viele Prominente.

Nicht auf der Landesliste abgesichert: Grünen-Politiker Hans-Christian Ströbele (→ S. 90), Andrea Fischer, Oswald Metzger, Angelika Beer (→ 8.12./S. 120)

Früher Sponti, heute Außenminister: Joschka Fischer soll die Grünen bei der Bundestagswahl zum Erfolg führen.

17. JANUAR

Vulkanausbruch im Kongo

Ein Vulkanausbruch bei Goma im Osten des Kongo treibt rd. 350 000 Menschen in die Flucht.

Der bis zu 300 m breite Lavastrom des Nyiragongo teilt die Stadt Goma nahe der Grenze zu Ruanda in zwei Hälften. Außerdem werden 14 Dörfer zerstört. Mindestens 45 Menschen kommen ums Leben. Der 3470 m hohe Nyiragongo am Ufer des Kivu-Sees gilt als der aktivste Vulkan Afrikas. Im 10 km entfernten Goma leben wegen des Völkermordes in Ruanda 1994 und des Bürgerkrieges im Kongo immer noch Hunderttausende Flüchtlinge.

Ein Kongolese schiebt sein Fahrrad durch die zerstörte Stadt, nachdem der Regen die Lava gehärtet hat; die Stadt Goma ist in zwei Teile zerschnitten (r.).

27. JANUAR

Über 1000 Tote in Lagos

Der Brand eines Munitionslagers löst in der nigerianischen Stadt Lagos eine Katastrophe aus.

Durch ein Feuer auf einem Straßenmarkt im Stadtteil Ikeja gerät ein Munitionslager in Brand und explodiert. In der folgenden Panik finden mehr als 1000 Menschen den Tod. Die meisten Opfer ertrinken, als sie auf der Flucht vor Bomben und Granaten von der Straße in die Kanäle der Stadt abgedrängt werden, viele Leichen werden auch aus den im weiten Umkreis um den Explosionsort zerstörten Häusern geborgen.

Aufbahrung von nicht-identifizierten Opfern nach der Katastrophe von Lagos

28. JANUAR

Protest auf Madagaskar

Der Streit um den Ausgang der Präsidentenwahl auf Madagaskar am 16. Dezember 2001 eskaliert.

Hunderttausende folgen dem Aufruf des Oppositionskandidaten Marc Ravalomanana zum Streik für die Anerkennung seines Wahlsieges und gegen den amtierenden Staatschef Didier Ratsiraka. Am 22. Februar ruft sich Ravalomanana zum neuen Präsidenten aus und ist am Ende der Sieger: Das Verfassungsgericht in Antananarivo erklärt ihn am 29. April nach einer erneuten Auszählung mit 51,46 % der Stimmen zum Staatsoberhaupt.

Herausforderer Marc Ravalomanana

Amtsinhaber Didier Ratsiraka

4. JANUAR

Einsatz in Afghanistan

Der Weg zur Stationierung der Internationalen Schutztruppe in Afghanistan ist frei. Die Sicherheitslage dort bleibt allerdings prekär.

In Kabul unterzeichnen der afghanische Innenminister Junus Quanuni und der britische Kommandeur John McColl ein Abkommen über die Stationierung von bis zu 5000 Mann der International Security Assistance Force (ISAF). Die Soldaten sollen die Sicherheit der Hauptstadt gewährleisten.

Die Situation im Lande ist nicht nur wegen der immer noch kämpfenden Einheiten der Taliban und der Terrororganisation Al-Qaida brisant, sondern auch wegen wieder aufflammender Rivalitäten lokaler Warlords, ethnischer Probleme, dem sich verzögernden Aufbau einer nationalen Armee und der desolaten Finanzlage der Interimsregierung von Hamid Karsai.

Am 3. Januar beginnt im Osten Afghanistans eine groß angelegte Suchaktion nach Taliban-Chef Mullah Mohammed Omar. Er bleibt jedoch ebenso verschwunden wie Al-Qaida-Anführer Osama bin Laden. Gefasst werden außer einigen Ministern der früheren Taliban-Regierung, darunter Ex-Außenminister Wakil Ahmed Mutawakil und der frühere Botschafter in Pakistan, Abdul Salam Saif, nur wenige Al-Qaida-Größen.

Nach US-Angaben werden vom 7. Oktober 2001 bis Ende Januar 2002 nicht weniger als 18 000 Bomben auf Afghanistan abgeworfen. Bei Angriffen auf vermutete Stellungen von Al-Qaida in der ostafghanischen Grenzregion kommen Anfang Januar mindestens 52 Dorfbewohner ums Leben. Am 4. Januar fällt der erste US-Soldat im Kampfeinsatz, weitere Verluste verzeichnet die US-Armee u. a. bei mehreren Hubschrauberabstürzen.

Am 2. März eröffnen im Osten des Landes afghanische Streitkräfte und US-Verbände eine der bisher größten Offensiven. Die »Operation Anaconda«, an der auch deutsche Soldaten des Kommandos Spezialkräfte (KSK) beteiligt sind und bei der lasergesteuerte Thermobomben zum Einsatz kommen, wird am 13. März von der US-Armee für erfolgreich beendet erklärt. Demnach sind das Tal von Scha-i-Kot und strategisch wichtige Ortschaften vollständig erobert worden.

Am 6. März kommen bei einem Unfall auf einem Sprengplatz in Kabul zwei Angehörige der Bundeswehr und drei dänische Soldaten ums Leben. Das Unglück ereignet sich beim Entschärfen einer SA 3-Flugabwehrrakete russischer Bauart. Nach ersten Untersuchungen haben Fehlverhalten und mangelnde Ausbildung zu dem Unglück geführt.

In verschiedenen Provinzen kommt es in den ersten Monaten des Jahres zu Auseinandersetzungen zwischen lokalen Kriegsfürsten, u. a. in der ostafghanischen Provinz Paktia und im Norden in Masar-i-Sharif.

Am 14. Februar wird der Minister für Luftverkehr und Tourismus, Abdul Rahman, auf dem Rollfeld des Kabuler Flughafen getötet. Nachdem es zunächst geheißen hatte, eine Menge von Mekka-Pilgern, die über die Verspätung von Flügen nach Saudi-Arabien empört gewesen seien, habe den Minister spontan angegriffen und ihn schließlich gelyncht, erklärt Karsai am 15. Februar, es habe sich um einen Mordanschlag gehandelt. Anfang April vereiteln die afghanischen Behörden nach eigenen Angaben einen Umsturzversuch gegen die Übergangsregierung.

Am 21. und 22. Januar findet in Tokio eine Geberkonferenz statt, an der rd. 60 Länder und mehr als 20 regierungsunabhängige Organisationen teilnehmen. Sie wollen für Afghanistan umgerechnet 5,1 Mrd. € an Hilfsgeldern bereitstellen, von denen 40 % noch im Jahr 2002 ausgezahlt werden sollen. Deutschland sagt bis zum Jahr 2005 rd. 320 Mio. € zu.

Interimspremier Karsai wirbt im Januar und Februar bei Besuchen in China, den USA, Pakistan, im Iran und in Frankreich um politische und wirtschaftliche Unterstützung für sein Land, auch Russland verspricht eine Beteiligung am Wiederaufbau. Am 13. März kommt Karsai für drei Tage nach Deutschland, das neben finanzieller Hilfe u. a. Unterstützung beim Aufbau der Polizei zusagt.

Von den etwa 5 Mio. Afghanen, die nach einer Schätzung der UNHCR in den über 20 Jahren des Bürgerkrieges außer Landes geflohen sind, kehrten seit dem Sturz der Taliban über 200 000 in ihr Land zurück. Der frühere König Mohammed Sahir Schah setzt am 18. April nach 29 Jahren im italienischen Exil seinen Fuß wieder auf heimischen Boden (→ 13.6./S. 60).

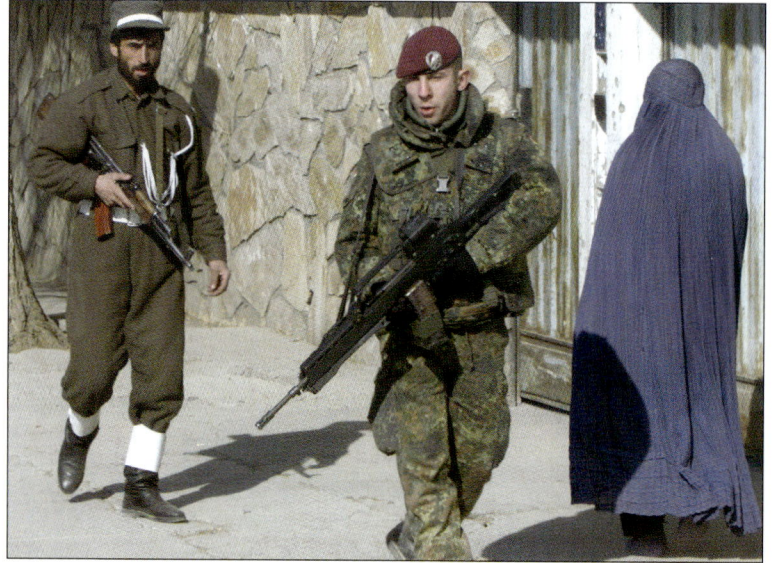

Ein Bundeswehrsoldat und ein afghanischer Polizist auf Streife in Kabul; im Februar sind Patrouillen der Friedenstruppe ISAF Ziel von Feuerüberfällen.

Nur mühsam normalisiert sich das Leben in der Hauptstadt Kabul, die während des jahrelangen Bürgerkrieges immer wieder von Angriffen heimgesucht wurde.

Am 15. Januar besuchen in Kabul über 10 000 Mädchen erstmals seit fünf Jahren wieder eine Schule. Die Taliban hatten ihnen jede Schulbildung verwehrt.

US-Außenminister Colin Powell versichert bei einer Kurzvisite in Kabul am 17. Januar die Regierung von Hamid Karsai (l.) des Beistands der USA.

Ex-König Mohammed Sahir Schah (l.) mit seinem Enkel Mohammed Sahir (r.), dazwischen Kandahars Gouverneur Gul Aga Sherzai und Sohn Ahmed

Schwer bepackte US-Soldaten gehen auf dem Flughafen Bagram an Bord eines Chinook-Hubschraubers. Ihr Ziel ist der Osten von Afghanistan.

2. JANUAR

Zwei deutsche Versorger im Sueskanal; die Bundesmarine soll die Seewege sichern und den Waffenhandel, vor allem nach Somalia, unterbinden.

Bundeswehr mit dabei

Der Einsatz der Bundeswehr am Horn von Afrika beginnt.

Ein aus sieben Schiffen bestehender Verband der Bundesmarine – darunter die Fregatten »Bayern«, »Köln« und »Emden« – verlässt Wilhelmshaven mit Ziel Dschibuti. Ferner werden fünf Schnellboote auf Transportschiffe verladen, die gleichfalls nach Ostafrika auslaufen. Zur deutschen Beteiligung an der Anti-Terror-Operation »Enduring Freedom« zählen neben dem Flotteneinsatz und der Entsendung von bis zu 1200 Soldaten nach Afghanistan auch 170 ABC-Abwehrkräfte in Kuwait, Marineflieger in Kenia und AWACS-Einsätze in den USA.

11. JANUAR

USA inhaftieren Taliban auf Kuba

Die US-Armee setzt erste Gefangene aus Afghanistan in ihrer Militärbasis Guantanamo auf Kuba fest.

Die Zahl höherrangiger Taliban- und Al-Qaida-Mitglieder auf Kuba steigt bis Ende Februar auf etwa 300 an. Die USA betrachten sie nicht als Kriegsgefangene gemäß Genfer Konvention, sondern sehen sie als Verbrecher, Terroristen und irreguläre Kämpfer an.

Nachdem durch die Presse bekannt geworden ist, dass die Männer auf Kuba in Drahtverschlägen mit Metalldächern im Freien und teilweise gefesselt gefangen gehalten werden, wird Kritik von Menschenrechtsorganisationen laut. Am 7. Februar wird daraufhin den Taliban-Kämpfern der Schutz der Genfer Konvention zugebilligt, nicht jedoch den Kämpfern des Terrornetzwerks Al-Qaida.

Ein afghanischer Gefanger im Camp X-Ray in Guantanamo auf Kuba

1. JANUAR

Argentinien droht Zusammenbruch

Der fünfte Staatschef innerhalb von knapp zwei Wochen soll Argentinien aus seiner schweren Wirtschaftskrise herausführen.

Der Kongress in Buenos Aires wählt den Peronisten Eduardo Duhalde mit 262 gegen 21 Stimmen bei 18 Enthaltungen zum Nachfolger des nach einer Woche zurückgetretenen Übergangspräsidenten Adolfo Rodriguez Saá. Duhalde soll das Land bis Dezember 2003 regieren.

Die meisten Minister in der am 3. Januar vereidigten Regierung gehören Duhaldes Partei an. Dazu zählt auch Wirtschaftsminister Jorge Remes Lenicov, ein Berater des Präsidenten.

Das Parlament gewährt Duhalde am 5. Januar Sondervollmachten zur Wirtschaftsbelebung. Dieser hebt daraufhin die Eins-zu-Eins-Bindung des Peso an den US-Dollar nach fast elf Jahren auf und wertet die Landeswährung um 29 % ab. Zugleich werden Beschränkungen für das Abheben von Bargeld erlassen. Diese Maßnahme bringt die Menschen wieder zu Tausenden auf die Straße.

Am 20. April werden der Devisenhandel und fast alle Banktransaktionen vorerst gestoppt. Drei Tage später tritt Wirtschaftsminister Lenicov zurück. Bis dahin hat der Peso schon mehr als 65 % an Wert verloren.

Eduardo Duhalde (r.) empfängt die Glückwünsche des übergangsweise als Staatschef amtierenden Parlamentspräsidenten Eduardo Camaño.

Lauter Protest gegen die Umwandlung von Dollar- in Peso-Guthaben

Gläubiger wollen Reformen sehen

Im Dezember 2001 stellte Argentinien – einst ein wirtschaftlicher Vorzeigestaat – den Schuldendienst auf einen Teil seiner Verbindlichkeiten ein. Daraufhin stoppte der Internationale Währungsfonds (IWF) vorerst seine Kredite und Finanzhilfen für das Land.

Das mit 141 Mrd. US-Dollar verschuldete Argentinien steckt seit 1998 in einer Rezession. Fast die Hälfte der Bevölkerung lebt unterhalb der Armutsgrenze, fast jeder Vierte ist arbeitslos.

Unter Präsident Eduardo Duhalde verschärft sich die Krise noch: Seine Regierung kann einen Mitte April 2002 fälligen Weltbankkredit über 800 Mio. US-Dollar nicht bezahlen und muss mehrfach um Verlängerung bitten. Als Voraussetzung für neue Gelder fordert der IWF u. a. eine Konsolidierung der Provinzhaushalte sowie eine Reform der Staatsverwaltung und verlangt von der Regierung langfristige Reformperspektiven für Staat und Wirtschaft.

Für die Argentinier spitzt sich die Lage weiter zu: Etwa 1,4 Mio. Sparer, die US-Dollar auf ihrem Bankkonto angelegt hatten, müssen im Januar ihre US-Währung unfreiwillig gegen einen um rd. 65 % abgewerteten Peso eintauschen.

15. JANUAR

Schächten wieder erlaubt

Nach jahrelangem Verbot dürfen muslimische Metzger in Deutschland Schlachttieren wieder ohne Betäubung die Kehle durchschneiden.

Das umstrittene »Schächten« oder Ausbluten ist allerdings nur dann erlaubt, wenn die Fleischer zu einer Religionsgemeinschaft gehören, welche diese Schlachtmethode zwingend vorschreibt. Dabei blutet das unbetäubte Tier nach einem Messerschnitt in Halsschlagader und Luftröhre aus.

Der Hessische Verwaltungsgerichtshof (VGH) in Kassel hatte unter Hinweis auf das Tierschutzgesetz die erforderliche Ausnahmegenehmigung versagt. Das Bundesverfassungsgericht in Karlsruhe gibt nun aber der Klage eines deutsch-türkischen Metzgers aus dem Raum Gießen statt. Er gehört einer strengen sunnitischen Glaubensrichtung an und sieht sich durch das Schächt-Verbot in seiner Religionsfreiheit und der Freiheit der Berufsausübung verletzt.

Heftiger Widerspruch kommt vom Deutschen Tierschutzbund. »Das Grundrecht der Berufsfreiheit darf nicht mehr wert sein als die Schmerzen und Leiden der Tiere«, erklärt Verbandspräsident Wolfgang Apel. Die Karlsruher Entscheidung belebt zugleich die Diskussion um die Aufnahme des Tierschutzes in das Grundgesetz (→ 17.5./S. 54).

23. JANUAR

Pleitekonzern Enron

Der Zusammenbruch des Energiehandelskonzerns Enron, des – nach Börsenwert – einst siebtgrößten Unternehmens der USA, ist die größte Pleite in der Geschichte des Landes.

Kenneth Lay – in den 90er Jahren als Vorzeige-Unternehmer gefeiert – tritt als Chairman und Chief Executive Officer (CEO) von Enron zurück. Er hatte im Juli 1985 die Firmen Houston Natural Gas und Internorth zu Enron verschmolzen. Zehn Jahre später war Enron die weltweit wichtigste Handelsplattform für Energieprodukte.

Der Abstieg begann, als Anfang 2001 Jeffrey Skilling und Andy Fastow zum Vorstands- bzw. Finanzchef ernannt wurden. Durch eine Reihe dubioser Transaktionen brachten sie das Unternehmen in Schieflage und nahmen im August bzw. Oktober 2001 ihren Hut. Lay kehrte an die Spitze zurück. Vergeblich: Tausende von Mitarbeitern wurden entlassen und büßten Pensionsansprüche ein. Am 2. Dezember 2001 stellte Enron Antrag auf Gläubigerschutz.

Politisch brisant wird die Pleite durch die engen Kontakte Lays zur Bush-Administration sowie durch die Entdeckung, dass Mitarbeiter der Wirtschaftsprüfungsgesellschaft Arthur Andersen in großem Umfang Akten und Bilanzunterlagen von Enron vernichtet haben.

16. JANUAR

Feuer bedroht Sydney

Löscharbeiten in Pymble, einem nördlichen Vorort von Sydney; die Feuerwehrmänner arbeiten tagelang bis an den Rand der Erschöpfung.

Die seit Jahren heftigsten Buschfeuer in der Region um die australische Metropole Sydney sind nach drei Wochen besiegt.

Heftige Winde und Regenfälle haben viele der noch lodernden Brände im Bundesstaat New South Wales gelöscht. Die Flammenwalze im Südwesten Australiens hatte zu Neujahr die Vororte im Nordwesten der Hafenmetropole erreicht. Es wird befürchtet, dass dort mehrere Tierarten durch das Feuer ausgerottet sein könnten. Bis zu 20 000 Männer und Frauen kämpften gegen die Feuerwalze an.

Bis Mitte Januar wurden mehr als 25 Menschen – die meisten von ihnen Jugendliche – wegen des Verdachts auf Brandstiftung zeitweilig festgenommen. Die Region war zuletzt Weihnachten 1994 von einem ähnlich schweren Feuer heimgesucht worden. Damals starben vier Menschen.

24. JANUAR

Nein zur Gewalt im Namen Gottes

Die Teilnehmer eines interreligiösen Gebetstreffens in Assisi legen ein leidenschaftliches Bekenntnis zu Frieden und Gerechtigkeit in der Welt ab.

Papst Johannes Paul II. und Vertreter von zwölf Weltreligionen rufen zu einer weltweiten Koalition für Frieden und Versöhnung auf. In Gebeten und kurzen Ansprachen wenden sie sich gegen jeden Versuch, Gewalt durch Religion zu rechtfertigen. Zugleich fordern sie gerechtere internationale Strukturen. In einer zusammenwachsenden Welt, so heißt es in der zehn Punkte umfassenden Schlusserklärung, könnten Sicherheit, Freiheit und Frieden nicht durch Gewalt, sondern nur durch gegenseitiges Vertrauen garantiert werden.

Der 81-jährige Papst Johannes Paul II. und die Religionsvertreter in der Franziskusbasilika in Assisi

16. JANUAR

Wieder Zypern-Gespräche

Griechen und Türken auf Zypern sprechen über ihre Zukunft.

Die Führer der griechischen und türkischen Volksgruppen auf Zypern, Glafkos Klerides und Rauf Denktasch, treffen sich in Nikosia zu den ersten direkten Gesprächen über eine Wiedervereinigung der seit 1974 in einen griechischen und einen international nicht anerkannten türkischen Teil getrennten Insel.

Rauf Denktasch (l.) und Glafkos Klerides vor Gesprächsbeginn

22. JANUAR

Meinungsfreiheit in Gefahr

Russlands letzter unabhängiger Fernsehsender muss schließen.

Der einzige landesweit empfangbare unabhängige Fernsehsender stellt um Mitternacht sein Programm ein. TW-6 gehört zu 75 % dem Medienmogul Boris Beresowski, einem Gegner von Präsident Wladimir Putin. Am 12. Januar bestätigte das Oberste Schiedsgericht die Schließung des Senders wegen hoher Schulden.

TW-6-Chef Jewgeni Kisseljow (2. v. l.) und seine empörten Mitarbeiter

28. JANUAR

Trauer um Astrid Lindgren

Astrid Lindgren, der Welt bekannteste Kinderbuchautorin, ist tot.

Die schwedische Schriftstellerin stirbt im Alter von 94 Jahren in Stockholm. Die in ihrem letzten Jahrzehnt erblindete Autorin ist die Schöpferin von Büchern wie »Pippi Langstrumpf« (1945), »Meisterdetektiv Kalle Blomquist« (1950), »Wir Kinder aus Bullerbü« (1954), »Karlsson vom Dach« (1956), »Michel in der Suppenschüssel« (1964)«, »Die Brüder Löwenherz« (1974) und »Ronja Räubertochter« (1982). Neben vielen anderen Auszeichnungen erhielt sie 1978 den Friedenspreis des Deutschen Buchhandels und 1994 den Alternativen Nobelpreis.

Lindgren kam am 14. November 1907 auf Näs bei Vimmerby in Smaland zur Welt. Die Geschichten um Pippi Langstrumpf entstanden 1945, als ihre grippekranke Tochter immer neue Abenteuer hören wollte.

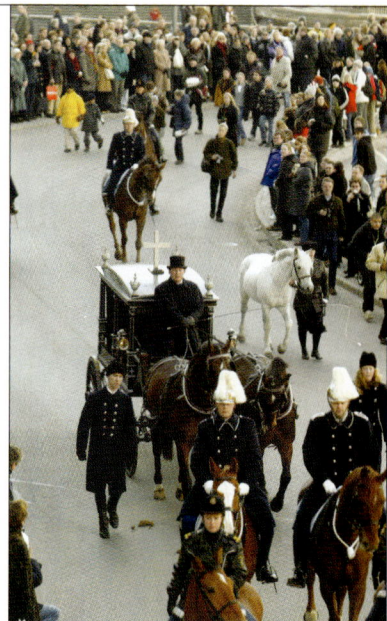

Astrid Lindgren bei einer Preisverleihung; der Trauerzug mit dem Sarg der verstorbenen Autorin führt am 8. März durch die Straßen von Stockholm.

22. JANUAR

Yves Saint Laurent geht

Einer der wichtigsten Couturiers des 20. Jahrhunderts nimmt Abschied.

Yves Saint Laurent beendet 65jährig nach über 40 Berufsjahren seine große Karriere und sagt mit einem fast 90-minütigen Defilee der Modewelt Adieu. Fast 2000 Gäste sind zur Abschiedsgala in das Pariser Centre Pompidou gekommen.

Zusammen mit Coco Chanel, Christian Dior und Hubert de Givenchy hat Saint Laurent jahrzehntelang die Trends geprägt; er kreierte u. a. das gerade geschnittene Jackett und den ersten Smoking für die Frau. Als erster Pariser Modeschöpfer brachte er 1966 eine eigene, erfolgreiche Prêt-à-porter-Kollektion auf den Markt.

Saint Laurent umrahmt von Catherine Deneuve (r.) und Laetitia Casta

20. JANUAR

Philosophisches Quartett

Fünf Wochen nach der letzten Ausgabe des »Literarischen Quartetts« startet das ZDF eine Art »Philosophisches Quartett«.

»Im Glashaus« wollen Peter Sloterdijk und Rüdiger Safranski künftig sechsmal pro Jahr mit jeweils zwei Gästen eine – laut ZDF-Ankündigung – »ebenso amüsante wie geistreiche Denk-Reise« auf der »Suche nach dem Wesen der Dinge« antreten. Zum Auftakt sprechen sie mit Bergsteiger Reinhold Messner und Pfarrer Friedrich Schorlemmer über das immer wieder aktuelle Thema »Angst«.

Die Diskutanten im ersten »Glashaus«

2. JANUAR

»Affäre Semmeling«

Weniger Resonanz als erhofft hat Dieter Wedels TV-Sechsteiler »Die Affäre Semmeling« über Behördensumpf und Parteienfilz.

Im Durchschnitt sehen 5,59 Mio. Zuschauer die mit rd. 13,5 Mio. € teuerste deutsche TV-Produktion aller Zeiten. Wedel holt nach 30 Jahren die »Semmelings« Antje Hagen und Fritz Lichtenhahn (aus »Einmal im Leben«) wieder vor die Kamera, gemeinsam mit aktuellen TV-Stars wie Stefan Kurt, Mario Adorf, Heiner Lauterbach, Heinz Hoenig, Robert Atzorn und Heike Makatsch.

Stefan Kurt (l.) und Heinz Hoenig

10. JANUAR

Pisa offenbart Bildungsdefizite

Die Debatte um die für Deutschland unbefriedigenden Ergebnisse der Pisa-Studie rückt die Bildungspolitik ins Blickfeld des Interesses.

»Wir geben zu wenig Geld für unsere Grundschulen aus«, betont Bundespräsident Johannes Rau beim Forum Bildung in Berlin und wiederholt damit einen zentralen Befund der Lernleistungsstudie Pisa (Programme for international Students Assesments).

Die im Auftrag der OECD in 32 Ländern durchgeführte Studie hatte im Dezember 2001 verdeutlicht, dass die Lese-, Mathematik- und naturwissenschaftlichen Fähigkeiten deutscher Schüler weit unter dem Durchschnitt liegen. Kritik übt Rau an den zu großen Klassenstärken in deutschen Grundschulen und er plädiert für mehr Ganztagsschulen.

Im Mai einigen sich die Kultusminister der 16 Bundesländer in Eisenach erstaunlich rasch auf erste Reformpläne. Dazu zählen u. a. regelmäßige landesweite Leistungstests und bundesweit gültige Bildungsstandards für Schüler bestimmter Klassenstufen.

Mitte Juni wird vorab bekannt, dass beim innerdeutschen Pisa-Vergleich Bayern vor Baden-Württemberg sowie Sachsen und Rheinland-Pfalz liegt. Die letzten Plätze belegen Bremen, Sachsen-Anhalt und das Saarland. CDU und CSU werten dies als Beleg für eine höhere Bildungskompetenz der Union.

KMK-Vorsitzende Schipanski

Vierfach-Triumph für Hannawald

Der Deutsche Sven Hannawald gewinnt mit einem nie da gewesenen Siegeszug die Vierschanzentournee und schreibt damit Sportgeschichte.

Der 27-Jährige aus Hinterzarten, der seine sportliche Laufbahn einst als Kombinierer in Johanngeorgenstadt im Erzgebirge begann, siegt auch beim letzten Springen auf der Paul-Außerleitner-Schanze in Bischofshofen. Erstmals in der 50-jährigen Geschichte der deutsch-österreichischen Springertournee hat ein Athlet auf allen vier Schanzen gewonnen.

In Bischofshofen siegt Hannawald mit Schanzenrekord von 139 sowie 131,5 m und liegt mit 282,9 Punkten vor dem Finnen Matti Hautamäki (280,4) und Martin Höllwarth aus Österreich (274,2). Nach den vorangegangenen Siegen in Oberstdorf, Garmisch-Partenkirchen und Innsbruck liegt Hannawald in der Gesamtwertung mit der höchsten je erreichten Zahl von 1077,6 Punkten überlegen vor Hautamäki (1021,0 Punkte) und Höllwarth (1015,8) sowie dem im Weltcup führenden Polen Adam Malysz (992,8).

Hannawald ist der zehnte deutsche Gewinner der Vierschanzentournee. Zuletzt hatte 1996 Jens Weißflog gesiegt, der damit nach 1984, 1985 und 1991 als Einziger zum vierten Mal den Gesamtsieg feiern konnte.

Seit 1953 haben Skisprungasse aus aller Welt den Vierfach-Triumph angepeilt, insgesamt 15 Springer schafften immerhin je drei Siege bei einer Tournee. Österreichs Cheftrainer Toni Innauer – der selbst nie eine Tournee gewinnen konnte – ordnet das Ereignis so ein: »Er hat etwas Einzigartiges geschafft, woran 50 Jahre die weltbesten Skispringer gescheitert sind. Damit ist er zur lebenden Legende geworden.«

Für Hannawald – Skiflug-Weltmeister 2000 und zweimaliger Team-Weltmeister im Skispringen – zahlt sich der Ruhm auch in klingender Münze aus: Er gewinnt ein Preisgeld von 331 000 € und kassiert zusätzlich Prämien von seinen Ausrüstern und Sponsoren.

Mit gut 110 000 Besuchern verbuchte die Tournee einen bisher nicht gekannten Zuschauerzuspruch. Allein am Schlusstag bejubeln 35 000 Menschen – darunter die Hälfte aus Deutschland – den ersten »Grand Slam« des Skispringens.

6. JANUAR

Der deutsche Bundestrainer Reinhard Heß zieht im Auslauf – stellvertretend für die gesamte Skisprung-Welt – vor Sven Hannawald den Hut.

27. JANUAR

Johansson gelingt Überraschungssieg

Ein Außenseiter und eine Titelverteidigerin sind die Sieger bei den Australian Open in Melbourne.

Der schwedische Tennisprofi Thomas Johansson holt sich seinen ersten Grand-Slam-Titel. Der Außenseiter bezwingt den Russen Marat Safin 3:6, 6:4, 6:4, 7:6 (7:4). Safin verpasst damit seinen zweiten Grand-Slam-Erfolg nach dem Gewinn der US Open 2000.

Im Finale der Frauen setzt sich die US-amerikanische Titelverteidigerin Jennifer Capriati bei brütender Hitze trotz 0:4-Rückstand im zweiten Satz mit 4:6, 7:6 (9:7) und 6:2 gegen Martina Hingis aus der Schweiz durch. Bei der Wiederholung ihres Vorjahressieges gegen dieselbe Gegnerin wehrt Capriati sogar vier Matchbälle ab.

Mit Siegespokal: Jennifer Capriati

Freut sich: Thomas Johansson

■ **1. Februar, Freitag**
Berlin: Der Bundesrat lässt das Gesetz zum Atomausstieg passieren. Nach dem sog. Atomkonsens soll ca. 2021 das letzte der 19 deutschen Kernkraftwerke vom Netz gehen.

■ **2. Februar, Samstag**
Amsterdam: Der niederländische Kronprinz Willem-Alexander heiratet Máxima Zorreguieta. → S. 21

■ **3. Februar, Sonntag**
Stockholm: Schwedens Handballer werden mit 33:31 n. V. gegen Deutschland zum vierten Mal Europameister. → S. 22

■ **4. Februar, Montag**
Nürnberg: Die Bundesanstalt für Arbeit und ihr Präsident Bernhard Jagoda geraten wegen fehlerhafter Vermittlungsstatistiken unter Druck. → S. 17

■ **5. Februar, Dienstag**
Göttingen: Mit seinem Buch »Im Krebsgang« löst Günter Grass eine Debatte um Flüchtlinge und Vertriebene aus. → S. 22

PERSON DES MONATS

Dana Horakova
wird am 6. Februar als Hamburgs Kultursenatorin vereidigt. Bis zur Benennung der parteilosen Journalistin, die zuletzt für »Bild« und »Bild am Sonntag« arbeitete, war der Posten 84 Tage vakant.

■ **6. Februar, Mittwoch**
London: Mit Salutschüssen gedenken die Briten der Thronbesteigung von Königin Elisabeth II. vor 50 Jahren (→ 4.6./S. 59).

■ **7. Februar, Donnerstag**
Frankfurt am Main: Der Präsident der Europäischen Zentralbank (EZB), Wim Duisenberg, kündigt für den 9. Juli 2003 sein vorzeitiges Ausscheiden aus dem Amt an.

■ **8. Februar, Freitag**
Salt Lake City: US-Präsident George W. Bush eröffnet die XIX. Olympischen Winterspiele. → S. 23

■ **9. Februar, Samstag**
Ottawa: Die Finanzminister und Notenbankchefs der sieben führenden Industrienationen erwarten für die Euro-Länder 2002 ein Wirtschaftswachstum von mindestens 1,2 %.

■ **10. Februar, Sonntag**
Berscheba: Bei einem Feuerüberfall am Eingang der Militärbasis in der südisraelischen Stadt werden zwei Frauen getötet. Die beiden Angreifer werden erschossen.

■ **11. Februar, Montag**
Karlsruhe: In einer Stellungnahme zum NPD-Verbotsverfahren versichern Bundesregierung, Bundestag und Bundesrat, dass die bisher enttarnten V-Leute keine steuernde Einflussnahme auf die NPD ausgeübt hätten (→ 22.1./S. 6).

■ **12. Februar, Dienstag**
Brüssel: Deutschland und Portugal werden wegen ihrer schlechten Haushaltslage nun doch nicht von der EU-Kommission per »Blauem Brief« abgemahnt. → S. 17

Den Haag: Das UN-Kriegsverbrechertribunal eröffnet den Prozess gegen den früheren jugoslawischen Präsidenten Slobodan Milosevic. → S. 19

New York: Das UN-Protokoll gegen den Einsatz von Kindersoldaten tritt in Kraft. → S. 20

■ **13. Februar, Mittwoch**
Wiesbaden: Der Hessische Staatsgerichtshof erklärt die Landtagswahl vom 7. Februar 1999 für gültig, obwohl die CDU ihren siegreichen Wahlkampf zum Teil mit Schwarzgeld finanziert hat.

Kaiserslautern: Die deutsche Fußball-Nationalelf gewinnt 7:1 gegen eine Auswahl Israels.

■ **14. Februar, Donnerstag**
Manama: Der arabische Golfstaat Bahrain wird von einem Emirat in eine konstitutionelle Monarchie umgewandelt.

■ **15. Februar, Freitag**
Peking: China schiebt 24 US-Anhänger der verbotenen Falun-Gong-Bewegung in ihre Heimat ab. Sie waren am Vortag festgenommen worden.

■ **16. Februar, Samstag**
Berlin: Der frühere Regierende Bürgermeister Eberhard Diepgen tritt nach 18 Jahren als Vorsitzender der Berliner CDU zurück. Zuvor ist er auf der Vertreterversammlung mit dem Versuch gescheitert, auf Platz eins der CDU-Landesliste für die Bundestagswahl gewählt zu werden.

■ **17. Februar, Sonntag**
Berlin: Zwei Filme werden mit dem Goldenen Bären als Hauptpreis der 52. Internationalen Filmfestspiele ausgezeichnet. → S. 22

■ **18. Februar, Montag**
München: Hamburgs Innensenator Ronald Schill gibt das – ihn von Drogenvorwürfen entlastende – Ergebnis einer Haarprobe bekannt. → S. 18

SPRUCH DES MONATS

»Wir waren siegesgeiler als die Bayern.«
Holger Stanislawski, Kapitän des FC St. Pauli, am 6. Februar nach dem sensationellen 2:1 seiner Elf gegen den Deutschen Meister und Champions-League-Sieger FC Bayern München

---

Karlsruhe: Alleinerziehende reichen vor dem Bundesverfassungsgericht Klage gegen den Abbau von Steuervorteilen ein. → S. 18

■ **19. Februar, Dienstag**
Freising: Ein schwer bewaffneter Amokläufer tötet in Eching und Freising drei Menschen und nimmt sich anschließend das Leben.

■ **20. Februar, Mittwoch**
Kairo: Das schwerste Zugunglück in der Geschichte Ägyptens kostet 373 Menschenleben. → S. 21

■ **21. Februar, Donnerstag**
New York: Der in Karatschi entführte US-Journalist Daniel Pearl ist ermordet worden. Dies bestätigen die US-Regierung und das »Wall Street Journal«, für das Pearl als Korrespondent arbeitete. → S. 20

■ **22. Februar, Freitag**
Berlin: Der rheinland-pfälzische Sozialminister Florian Gerster (SPD) wird Chef der Bundesanstalt für Arbeit (→ 4.2./S. 17).

Luanda: Bei einem Gefecht mit angolanischen Regierungstruppen fällt Jonas Savimbi, der Chef der UNITA-Rebellen. → S. 20

Kiel: Die blinde Sängerin Corinna May siegt bei der deutschen Vorentscheidung zum Schlager-Grand-Prix (→ 25.5./S. 55).

■ **23. Februar, Samstag**
Berlin: Bundesverkehrsminister Kurt Bodewig (SPD) gibt die Verteilung der Bundesmittel für die geplanten Magnetbahnstrecken bekannt: Nordrhein-Westfalen soll für den Transrapid Dortmund–Düsseldorf 1,7 Mrd. € bekommen, Bayern für die Flughafenanbindung des Münchner Hauptbahnhofs 550 Mio. €.

Berlin: Der renovierte »Kaisersaal« am Potsdamer Platz wird eröffnet. → S. 21

■ **24. Februar, Sonntag**
Salt Lake City: Zum Abschluss der Olympischen Winterspiele wird der dreifache Olympiasieger Johann Mühlegg (Spanien) als Dopingsünder entlarvt. → S. 23

■ **25. Februar, Montag**
Frankfurt am Main: Bei einem Überfall auf einen Geldtransporter erbeuten drei Männer mehr als 8,6 Mio. €, davon lassen sie 1,485 Mio. € auf der Flucht zurück. Anfang März werden mehrere Verdächtige festgenommen.

■ **26. Februar, Dienstag**
Bonn: Das Bundeskartellamt untersagt der Deutschen Telekom den Verkauf von TV-Kabelnetzen an den US-Konzern Liberty Media. → S. 18

■ **27. Februar, Mittwoch**
Godhra: Bei Auseinandersetzungen zwischen Hindus und Muslimen sterben im indischen Unionsstaat Gujarat 58 Menschen. → S. 20

Bonn: In Deutschland wird erstmals unter ärztlicher Aufsicht Heroin an Schwerstabhängige abgegeben. → S. 18

Los Angeles: Alicia Keys ist die große Gewinnerin der 44. Grammy-Verleihung. → S. 22

■ **28. Februar, Donnerstag**
Berlin: UNO-Generalsekretär Kofi Annan würdigt die Rolle Deutschlands bei der Sicherung des Friedens in der Welt. → S. 18

Berlin: Der Bundestag billigt ein Gesetz über die Gleichstellung von Behinderten. → S. 18

Karlsruhe: Das Bundesverfassungsgericht erklärt in einem Urteil Kindererziehung und Berufstätigkeit für »gleichwertig«. → S. 18

Brüssel: Der EU-Reformkonvent nimmt seine Arbeit auf. → S. 19

4. FEBRUAR

Jagoda stürzt über geschönte Statistiken

Nachdem bekannt geworden ist, dass die Arbeitsämter die Zahl der von ihnen vermittelten Beschäftigungsverhältnisse viel zu hoch angegeben haben, wird eine Reform der Behörde beschlossen.

Der Präsident der Bundesanstalt für Arbeit (BA) in Nürnberg, Bernhard Jagoda, gerät durch eine Analyse des Bundesrechnungshofes massiv unter Druck, nach der Arbeitsämter rd. 70 % der statistisch erfassten Vermittlungen fehlerhaft verbucht haben. Prüfungen in fünf von 181 Ämtern – Bremerhaven, Dortmund, Halle, Frankfurt/Oder und Neuwied – im Oktober 2001 hatten gezeigt, dass die Qualität der Vermittlung weit geringer ist als bislang angenommen.

Am 22. Februar wird Jagoda in den einstweiligen Ruhestand versetzt. Dafür tritt der rheinland-pfälzische Sozialminister Florian Gerster (SPD) an die Spitze eines dreiköpfigen Vorstands der Bundesanstalt, dessen Arbeit von einem neu zu schaffenden Aufsichtsrat kontrolliert werden soll.

Am selben Tag stellen Riester und Bundeskanzler Gerhard Schröder (SPD) einen Zweistufenplan zur Reform der Arbeitsämter vor. Die Arbeitsverwaltung soll künftig nicht mehr wie eine Behörde, sondern als Dienstleister mit privatwirtschaftlichen Führungsstrukturen arbeiten.

△ Walter Riester (r.) und der neue Chef der Bundesanstalt für Arbeit, Florian Gerster (beide SPD). Die angestrebte Reform soll sich an drei Grundsätzen orientieren: Mehr Wettbewerb bei Dienstleistungen, Konzentration auf Kernaufgaben mit der Arbeitsvermittlung als Hauptaufgabengebiet und ein modernes Management.

◁ Bernhard Jagoda ist erst nach längerem Zögern zum Rückzug von seinem Chefposten in Nürnberg bereit.

HINTERGRUND

Rezepte gegen Arbeitslosigkeit

Um die Zahl der Arbeitslosen, die im Januar 2002 auf 4,29 Mio. ansteigt, zu verringern, legen Arbeitgeber, Gewerkschaften und Politiker verschiedene Konzepte vor:

Überstundenabbau: Nach Berechnungen der IG Metall könnten mit dem Abbau von einem Drittel der Überstunden – laut Gewerkschaften fast 1,9 Mrd. pro Jahr – und einem Drittel Freizeitausgleich ca. 700 000 neue Stellen geschaffen werden.

Arbeitszeitverkürzung: Die IG Metall strebt ab 2003 eine schrittweise Reduzierung der Wochenarbeitszeit auf bis zu 28,5 Stunden an, obwohl bisher noch nicht die 35-Stunden-Woche flächendeckend erreicht ist. Dafür gibt es z. B. die flexible Vier-Tage-Woche wie bei VW. Hier kann je nach Bedarf zwischen 28,8 und 38,8 Stunden gearbeitet werden.

Flexible Arbeitszeit: Seit dem 1. Januar 2002 gibt es einen rechtlichen Anspruch auf Teilzeitarbeit. Die Arbeitgeber setzen aber stattdessen mehr auf flexible Instrumente wie Jahres-, Langzeit- und Lebensarbeitszeitkonten.

Flexibilisierung: Die Arbeitgeber erhoffen sich mehr Beschäftigung durch gelockerten Kündigungsschutz, befristete Arbeitsverhältnisse und die Erleichterung der Leiharbeit.

12. FEBRUAR

Kein »blauer Brief« aus Brüssel für Hans Eichel

Die Finanzminister der Europäischen Union fordern Deutschland zu einem strikten Sparkurs auf.

Dank dieser Mahnung bleibt der Bundesregierung der von der EU-Kommission angekündigte »Blaue Brief« zum Haushaltsdefizit erspart. Finanzminister Hans Eichel (SPD) verpflichtet sich im Gegenzug zu strenger Haushaltsdisziplin und versichert, er werde bis 2004 einen nahezu ausgeglichenen Etat vorlegen. Die vereinbarte Höchstgrenze des Staatsdefizits von 3 % des Bruttoinlandsprodukts (BIP) soll nicht überschritten werden.

Keine Rüge für Hans Eichel: Der Minister nach der Sitzung in Brüssel

EU-Währungskommissar Pedro Solbes hatte seine Empfehlung für eine Frühwarnung an Deutschland und Portugal damit begründet, dass in beiden Ländern Zielvorgaben und aktuelle Schätzungen für das Haushaltsdefizit 2001 weit auseinanderklaffen. Während sich Eichel mit dem Hinweis aus Brüssel tröstete, eine solche Rüge sei keineswegs eine Kritik an seiner Sparpolitik, griff Unionskanzlerkandidat Edmund Stoiber (CSU) die Regierung scharf an.

Am 13. November kündigt Solbes doch ein Verfahren an: Für 2002 rechnet die Brüsseler Behörde mit einer deutschen Neuverschuldung von 3,8 % des BIP. 2003 wird das Defizit vermutlich bei 3,1 % liegen.

28. FEBRUAR

Karlsruhe stärkt Rolle der Frau

Das Bild der Hausfrauenehe ist – so das Verfassungsgericht – überholt.

In einem Grundsatzbeschluss betont das Gericht, dass Kindererziehung und Beruf als »gleichwertig« gelten. Die Hausfrauenehe der 50er und 60er Jahre sei einem »Ehebild gewichen, das auf Vereinbarkeit von Beruf und Familie setzt«.

Karlsruhe bestätigt damit die Rechtsprechung des Bundesgerichtshofs (BGH) vom Juni 2001 über den nachehelichen Unterhaltsanspruch Geschiedener. Demnach können Geschiedene, die während der Ehe den Haushalt geführt haben und nach der Scheidung berufstätig geworden sind, mit höherem Unterhalt rechnen. Nach Meinung des BGH müssen bei der Berechnung des Unterhalts auch Einkünfte nach der Scheidung berücksichtigt werden, die »als Ersatz für die bisherige Familienarbeit« angesehen werden können.

18. FEBRUAR

Alleinerziehende reichen Klage ein

Alleinerziehende klagen gegen den Abbau von Steuervorteilen.

Etwa 100 allein erziehende Mütter und Väter reichen in Karlsruhe Verfassungsbeschwerde gegen den Abbau von Steuervorteilen im Zuge der Familienförderung ein. Mit ihrer Initiative beim Bundesverfassungsgericht wenden sie sich dagegen, dass der für Alleinerziehende geltende Haushaltsfreibetrag schrittweise abgebaut werden soll. Unter den Klägern ist auch die Halbschwester von Bundeskanzler Gerhard Schröder (SPD), die in Paderborn lebende Sonderschullehrerin Ilse Brücke.

Der Haushaltsfreibetrag von bislang 2916 € wird durch die neue Familienförderung stufenweise abgeschmolzen – ab 1. Januar 2002 auf 2340 €, 2003 auf 1188 € – und entfällt zum 1. Januar 2005. Dies geht auf ein Urteil des Bundesverfassungsgerichts von 1998 zurück, das Ehepaare mit Kindern gegenüber Alleinerziehenden benachteiligt sah.

28. FEBRUAR

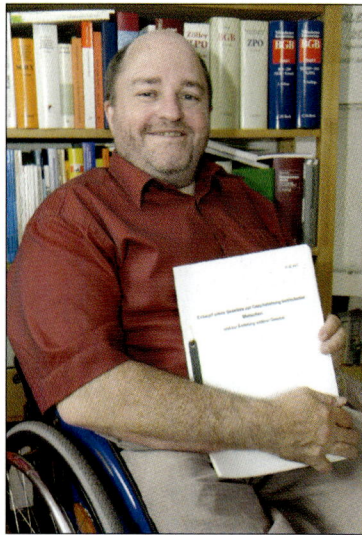

Amtsrichter Andreas Jürgens, selbst Rollstuhlfahrer, ist einer der Urheber des Gleichstellungsgesetzes.

Mehr Rechte für Behinderte

Die Gleichstellung Behinderter findet Eingang ins öffentliche Recht.

Der Bundestag billigt ein Gesetz, mit dem in vielen Bereichen des öffentlichen Lebens Barrierefreiheit hergestellt werden soll, um den rd. 6,6 Mio. schwerbehinderten Menschen in Deutschland umfassenden Zugang zu gewähren. Dazu zählt neben dem Fortfall räumlicher Hindernisse für Rollstuhlfahrer/innen und Gehbehinderte u. a. bessere Kommunikation.

18. FEBRUAR

Ende der Kokain-Debatte

Eine von ihm selbst in Auftrag gegebene Haarprobe entlastet Hamburgs Innensenator Ronald Schill.

Das Institut für Rechtsmedizin in München stellt fest, dass regelmäßiger Drogenkonsum bei Schill ausgeschlossen werden könne. Der Bundes- und Landesvorsitzende der Partei Rechtsstaatlicher Offensive (PRO) wollte mit dem Test die gegen ihn erhobenen Drogenvorwürfe entkräften. Er hatte am 11. Februar eine 16 cm lange Locke zur Drogenanalyse abgegeben.

Der in der Presse gern als »Party-Senator« apostrophierte Ronald Schill

28. FEBRUAR

Gut gelaunt verfolgt Bundesaußenminister Joschka Fischer (im Hintergrund) die Rede von Kofi Annan.

Annan in Berlin: Lob und Appell

Als erster UNO-Generalsekretär spricht Kofi Annan im Bundestag.

Annan würdigt die Rolle Deutschlands bei der Sicherung des Friedens in der Welt und ermuntert die Bundesrepublik, sich noch aktiver an diesem Prozess zu beteiligen und die Ausgaben für die Entwicklungshilfe weiter zu erhöhen. Der seit 1997 amtierende UNO-Generalsekretär plädiert zugleich für eine Verlängerung des UNO-Mandats für Afghanistan.

26. FEBRUAR

Kartellamt stoppt den Kabel-Verkauf

Liberty Media darf das Telekom-TV-Kabelnetz nicht übernehmen.

Das Bundeskartellamt untersagt dem US-Konzern die Übernahme von sechs regionalen Fernsehkabelnetzen der Deutschen Telekom in Ostdeutschland, Bayern, Rheinland-Pfalz, Norddeutschland und Berlin. Es befürchtet eine Verschlechterung des Wettbewerbs. Für 5,5 Mrd. € hatte Liberty Media 60 % der Telekom-Netze übernehmen und für die Verbreitung digitaler Fernsehprogramme nutzen wollen.

Für die Telekom ist die Entscheidung ein Rückschlag: Die Einnahme hatte Telekom-Chef Ron Sommer zum Abtragen des Schuldenbergs seines Unternehmens, 67 Mrd. €, einsetzen wollen. Im März weist die Telekom – zum ersten Mal überhaupt – für ein Geschäftsjahr (2001) rote Zahlen aus. Der Verlust beträgt 3,5 Mrd. €.

27. FEBRUAR

Modellversuch: Heroin auf Rezept

In Deutschland wird offiziell Heroin an Schwerstabhängige abgegeben.

In Bonn eröffnet die erste Heroinambulanz. Im Rahmen einer Studie wird offiziell Heroin an Schwerstabhängige abgegeben. Bonn setzt als erste von sieben Städten das Projekt »Heroingestützte Behandlung Opiatabhängiger« um. Beteiligt sind auch Frankfurt am Main, Hamburg, Hannover, Karlsruhe, Köln und München.

Die Hälfte der Klientel erhält drei Jahre lang bis zu dreimal pro Tag reines Heroin, die übrigen bekommen einmal täglich Methadon. Die Studie soll klären, ob eine heroingestützte Behandlung diese – gesundheitlich stark geschädigten und kaum therapierbaren – Abhängigen besser stabilisiert als die Verabreichung der Ersatzdroge Methadon.

Nach dem im Mai vorgestellten Suchtbericht ist 2001 erstmals seit drei Jahren die Zahl der Drogentoten gesunken. 1835 Menschen starben am Konsum illegaler Drogen.

12. FEBRUAR

Prozess gegen Milosevic wegen Völkermord in Kosovo

Das UN-Kriegsverbrechertribunal in Den Haag eröffnet den Prozess gegen den jugoslawischen Ex-Präsidenten Slobodan Milosevic.

Zum ersten Mal muss sich ein Staatschef vor einem internationalen Gericht unter der Anklage schwerer Verbrechen verantworten. Milosevic, der am 28. Juni 2001 von der serbischen Regierung nach Den Haag ausgeliefert worden war, hat es bis zuletzt abgelehnt, einen Verteidiger zu benennen. Er spricht dem Gericht zudem jede Kompetenz ab, über ihn zu urteilen.

Zunächst wird nur die Kosovo-Anklage behandelt: Milosevic wird beschuldigt, für die Tötung von mindestens 900 und die Vertreibung von 800 000 Kosovo-Albanern zwischen dem 1. Januar 1999 und dem serbischen Abzug aus der Provinz am 20. Juni 1999 verantwortlich zu sein.

Am 1. Februar haben die Richter die Verfahren wegen Völkermords während der Kriege in Kroatien (1991/92; hier u. a. ein Massaker in der ostslawonischen Stadt Vukovar, dem im November 1991 vermutlich über 400 Menschen zum Opfer fielen), Bosnien-Herzegowina (zwischen 1992 und 1995; namentlich das Massaker von Srebrenica, wo seit Juli 1995 rd. 8000 Bewohner der Muslim-Enklave vermisst werden) und Kosovo zusammengelegt. Sie folgten dem Argument der Anklage, wonach Milosevic in allen drei Kriegen jeweils ein gemeinsames Ziel verfolgt habe, nämlich die Schaffung eines großserbischen Reiches nach vorheriger planmäßiger Vertreibung oder Liquidierung von Nichtserben.

Die Schweizer Chefanklägerin Carla Del Ponte bekräftigt, hier stehe »kein Staat und keine Organisation vor Gericht«, sondern der Angeklagte müsse als Person Rechenschaft ablegen »für seine eigenen Taten und für seinen Anteil an den Verbrechen, die ihm zur Last gelegt werden«.

Der einstmals mächtigste Politiker auf dem Balkan ergreift am zweiten Prozesstag erstmals das Wort. Er stellt einmal mehr nicht nur die Rechtmäßigkeit des Gerichts in Frage, sondern weist darauf hin, dass seine »illegale Festnahme« in Belgrad die jugoslawische Verfassung verletzt habe. Im weiteren Verlauf der Verhandlung beschuldigt Milosevic den Westen und das Haager Tribunal, sie hätten vorsätzlich die historischen Fakten verdreht. Als Entlastungsmaterial lässt er – sinnentstellende – Ausschnitte eines Dokumentarfilms des ARD-Magazins »Monitor« über das angeblich von Serben begangene Massaker von Racak vorführen, welches u. a. Anlass für NATO-Luftangriffe war. Am 18. Februar beendet Milosevic seine Verteidigung vorerst mit der Erklärung, nur der Westen sei für die Kriege der 90er Jahre verantwortlich gewesen.

"Тероризам је злочин против човјечности".

△ Slobodan Milosevic hört der Verlesung der Anklage zu. Das Internationale Kriegsverbrechertribunal für das ehemalige Jugoslawien in Den Haag ist im Mai 1993 auf Beschluss des UN-Sicherheitsrats geschaffen worden.

◁ Fahndungsplakate in Bosnien mit Porträts der mutmaßlichen Kriegsverbrecher Ratko Mladic und Radovan Karadjic, die sich bislang der Festnahme entziehen konnten.

28. FEBRUAR

Auftakt zu umfassender EU-Reform

Der EU-Verfassungskonvent nimmt in Brüssel seine Arbeit auf.

Die Staats- und Regierungschefs der Gemeinschaft haben das Gremium am 14./15. Dezember 2001 in Laeken ins Leben gerufen. Unter der Leitung des ehemaligen französischen Präsidenten Valéry Giscard d'Estaing soll der Konvent bis Mitte 2003 eine politische und institutionelle Neugestaltung der supranationalen Organisation vorbereiten, die zugleich die Grundlage für die Osterweiterung der Europäischen Union bildet. Vorrangig geht es um eine bessere Abgrenzung der Zuständigkeiten, die Vereinfachung der Entscheidungsfindung und eine vermehrte demokratische Legitimation und Transparenz der EU-Organe.

Der Konvent hat 105 Mitglieder: Zunächst ein 66-köpfiges sog. Kernteam, das sich aus Giscard als Präsidenten, seinen Stellvertretern – den früheren Regierungschefs von Belgien und Italien, Jean-Luc Dehaene und Giuliano Amato – sowie zwei Vertretern der EU-Kommission, 15 Repräsentanten der nationalen Regierungen (für Deutschland ab September Außenminister Joschka Fischer), 30 Vertretern nationaler Parlamente (der SPD-Bundestagsabgeordnete Jürgen Meyer und Baden-Württembergs Ministerpräsident Erwin Teufel/CDU) und 16 Mitgliedern des Europäischen Parlaments zusammensetzt. Hinzu kommen 13 Regierungs- und 26 Parlamentsvertreter der EU-Anwärter Bulgarien, Estland, Lettland, Litauen, Malta, Polen, Rumänien, Slowakei, Slowenien, Tschechien, Türkei, Ungarn und Zypern.

Das bislang ehrgeizigste EU-Reformprojekt bietet durchaus Konfliktstoff: Die kleinen Staaten wollen eine Übermacht der großen verhindern, diese wiederum – z. B. Deutschland, Frankreich, Spanien oder Großbritannien – fürchten, sie könnten nach der EU-Erweiterung in wichtigen Fragen überstimmt werden.

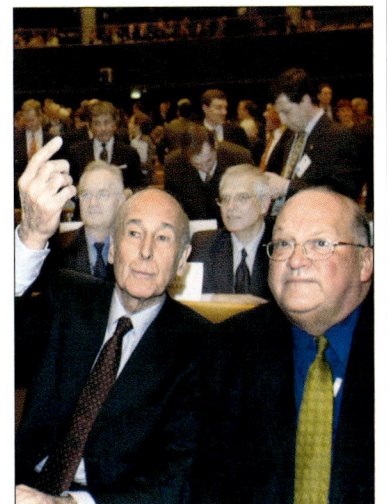

Konventspräsident Valéry Giscard d'Estaing (l.) und sein belgischer Stellvertreter Jean-Luc Dehaene

27. FEBRUAR

Blutige Religionsunruhen in Indien

In Indien fordert ein Brandanschlag auf einen mit Hindus besetzten Zug in einer Muslim-Hochburg 58 Tote und löst eine Welle religiös motivierter Gewalt aus.

Schauplatz des Überfalls ist die Stadt Godhra, 150 km südöstlich von Ahmadabad im westindischen Unionsstaat Gujarat. Die Opfer – unter ihnen 16 Kinder – gehören nach Angaben der Behörden einer nationalistischen Hindu-Gruppierung an.

Augenzeugen berichten von mehr als 2000 Angreifern, die den Zug bei der Ausfahrt aus dem Bahnhof zunächst mit Steinen beworfen und schließlich vier Waggons des Sabarmati-Express in Brand gesteckt hätten. Die Insassen waren auf dem Rückweg von einer religiösen Massenveranstaltung in Ayodhya.

Die radikale Hindu-Organisation Vishwa Hindu Parishad (VHP) setzt sich in der Stadt für den Bau eines Tempels an der Stelle der 1992 niedergerissenen Babri-Moschee ein. Die Zerstörung der mehr als 450 Jahre alten Moschee durch militante Hindus im Dezember 1992 hatte blutige Unruhen mit mindestens 2000 Todesopfern zur Folge gehabt. Die Hindus glauben, dass auf dem Gelände der im 16. Jahrhundert erbauten Moschee ihr Gott Ram geboren wurde. Die VHP hatte angekündigt, am 15. März mit dem Bau eines Tempels in Ayodhya beginnen zu wollen und ihre Anhänger aufgerufen, dort zu erscheinen. Die über 1 Mrd. Inder sind zu 80 % Hindus, die Muslime bilden mit 11% die stärkste religiöse Minderheit.

Über die Region wird zwar sofort eine Ausgangssperre verhängt, doch kann die staatliche Autorität nicht verhindern, dass sich innerhalb von 24 Stunden die Welle der Gewalt über den gesamten Bundesstaat ausbreitet. Der Mob macht regelrecht Jagd auf Muslime, überfällt ihre Siedlungen und setzt Häuser und Geschäfte in Brand.

Der brennende Zug im Bahnhof von Godhra; die Unruhen in Gujarat sind seit Jahren die schwersten in Indien.

21. FEBRUAR

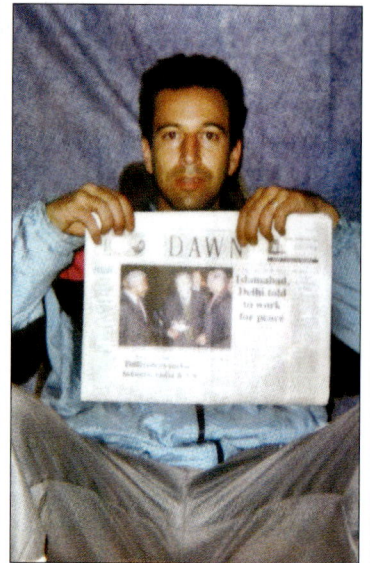

Pearl in der Hand der Entführer

Mord an Pearl vor laufender Kamera

Der in Pakistan entführte US-Journalist Daniel Pearl ist tot.

Pearl, der als Korrespondent für das »Wall Street Journal« arbeitete und über die Al-Qaida recherchierte, wurde am 23. Januar in Karatschi entführt. Seinen Tod hielten die Kidnapper auf einem Videoband fest. Sein Mörder wird gefasst und am 15. Juli zum Tode verurteilt.

22. FEBRUAR

Friedenshoffnung in Angola

Der gewaltsame Tod von Guerillachef Jonas Savimbi belebt die Hoffnung auf Frieden in Angola.

Regierungstruppen töten den Führer der Rebellenbewegung UNITA bei einem Feuergefecht in der Provinz Moxico. Savimbi kämpfte über 30 Jahre um die Macht: Bis 1975 gegen die Kolonialmacht Portugal, dann gegen die links gerichtete Führung von Staatschef Eduardo Dos Santos. Der Bürgerkrieg kostete schon über eine halbe Million Menschen das Leben und machte etwa 4 Mio. zu Flüchtlingen.

Am 4. April unterzeichnen Präsident dos Santos und der neue UNITA-Chef Paulo Lukamba ein Abkommen, demzufolge die Rebellen ihre Waffen abliefern und später in die Armee eingegliedert werden sollen.

UNITA-Chef Jonas Savimbi (1997)

12. FEBRUAR

Keine Kindersoldaten

Das UN-Protokoll gegen den Einsatz von Kindersoldaten tritt in Kraft.

Das von 96 Staaten unterzeichnete, aber erst von 14 ratifizierte Zusatzprotokoll der UN-Kinderrechtskonvention soll helfen, Minderjährige künftig aus Kriegen und bewaffneten Konflikten herauszuhalten. Das am 26. Mai 2000 von der UN-Generalversammlung verabschiedete Protokoll appelliert an Regierungen und Rebellenorganisationen, den Einsatz von Kindern und Jugendlichen unter 18 Jahren im Kriegsdienst zu beenden und diese nicht zu Kampfeinsätzen heranzuziehen.

Die Vereinten Nationen schätzen, dass weltweit über 300 000 Kindersoldaten an Kämpfen teilnehmen, vor allem in Afrika und Asien.

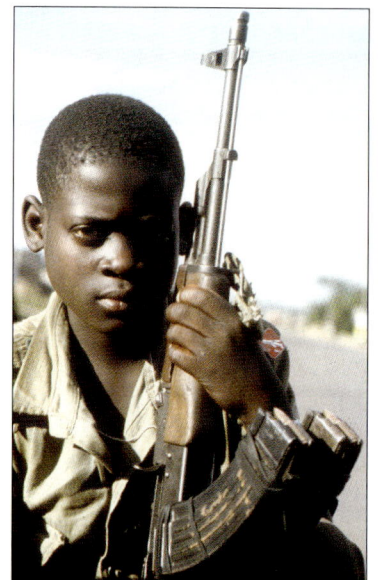

Ein achtjähriger Soldat in Uganda

2. FEBRUAR

Máxima und Willem: Traumhochzeit in Amsterdam

Kronprinz Willem-Alexander und Máxima Zorreguieta heiraten.

Bei strahlendem Wetter wird die Hochzeit des Thronfolgers der Niederlande mit seiner aus Argentinien gebürtigen Braut in Amsterdam ein glanzvolles Fest. In einer Zeremonie nach reformiertem Ritus geben sich der älteste Sohn von Königin Beatrix und Prinz Claus und seine zur Prinzessin ernannte, katholisch erzogene Braut das Jawort. Zu den Gästen in der mit 30 000 weißen Blumen geschmückten Nieuwe Kerk zählen viele Repräsentanten des Hochadels aus aller Welt, darunter die gekrönten Häupter aus Belgien, Dänemark, Norwegen und Schweden.

Máximas Vater war Anfang der 80er Jahre Minister in Argentiniens Militärjunta und zur Hochzeit in den Niederlanden nicht willkommen.

Lächelnd hält Willem-Alexander seiner Braut Máxima die Hand.

20. FEBRUAR

Brandunglück in Ägypten

In einem brennenden Zug sterben 373 Menschen, 75 werden verletzt.

Der mit rd. 3000 Reisenden überfüllte Zug mit Wagen zweiter und dritter Klasse ist unterwegs von Kairo nach Assuan. Nach Ausbruch des Brandes fährt die Bahn noch fast 10 km weiter, da der Zugführer das Feuer zunächst nicht bemerkt.

Der ausgebrannte Zug in der Stadt Reqa al-Ghabiya 96 km südlich von Kairo

23. FEBRUAR

Kaiserliches Esszimmer

Der denkmalgeschützte Kaisersaal in Berlin wird feierlich eröffnet.

Nach fünf Jahren Restaurierung für 25,5 Mio. € erstrahlt am Potsdamer Platz das bevorzugte Speisezimmer von Kaiser Wilhelm II. im einstigen Grand Hotel Esplanade in altem Glanz. Architekt Helmut Jahn hat den Kaisersaal auf Luftpolstern 75 m versetzt.

Die renovierten Räume des Kaisersaals wurden in das Sony-Center integriert.

17. FEBRUAR

Zwei Filme teilen sich Hauptpreis

Der Berlinale-Preis für den besten Film wird – wie zuletzt 1990 – geteilt.

Den Goldenen Bären der 52. Berliner Filmfestspiele für den besten Film teilen sich »Bloody Sunday« und der japanische Zeichentrickfilm »Spirited Away«. Während »Bloody Sunday« von Paul Greengrass über ein blutiges Ereignis aus dem Nordirland-Konflikt im Jahr 1972 zum Favoritenkreis gehörte, ist die Auszeichnung für das überaus phantasievolle Werk Hayao Miyazakis eine Überraschung.

In Japan ein absoluter Kassenknüller: »Spirited Away« von Hayao Miyazaki

27. FEBRUAR

Alicia Keys – die Grammy-Queen

Die 21-jährige New Yorkerin Alicia Keys gewinnt fünf »Musik-Oscars«.

Bei der 44. Vergabe der Grammy-Musikpreise durch die National Academy of Recording Arts & Sciences ist die Songschreiberin und Rhythm-&-Blues-Sängerin der große Star. Sie erhält für ihr Debütalbum »Songs In A Minor« und ihre Hit-Single »Fallin« den Preis unter anderem in der Hauptkategorie »Song des Jahres« und als beste neue Künstlerin.

Mit Grammys überhäuft: Alicia Keys

5. FEBRUAR

Flucht als Literaturthema

Günter Grass löst mit seinem Buch eine Debatte um Flüchtlinge aus.

Im Göttinger Steidl Verlag erscheint die Novelle »Im Krebsgang« des Literaturnobelpreisträgers von 1999. Grass bricht ein geschichtliches Tabu: Er beschreibt das fiktive Schicksal einer Überlebenden des Flüchtlingsschiffes »Wilhelm Gustloff«, das im Januar 1945 von einem sowjetischen U-Boot versenkt wurde. Damals starben rd. 5000 Menschen.

Günter Grass bei einer Lesung

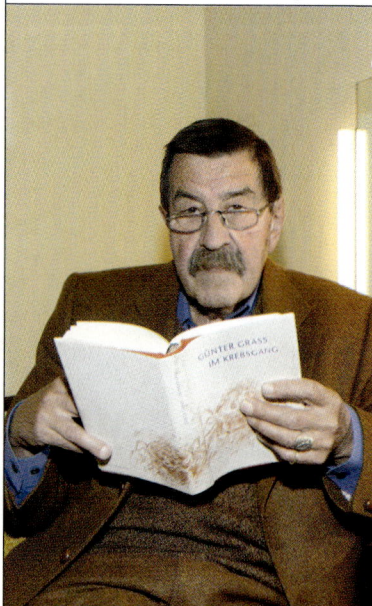

3. FEBRUAR

Pech im Handball-Finale

Schweden wird zum vierten Mal Handball-Europameister.

In einem dramatischen Finale unterliegt die Auswahl des Deutschen Handball-Bundes (DHB) Titelverteidiger Schweden 31:33 (26:26, 14:13). Dabei hadert das überraschend ins Endspiel eingezogene Team von Bundestrainer Heiner Brand mit den mazedonischen Schiedsrichtern, die am Ende der regulären Spielzeit einen Treffer des Lemgoers Florian Kehrmann zum 27:26 nicht anerkennen.

Während des ganzen Spiels hält die deutsche Mannschaft – angetrieben vom Lemgoer Rückraumspieler Volker Zerbe und dem Magdeburger Linksaußen Stefan Kretzschmar (sechs Tore) – gegen die von 14 303 Zuschauern im ausverkauften Stockholmer Globen frenetisch angefeuerten Schweden gut mit. Erst sieben Sekunden vor Schluss der re-

gulären Spielzeit erzielt Staffan Olsson (THW Kiel) das 26:26. Er rettet Schweden damit in die Verlängerung, in der die Gastgeber, bei denen Stefan Lövgren vom Bundesligisten THW Kiel mit acht Treffern erfolgreichster Werfer ist, schließlich das bessere Ende für sich haben.

Schwedens Torhüter Peter Gentzel wird von Stefan Kretzschmar bezwungen.

8. FEBRUAR

Glanzvolle Winterspiele in der Mormonen-Metropole

Deutschlands Wintersportler sind die erfolgreichsten Medaillenjäger der XIX. Olympischen Winterspiele.

Begleitet von scharfen Sicherheitsvorkehrungen eröffnet US-Präsident George W. Bush um 21.08 Uhr Ortszeit (05.08 Uhr MEZ) in Salt Lake City die XIX. Olympischen Winterspiele. Nicht gerade zur Freude der Olympiafunktionäre erweitert er die traditionelle Formel um den Einleitungssatz »Stellvertretend für eine stolze und entschlossene Nation«. 2531 Sportler aus 77 Ländern sind Teilnehmerrekord. In 78 Entscheidungen werden bis zum 24. Februar Medaillen vergeben. Zum vierten Mal – nach Lake Placid 1932 und 1980 sowie Squaw Valley 1960 – sind die USA Gastgeber.

Die deutsche Mannschaft liegt am Ende nach einem dramatischen Dreikampf mit zwölfmal Gold, 16 Silber- und sieben Bronzemedaillen im Medaillenspiegel knapp vor den USA und Norwegen auf Platz eins. Russland wird zum großen Verlierer, zählt erstmals seit 1956 nicht zu den besten drei und sorgt zugleich mit Dopingskandalen und Boykott-Drohungen für einige Missklänge.

Der »König der Spiele« ist Ole Einar Björndalen. Der Biathlet aus Norwegen kann als Dritter nach den Eisschnellläufern Lidija Skoblikowa (UdSSR) 1964 und Eric Heiden (USA) 1980 alle Wettbewerbe in seiner Sportart gewinnen und avanciert mit viermal Gold nach Gold und Silber in Nagano 1998 zum erfolgreichsten Skijäger aller Zeiten. Sein Landsmann Kjetil-Andre Aamodt siegt im Alpinbereich in der Kombination und im Super-G und ist mit nun insgesamt drei Gold- sowie je zwei Silber- und Bronzemedaillen – seit 1992 – der erfolgreichste alpine Olympionike.

Beste Skifahrerin ist die 20 Jahre alte Kroatin Janica Kostelic, die nach Gold in der Kombination und im Slalom sowie Silber im Super-G zuletzt auch noch den Riesenslalom gewinnt. Dreimal Gold im Verlauf derselben Spiele – das gelang zuvor nur Toni Sailer (Österreich/1956) und Jean-Claude Killy (Frankreich/1968). In ebensolche Dimensionen stößt der Finne Samppa Lajunen bei den nordischen Kombinierern vor. Der 22-Jährige gewinnt dreimal Gold – im Einzel, im 7,5-km-Sprint und mit der Staffel.

Im deutschen Aufgebot setzen einmal mehr die Eisschnellläuferinnen, angeführt von Claudia Pechstein, Glanzlichter in Serie. Mit Gold und jeweils Weltrekord über 3000 und 5000 m und damit insgesamt viermal Gold, einmal Silber und zweimal Bronze avanciert sie zur erfolgreichsten deutschen Winter-Olympionikin. Pechsteins Dauerrivalin Anni Friesinger (Inzell), deren medienwirksame Auseinandersetzung mit Pechstein (»Zickenkrieg«, »Busenneid«) schon im

Im Rice-Eccles-Stadion in Salt Lake City gehen am 24. Februar um 20.10 Uhr Ortszeit die XIX. Olympischen Winterspiele zu Ende. IOC-Präsident Jacques Rogge bedankt sich bei den Gastgebern für »zwei unvergessliche Wochen«.

Vorfeld für Aufsehen sorgte, hält sich mit Gold über 1500 m schadlos.

Einer Sensation gleich kommt die Leistungsexplosion der deutschen Skilangläufer, die nach 22-jähriger Flaute mit vier Medaillen eine Wiedergeburt erleben. Nach Bronze in der Herren-Staffel über 4 x 10 km und zweimal Sprint-Silber holt – in Abwesenheit der wegen Dopingverdachts suspendierten Russinnen – die 4 x 5-km-Staffel der Damen Gold vor Norwegen und der Schweiz.

Die deutschen Biathleten stellen mit neunmal Edelmetall sogar einen Olympiarekord auf. Dreimal Silber und einmal Bronze steuern die Männer bei, noch besser aber sind die Frauen: Siege von Andrea Henkel im 15-km-Rennen, von Kati Wilhelm über 7,5 km und in der 4 x 7,5-km-Staffel sowie zweimal Silber.

Ihre Leistungsstärke beweisen einmal mehr die Bobfahrer und Rodler, die genau die Hälfte von 18 möglichen Medaillen einfahren. Für die deutschen Skispringer bringt – nach zwei Pleiten auf der Normal- und Großschanze – der Teamwettbewerb noch ein vergoldetes Happy End.

24. FEBRUAR

Dopingsünder Mühlegg

Das 17-tägige Sport-Spektakel von Salt Lake City wird am Ende von der Entlarvung des dreimaligen Olympiasiegers Johann Mühlegg als Dopingsünder überschattet.

Mühlegg wird positiv auf das in seiner Wirkung dem Eritropoetin (Epo) ähnliche Darbepoetin alfa (Handelsname: Aranesp) getestet. Es stimuliert die Bildung der roten Blutkörperchen, so dass die Menge des im Blut transportierten Sauerstoffs steigt. Dies soll bei Sportlern die Ausdauerleistung verbessern.

Die Goldmedaille, die Langläufer Mühlegg über 50 km im klassischen Stil gewonnen hat, wird dem 31-Jährigen vom Internationalen Olympischen Komitee (IOC) aberkannt. Das zuvor über 30 km Freistil und in der Verfolgung gewonnene Gold darf Mühlegg behalten, da Dopingtests nach diesen Wettkämpfen keine Auffälligkeiten gezeigt hatten.

Im Juni wird Johann Mühlegg vom internationalen Skiverband Fis für zwei Jahre gesperrt. Auf die gleiche Strafe wird gegen die Langläuferinnen Larissa Lasutina und Olga Danilowa erkannt. Die beiden Russinnen waren vor dem 30-km-Rennen, welches Lasutina als Erste, Danilowa als Achte beendete, positiv getestet worden.

Johann Mühlegg völlig erschöpft im Ziel des 50-km-Laufs. In Spanien wird der Ende 1999 eingebürgerte »Juanito« durch den Dopingskandal über Nacht zur Persona non grata. Seine Sponsoren wenden sich ab, König Juan Carlos sagt eine Audienz mit dem gefallenen Volkshelden ab. Der Allgäuer hatte 1998 dem Deutschen Skiverband (DSV) wegen der sog. Spiritisten-Affäre den Rücken gekehrt.

8.–24. FEBRUAR

Doppel-Olympiasieger Simon Ammann. Der 20-jährige Skispringer aus dem Kanton St. Gallen sorgt für eine der größten Überraschungen der Spiele.

Viola Bauer, Manuela Henkel, Evi Sachenbacher und Claudia Künzel (v.l.) bejubeln ihren ebenso knappen wie sensationellen Sieg in der 4 x 5-km-Staffel.

Nachträglich Paarlauf-Gold für Jamie Sale/David Pelletier (Kanada)

Dreimal Gold und einmal Silber für die Kroatin Janica Kostelic

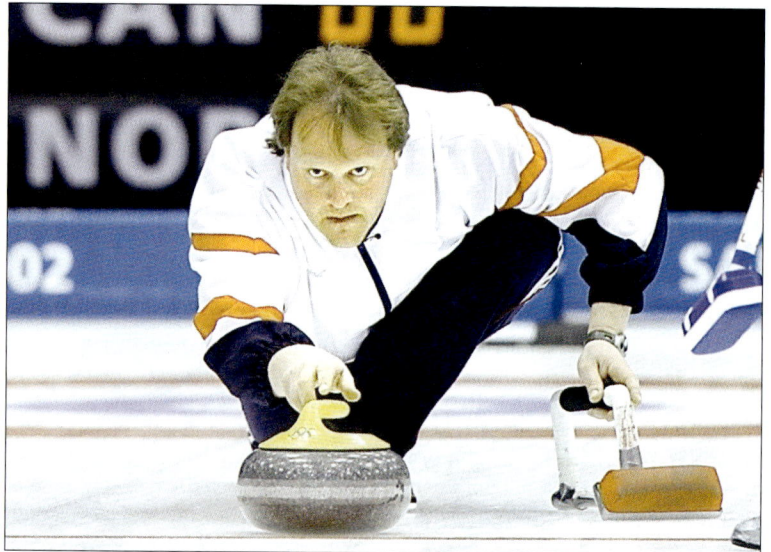

Trendsport Curling: Der norwegische Skip Paal Trulsen setzt einen Stein und führt sein Team im Finale zum 6:5-Sieg über die favorisierten Kanadier.

Nach Platz vier über 3000 m und Rang fünf über 1000 m holt Anni Friesinger in Weltrekordzeit von 1:54,02 min über 1500 m endlich Gold.

Nach Bronze in der Abfahrt und Silber im Super-G gewinnt der Österreicher Stephan Eberharter im Riesenslalom seine erhoffte Goldmedaille.

Die glanzvolle Bilanz von Ole Einar Björndalen: Vier Rennen – vier Siege

Kati Wilhelm (Zella-Mehlis) holt zweimal Gold und einmal Silber.

Mit Perücke in Schwarz-Rot-Gold: Claudia Pechstein siegt über 5000 m.

Medaillengewinner der XIX. Olympischen Winterspiele in Salt Lake City (8.–24.2.2002)

MÄNNER

Disziplin	1. Platz	Leistung	2. Platz	3. Platz
Biathlon 10 km	Ole Einar Björndalen (NOR)	24:51,3 Min/1	Sven Fischer (GER)	Wolfgang Perner (AUT)
Biathlon 12,5-km-Jagdrennen	Ole Einar Björndalen (NOR)	32:34,6 Min/2	Raphael Poiree (FRA)	Ricco Groß (GER)
Biathlon 20 km	Ole Einar Björndalen (NOR)	51:03,3 Min/2	Frank Luck (GER)	Viktor Maigurow (RUS)
Biathlon 4 x 7,5 km	Norwegen	1:23:42,3 Std./0	Deutschland	Frankreich
Zweierbob	Langen/Zimmermann (GER)	3:10,11 Min	Reich/Anderhub (SUI)	Annen/Hefti (SUI)
Viererbob	Deutschland II (Pilot A. Lange)	3:07,51 Min	USA I (Todd Hays)	USA II (Brian Shimer)
Curling	Norwegen (Skip Paal Trulsen)		Kanada (Kevin Martin)	Schweiz (Andreas Schwaller)
Eishockey	Kanada		USA	Russland
Eiskunstlauf	Alexei Jagudin (RUS)	1,5 Pkt.	Jewgeni Pluschenko (RUS)	Timothy Goebel (USA)
500 m Eisschnelllauf	Casey FitzRandolph (USA)	1:09,23 min	Hiroyasu Shimizu (JPN)	Kip Carpenter (USA)
1000 m Eisschnelllauf	Gerard van Velde (NED)	1:07,18 min/WR	Jan Bos (NED)	Joey Cheek (USA)
1500 m Eisschnelllauf	Derek Parra (USA)	1:43,95 min/WR	Jochem Uytdehaage (NED)	Adne Söndral (NOR)
5000 m Eisschnelllauf	Jochem Uytdehaage (NED)	6:14,66 min/WR	Derek Parra (USA)	Jens Boden (GER)
10 000 m Eisschnelllauf	Jochem Uytdehaage (NED)	12:58,92 min/WR	Gianni Romme (NED)	Lasse Saetre (NOR)
Nordische Kombination Einzel	Samppa Lajunen (FIN)	39:11,7 min	Jaakko Tallus (FIN)	Felix Gottwald (AUT)
Nordische Kombi. Sprint	Samppa Lajunen (FIN)	16:40,1 min	Ronny Ackermann (GER)	Felix Gottwald (AUT)
Nordische Kombi. Mannschaft	Finnland	48:42,2 min	Deutschland	Österreich
Rodeln Einsitzer	Armin Zöggeler (ITA)	2:57,941 min	Georg Hackl (GER)	Markus Prock (AUT)
Rodeln Doppelsitzer	Leitner/Resch (GER)	1:26,082 min	Grimmette/Martin (USA)	Thorpe/Clay (USA)
Short Track 500 m	Marc Gagnon (CAN)	41,802 sec	Jonathan Guilmette (CAN)	Rusty Smith (USA)
Short Track 1000 m	Steven Bradbury (AUS)	1:29,109 min	Apolo Anton Ohno (USA)	Mathieu Turcotte (CAN)
Short Track 1500 m	Apolo Anton Ohno (USA)	2:18,541 min	Jiajun Li (CHN)	Marc Gagnon (CAN)
Short Track 5000-m-Staffel	Kanada	6:51,579 min	Italien	China
Skeleton	Jim Shea (USA)	1:41,96 min	Martin Rettl (AUT)	Gregor Stähli (SUI)
Ski alpin Slalom	Jean-Pierre Vidal (FRA)	1:41,06 min	Sebastien Amiez (FRA)	Benjamin Raich (AUT)
Ski alpin Riesenslalom	Stephan Eberharter (AUT)	1:23,28 min	Bode Miller (USA)	Lasse Kjus (NOR)
Ski alpin Super-G	Kjetil-Andre Aamodt (NOR)	1:21,58 min	Stephan Eberharter (AUT)	Andreas Schifferer (AUT)
Ski alpin Abfahrt	Fritz Strobl (AUT)	1:39,13 min	Lasse Kjus (NOR)	Stephan Eberharter (AUT)
Alpine Kombination	Kjetil-Andre Aamodt (NOR)	3:17,58 min	Bode Miller (USA)	Benjamin Raich (AUT)
Ski Freestyle Buckelpiste	Janne Lahtela (FIN)	27,97 Pkt.	Travis Mayer (USA)	Richard Gay (FRA)
Ski Freestyle Springen	Ales Valenta (TCH)	257,02 Pkt.	Joe Pack (USA)	Alexej Grischin (BLR)
Skilanglauf 1,5-km-Sprint	Tor Arne Hetland (NOR)	2:56,9 min	Peter Schlickenrieder (GER)	Cristian Zorzi (ITA)
Skilanglauf Jagdrennen (10 km klassisch + 10 km frei)	Johann Mühlegg (ESP)	49:20,4 min	Thomas Alsgaard (NOR) und Frode Estil (NOR)	
Skilanglauf 15 km klassisch	Andrus Veerpalu (EST)	37:07,4 min	Frode Estil (NOR)	Jaak Mae (EST)
Skilanglauf 30 km freie Technik	Johann Mühlegg (ESP)	1:09:28,9 h	Christian Hoffmann (AUT)	Michail Botwinow (AUT)
Skilanglauf 50 km klassisch	Michail Iwanow (RUS)	2:06:20,8h	Andrus Veerpalu (EST)	Odd-Björn Hjelmeset (NOR)
Skilanglauf 4 x 10-km-Staffel	Norwegen	1:32:45,5 h	Italien	Deutschland
Skispringen Normalschanze	Simon Ammann (SUI)	269,0 Pkt.	Sven Hannawald (GER)	Adam Malysz (POL)
Skispringen Großschanze	Simon Ammann (SUI)	281,4 Pkt.	Adam Malysz (POL)	Matti Hautamäki (FIN)
Skispringen Mannschaft	Deutschland	974,1 Pkt.	Finnland	Slowenien
Snowboard Parallel-Riesenslalom	Philipp Schoch (SUI)	1000 Pkt.	Richard Richardsson (SWE)	Chris Klug (USA)
Snowboard Half Pipe	Ross Powers (USA)	46,1 Pkt.	Danny Kass (USA)	Jarret Thomas (USA)

FRAUEN

Disziplin	1. Platz	Leistung	2. Platz	3. Platz
Biathlon 7,5 km	Kati Wilhelm (GER)	20:41,4 min/0	Uschi Disl (GER)	Magdalena Forsberg (SWE)
Biathlon 10-km-Jagdrennen	Olga Pylewa (RUS)	31:07,7 min/1	Kati Wilhelm (GER)	Irina Nikultschina (BUL)
Biathlon 15 km	Andrea Henkel (GER)	47:29,1 min/1	Liv Grete Poiree (NOR)	Magdalena Forsberg (SWE)
Biathlon 4 x 7,5 km	Deutschland	1:27:55,0 h/1	Norwegen	Russland
Zweierbob	Bakken/Flowers (USA)	1:37,76 min	Prokoff/Holzner (GER)	Erdmann/Herschmann (GER)
Curling	Großbritannien (Skip Rhona Martin)		Schweiz (Luzia Ebnöther)	Kanada (Kelley Law)
Eishockey	Kanada		USA	Schweden
Eiskunstlauf	Sarah Hughes (USA)	3,0 Pkt.	Irina Slutskaja (RUS)	Michelle Kwan (USA)
500 m Eisschnelllauf	Catriona LeMay-Doan (CAN)	1:14,75 min	Monique Garbrecht-Enfeldt (GER)	Sabine Völker (GER)
1000 m Eisschnelllauf	Christine Witty (USA)	1:13,83 min/WR	Sabine Völker (GER)	Jennifer Rodriguez (USA)
1500 m Eisschnelllauf	Anni Friesinger (GER)	1:54,02 min/WR	Sabine Völker (GER)	Jennifer Rodriguez (USA)
3000 m Eisschnelllauf	Claudia Pechstein (GER)	3:57,70 min/WR	Renate Groenewold (NED)	Cindy Klassen (CAN)
5000 m Eisschnelllauf	Claudia Pechstein (GER)	6:46,91 min/WR	Gretha Smit (NED)	Clara Hughes (CAN)
Rodeln Einsitzer	Sylke Otto (GER)	2:52,464 min	Barbara Niedernhuber (GER)	Silke Kraushaar (GER)
Short Track 500 m	Yang Yang (A) (CHN)	44,187 sec	Jewgenia Radanowa (BUL)	Chunlu Wang (CHN)
Short Track 1000 m	Yang Yang (A) (CHN)	1:36,391 min	Gi-Hyun Ko (KOR)	Yang Yang (S) (CHN)
Short Track 1500 m	Gi-Hyun Ko (KOR)	2:31,581 min	Eun-Kyung Choi (KOR)	Ewgenia Radanowa (BUL)
Short Track 3000-m-Staffel	Südkorea	4:12,793/WR	China	Kanada
Skeleton	Tristan Gale (USA)	1:45,11 min	Lea Ann Parsley (USA)	Alex Coomber (GBR)
Ski alpin Slalom	Janica Kostelic (CRO)	1:46,10 min	Laure Pequegnot (FRA)	Anja Paerson (SWE)
Ski alpin Riesenslalom	Janica Kostelic (CRO)	2:30,01 min	Anja Paerson (SWE)	Sonja Nef (SUI)
Ski alpin Super-G	Daniela Ceccarelli (ITA)	1:13,59 min	Janica Kostelic (CRO)	Karen Putzer (ITA)
Ski alpin Abfahrt	Carole Montillet (FRA)	1:39,56 min	Isolde Kostner (ITA)	Renate Götschl (AUT)
Alpine Kombination	Janica Kostelic (CRO)	2:43,28 min	Renate Götschl (AUT)	Martina Ertl (GER)
Ski Freestyle Buckelpiste	Kari Traa (USA)	25,94 Pkt.	Shannon Bahrke (USA)	Tae Satoya (JPN)
Ski Freestyle Springen	Alisa Camplin (AUS)	193,47 Pkt.	Veronica Brenner (CAN)	Deidra Dionne (CAN)
Skilanglauf 1,5-km-Sprint	Julia Tschepalowa (RUS)	3:10,6 min	Evi Sachenbacher (GER)	Anita Moen (NOR)
Skilanglauf Jagdrennen (5 km klassisch + 5 km Freistil)	Olga Danilowa (RUS)	24:52,1 min	Larissa Lasutina (RUS)	Beckie Scott (CAN)
Skilanglauf 10 km klassisch	Bente Skari (NOR)	28:05,6 min	Olga Danilowa (RUS)	Julia Tschepalowa (RUS)
Skilanglauf 15 km freie Technik	Stefania Belmondo (ITA)	39:54,4 min	Larissa Lasutina (RUS)	Katerina Neumannova (TCH)
Skilanglauf 30 km klassisch	Gabriella Paruzzi (ITA)	1:30:57,1 h	Stefania Belmondo (ITA)	Bente Skari (NOR)
Skilanglauf 4 x 5-km-Staffel	Deutschland	49:30,6 min	Norwegen	Schweiz
Snowboard Parallel-Riesenslalom	Isabelle Blanc (FRA)	1000 Pkt.	Karin Ruby (FRA)	Lidia Trettel (ITA)
Snowboard Half Pipe	Kelly Clark (USA)	47,9 Pkt.	Doriane Vidal (FRA)	Fabienne Reuteler (SUI)

PAAR-DISZIPLINEN

Disziplin	1. Platz	Leistung	2. Platz	3. Platz
Paarlauf	Bereschnaja/Sicharulidse (RUS) und Sale/Pelletier (CAN)	*1,5 Pkt. bzw. 3,0 Pkt.		Xue Shen/Hongbo Zhao (CHN)
Eistanz	Anissina/Peizerat (FRA)	2,0 Pkt.	Lobatschewa/Awerbuch (RUS)	Fusar-Poli/Margaglio (ITA)

* Dem kanadischen Paar wird in der Korrektur einer umstrittenen Kampfrichter-Entscheidung nachträglich gleichfalls eine Goldmedaille zugesprochen.

1. März, Freitag
Karlsruhe: Neuer Präsident des Bundesverfassungsgerichts wird der bisherige Vizepräsident Hans-Jürgen Papier. Er löst Jutta Limbach ab (→ 10.4./S. 40).

2. März, Samstag
Jerusalem: Bei einem palästinensischen Selbstmordanschlag im West-Jerusalemer Stadtteil Beit Israel werden mindestens neun Israelis und der Attentäter getötet.

PERSON DES MONATS

Luc Jochimsen

tritt – ohne Parteimitglied zu sein – als Spitzenkandidatin der PDS in Hessen zur Bundestagswahl an. Die TV-Journalistin war von 1994 bis 2001 TV-Chefredakteurin des Hessischen Rundfunks und zuvor lange Jahre ARD-Studioleiterin in London.

3. März, Sonntag
München: Bei den Kommunalwahlen in Bayern erhöht die CSU ihren Stimmenanteil auf 45,3 % (1996: 43,1 %). Die SPD erreicht 25,2 % (25,7 %), verzeichnet aber Zugewinne in München, Nürnberg und Augsburg.

Bern: Mit knapper Mehrheit billigen die Schweizer den UN-Beitritt ihres Landes. → S. 30

4. März, Montag
Köln: Ein Spendenskandal erschüttert die SPD. → S. 28

Pristina: Fast vier Monate nach den Parlamentswahlen bestimmt das Kosovo-Parlament den Chef der Demokratischen Liga Kosovos (LDK), Ibrahim Rugova, zum ersten Präsidenten (→ 14.3./S. 32).

5. März, Dienstag
Jerusalem: Im Nahen Osten eskaliert die Gewalt weiter. Allein an diesem Tag werden mindestens 13 Palästinenser und Israelis getötet.

6. März, Mittwoch
Kabul: Zwei Angehörige der Bundeswehr und drei dänische Soldaten kommen beim Entschärfen einer SA-3-Flugabwehrrakete russischer Bauart ums Leben (→ 4.1./S. 10).

Karlsruhe: Das Bundesverfassungsgericht erklärt eine ungleiche Besteuerung von Renten und Beamtenpensionen für verfassungswidrig. → S. 29

Dublin: Die Iren lehnen in einem Referendum mit 50,42 % der Abstimmenden eine von der Mitte-Rechts-Regierung angeregte Verschärfung der Abtreibungsregelung ab.

7. März, Donnerstag
Den Haag: Die rechten Populisten gewinnen bei den Kommunalwahlen in den Niederlanden überraschend viele Stimmen hinzu (→ 15.5./S. 49).

8. März, Freitag
Berlin: Die Stasi-Akten über Altkanzler Helmut Kohl (CDU) bleiben nach einem Urteil des Bundesverwaltungsgerichts unter Verschluss. → S. 28

Limburg: Als letztes katholisches Bistum muss Limburg die Schwangeren-Konfliktberatung verlassen. → S. 29

9. März, Samstag
Mainz: Der ZDF-Fernsehrat wählt Markus Schächter zum Intendanten des Senders. → S. 33

Kuala Lumpur: Die deutsche Hockey-Nationalmannschaft wird zum ersten Mal Weltmeister. → S. 34

10. März, Sonntag
Harare: Erwartungsgemäß setzt sich Amtsinhaber Robert Mugabe bei den umstrittenen Präsidentschaftswahlen in Simbabwe durch. → S. 32

Altenmarkt/Zauchensee: In der Gesamtwertung des alpinen Ski-Weltcups der Saison 2001/02 sichern sich mit Stephan Eberharter und Michaela Dorfmeister zwei Starter aus Österreich die Titel. → S. 34

11. März, Montag
Frankfurt am Main: Die Lufthansa meldet für 2001 mit einem Verlust vor Steuern von 754 Mio. € erstmals seit acht Jahren wieder rote Zahlen.

12. März, Dienstag
Salt Lake City: Der deutsche Langläufer Thomas Oelsner wird wegen eines positiven Dopingbefunds von den Winterspielen der Behinderten ausgeschlossen. → S. 34

13. März, Mittwoch
Köln: Die Schlüsselfigur in der Kölner Spendenaffäre, der frühere Chef der SPD-Fraktion im Stadtrat, Norbert

Rüther, hat laut Staatsanwaltschaft von mehreren Spendern rd. 424 000 € angenommen (→ 4.3./S. 28).

14. März, Donnerstag
Belgrad: Die in der Bundesrepublik Jugoslawien vereinigten Republiken Serbien und Montenegro bilden künftig als »Serbien und Montenegro« einen gemeinsamen Staat. → S. 32

15. März, Freitag
Peking: China lässt 25 Flüchtlinge aus Nordkorea, die am Tag zuvor in der spanischen Botschaft Zuflucht gesucht hatten, über die Philippinen nach Südkorea ausreisen (→ 3.9./S. 93).

16. März, Samstag
Barcelona: Die Märkte für Gas und Strom werden schrittweise ab 2004 weiter für den freien Wettbewerb geöffnet. Darauf einigen sich die 15 EU-Staats- und Regierungschefs auf ihrem Gipfeltreffen.

17. März, Sonntag
Lissabon: Bei den vorgezogenen Parlamentswahlen in Portugal erringt die konservativ-liberale PSD unter José Manuel Durão Barroso einen knappen Wahlsieg. → S. 30

18. März, Montag
Catania: Die italienische Marine bringt ein Schiff mit fast 1000 kurdischen Flüchtlingen auf. → S. 31

19. März, Dienstag
Karlsruhe: Inlineskater sind nach einer Entscheidung des Bundesgerichtshofes als Fußgänger zu betrachten. → S. 29

Bologna: Der Arbeitsrechtsexperte Marco Biagi, ein ranghoher Berater der italienischen Regierung, fällt einem Anschlag zum Opfer. Später bekennen sich die linksextremistischen Roten Brigaden zu dem Verbrechen.

20. März, Mittwoch
Berlin: Der Haushaltsausschuss des Bundestags gibt die zunächst gesperrten 5,1 Mrd. € für den Kauf von 40 Militärmaschinen des Typs Airbus A 400 M frei (→ 29.1./S. 6).

21. März, Donnerstag
Frankfurt am Main: Der Baukonzern Philipp Holzmann muss Insolvenz beantragen. → S. 29

22. März, Freitag
Berlin: Der Bundesrat verabschiedet das Zuwanderungsgesetz. → S. 27

23. März, Samstag
Rom: Papst Johannes Paul II. spricht sich vor Ärzten gegen eine künstliche Verlängerung des Lebens von Todkranken aus.

24. März, Sonntag
Los Angeles: Die Oscar-Filmpreise werden vergeben. → S. 33

25. März, Montag
Kabul: Ein Erdbeben erschüttert den Norden Afghanistans. → S. 33

26. März, Dienstag
Hebron: Unbekannte Täter erschießen zwei Mitglieder einer internationalen Beobachtermission in ihrem deutlich gekennzeichneten Dienstfahrzeug im Westjordanland.

27. März, Mittwoch
Nanterre: Im Rathaus des Pariser Vorortes erschießt ein 33-Jähriger acht Mitglieder des Gemeinderats. → S. 30

SPRUCH DES MONATS

»Das war Theater,
aber legitimes Theater.«
Der saarländische Ministerpräsident Peter Müller (CDU) über das Verhalten der CDU bei der Bundesratsabstimmung über das Zuwanderungsgesetz am 22. März

28. März, Donnerstag
Beirut: Die Arabische Liga bietet Israel Sicherheitsgarantien und »normale Beziehungen« an, wenn es im Gegenzug aus allen 1967 besetzten Gebieten abzieht, einen Palästinenserstaat anerkennt und eine »gerechte Lösung« für die palästinensischen Flüchtlinge akzeptiert (→ 1.4./S. 36).

29. März, Karfreitag
Ramallah: Als Reaktion auf die jüngste Serie palästinensischer Anschläge attackiert die israelische Armee das Hauptquartier von Palästinenserpräsident Jasir Arafat mit Panzergranaten und Raketen.

30. März, Samstag
Windsor: Die britische Königinmutter – »Queen Mum« genannt – stirbt im Alter von 101 Jahren. → S. 31

31. März, Ostersonntag
Brüssel: In der Europäischen Union beginnt die Sommerzeit (bis 27.10.).

Kiew: Bei der Parlamentswahl in der Ukraine wird die oppositionelle »Unsere Ukraine« stärkste Kraft. → S. 30

22. MÄRZ

Beispielloser Streit im Bundesrat um Zuwanderung

Die Bundesratsabstimmung über das Zuwanderungsgesetz führt zu Tumulten, wie es sie in der Länderkammer noch nie gegeben hat.

Auslöser ist ein geteiltes Votum des von SPD und CDU regierten Landes Brandenburg. Bundesratspräsident Klaus Wowereit (SPD), Berlins Regierender Bürgermeister, wertet dieses Votum als Zustimmung. Somit erhält das Zuwanderungsgesetz in der Länderkammer mit 35 Stimmen eine Mehrheit.

Das Protokoll zeigt die Dramatik des Ablaufs: Als Brandenburg zur Stimmabgabe aufgerufen wird, ruft Arbeits- und Sozialminister Alwin Ziel (SPD)»ja!«, Innenminister Jörg Schönbohm (CDU) kontert mit »nein!«.

Wowereit: »Damit stelle ich fest, dass das Land Brandenburg nicht einheitlich abgestimmt hat. Ich verweise auf Artikel 51 Absatz 3 Satz 2 Grundgesetz. Danach können Stimmen eines Landes nur einheitlich abgegeben werden. Ich frage Herrn Ministerpräsidenten Stolpe, wie das Land Brandenburg abstimmt.« Darauf Manfred Stolpe (SPD):»Als Ministerpräsident des Landes Brandenburg erklä-

re ich hiermit: ja.« Schönbohm: »Sie kennen meine Auffassung, Herr Präsident!« Als Wowereit feststellt, dass »das Land Brandenburg mit Ja abgestimmt hat«, protestieren die Regierungschefs von CDU/CSU lautstark. Auf Nachfrage Wowereits wiederholt Stolpe seine Antwort. Hessens Ministerpräsident Roland Koch (CDU) hält Wowereit »eiskalten Rechtsbruch« vor.

Die SPD sieht in dem Eklat ein vorgezogenes Wahlkampfmanöver. Dies scheint sich zu bestätigen, als der saarländische Ministerpräsident Peter Müller (CDU) zwei Tage nach der Ab-

stimmung einräumt, dass die Empörung der Union vorher verabredet gewesen sei.

Die Verfassungsrechtler sind uneins über die Auslegung der entsprechenden Vorschrift des Grundgesetzes: Die eine Meinung hält sich an den Wortlaut und plädiert dafür, im vorliegenden Fall die vier Stimmen Brandenburgs als ungültig zu werten, wie dies die Union verlangt. Die Gegenansicht hält – unter Hinweis auf die Richtlinienkompetenz des jeweiligen Regierungschefs des Landes – die Bewertung Wowereits für zulässig.

Roland Koch (CDU) protestiert heftig.

Jörg Schönbohm (CDU, l.) und Manfred Stolpe (SPD) sind uneins.

Klaus Wowereit (SPD) entscheidet.

Was das Zuwanderungsgesetz will

Das Zuwanderungsgesetz soll die Anwerbung ausländischer Arbeitskräfte steuern und den Zuzug nach Deutschland begrenzen. Die wichtigsten Punkte sind:

Zuzug von Ausländern: Bei der »Steuerung und Begrenzung des Zuzugs« sollen – unter Wahrung der humanitären Verpflichtungen – die Integrationsfähigkeit sowie die wirtschafts- und arbeitsmarktpolitischen Interessen berücksichtigt werden.

Arbeitskräfte: Die Qualifizierung von Arbeitslosen und Ausländern, die bereits im Inland leben, hat Vorrang vor der Anwerbung von Ausländern. Werden trotzdem ausländische Arbeitnehmer gebraucht, wird die Arbeits-

genehmigung zusammen mit der Aufenthaltserlaubnis erteilt.

Familiennachzug: Wandert ein Kind gemeinsam mit den Eltern ein, beherrscht es ausreichend die deutsche Sprache, sind Vater oder Mutter anerkannte Asylberechtigte bzw. politisch Verfolgte oder zählen sie zur Gruppe der hoch Qualifizierten, ist der Kindernachzug nach Deutschland bis zum Alter von 18 Jahren möglich. Für andere gilt eine Altersgrenze von zwölf Jahren.

Humanitäre Aufnahme: Die Duldung wird abgeschafft. Opfer geschlechtsspezifischer und nichtstaatlicher Verfolgung erhalten künftig Abschiebeschutz.

Rau unterschreibt und tadelt

Bundespräsident Johannes Rau sieht sich gleich nach dem Eklat im Bundesrat verstärktem Druck seitens der Unionsparteien ausgesetzt. Kanzlerkandidat Edmund Stoiber warnt ihn vor einer Unterzeichnung des Gesetzes und kündigt an, dass die Union in diesem Fall die Zuwanderung zum Wahlkampfthema machen werde.

Nach langer Prüfung und Konsultation von Juristen und beteiligten Fachpolitikern unterschreibt Rau am 20. Juni das Gesetz. Es kann damit am 1. Januar 2003 in Kraft treten.

Zugleich beklagt der Bundespräsident die Inszenierung im Bundesrat, die »dem Ansehen von Staat und Politik« Schaden zugefügt habe. Er rügt

namentlich das Verhalten des brandenburgischen Ministerpräsidenten Manfred Stolpe (SPD) und seines Stellvertreters Jörg Schönbohm (CDU).

Rau erklärt, er hätte seine Unterschrift nur verweigern können, wenn »zweifelsfrei und offenkundig« ein Verfassungsverstoß vorgelegen hätte. »Diese Überzeugung habe ich nicht gewinnen können«, sagt der Bundespräsident. Er missbilligt noch einmal die bereits im Vorfeld aus Unionskreisen geäußerte Kritik an seinem Handeln. Auch die Drohung mit einer Klage in Karlsruhe verstehe er nicht. Er halte es sogar »für wünschenswert«, dass das Bundesverfassungsgericht in dieser Frage Rechtssicherheit schaffe.

4. MÄRZ

Kölner Spendenaffäre erschüttert SPD

Eine Spendenaffäre bei der Kölner SPD belastet die gesamte Partei.

Der Chef der SPD-Stadtratsfraktion, Norbert Rüther, kündigt den Rückzug aus allen politischen Ämtern und seinen Austritt aus der Partei an. Er steht im Verdacht, in einen Schmiergeldskandal um den Bau einer Müllverbrennungsanlage in Köln verstrickt zu sein. Mindestens 174 000 € sollen nach SPD-Erkenntnissen illegal als Spenden auf Parteikonten geflossen sein.

In den folgenden Tagen weitet sich die Affäre aus: Nun geht es um 511 000 DM (260 758 €), die Rüther von 1994 bis 1998 in bar kassiert hatte. Der frühere SPD-Schatzmeister Manfred Biciste habe das Geld dann in Beträge unter 20 000 DM (10 226 €) gestückelt und als »Gabe« von 42 SPD-Spendern deklariert. Diese hätten dafür steuerabzugsfähige Quittungen erhalten.

Die Justizbehörden ermitteln gegen den Entsorgungsgroßunternehmer Helmut Trienekens aus Viersen und andere wegen Schmiergeldzahlungen beim Bau der rd. 430 Mio. € teuren Müllverbrennungsanlage in Köln-Niehl. Insgesamt soll Schmiergeld in Höhe von 21,6 Mio. DM bzw. 11,4 Mio. € geflossen sein.

Am 13. März räumt Rüther bei einer Vernehmung ein, er habe illegale Spenden in Höhe von insgesamt 424 000 € angenommen. Die SPD kündigt an, sie werde juristische Zwangsmittel einsetzen, um die Affäre aufzuklären. So werden 16 Kölner Bundestags-, Landtags- und Europaabgeordnete und höhere Parteifunktionäre sowie alle 109 Kölner SPD-Funktionsträger aufgefordert, eine Ehrenerklärung abzugeben, in der sie ihre Unschuld in der Spendenaffäre beteuern sollen. Am 13. und 14. Juni werden Trienekens, Rüther und der frühere SPD-Spitzenpolitiker Karl Wienand wegen des Verdachts der Steuerhinterziehung und der Beihilfe zur Bestechung bzw. Bestechlichkeit in Untersuchungshaft genommen.

Lastwagen der Firma Trienekens vor der Kölner Müllverbrennungsanlage

Manfred Biciste, Ex-Schatzmeister der SPD in Köln

Norbert Rüther

HINTERGRUND

Streit um die Liste der Spender

Über die Frage, seit wann die SPD-Spitze Kenntnis von einer Liste mit den angeblichen Spendernamen hatte, entwickelt sich eine Affäre in der Affäre. SPD-Generalsekretär Franz Müntefering erklärt am 21. März vor dem Spendenuntersuchungsausschuss des Bundestages, er kenne die Namen der fingierten Spender nicht. Allerdings verfügt die SPD, wie der von ihr beauftragte Wirtschaftsprüfer Dieter Menger am 11. April mitteilt, schon seit dem 15. März über eine vorläufige Liste. Menger hat die Namen anhand einer anonymisierten Aufstellung über verbuchte Kleinspenden aus der SPD-Buchhaltung rekonstruiert.

SPD-Schatzmeisterin Inge Wettig-Danielmeier stellt am 18. April dem Untersuchungsausschuss eine entsprechende Liste zur Verfügung – jedoch sind die Namen teilweise geschwärzt. Erst eine Woche später erhält der Ausschuss Klarheit. Den Verbleib von 163 000 € an Spenden kann Wettig-Danielmeier bis zum 25. April allerdings noch nicht ermitteln.

SPD-Bundesschatzmeisterin Inge Wettig-Danielmeier gibt Auskunft.

8. MÄRZ

Etappensieg im Akten-Streit

Die Stasi-Akten über Altkanzler Helmut Kohl sollen tabu bleiben. Dies entscheidet das Bundesverwaltungsgericht in Berlin.

Über ein Urteil in der Klage Kohls gegen die Stasi-Unterlagenbehörde hinaus ging es um grundsätzliche Rechtsfragen. Die Richter mussten abwägen zwischen der vom Gesetzgeber gewollten Aufklärung des Stasi-Unrechts und dem im Grundgesetz verbürgten Persönlichkeitsrecht. Zu berücksichtigen war ferner die Rolle Kohls als Person der Zeitgeschichte, welche direkt oder indirekt von Stasi-Nachforschungen betroffen war. Solche Personen sind als Opfer anzusehen und somit vor einer Herausgabe ihrer Stasi-Unterlagen geschützt.

Mit ihrem Urteil beenden die Richter die zehnjährige Praxis der seit Oktober 2000 von Marianne Birthler geführten einstigen »Gauck-Behörde«, derartige Unterlagen zu Forschungszwecken an Journalisten oder Wissenschaftler herauszugeben, die der Frage nachgehen wollen, wie die bundesdeutsche Politik durch den DDR-Geheimdienst ausspioniert und beeinflusst worden ist.

Um eine eventuell unerwünschte Folge des Urteils abzuwenden, ist nun der Gesetzgeber gefragt: Fatal wäre es nach einhelliger Meinung, wenn sich ehemalige Angehörige des DDR-Staatsapparates nun auch als Opfer fühlen und mit Berufung auf dieses Urteil ihre Akten der Öffentlichkeit entziehen sollten.

Am 4. Juli billigt der Bundestag mit den Stimmen von SPD, Bündnisgrünen und FDP gegen das Votum von CDU/CSU eine Änderung des Stasi-Unterlagengesetzes. Es sieht vor, dass die Birthler-Behörde auf einem rechtlich überprüfbaren Weg abwägen muss, ob die »Informationserhebung erkennbar auf einer Menschenrechtsverletzung beruht«. Privates bleibt nach der Neuregelung weiter tabu.

Nach Ansicht von Birthler sind damit »Opferschutz, Datenschutz und umfassende Aufarbeitung der Tätigkeit des DDR-Ministeriums für Staatssicherheit klug kombiniert« worden. Am 12. Juli lässt der Bundesrat trotz Widerspruchs aus der Union die Gesetzesänderung passieren.

21. MÄRZ

Holzmann geht Pleite

Das Schicksal des Baukonzerns Philipp Holzmann AG mit 23 000 Beschäftigten ist besiegelt.

Nach dem Scheitern der Gespräche mit den Banken muss Deutschlands zweitgrößter Baukonzern beim Amtsgericht Frankfurt am Main aufgrund akuter Zahlungsunfähigkeit Insolvenz beantragen.

Dresdner Bank, Commerzbank und HypoVereinsbank hatten sich geweigert, in die Reihe der 23 Gläubigerbanken zurückzukehren. »Nicht einmal in Grundzügen«, so heißt es, sei ein tragfähiges Konzept zur Fortführung von Holzmann entwickelt worden. Der 153 Jahre alte Traditionskonzern hat 2001 einen Verlust von 237 Mio. € gemacht.

Nach Angaben von Holzmann-Finanzvorstand Johannes Ohlinger stellte die Deutsche Bank zusätzliche Mittel bereit, darunter 50 Mio. € an Barmitteln und 10 Mio. € als Bürgschaft.

Entsetzen bei den »Holzmännern«: Ihr Arbeitgeber ist zahlungsunfähig.

8. MÄRZ

Kamphaus beugt sich dem Papst

Als letztes katholisches Bistum muss Limburg die Schwangeren-Konfliktberatung aufgeben.

Auf Anordnung von Papst Johannes Paul II. dürfen künftig keine Beratungsscheine mehr ausgestellt werden; zunächst hatte der Vatikan diese Praxis trotz massiver Kritik geduldet.

Bischof Franz Kamphaus hatte seit 1999 als einziger deutscher Bischof an der staatlichen Konfliktberatung festgehalten und weiter Beratungsscheine zum straffreien Schwangerschaftsabbruch ausstellen lassen. Der Papst sieht darin Beihilfe zur Abtreibung.

Limburgs Bischof Franz Kamphaus muss sich dem Papst beugen.

6. MÄRZ

Renten künftig höher besteuert

Die ungleiche Besteuerung von Renten und Beamtenpensionen ist verfassungswidrig, stellt das Bundesverfassungsgericht fest.

Die Karlsruher Richter berufen sich in ihrem Urteil auf das Prinzip der Gleichbehandlung. Sie verlangen ab 2005 eine Neuregelung.

Die Bundesregierung will ein solches Gesetz, das auf die sog. nachgelagerte Besteuerung der Renten hinausläuft, im Jahr 2003 vorlegen. Sie plant, die Rentenbeitragszahlungen schrittweise steuerfrei zu stellen, die späteren Rentenzahlungen hingegen nach und nach zu besteuern.

Bis zur Neuregelung bleibt für die Rentner alles beim Alten, auch eine rückwirkende Belastung der Ruheständler schließt das Gericht aus. Für die Masse der jetzigen Rentner werde sich ohnehin nichts ändern, erklären Bundesfinanzminister Hans Eichel und Arbeitsminister Walter Riester (beide SPD) unisono.

Nach den Vorstellungen der zuständigen Finanzstaatssekretärin Barbara Hendricks (SPD) soll der Übergang innerhalb von 30 Jahren vollzogen werden. Nach Ansicht der Oppositionsparteien steht mit dem Richterspruch jedoch die rot-grüne Rentenreform auf dem Prüfstand. Die bisher gemachte Zusage, das Rentenniveau werde dauerhaft nicht unter 67 % sinken, könnte in Frage gestellt werden, wenn die Altersgelder durch Steuern geschmälert würden.

19. MÄRZ

Inlineskater sind Fußgänger

Inlineskater gelten als Fußgänger und müssen Gehwege benutzen.

Nach einem Urteil des Bundesgerichtshofes (BGH) in Karlsruhe sind Inlineskater eher Fußgänger als Radfahrer. Die Richter des BGH fordern zugleich den Gesetzgeber auf, möglichst bald klare Regeln für diese Verkehrsteilnehmer zu schaffen.

In dem zur Verhandlung anstehenden Streitfall war eine Skaterin auf einer öffentlichen Straße gefahren und mit einem Motorroller kollidiert.

Berliner Skater demonstrieren für die Erlaubnis zur Nutzung von Radwegen.

---

27. MÄRZ

Blutbad im Stadtrat

Ein Amokläufer tötet im Rathaus des Pariser Vororts Nanterre acht Mitglieder des Stadtrates.

Der Überfall ereignet sich nach dem Ende der Sitzung nachts um 1.15 Uhr. Durch die Schüsse werden noch weitere 19 Kommunalpolitiker verletzt, 14 von ihnen schwer. Der psychisch kranke Täter hat zuvor als Zuhörer die Sitzung im Rathaussaal der 90 000-Einwohner-Gemeinde verfolgt.

Er wird schließlich von beherzten Stadträten überwältigt und begeht bei seiner Vernehmung am folgenden Tag durch einen Sprung aus dem Fenster im vierten Stock des Kommissariats Selbstmord.

Zuvor hat der 33-jährige Richard Durn ein formelles Geständnis abgelegt. Er war jugoslawischer Herkunft und befand sich seit Jahren in psychiatrischer Behandlung. Die als Tatwaffen verwendeten drei Pistolen hatte er sich als Sportschütze legal besorgt. Die Bluttat wird auch Thema im Wahlkampf (→ 5.5./S. 48). Der sozialistische Premier Lionel Jospin trifft bereits um vier Uhr früh am Tatort ein, Präsident Jacques Chirac zwei Stunden später. Beide verurteilen die »Wahnsinnstat«.

14 000 Menschen auf der Trauerfeier

---

3. MÄRZ

Schweiz sagt Ja zur UNO

Im zweiten Anlauf stimmt die Schweiz für den UNO-Beitritt.

Allerdings müssen die UNO-Freunde zittern: Während die Stimmbürger mit 54,6 % deutlich für ein Ja votieren, wird die nötige Mehrheit der Kantone (das sog. Ständemehr) nur knapp erreicht. Zwölf Kantone sprechen sich für, elf gegen den Beitritt aus.

Die östliche Hälfte der Schweiz votiert – mit Ausnahme der Kantone Luzern, Zug und Zürich – in der Volksabstimmung mehrheitlich gegen einen UN-Beitritt, die westliche dafür. In Genf, dem europäischen Sitz der UNO, ist die Zustimmung mit einer Mehrheit von zwei Dritteln erwartungsgemäß am höchsten, in Appenzell-Innerrhoden mit 32,5 % am geringsten. Die Wahlbeteiligung liegt bei 57,6 %.

Die relevanten Kräfte des Landes waren ganz überwiegend für den UN-Beitritt eingetreten, zu den Gegnern zählten die Schweizerische Volkspartei (SVP) um ihren rechtspopulistischen Vorsitzenden Christoph Blocher und die mit ihr verbündete Aktion für eine Unabhängige und Neutrale Schweiz (AUNS).

Plakate für und – aus Sorge um die Neutralität – gegen den UNO-Beitritt

---

31. MÄRZ

Ukraine: Erfolg für Reformer

Die Wahl in der Ukraine erbringt für die Reformer einen Achtungserfolg.

Das Bündnis »Unsere Ukraine« des 2001 auf Druck der Kommunisten und Industrieverbände als Premier gestürzten Viktor Juschtschenko liegt mit 110 von 450 Sitzen knapp vor dem Wahlblock »Für eine vereinte Ukraine«, der Staatschef Leonid Kutschma unterstützt. Noch vier weitere Parteien überwinden die Vierprozenthürde, darunter die Kommunisten, die erstmals seit der Unabhängigkeit 1991 hinter die Reformer zurückfallen.

Reformpolitiker Viktor Juschtschenko

---

17. MÄRZ

Portugal wählt rechte Mehrheit

Die vorzeitige Parlamentswahl bringt Portugal einen Rechtsruck.

Anstelle der bisher regierenden Sozialisten ist nun die PSD stärkste politische Kraft. Die konservativ-liberale Partei unter ihrem Spitzenkandidaten José Manuel Durão Barroso verfehlt aber mit 40,1 % der Stimmen und 105 Sitzen trotz deutlichen Zugewinns die absolute Mehrheit im 230 Sitze zählenden Parlament. Zur Regierung braucht sie die Stimmen der 14 Abgeordneten der rechtskonservativen Volkspartei (CDS/PP).

Sieger: José Manuel Durão Barroso

30. MÄRZ

Großbritannien trauert um »Queen Mum«

Die britische Königinmutter stirbt im Alter von 101 Jahren auf ihrer Residenz in Schloss Windsor.

Sie schläft um 15.15 Uhr (16.15 Uhr MEZ) friedlich ein. Die Mutter von Königin Elisabeth II., von den Briten liebevoll »Queen Mum« genannt, hatte sich vor Weihnachten eine schwere Erkältung zugezogen, von der sie sich nicht mehr erholte.

Für die Königin ist es bereits der zweite schmerzliche Verlust in kurzer Zeit. Im Februar war ihre jüngere Schwester, Prinzessin Margaret, im Alter von 71 Jahren gestorben.

Im Jahr 1936 hatte der überraschende Thronverzicht Edwards VIII. (wegen unstandesgemäßer Heiratspläne) aus der am 4. August 1900 als Elizabeth Angela Marguerite Bowes-Lyon geborenen Gattin (seit 1923) von Albert Windsor, dem Herzog von York, eine Monarchin gemacht: Ihr Mann bestieg als Georg VI. den Thron.

Seit dessen Tod 1952 nannte man sie »Queen Mum«; sie war eines der populärsten Mitglieder der »Royals«.

Mitglieder der Königsfamilie folgen dem Sarg, als er am 9. April aus Westminster Abbey getragen wird (l.); der 99. Geburtstag der Königinmutter: V.l. Prinz Andrew, »Queen Mum«, die Herzogin von Wessex, Kronprinz Charles, Prinz Edward (verdeckt), Prinz William, ein Bediensteter, Elisabeth II., Peter Philipps, Prinz Harry, Prinzessin Margaret, Prinzgemahl Philip und Prinzessin Anne

18. MÄRZ

Flüchtlinge vor Sizilien

Ein Schiff mit über 1000 Kurden wird vor Sizilien aufgebracht.

Nach einer Irrfahrt durchs Mittelmeer wird die »Monica« in den Hafen von Catania geschleppt. Der 75 m lange Frachter kam aus dem Libanon.

Als die Küstenwache den unter der Flagge von Tonga fahrenden maroden Frachter zehn Meilen vor Syrakus stoppte, um Soldaten der italienischen Finanzpolizei an Bord zu lassen, drohten die Flüchtlinge – mehrheitlich syrische Kurden – nach Angaben der Behörden damit, einige der etwa 300 Kinder über Bord zu werfen.

Während Schlepper das Schiff in den Hafen ziehen, spielen sich an Bord dramatische Szenen ab. Eine hochschwangere Frau bringt ein Kind zur Welt, das mit einem Hubschrauber geborgen wird; die achtköpfige Besatzung macht die Motoren betriebsunfähig und versucht sich unter die illegalen Einwanderer zu mischen.

Die Ankunft der bislang größten Zahl von Flüchtlingen an Bord eines einzelnen Schiffes löst in Italien eine heftige politische Debatte aus. Am 20. März ruft die italienische Regierung auf Sizilien – zur Abwehr illegaler Einwanderer – den Notstand aus.

Der mit Flüchtlingen überladene Frachter »Monica« vor der Küste von Sizilien

10. MÄRZ

Simbabwe: Mugabe zu Wahlsieger erklärt

Aus den Präsidentschaftswahlen in Simbabwe geht Amtsinhaber Robert Mugabe als Sieger hervor.

Mugabe steht seit 1980 an der Spitze des afrikanischen Landes und wird nun für weitere sechs Jahre bestätigt. Wegen der Modalitäten des Wahlgangs gerät Simbabwe jedoch international ins Abseits.

Nach amtlichen Angaben erhält Mugabe 54 %, sein Herausforderer Morgan Tsvangirai 40 % der Stimmen, drei weitere Kandidaten bekommen zusammen 6 %. Die Wahlbeteiligung liegt offiziell bei 56 %. Der frühere Gewerkschaftsführer Tsvangirai und seine 1999 gegründete Partei Movement for Democratic Change (MDC) weisen dieses Ergebnis zurück.

Zwar wurden im Großraum Harare wegen des Andrangs die für den 9./10. März angesetzten Wahlen per Urteil des Obersten Gerichts um einen Tag verlängert, dennoch blieb Tau-

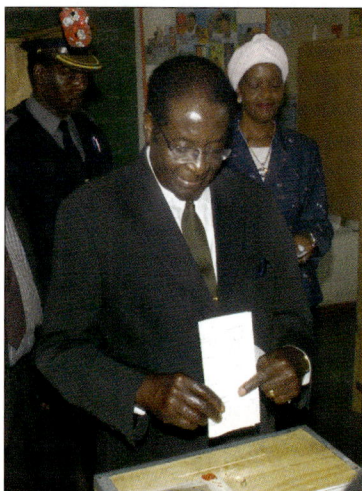

Robert Mugabe bei der Stimmabgabe (o.); Anhänger von Morgan Tsvangirai

senden die Stimmabgabe verwehrt. Zuvor waren diverse Wahlvorschriften zum Nachteil der Opposition erlassen worden. Dazu zählten Eingriffe in die Wählerregister und die Öffnungszei-

ten der Wahllokale, vor allem in den großen Städten Harare und Bulawayo. Wegen der Unterdrückung der Opposition schließt das Commonwealth Simbabwe für zunächst ein Jahr aus.

HINTERGRUND

Chaotische Lage durch Landreform

Unter der Herrschaft von Robert Mugabe ist das einst blühende Simbabwe in Armut und Chaos versunken. Seitdem im Februar 2000 Tausende Anhänger seiner Partei ZANU-PF und sog. Veteranen des Unabhängigkeitskrieges (1972–1980) damit begonnen haben, mehr als 1700 Farmen von weißen Landbesitzern gewaltsam zu besetzen, und Mugabe die Großgrundbesitzer enteignen ließ, liegen viele Felder brach.

Bis zum Wahltag sind zehn Farmer umgebracht worden, Zehntausende Landarbeiter haben ihre Beschäftigung verloren. Vier von fünf Simbabwern leben unterhalb der Armutsgrenze. USA und EU reagierten auf Mugabes Politik mit Sanktionen, Kredite wurden ausgesetzt. Erstmals seit vielen Jahren ist das Land – einst mit Südafrika der Brotkorb der Region – von internationaler Lebensmittelhilfe abhängig.

14. MÄRZ

Jugoslawien heißt künftig »Serbien und Montenegro«

Die beiden jugoslawischen Teilrepubliken Serbien und Montenegro einigen sich auf einen Staatenbund.

Die Bundesrepublik Jugoslawien wird in Zukunft »Serbien und Montenegro« heißen. Dies vereinbaren führende Politiker Jugoslawiens sowie der beiden Teilrepubliken unter Vermittlung des EU-Außenbeauftragten Javier Solana in Belgrad.

Nach Angaben des jugoslawischen Präsidenten Vojislav Kostunica handelt es sich bei dem, was nun entsteht, »weder um eine Konföderation noch um ein lockeres Staatenbündnis, sondern um etwas ganz Neues«.

Kostunica würdigt das »konstruktive Entgegenkommen« des Präsidenten von Montenegro, Milo Djukanovic. Er hatte lange Zeit eine staatliche Eigenständigkeit angestrebt.

Das Abkommen soll für zunächst drei Jahre gelten. Der damit geschaffene »Staat auf Probe« hat eine gemeinsame Armee und ein Oberstes Gericht; das Einkammer-Parlament wählt das Staatsoberhaupt, das die Regierung bestimmt. Es gibt aber keine gemeinsame Währung und zwei getrennte Wirt-

schaftsräume. Bei einer eventuellen späteren Trennung wird Serbien Rechtsnachfolger Jugoslawiens.

Die Gründung dieses staatlichen Provisoriums erfolgt vor dem Hintergrund der Lage im Kosovo. Ein unabhängiges Montenegro hätte den Autonomiebestrebungen in der südjugoslawischen Provinz Auftrieb gegeben. Deren Parlament wählte am 4. März in Pristina den Chef der größten Partei, der Demokratischen Liga Kosovos (LDK), Ibrahim Rugova, zum Präsidenten. Zuvor hatte Streit um die Verteilung der Macht seine Wahl bei drei Anläufen verhindert.

◁ *Widerwillige Partner: Vojislav Kostunica (l.) und Milo Djukanovic*

▷ *Ibrahim Rugova (im roten Pullover) in Pristina bei der Parlamentswahl am 17. November 2001*

Erdbeben erschüttert Afghanistan

Mehrere schwere Erdstöße erschüttern den Norden Afghanistans.

Betroffen sind vor allem die Bezirke Nahrin und Burka in der Provinz Baghlan. Mehr als 1000 Menschen kommen ums Leben, an die 150 000 werden obdachlos. Das erste Beben um 19.26 Uhr Ortszeit (15.56 Uhr MEZ) hat eine Stärke von 6,1 auf der Richterskala. Weil das Epizentrum nur 8 km tief unter der Erde liegt, ist die Schadenwirkung verheerend. Zwei der nachfolgenden Beben haben eine Stärke von 5,0.

Die Stadt Nahrin wird fast völlig zerstört, in der Umgegend werden 44 Dörfer teilweise verwüstet. Baghlan liegt ca. 150 km von Kabul entfernt im afghanischen Teil des Hindukusch-Gebirges. Reisen dorthin sind schwierig, da die Passstraßen sehr schmal und häufig zugeschneit sind. Bis Ende 2001 war die Provinz, in der rd. 80 000 Menschen ansässig sind, Schauplatz schwe-

Überlebende des Erdbebens in einem deutschen Feldhospital in Nahrin

rer Kämpfe zwischen den Taliban und der Nordallianz.

Erst am 3. März hat ein Erdbeben der Stärke 7,2 den Nordosten des Landes erschüttert. Dabei sind mehr als 100 Einwohner zweier Dörfer in der Provinz Badachschan ums Leben gekommen.

Hollywood prämiert schwarze Stars

Die 74. Oscar-Nacht steht im Zeichen der afroamerikanischen Stars.

Erstmals zeichnet die Academy of Motion Picture Arts and Sciences mit Denzel Washington (für seinen Auftritt in dem Polizeithriller »Training Day«) und Halle Berry (für ihre Rol-

le in dem Rassismus-Drama »Monster's Ball«) zwei afroamerikanische Schauspieler als beste Darsteller mit dem begehrtesten aller Filmpreise aus. Zudem erhält der 75 Jahre alte Sidney Poitier – ebenso wie Robert Redford – von der Academy einen Ehren-Oscar. Er hatte als erster Afroamerikaner 1964 den Preis für die beste Hauptrolle erhalten.

Die von vielen Kennern der Szene als Favoriten gehandelten Darsteller Russell Crowe (»A Beautiful Mind«), Sean Penn (»I Am Sam«) und Will Smith (»Ali«) gehen leer aus. Berry, die ihren Preis in Tränen aufgelöst entgegennimmt, ist die erste Afroamerikanerin mit einem Hauptrollen-Oscar überhaupt. Sie setzt sich bei der Abstimmung der Filmkunstakademie u. a. gegen Judi Dench (»Iris«), Nicole Kidman (»Moulin Rouge«) und Sissy Spacek (»In the Bedroom«) durch.

Als bester Film des Jahres wird erwartungsgemäß »A Beautiful Mind« ausgezeichnet. Der Film von Ron Howard erzählt die Geschichte des unter Schizophrenie leidenden Nobelpreisträgers John Nash und erhält außer dem Hauptpreis noch drei weitere Oscars.

◁ *Russell Crowe als Mathematiker John Nash in »A Beautiful Mind«*

▷ *Halle Berry und Denzel Washington mit ihren Trophäen*

Schächter neuer ZDF-Intendant

Der neue Intendant des Mainzer Senders heißt Markus Schächter.

Nach monatelangem Tauziehen wählt der Fernsehrat des Zweiten Deutschen Fernsehens den bisherigen Programmdirektor zum Nachfolger von Dieter Stolte, der am 14. März nach 40 Jahren, davon 20 Jahre als Intendant, aus dem ZDF ausscheidet.

Schächter erhält 51 von 67 Stimmen. Gegen den 52-Jährigen votieren zehn Fernsehräte, fünf enthalten sich, eine Stimme ist ungültig.

Seit dem 6. Dezember hatten sich die beiden der SPD bzw. der CDU/CSU nahe stehenden Fraktionen im Fernsehrat gegenseitig blockiert. Die Kandidaten Dagmar Reim, Helmut Reitze, Gottfried Langenstein und zuletzt ARD-Programmdirektor Günter Struve blieben ohne Mehrheit, letzterer mit gerade einmal 33 zu 34 Stimmen.

Schließlich hatte – so ist zu hören – der rheinland-pfälzische Ministerpräsident Kurt Beck (SPD) seinen thüringischen Amtskollegen Bernhard Vogel (CDU) überreden können, Schächter als gemeinsamen Kandidaten vorzuschlagen, obwohl dieser als CDU-nah gilt und in den Anfängen seiner Medienkarriere von 1977 bis 1981 Pressesprecher der CDU-Politikerin Hanna Renate Laurien gewesen war.

Markus Schächter kam 1981 zum ZDF und leitete u. a. 1986 bis 1992 das Kinder- und Jugendprogramm.

10. MÄRZ

Österreicher im Ski-Weltcup wiederum vorn

Stephan Eberharter und Michaela Dorfmeister heißen die Sieger im alpinen Ski-Weltcup 2001/02.

Eberharter gewinnt als dritter Österreicher nach Karl Schranz und dem nach einem Unfall verletzten Hermann Maier die große Kristallkugel des alpinen Jahresbesten. In der Gesamtwertung liegt er mit 1702 Punkten weit vor dem Norweger Kjetil-Andre Aamodt (1096) und dem Schweizer Didier Cuche (1064). Schon vor den Olympischen Spielen (→ 8.2./S. 23) hatte sich Eberharter auch den Abfahrts-Weltcup vor seinem Landsmann Fritz Stobl gesichert. Als dritte Kristallkugel holt sich Eberharter die Disziplinwertung im Super-G.

Sogar im Riesenslalom-Weltcup hatte Eberharter noch eine Chance auf den Gesamtsieg; dann hätte er durch vier Erfolge mit dem Franzosen Jean-Claude Killy (1967) und seinem Landsmann Maier (2000 und 2001) gleichgezogen. Doch den in der Disziplinwertung führenden Franzosen Frédéric Covili kann Eberharter nicht mehr abfangen.

Weitere Siege kann die kroatische Familie Kostelic feiern. Nach den drei olympischen Goldmedaillen von Janica Kostelic gewinnt ihr älterer Bruder Ivica den Slalom-Weltcup.

Bei Olympia ohne Medaille, kann sich Michaela Dorfmeister mit dem Sieg im Gesamt-Weltcup trösten und ihre Saison noch erfolgreich abschließen. Als beste deutsche Alpine gewinnt Hilde Gerg zum zweiten Mal nach 1997 die Disziplinwertung im Super-G. Durch die Absage des vorletzten Rennens und die schwere Sturzverletzung ihrer Konkurrentin Renate Götschl aus Österreich stand Gerg schon eine Woche vor dem alpinen Saisonfinale (6.–10. 3.) als Siegerin fest.

Die Schweizerin Sonja Nef sichert sich die kleine Kristallkugel für den Sieg im Riesenslalom-Weltcup; Isolde Kostner (Italien) holt sich den Abfahrts-Weltcup und die Französin Laure Pequegnot bekommt die Auszeichnung als beste Slalomfahrerin.

Hilde Gerg, bei Olympia nur Vierte, und Stephan Eberharter mit den kleinen Kristallkugeln für den Super-G

Die gebürtige Wienerin Michaela Dorfmeister (l.) und die Dritte im Gesamt-Weltcup, Sonja Nef aus der Schweiz

12. MÄRZ

Doping bei Paralympics

Ein Dopingfall überschattet die Winterspiele der Behinderten.

Der Langläufer und Aktivensprecher Thomas Oelsner wird wegen positiven Dopingbefunds ausgeschlossen. Zwei Goldmedaillen werden ihm aberkannt. Deutschland liegt dennoch in der Medaillenwertung der VIII. Paralympics in Salt Lake City (8.–16.3.) mit 17-mal Gold, einmal Silber und 15-mal Bronze erstmals vorn.

Einmarsch der deutschen Mannschaft bei der Eröffnung der VIII. Paralympics

9. MÄRZ

Hockeyherren ganz oben

Deutschlands Hockeyherren sind zum ersten Mal Weltmeister.

Die Auswahl von Trainer Bernhard Peters besiegt im Finale in Kuala Lumpur die Australier mit 2:1.

Vor gut 15 000 Zuschauern muss das deutsche Team zunächst das 0:1 durch Troy Elder (31. Minute) nach der zweiten Strafecke verkraften. Florian Kunz (34.) gleicht aus, Oliver Domke (63.) trifft zum 2:1.

Christoph Elmer setzt sich beim 3:0 gegen Belgien rasant gegen Giles Petre durch.

1. April, Ostermontag

Bethlehem: Israelische Panzer rücken in die Städte Kalkilia, Tulkarem und Bethlehem ein. → S. 36

Marseille: Die Synagoge der südfranzösischen Stadt wird durch ein Attentat völlig zerstört. → S. 37

2. April, Dienstag

Oberpfaffenhofen: Der Flugzeugbauer Fairchild Dornier reicht einen Insolvenzantrag ein.

3. April, Mittwoch

Wrestedt: Zwei Männer, die am Vortag in dem niedersächsischen Ort zwei Bankangestellte als Geiseln genommen haben, geben nach 22-stündiger Irrfahrt auf. → S. 45

4. April, Donnerstag

Luanda: Die angolanische Armee und die UNITA-Rebellen beenden per Waffenstillstandsabkommen den 27-jährigen Bürgerkrieg (→ 22.2./S. 20).

5. April, Freitag

Taschkent: Das Parlament in Usbekistan verlängert die Amtszeit von Präsident Islam Karimow um zwei Jahre.

6. April, Samstag

Köln: RTL strahlt die erste Sendung der »80er Show« aus. → S. 45

7. April, Sonntag

San José: Abel Pacheco gewinnt die Präsidentenwahl in Costa Rica. → S. 44

SPRUCH DES MONATS

»Unsere Schule ist kein Mahnmal. Unsere Schule ist unsere Schule.«
Michaela Seidel, Schülersprecherin des Erfurter Johann-Gutenberg-Gymnasiums, in einer Pressekonferenz nach dem Amoklauf, bei dem 17 Menschen starben.

Belgrad: Der Deutsche Timo Boll ist Tischtennis-Europameister. → S. 46

8. April, Montag

München: Die KirchGruppe stellt einen Insolvenzantrag für ihr Kerngeschäft KirchMedia. → S. 41

9. April, Dienstag

Berlin: Das Abgeordnetenhaus billigt die milliardenteure Absicherung für die angeschlagene Bankgesellschaft Berlin und sichert so deren Fortbestand.

10. April, Mittwoch

Weimar: Bundeskanzler Gerhard Schröder und der russische Präsident Wladimir Putin einigen sich über sowjetische Altschulden. → S. 40

11. April, Donnerstag

Djerba: Bei einer Explosion auf der tunesischen Insel erleiden 19 Menschen tödliche Verletzungen. → S. 42

Karlsruhe: Das Bundesverfassungsgericht erklärt, es sei mit dem Gleichheitsgebot des Grundgesetzes vereinbar, dass nur Männer zum Wehrdienst herangezogen werden. → S. 41

12. April, Freitag

Katmandu: Bei Maoisten-Überfällen im Westen Nepals sterben mindestens 160 Personen. → S. 44

13. April, Samstag

Erfurt: Mit einem ökumenischen Gottesdienst wird im Erfurter Dom eine bundesweite »Woche für das Leben« eröffnet, die für den Schutz des ungeborenen Lebens sensibilisieren will.

14. April, Sonntag

Caracas: Nur zwei Tage nach seinem Sturz kehrt der venezolanische Präsident Hugo Chávez zurück. → S. 44

Dili: José Alexandre Gusmão gewinnt die Präsidentschaftswahlen in Osttimor (→ 20.5./S. 50).

Augusta: Eldrick Tiger Woods gewinnt das US-Golf-Masters. → S. 46

15. April, Montag

Hamburg: VW-Chef Ferdinand Piëch fährt den Prototyp des Ein-Liter-Autos von Wolfsburg nach Hamburg. → S. 45

Berlin: Die Austragungsorte für die Fußball-WM 2006 in Deutschland werden ausgewählt. → S. 46

16. April, Dienstag

Den Haag: Wegen der Rolle niederländischer Blauhelm-Soldaten beim Massaker in der bosnischen Muslim-Enklave Srebrenica 1995 tritt die niederländische Regierung zurück (→ 15.5./S. 49).

Rom: Etwa 20 Mio. Menschen beteiligen sich an einem achtstündigen Generalstreik in Italien. → S. 43

17. April, Mittwoch

Marzabotto: Bundespräsident Johannes Rau gedenkt in dem italienischen Ort der Opfer eines Massakers der Waffen-SS vor 58 Jahren. → S. 42

Dresden: Sachsens Ministerpräsident Kurt Biedenkopf (CDU) gibt sein Amt auf. Sein Nachfolger heißt Georg Milbradt (CDU). → S. 40

Stuttgart: Die deutsche Fußball-Nationalelf verliert ein Länderspiel gegen Argentinien 0:1 (0:0).

18. April, Donnerstag

Mailand: Drei Menschen kommen ums Leben, als ein Kleinflugzeug in das Pirelli-Hochhaus rast. → S. 43

19. April, Freitag

Den Haag: Zum Abschluss der UNO-Konferenz über den Artenschutz billigen mehr als 160 Staaten ein Aktionsprogramm zum Urwaldschutz.

20. April, Samstag

Berlin: Aus dem Brücke-Museum werden neun expressionistische Kunstwerke gestohlen (→ 17.5./S. 55).

21. April, Sonntag

Magdeburg: Die Wähler in Sachsen-Anhalt votieren für einen Machtwechsel. → S. 39

Paris: Im ersten Durchgang der französischen Präsidentschaftswahl erreicht der Führer des rechtsextremen Front National, Jean-Marie Le Pen, die zweithöchste Stimmenzahl (→ 5.5./S. 48).

Budapest: In Ungarn gewinnen die Sozialisten und Liberalen die Parlamentswahl. → S. 44

Köln: Die Kölner Haie entscheiden die 82. Deutsche Eishockeymeisterschaft für sich. → S. 46

22. April, Montag

Berlin: Medikamente und Heilmittel sollen in Deutschland bald auch über den Internet-Versandhandel verkauft werden. Darauf verständigt sich der »Runde Tisch Gesundheit«.

23. April, Dienstag

Vatikanstadt: Papst Johannes Paul II. kündigt harte Strafen gegen Priester an, die sich des Kindesmissbrauchs schuldig gemacht haben. → S. 43

24. April, Mittwoch

Prag: Das tschechische Parlament spricht sich gegen eine Eigentumsrückgabe an Sudetendeutsche aus (→ 19.5./S. 53).

25. April, Donnerstag

Berlin: Der Bundestag billigt das Gesetz zum Import von embryonalen Stammzellen. → S. 41

Baikonur: Der Südafrikaner Mark Shuttleworth startet als zweiter Tourist ins All. → S. 45

26. April, Freitag

Erfurt: Ein ehemaliger Schüler richtet im Gutenberg-Gymnasium ein Blutbad an. → S. 38

PERSON DES MONATS

Julia Deeg

Die 21-jährige Berliner Kindergärtnerin dringt mit etwa 40 Friedensaktivisten am 31. März in das Hauptquartier von Palästinenserpräsident Jasir Arafat in Ramallah ein, um gegen die israelische Politik gegenüber den Palästinensern zu protestieren; israelische Panzer haben am 29. März das Gebäude umstellt und Arafat damit unter Hausarrest gestellt. Am 2. Mai, nach dem Abzug der Israelis, kommt auch Julia Deeg frei.

---

27. April, Samstag

Magdeburg: Die Handballer vom SC Magdeburg gewinnen durch ihren Sieg über Fotex Veszprem die Champions League. → S. 46

28. April, Sonntag

Wladikawkas: Bei einer Explosion in der russischen Stadt werden mindestens neun Menschen getötet. Die Behörden gehen von einem Terrorakt aus.

29. April, Montag

Kiel: Der Landtag von Schleswig-Holstein setzt einen Untersuchungsausschuss ein, der u.a. die Affäre um einen Ex-Mitarbeiter der Staatskanzlei aufklären soll. → S. 39

Antananarivo: Nach monatelangem Streit wird Marc Ravalomanana gerichtlich zum Sieger der Präsidentschaftswahl auf Madagaskar erklärt (→ 28.1./S. 9).

30. April, Dienstag

Karlsruhe: Mit einem Festakt wird der Wechsel an der Spitze des Bundesverfassungsgerichts vollzogen. → S. 40

16 Menschen sterben am 31. März bei einem Selbstmordanschlag in Haifa.

Ein mutmaßlicher Selbstmordattentäter wird vom Polizeiroboter abgetastet.

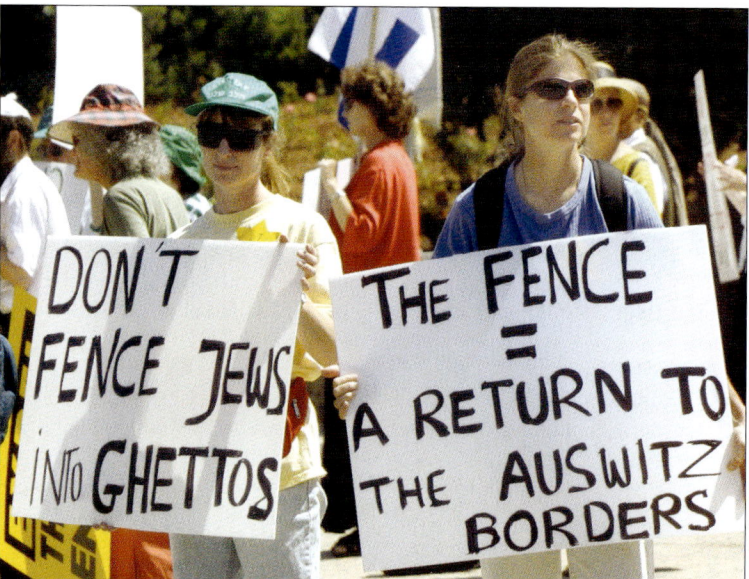

Proteste in Israel gegen den Bau eines Schutzzauns zu den Palästinensergebieten; am 16. Juni wird beschlossen, einen solchen Zaun zu errichten, um das Eindringen von Terroristen nach Israel zu verhindern.

Nach Terrorserie besetzt

Israelische Panzer rücken in die Städte Kalkilia, Tulkarem und Bethlehem ein. Am Abend wird in Bethlehem die Geburtskirche Christi umstellt, in der sich über 100 teils bewaffnete Palästinenser verschanzt haben.

Am 2. April dringen israelische Truppen auch in das Flüchtlingslager Dschenin vor. Die besetzten Orte gehören zum palästinensischen Autonomiegebiet im Westjordanland.

»Operation Schutzwall«: Der Vormarsch erfolgt im Rahmen der am 29. März gestarteten »Operation Schutzwall«, der größten israelischen Militäroffensive im Westjordanland seit 1967. In einem ersten Schritt umstellte israelisches Militär das Hauptquartier von Palästinenserpräsident Jasir Arafat in Ramallah.

Kämpfe in Dschenin: In dem Flüchtlingslager Dschenin, aus dem viele Selbstmordattentäter stammen sollen, kommt es zu schweren Kämpfen zwischen Israelis und bewaffneten Palästinensern. Dabei werden Teile des Lagers verwüstet, 4000 Palästinenser werden festgenommen. Erst am 19.

April zieht sich die israelische Armee zurück, legt aber einen Belagerungsring um die Stadt. Eine UNO-Delegation äußert sich entsetzt über die Verwüstungen im Lager, die palästinensische Seite spricht davon, dass Israel ein »Massaker« angerichtet habe. Einer UNO-Kommission, die diesen Vorwürfen vor Ort nachgehen will, verweigert die israelische Regierung den Zutritt.

Ein Expertenteam der UNO stellt gleichwohl Ermittlungen an und kommt Anfang August zu dem Schluss, dass es kein Massaker in Dschenin gegeben habe. 52 Palästinenser seien bei den Kämpfen im Lager ums Leben gekommen, davon die Hälfte Zivilisten.

Belagerung der Geburtskirche: Die Belagerung der Geburtskirche in Bethlehem wird erst am 10. Mai aufgegeben. 13 Palästinenser, die sich in der Basilika verschanzt haben und von Israel als besonders gefährlich eingestuft werden, fliegen mit einer britischen Militärmaschine nach Zypern aus, 26 weitere werden nach Gasa gebracht, die übrigen 84 palästinensischen Zivilis-

Arafat wieder unter Hausarrest

Mit der »Operation Schutzwall« verfolgt die israelische Regierung offenbar das Ziel, die palästinensische Autonomiebehörde zu lähmen. Jasir Arafat, den der israelische Premier Ariel Scharon seit Dezember 2001 nicht mehr als Verhandlungspartner akzeptiert, soll von der Außenwelt abgeschnitten werden.

Am 29. März sind israelische Truppen in Ramallah eingedrungen, haben das dortige Hauptquartier Arafats umstellt und den Gebäudekomplex bis auf sein Büro zerstört. Arafat ist zeitweise von der Strom- und Wasserversorgung abgeschnitten.

Der Palästinenserpräsident war im Dezember 2001 schon einmal von den Israelis in Ramallah unter Hausarrest gestellt worden, konnte sich aber ab dem 25. Februar zunächst in der Stadt, dann in den gesamten Autonomiegebieten wieder frei bewegen. Zuvor hatten palästinensische Sicherheitsbehörden zwei Verdächtige festgenommen, die an der Ermordung des israelischen Tourismusministers Rehavam Zeevi im Oktober 2001 beteiligt gewesen sein sollen.

Am 1. Mai ziehen sich die israelischen Panzer aus Ramallah zurück, und auch in diesem Fall scheint die Aufhebung des Hausarrests für Arafat mit der Verfolgung der Mörder Zeevis in Zusammenhang zu stehen: Am 25. April hat ein palästinensisches Militärgericht in Arafats Hauptquartier vier Palästinenser, die von Israel wegen der Ermordung Zeevis gesucht wurden, zu Haftstrafen verurteilt, am 1. Mai sind sie und zwei weitere von Israel Gesuchte an internationale Beobachter übergeben worden.

Arafat kann am 2. Mai das Gebäude erstmals wieder verlassen und sich innerhalb des Westjordanlandes und im Gasastreifen frei bewegen. Falls er ins Ausland reisen sollte, garantiert ihm Israel nicht die Rückkehr, sofern es in seiner Abwesenheit zu einem schweren Terroranschlag in Israel kommt. Auch die Reise Arafats zum Gipfeltreffen der Arabischen Liga in Beirut hatte die israelische Regierung nur unter der Bedingung gestattet, dass er akzeptiert, dass ihm die Rückkehr verweigert werden kann. Arafat reiste nicht.

1. APRIL

Israel palästinensische Autonomiestädte

ten kommen frei. Die nach Zypern transportierten Palästinenser werden, so die Vereinbarung mit Israel, auf verschiedene EU-Staaten verteilt.

Vorausgegangene Eskalation: Die Offensive im Westjordanland erfolgte nach einer Serie palästinensischer Selbstmordanschläge in Israel, wie es sie in diesem Ausmaß seit der Staatsgründung 1948 noch nicht gegeben hatte. Im März starben an den Folgen von Terrorakten, zu denen sich palästinensische Organisationen bekannten, über 100 Israelis, allein am 27. März zerfetzte eine Bombe in einem Hotel in Netanja 28 israelische Hotelgäste und den Selbstmordattentäter.

Zur Rechtfertigung der Terrorakte verwiesen Hamas und andere Gruppen auf das Vorgehen in den Palästinensergebieten: In den letzten Februar- und ersten Märztagen waren bei israelischen Angriffen auf Flüchtlingslager mindestens 22 Palästinenser ums Leben gekommen, bei der Zerstörung der Zentrale des Polizeichefs von Gasa starben am 6. März 16 Menschen.

Vergebliche Friedensbemühungen: Angesichts der Eskalation der Gewalt scheitern alle Bemühungen, beide Seiten auch nur zu einer Waffenruhe zu bewegen. Ein zweitägiger Gipfel der Staaten der Arabischen Liga in Beirut endete am 28. März mit dem Angebot von Sicherheitsgarantien und »normalen Beziehungen« an Israel, sofern es sich aus allen seit 1967 besetzten Gebieten zurückzieht, die Gründung eines unabhängigen Palästinenserstaates mit Ost-Jerusalem als Hauptstadt akzeptiert und es zu einer »gerechten Lösung« für die palästinensischen Flüchtlinge von 1948 kommt. In Jerusalem blieb der einen Tag nach dem Attentat in Netanja formulierte Vorschlag ohne Resonanz.

Am 10. April fordern die Vereinten Nationen, die USA, die Europäische Union und Russland in einer in Madrid verabschiedeten gemeinsamen Erklärung Israel und die Palästinenser zu einer sofortigen Einstellung der Kämpfe auf, ohne allerdings mit Sanktionen zu drohen.

US-Außenminister Colin Powell, der Anfang April in die Krisenregion gereist ist, erklärt am 17. April nach einem Gespräch mit Arafat, dass eine Waffenruhe unter den gegebenen Umständen nicht auszuhandeln sei. Sein Aufenthalt bewegt Israel allerdings dazu, die »Operation Schutzwall« zu stoppen.

Neue Gewalt: Die Spirale der Gewalt dreht sich im Juni weiter. Am 5. Juni sterben bei einem Selbstmordanschlag auf einen Bus in der israelischen Stadt Megiddo 18 Menschen, woraufhin Israel Hubschrauberangriffe auf Dschenin fliegt und Panzer vor Arafats Hauptquartier in Ramallah auffahren lässt. Am 18. Juni fordert ein Anschlag auf einen Bus im Jerusalemer Vorort Katamon 20 Menschenleben, tags darauf reißt ein Selbstmordattentäter in Jerusalem sechs Israelis mit in den Tod.

Die israelische Regierung kündigt nun einen Strategiewechsel an und beschließt die Wiederbesetzung der Palästinensergebiete. Binnen weniger Tage sind sechs autonome Palästinenserstädte im Westjordanland eingenommen und umstellt; nur Jericho und Hebron bleiben von der Militäraktion ausgenommen (→ 8.8./S. 82; 19.11./S. 113).

Verwüstungen im Flüchtlingslager Dschenin; israelische Truppen sind dort am 2. April eingedrungen und haben sich Kämpfe mit bewaffneten Palästinensern geliefert.

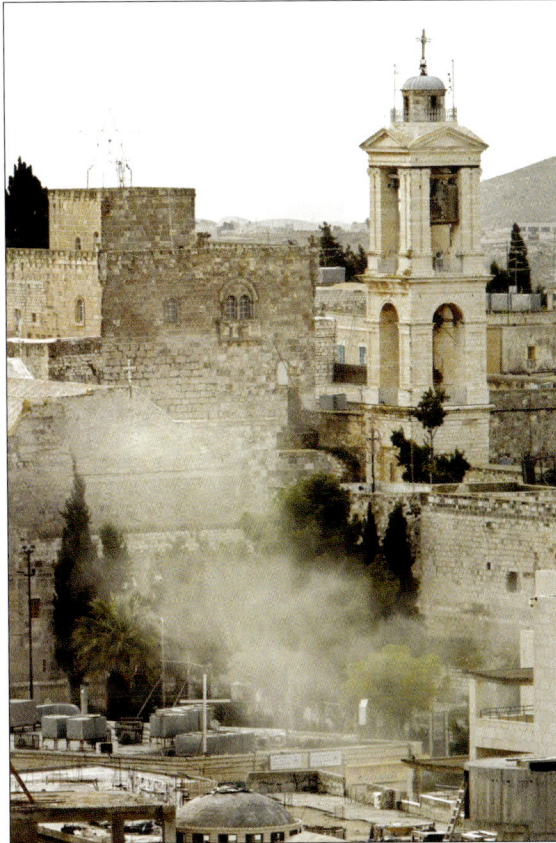

In die Geburtskirche in Bethlehem haben sich über 100 teils bewaffnete Palästinenser zurückgezogen. Erst am 10. Mai gibt Israel die Belagerung der Basilika auf.

14. APRIL

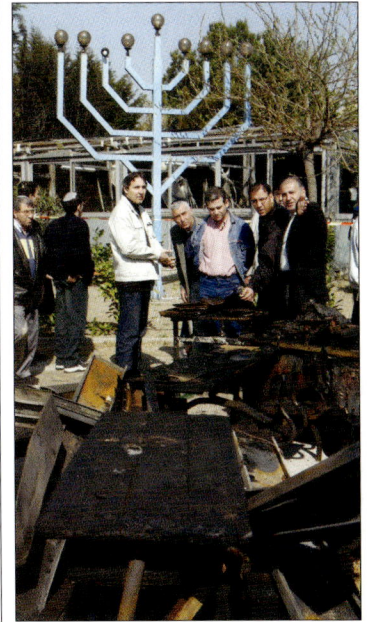

Mitglieder der jüdischen Gemeinde von Marseille besichtigen den Tatort nach dem Brand.

Synagogen Ziel von Anschlägen

Durch Brandstiftung wird die Synagoge in der südfranzösischen Stadt Marseille völlig zerstört. Personenschäden entstehen nicht.

Unbekannte brechen mit einem Benzinkanister in das jüdische Gotteshaus ein und legen dort Feuer. Das 20 Jahre alte Gebäude brennt in der Nacht zum 1. April völlig nieder.

Der Anschlag gehört zu einer Welle von Attentaten gegen jüdische Einrichtungen in Frankreich. Am 31. März hat es Übergriffe auf Synagogen in Lyon, Montpellier und Straßburg sowie auf eine koschere Schlachterei in Toulouse gegeben. Besonders empört reagiert die französische Öffentlichkeit auf den Anschlag in Lyon, bei dem eine Gruppe von etwa 20 Tätern gestohlene Autos als »Rammböcke« gegen die Synagoge gefahren und die Fahrzeuge anschließend in Brand gesetzt hat. Bis Mitte April werden 360 Übergriffe auf jüdische Einrichtungen in Frankreich registriert.

Nach Auffassung der französischen Sicherheitsbehörden stehen die Anschläge im Zusammenhang mit der israelischen Militäroffensive im Westjordanland. Auch aus Belgien werden antijüdische Aktionen gemeldet. In mehreren deutschen Bundesländern wird der Schutz jüdischer Einrichtungen verstärkt.

26. APRIL

Blutbad in Erfurter Schule

Bei einem Amoklauf im Erfurter Johann-Gutenberg-Gymnasium sterben 17 Menschen, darunter der Täter. Vier Personen werden verletzt.

Der Amokläufer, ein früherer Schüler des Gymnasiums, dringt schwarz vermummt in das Schulgebäude ein und erschießt mit einer Pistole zwölf Lehrkräfte, eine Schülerin, einen Schüler, die Sekretärin sowie einen Polizisten und nimmt sich dann selbst das Leben.

Nachdem die ersten Schüsse gefallen sind, verbarrikadieren sich die Schüler und Lehrer in den Klassenräumen. Die zu Hilfe gerufene Polizei kann sie erst nach Stunden befreien; die Beamten gehen aufgrund von Zeugenaussagen lange Zeit davon aus, dass es sich um mehrere Attentäter handle. Für die traumatisierten Schüler wird der Unterricht erst nach einigen Tagen in einer anderen Schule wieder aufgenommen.

Der 19-jährige Täter war wenige Monate vor dem Abitur wegen gefälschter Atteste von der Schule verwiesen worden und besaß so gemäß dem thüringischen Schulgesetz keinerlei Abschluss. Seine nicht informierten Eltern gingen davon aus, dass er am Tattag eine schriftliche Abiturprüfung ablegen würde.

Ehemalige Mitschüler, Lehrer und Bekannte beschreiben den Amokläufer als zurückgezogen. Seine Freizeit soll er mit Computerspielen wie »Counterstrike« verbracht haben, bei dem der Spieler in einem virtuellen Raum Terroristen abschießt. Die Tatwaffe, eine ebenfalls mitgeführte Pumpgun und große Mengen Munition hatte er sich als Mitglied in einem Schützenverein legal besorgt.

Die Politik reagiert rasch auf das Massaker von Erfurt. Das zufällig am Tattag vom Bundestag verabschiedete neue Waffenrecht wird wenige Wochen später noch einmal verschärft. Nach dem neuen Gesetz wird die Altersgrenze für den Waffenerwerb bei Sportschützen von 18 auf 21 Jahre, bei Jägern von 16 auf 18 Jahre angehoben. Wer einen Antrag auf erstmalige Erteilung einer Schusswaffenerlaubnis stellt und das 25. Lebensjahr noch nicht vollendet hat, muss sich ein ärztliches bzw. psychologisches Zeugnis über seine geistige Eignung ausstellen lassen. »Kampfmäßiges Schießen« wird untersagt, wie auch Pumpguns verboten werden.

Am 14. und 21. Juni billigen Bundestag und Bundesrat außerdem ein Gesetz zur Verschärfung des Jugendschutzes. Es sieht u. a. vor, dass Computerspiele wie Filme und Videos mit der Angabe einer Altersgrenze gekennzeichnet werden müssen. Der Katalog der jugendgefährdenden Medien wird um Darstellungen erweitert, die den Krieg verherrlichen, Menschen in einer ihre Würde verletzenden Weise darstellen oder Jugendliche in geschlechtsbetonter Körperhaltung zeigen. Sie können künftig ohne Indizierung mit Abgabe-, Werbe- und Vertriebsverboten belegt werden.

△ Zwei Polizeibeamtinnen gehen hinter ihrem Wagen in Deckung, der vor dem Gutenberg-Gymnasium in Erfurt abgestellt ist.

◁ Mit einem verzweifelten Ruf nach »Hilfe«, auf einen Zettel geschrieben und ans Fenster gehängt, machen die im Schulgebäude Eingeschlossenen auf sich aufmerksam. Per Handy nehmen sie Kontakt mit Verwandten und Freunden auf. Der Hausmeister meldet sich um 11.05 Uhr bei der Polizei: »Hier wird geschossen.« Fünf Minuten später sind die ersten Beamten am Tatort. Sie werden sofort beschossen; ein Polizist wird tödlich verletzt. Erst um 13 Uhr kommt die Meldung, dass sich der Täter offenbar selbst das Leben genommen hat.

Die Stufen zum Erfurter Dom sind nach einer Jugendwallfahrt am 5. Mai mit einem Blumenmeer zum Gedenken an die Opfer des Massakers bedeckt.

Jugendliche bei der Trauerfeier am 3. Mai vor dem Erfurter Dom; auch in vielen anderen deutschen Städten werden Gedenkgottesdienste veranstaltet.

Sachsen-Anhalt wählt Höppner ab

Massive Stimmenverschiebungen von der regierenden SPD zur CDU, leichte Gewinne der PDS und eine deutliche Zunahme bei der FDP kennzeichnen das Ergebnis der Landtagswahl in Sachsen-Anhalt.

Die von Ministerpräsident Reinhard Höppner geführte SPD stürzt um 15,9 Prozentpunkte auf 20,0 % ab und ist nur noch drittstärkste Partei. Die CDU kann ihr Ergebnis um 15,3 Punkte steigern und kommt auf 37,3 %. Die PDS, die bisher die SPD-Minderheitsregierung toleriert hat, erreicht 20,4 %. Die FDP unter Generalsekretärin Cornelia Pieper überwindet mit 13,3 % mühelos die Fünfprozenthürde.

Am rechten Rand des politischen Spektrums wechseln weniger Wähler als von Umfrageinstituten prognostiziert von der DVU, die 1998 12,9 % der Stimmen auf sich vereinigt hatte und nun nicht mehr antrat, zur Partei Rechtsstaatliche Offensive (PRO) des Hamburger Innensenators Ronald Schill: Die sog. Schill-Partei scheitert mit 4,5 % an der Fünfprozentklausel, ebenso wie Bündnis 90/Die Grünen mit 2,0 %. Die Wahlbeteiligung beträgt 56,5 % (1998: 71,5 %).

Nach Koalitionsverhandlungen von CDU und FDP wird am 16. Mai der CDU-Landesvorsitzende Wolfgang Böhmer zum Ministerpräsidenten gewählt. Dem Kabinett des 66-Jährigen gehören vier CDU- und drei FDP-Minister sowie ein Parteiloser an.

Nach einer Analyse der Forschungsgruppe Wahlen war die Unzufriedenheit mit der Wirtschaftspolitik der SPD-Regierung ausschlaggebend für den Ausgang der Wahl. Die »Rote Laterne«-Kampagne der CDU – das Land sei hinsichtlich der Arbeitslosigkeit (Quote: 19,7 %) und anderer ökonomischer Daten Schlusslicht unter den Ländern – ist offenbar auf fruchtbaren Boden gefallen; 32 % der Wähler erklären, sie trauten der CDU die Lösung des Problems der Arbeitslosigkeit zu, nur 13 % halten die SPD dazu für fähig.

Reinhard Höppner tritt als SPD-Landesvorsitzender zurück. Sein Nachfolger wird der bisherige Innenminister Manfred Püchel.

Reinhard Höppner (SPD, l.) verliert nach acht Jahren das Ministerpräsidentenamt an Wolfgang Böhmer (CDU). Nach Wahlanalysen hat die CDU mit ihrem relativ unbekannten Spitzenkandidaten vor allem von der SPD-Schwäche profitiert. Höppner galt als glücklos; er zieht sich nach dem Wahldesaster ganz aus der Politik zurück.

Landtagswahl in Sachsen-Anhalt

Partei	Stimmen in %		Sitze	
	2000	1998	2000	1998
CDU	37,3	22,0	48	28
PDS	20,4	19,6	25	25
SPD	20,0	35,9	25	47
FDP	13,3	4,2	17	–
PRO	4,5	–	–	–
B'90/Grüne	2,0	3,2	–	–
DVU	–	12,9	–	16
Sonstige	2,5	2,2	–	–

Plakate der Sieger: Die FDP wirbt mit Cornelia Pieper und Ex-Außenminister Hans-Dietrich Genscher, der aus Halle stammt, die CDU mit ihrem Landesvorsitzenden Wolfgang Böhmer.

Der Druck auf Simonis wächst

Der Kieler Landtag setzt einen Untersuchungsausschuss ein, der Licht in Affären um zwei ehemalige Mitarbeiter der schleswig-holsteinischen Landesregierung bringen soll.

Im ersten Komplex geht es um den früheren Expo-Beauftragten der Landesregierung, Karl Pröhl, der nach Bekanntwerden nicht genehmigter umfangreicher Nebentätigkeiten in der Privatwirtschaft im März fristlos aus dem Staatsdienst entlassen worden war. Gegen Pröhl, der mit einem Hamburger Unternehmer gemeinsame Geschäfte gemacht hat, ermittelt die Staatsanwalt-

Heide Simonis mit Klaus Gärtner, der als »Bauernopfer« gehen muss

schaft u. a. wegen des Verdachts auf Kreditbetrug. Ministerpräsidentin Heide Simonis (SPD) will von dem »Doppelleben« ihres Mitarbeiters erst Ende Februar erfahren haben. Ihren politischen Vertrauten Klaus Gärtner (SPD), der als Chef der Staatskanzlei direkter Vorgesetzter Pröhls war, versetzte sie zum 15. April in den Ruhestand.

Im zweiten Komplex geht es um den Kauf eines neuen Computersystems für die Landesverwaltung. Der für die Vergabe des Auftrags zuständige frühere Finanzstaatssekretär Joachim Lohmann (SPD) soll mit der Lieferfirma eine Weiterbeschäftigung als Privatmann vereinbart haben. Auch gegen ihn ermittelt die Staatsanwaltschaft.

17. APRIL

Wechsel in Sachsen: Milbradt statt Biedenkopf

Sachsens Ministerpräsident Kurt Biedenkopf (CDU) gibt sein Amt auf.

Tags darauf wählt der Landtag den CDU-Landesvorsitzenden Georg Milbradt zum Regierungschef.

Mit dem 76-jährigen Biedenkopf scheidet der dienstälteste deutsche Ministerpräsident aus dem Amt. Er wurde im Herbst 1990 gewählt und zuletzt 1999 mit beeindruckender Mehrheit – die CDU erhielt bei der Land-

Vom geschassten Finanzminister zum Landesvater von Sachsen: Georg Milbradt (57). Bei der Wahl im Dresdner Landtag erhält er 72 Ja-Stimmen; 44 Abgeordnete stimmen gegen ihn, zwei enthalten sich. Da die CDU über 76 Abgeordnete verfügt, müssen ihm mindestens vier Parteifreunde die Zustimmung versagt haben.

tagswahl 56,9 % der Stimmen – bestätigt.

Schon damals kündigte »König Kurt« an, aus Altersgründen nicht bis zur nächsten Wahl im Amt bleiben zu wollen. Ein geordneter Wechsel im Sinne Biedenkopfs kam jedoch nicht zustande: Am 30. Januar 2001 entließ der Ministerpräsident im Zorn seinen Finanzminister Milbradt, der seit langem als sein potentieller Nachfolger gehandelt wurde. Biedenkopf konnte allerdings nicht verhindern, dass die sächsische CDU Milbradt am 15. September 2001 zu ihrem Landesvorsitzenden wählte.

Die Position Biedenkopfs innerhalb der Partei war damals bereits geschwächt: Der Landesrechnungshof hatte ihm vorgehalten, dass er vom Land bezahltes Dienstpersonal auch zu privaten Zwecken genutzt und für seine Einliegerwohnung im Gästehaus der Landesregierung eine zu geringe Miete gezahlt habe. Der lange uneinsichtige Landesvater überwies im Juni 122 808 DM auf ein Konto Sachsens. Zu schaffen machte Biedenkopf

Abschied: Ingrid und Kurt Biedenkopf

ferner ein Untersuchungsausschuss des Landtags, in dem es um die Frage ging, ob der Ministerpräsident einem Freund bei der Vermietung einer Immobilie an staatliche Behörden auf unangemessene Weise geholfen habe.

---

30. APRIL

Bundespräsident Rau (l.) mit Limbach und ihrem Nachfolger Papier

Limbachs Abschied

Mit einem Festakt in Karlsruhe wird der Wechsel an der Spitze des Bundesverfassungsgerichts vollzogen.

Neuer Präsident des Gerichts ist Hans-Jürgen Papier, bisher Vizepräsident. Seine Vorgängerin Jutta Limbach muss

nach acht Jahren ihren Posten wegen Erreichens der Altersgrenze von 68 Jahren aufgeben und wird nun Präsidentin des Goethe-Instituts Inter Nationes, jener Institution, die für die auswärtige Kulturpolitik Deutschlands zuständig ist.

---

10. APRIL

Altschulden-Frage gelöst

Der russische Staatspräsident Wladimir Putin kommt zu einem zweitägigen Besuch nach Weimar.

Wichtigstes Ergebnis der Visite: Mit einem Verzicht Deutschlands auf Forderungen in Milliardenhöhe legen Putin und Bundeskanzler Gerhard Schröder den jahrelangen Streit um sowjetische Altschulden bei. Russland zahlt statt ursprünglich geforderter 7,6 Mrd. € nur 500 Mio. € an Deutschland. Bei dem Streit ging es um Schulden in Höhe von 6,4 Mrd. sog. Transferrubel aus dem Handel der damaligen Sowjetunion mit der DDR.

Auch in der Auseinandersetzung um die sog. Beutekunst – Kunstwerke aus Deutschland, die im oder unmittelbar nach dem Zweiten Weltkrieg in die Sowjetunion gebracht wurden – gibt es bei dem Treffen in Weimar Bewegung: So wird die Rückgabe der historischen Glasfenster aus der Marienkirche in Frankfurt an der Oder perfekt gemacht.

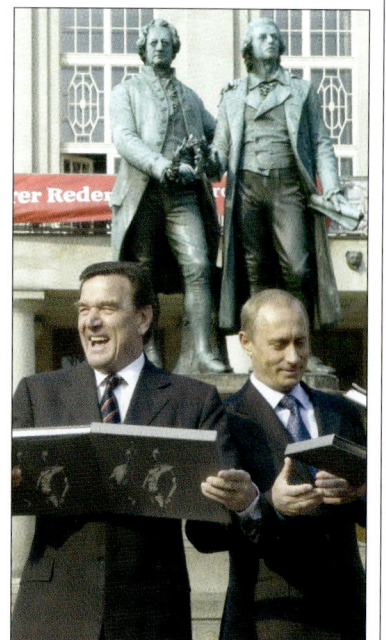

Treffen an historischem Ort: Kanzler Gerhard Schröder und Russlands Staatspräsident Wladimir Putin vor dem Goethe-Schiller-Denkmal

8. APRIL

Medienzar Leo Kirch muss Insolvenz anmelden

Nach wochenlangem Gezerre stellt die KirchGruppe Insolvenzantrag für ihr Kerngeschäft. Mit Schulden von 7,2 Mrd. € handelt es sich um die größte Firmenpleite der deutschen Nachkriegsgeschichte.

Der in München eingereichte Antrag gilt der KirchMedia mit dem TV-Konzern ProSiebenSAT.1, dem Filmrechtehandel und den TV-Rechten an der Fußball-Bundesliga. Am 8. Mai stellt auch die KirchPay TV, Muttergesellschaft des Abo-TV-Senders Premiere World, Antrag auf Insolvenz.

Am 12. Juni bricht dann mit dem Insolvenzantrag der Dachgesellschaft TaurusHolding die KirchGruppe vollständig zusammen. Auch die Gesellschaft KirchBeteiligungen, zu der u. a. der 40 %-Anteil Kirchs am Axel Springer Verlag und die Formel-1-Rechte gehören, meldet Insovenz an. Damit ist Leo Kirch endgültig entmachtet.

Als Hauptverursacher der Pleite gilt der Bezahlsender Premiere, der angesichts von 33 kostenlos empfangbaren Sendern in Deutschland nicht den erhofften Zulauf fand und allein 2001 einen Verlust vor Steuern, Zinsen und Abschreibungen von 989 Mio. € erwirtschaftete. Statt der angestrebten 4 Mio. Abonnenten gab es bis Ende 2001 nur 2,4 Mio. Doch auch teuer bezahlte Film- und Sportrechte belasten den Konzern.

Nach Gerüchten über Finanzprobleme bei Kirch forderte der Axel Springer Verlag Ende Januar für seine Beteiligung an ProSiebenSAT.1 rd. 770 Mio. € von der KirchGruppe zurück und löste damit eine akute Krise aus. Als der Chef der Deutschen Bank, Rolf-Ernst Breuer, Anfang Februar die Kreditwürdigkeit Kirchs öffentlich in Frage stellte und der angelsächsische Medienunternehmer Rupert Murdoch seine Beteilung an Premiere im Wert von 1,6 Mrd. € abschrieb, ging es bald nur noch darum, dass sich mögliche Investoren und Gläubigerbanken auf Überbrückungskredite für Kirch verständigten. Diese Verhandlungen, an denen neben sieben Banken u. a. die Medienkonzerne von Murdoch und dem italienischen Ministerpräsidenten Silvio Berlusconi beteiligt waren, scheiterten am 5. April.

Die Kirch-Pleite geht mit einer Umstrukturierung der deutschen Fernsehlandschaft einher, die bisher von Kirch, Bertelsmann und den öffentlich-recht-

Gut gelaunt: Leo Kirch (75) Ende Juni

lichen Sendern ARD und ZDF geprägt war. An der KirchMedia meldet Ende Juli u. a. ein Konsortium der HypoVereinsbank und der Hamburger Verlagshäuser Axel Springer, Heinrich Bauer und Spiegel Interesse an. Die Übertragungsrechte an der Fußball-Bundesliga und der WM 2006 erwirbt ein Konsortium um Ex-Fußballer Günter Netzer (→ 10.10./S. 107).

Premiere World hingegen kann vorerst weitermachen. Die Banken geben Kredite für die Zwischenfinanzierung, nachdem sich der Sender mit der Deutschen Fußball Liga (DLF), Vertreterin der 36 deutschen Profivereine, über die Bundesliga-Senderechte bis Mitte 2004 geeinigt hat. Statt 900 Mio. € erhält die DLF in diesem Zeitraum nur 630 Mio. €.

Der nordrhein-westfälische Ministerpräsident Wolfgang Clement (SPD) regt Landesbürgschaften für Fußballvereine an, die durch die Kirch-Pleite in Bedrängnis geraten könnten, und zieht damit den Zorn der Fans auf sich, die meinen, dass Spitzenkicker ohnehin zu viel verdienten.

25. APRIL

Strenge Auflage bei Stammzellen

Der Bundestag verabschiedet ein Gesetz, das die Gewinnung embryonaler menschlicher Stammzellen verbietet, jedoch den Import bestehender Stammzellen unter strengsten Auflagen gestattet.

Das federführend von Margot von Renesse (SPD), Maria Böhmer (CDU) und Andrea Fischer (Bündnis 90/Grüne) ausgearbeitete Gesetz erhält bei der Abstimmung ohne Fraktionszwang 360 Stimmen (190 Gegenstimmen).

Die Neuregelung, die an die Stelle des Embryonenschutzgesetzes von 1990 tritt, stellt den Embryo von Beginn seiner Existenz an unter den Schutz des Grundgesetzes und verbietet damit die Herstellung embryonaler Stammzellen, da sie eine Tötung des Embryos voraussetzen. Aus demselben Grund ist auch der Import solcher Zellen grundsätzlich nicht erlaubt. Allein bereits bestehende Stammzellen, die vor dem 1. Januar 2002 aus über-

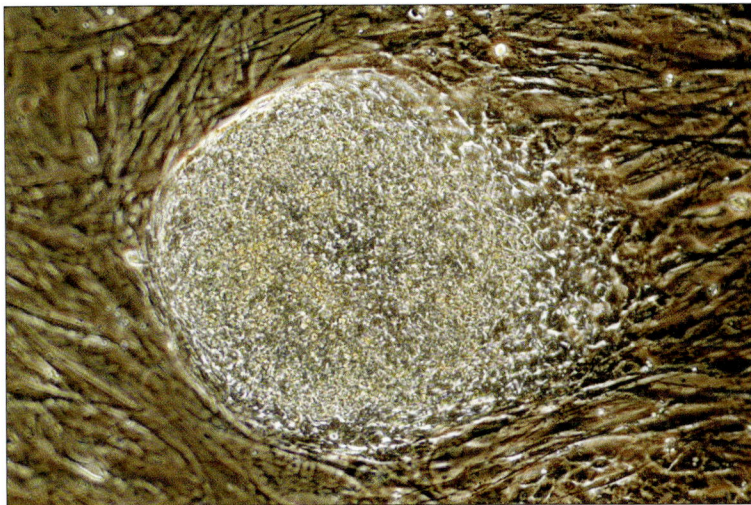

Menschliche Stammzellenkolonie auf embryonaler Mauszelle (Labor in Israel)

schüssigen Embryonen kultiviert wurden, können bei Einhaltung strikter Auflagen importiert werden. Wissenschaftler, die einen Antrag auf Import stellen, müssen ein »hochrangiges Forschungsziel« nachweisen.

Schon im Januar hat der Bundestag zu diesem Thema eine Grundsatzdebatte geführt, aus der das jetzige Gesetz hervorgegangen ist. Seiner-zeit sprachen sich Importgegner aus verschiedenen Parteien in ihrem Antrag für ein uneingeschränktes Importverbot aus: Wenn es um die Menschenwürde des Embryos gehe, könne es keine Ausnahmen geben. Die FDP-Fraktion plädierte hingegen für eine großzügigere Regelung, mit der die Wettbewerbsfähigkeit deutscher Forscher gewahrt werden sollte.

11. APRIL

Wehrpflicht weiter zulässig

Das Bundesverfassungsgericht in Karlsruhe entscheidet, dass die nur für junge Männer geltende Wehrpflicht nicht im Gegensatz zum Grundgesetz steht.

Eine Kammer des Zweiten Senats bekräftigt, dass der einseitige Zwangsdienst für Männer keine verfassungswidrige Privilegierung von Frauen bedeutet. Bis 2003 soll nun der Europäische Gerichtshof in Luxemburg entscheiden, ob die Wehrpflicht allein für Männer mit der europäischen Gleichbehandlungsrichtlinie vereinbar ist.

Am Vortag ist eine weitere Entscheidung zur Wehrpflicht bekannt geworden. Bereits am 20. Februar hat das Bundesverfassungsgericht die Unzulässigkeit einer Vorlage des Landgerichts Potsdam, wonach die Wehrpflicht wegen der geänderten Sicherheitslage nicht mehr notwendig sei, festgestellt.

Am Tag nach dem Anschlag wird der Eingangsbereich der Synagoge gereinigt; tunesische Behörden gehen zu diesem Zeitpunkt noch von einem Unfall aus.

Otto Schily mit dem Präsidenten der Synagoge, Peres Trabelsi (l.), am Tatort; der Bundesinnenminister ist für die Ermittlungen eigens angereist.

19 Tote bei Anschlag auf Ferieninsel Djerba

Bei einem Terroranschlag auf der tunesischen Ferieninsel Djerba erleiden 19 Menschen, darunter 14 deutsche Urlauber, tödliche Verletzungen.

Elf Personen sterben unmittelbar am Unglücksort, acht weitere erliegen im Verlauf der nächsten Tage und Wochen ihren Verbrennungen. Der Anschlag wird mit Hilfe eines mit Propangas beladenen Kleinlasters verübt, der vor der Synagoge La Ghriba auf Djerba explodiert. Die Detonation zerstört auch die Fensterscheiben und die kunstvolle Deckendekoration des ältesten jüdischen Gotteshauses in Afrika.

Nach dem Attentat fahren sieben Beamte des Bundeskriminalamts und Innenminister Otto Schily nach Tunesien. Der Verdacht, dass es sich bei der Detonation nicht – wie von tunesischer Seite zunächst angenommen – um einen Unfall, sondern um einen Terroranschlag handelt, bestätigt sich nach einigen Tagen.

Nach Erkenntnissen deutscher Ermittler handelt es sich bei dem Attentäter um Nizar Ben Mohammed Nawar, der sich 2000 in einem Al-Qaida-Trainingscamp in Afghanistan aufgehalten haben soll. Den Anschlag hat der Tunesier langfristig vorbereitet. So

hat er den Kleinlastwagen eigens gekauft und Propangas in einen auf der Ladefläche angebrachten Wassertank gepumpt. Durch einen im Wageninneren deponierten Sprengsatz löst er die Explosion aus, die ihn selbst das Leben kostet.

Zum Zeitpunkt des Anschlags hält sich eine 45-köpfige deutsche Touristengruppe in bzw. vor der Synagoge auf, doch nach den Feststellungen deutscher Ermittler deutet nichts darauf hin, dass der Attentäter gezielt auf sie gewartet hätte. Vermutungen gehen eher dahin, dass sich der Anschlag gegen Israel richten sollte.

Vor dem Terrorakt hat der Attentäter eine Reihe von Telefonaten in die Schweiz, nach Pakistan und nach Mülheim an der Ruhr geführt. Dort sprach er mit Christian G., den er offenbar aus Pakistan oder Afghanistan kannte. Er soll, so die Analyse des abgehörten Gesprächs, dem Attentäter »göttlichen Segen« gegeben haben. Am 23. Juni bekennt sich die islamistische Terrororganisation Al-Qaida, die auch für die Anschläge vom 11. September 2001 in den USA verantwortlich sein soll, über einen arabischen TV-Sender zu der Tat. Gegen Christian G. wird ein Ermittlungsverfahren eröffnet.

Rau in Marzabotto

Bundespräsident Johannes Rau besucht als erstes deutsches Staatsoberhaupt die Ortschaft Marzabotto, in der 1944 bei einem Massaker der Waffen-SS mehr als 700 Zivilisten starben.

Rau, der in Begleitung des italienischen Staatspräsidenten Carlo Azeglio Ciampi in den Ort südlich von Bologna gekommen ist, zeigt sich tief bewegt. »Es ist nicht leicht, an diesem Ort und vor Ihnen Worte zu finden, die dem Ungeheuren gerecht werden, das mit

Worten kaum zu fassen ist«, sagt der Bundespräsident.

Zu dem Ereignis sind Überlebende des Massakers und Bewohner anderer Regionen, in denen während des Krieges ähnliche Gräueltaten geschahen, nach Marzabotto gekommen.

In das unwegsame Gelände um den Monte Sole waren am 29. September 1944 SS-Einheiten eingedrungen, um eine »Repressalie« gegen die Zivilbevölkerung jener Region auszuführen, aus der heraus Partisanen agiert hatten. Binnen mehrerer Tage wurden mehr als 700 Menschen, vor allem Frauen und Kinder, umgebracht.

Rau und Ciampi (l.) gedenken der Opfer des Massakers von 1944.

Papst Johannes Paul II. verliest in seiner Privatbibliothek im Vatikan eine Botschaft an die einzitierten US-amerikanischen Kardinäle.

Papst rügt US-Kardinäle

Papst Johannes Paul II. geht mit den US-Kardinälen wegen sich häufender Fälle von Kindesmissbrauch durch Geistliche hart ins Gericht.

Das Kirchenoberhaupt verurteilt gegenüber den Kirchenführern, die er zu einem zweitägigen Treffen in den Vatikan bestellt hat, den Kindesmissbrauch durch Priester mit scharfen Worten und droht schuldig gewordenen Geistlichen eine strenge Bestrafung an.

Der Krisengipfel im Vatikan war nach Dutzenden von Päderasten-Skandalen notwendig geworden. Im Mittelpunkt der Affäre steht der Erzbischof von Boston, Kardinal Bernard Francis Law, dem vorgehalten wird, pädophile Preister gedeckt und Fälle sexuellen Kindesmissbrauchs über Jahre vertuscht zu haben.

Flieger rast in Hochhaus

Ein Kleinflugzeug zerschellt am 30-stöckigen Pirelli-Hochhaus in der Mailänder Innenstadt. Der Pilot und zwei weitere Personen kommen bei dem Unglück ums Leben.

Eine größere Katastrophe bleibt u. a. deshalb aus, weil die oberen Stockwerke des Gebäudes renoviert werden.

Das Ereignis weckt Assoziationen an die Anschläge vom 11. September 2001 auf das World Trade Center in New York, doch die Behörden schließen einen Terror-Hintergrund aus. Ein technischer Defekt des Flugzeugs, Gesundheitsprobleme oder Selbstmordabsichten des Piloten gelten als mögliche Unglücksursachen.

Am Tag nach dem Flugzeugeinschlag: Blick auf das Pirelli-Hochhaus

Demonstration streikender Arbeiter auf dem Dante-Platz in Neapel; auch in anderen italienischen Großstädten formieren sich Protestzüge.

Streik legt Italien lahm

Durch einen achtstündigen Generalstreik kommt das öffentliche Leben in Italien weitgehend zum Erliegen.

An dem ersten derartigen Protest in dem Land seit 20 Jahren beteiligen sich nach Gewerkschaftsangaben 20 Mio. Menschen. Durch den von 10 bis 18 Uhr angesetzten Ausstand steht Italien nahezu still. Fabriken bleiben leer, Geschäfte sind geschlossen, Banken, Postämter, Schulen und Universitäten stellen den Betrieb ein, in den Krankenhäusern werden nur Notfälle behandelt. Bahn- und Flugverkehr sind massiv eingeschränkt.

Der Generalstreik, zu dem u. a. die drei führenden Gewerkschaften CISL, UIL und CGIL aufgerufen haben, richtet sich gegen Vorhaben der Mitte-Rechts-Regierung von Premier Silvio Berlusconi, den Kündigungsschutz einzuschränken. Geplant ist die Streichung einer Bestimmung, wonach Arbeitnehmer, denen unberechtigt gekündigt wurde, auf Wiedereinstellung klagen können.

Beobachter sehen in dem Ausstand eine generelle Kampfansage an Berlusconi. Dies gilt insbesondere für die ehemals kommunistische Gewerkschaft CGIL und deren Chef Sergio Cofferati, der bereits 1994 gegen geplante Änderungen im Rentensystem eine Protestbewegung entfacht und so dazu beigetragen hatte, dass die damalige erste Regierung Berlusconi zurücktreten musste. Wie vor acht Jahren hat auch jetzt der italienische Regierungschef nach Einschätzung der Medien durch hetzerische Äußerungen selbst dafür gesorgt, dass sich alle Arbeitnehmerorganisationen gegen die Regierung solidarisiert haben.

Beim Kündigungsschutz lenkt Berlusconi schließlich ein. Am 5. Juli unterzeichnen die Regierung, der Arbeitgeberverband Confindustria sowie die Gewerkschaften CISL und UIL einen »Pakt für Italien«, wonach die Einschränkung des Kündigungsschutzes für zunächst drei Jahre nur für Firmen mit bis zu 15 Mitarbeitern gelten soll, die neue Arbeitnehmer einstellen. Ferner werden ein Ausbau der Arbeitslosenunterstützung und Steuersenkungen vereinbart. Die CGIL boykottiert diesen Pakt.

Trotziges Lachen bei Silvio Berlusconi

7. APRIL

Pacheco wird Präsident

Aus der zweiten Runde der Präsidentschaftswahl in Costa Rica geht Abel Pacheco als Sieger hervor.

Pacheco feiert mit Flaggenschwingen.

Der 69-Jährige von der Christlich Sozialen Einheitspartei (PUSC) kommt auf 58 % der Stimmen, Rolando Araya von der sozialdemokratischen Partei der Nationalen Befreiung (PLN) bringt 42 % der Wähler hinter sich.

Pacheco löst am 8. Mai seinen Parteifreund Miguel Angel Rodríguez ab, der nach der Verfassung nicht für eine zweite Amtszeit kandidieren durfte. Von Haus aus Psychiater, ist Pacheco seinen Landsleuten durch die seit 22 Jahren ausgestrahlte TV-Sendung »Kommentare mit Dr. Abel Pacheco« bekannt, in der er gute Ratschläge in allen Lebenslagen gibt.

Die erste Stichwahl in der Geschichte Costa Ricas, das wegen seines Wohlstands und seiner Stabilität als »Schweiz Mittelamerikas« bezeichet wird, war notwendig geworden, weil beim ersten Wahlgang am 3. Februar keiner der drei Kandidaten die erforderlichen 40 % der Stimmen erreicht hatte. Neben Pacheco und Araya trat damals der PLN-Abtrünnige Ottón Solís für die von ihm gegründete Partei der Bürgeraktion (PAC) an.

14. APRIL

Chávez kehrt zurück

Zwei Tage nach seinem Sturz erobert der venezolanische Linksnationalist Hugo Chávez die Macht zurück.

Der Führer des Wirtschaftsverbandes, Pedro Carmona, der Chávez am 12. April nach blutigen Massenprotesten mit Hilfe der Chefs der Streitkräfte gestürzt hat, ist bereits am 13. April nach Demonstrationen von Chávez-Anhängern mit Dutzenden von Toten als Präsident zurückgetreten. Danach übernahm Chávez' Stellvertreter Diosdado Cabello für einige Stunden das Amt, bevor Chávez wieder als Präsident eingesetzt wird. Mit seiner Politik, die einerseits autoritative Züge trägt, andererseits u. a. mit der Enteignung von Großgrundbesitzern Forderungen ärmerer Schichten entgegenkommt, spaltet Chávez seit seinem Amtsantritt 1999 die Bevölkerung des Landes in begeisterte Anhänger und wütende Gegner.

Mit Kruzifix in der Hand wendet sich Chávez ans Volk.

21. APRIL

Ungarn wählt Mitte-Links

Das Bündnis aus Sozialisten und Liberalen siegt bei der Wahl in Ungarn.

Nach dem zweiten Wahlgang haben die Sozialistische Partei (MSZP) und der Bund Freier Demokraten (SZDSZ)

zusammen 198 Parlamentsmandate, zehn mehr als die bisher regierende Allianz aus dem konservativen Bund Junger Demokraten (Fidesz) und dem Ungarischen Demokratischen Forum (MDF). Weitere Parteien sind in der Nationalversammlung nicht vertreten.

Nachfolger des Fidesz-Politikers Viktor Orbán als Ministerpräsident wird Peter Medgyessy. Der gelernte Volkswirtschaftler war von 1996 bis 1998 Finanzminister.

Im Wahlkampf hatte Medgyessy für einen Machtwechsel mit generösen Versprechungen geworben, die er als Chef seiner Mitte-Links-Koalition auch umsetzt. So werden die Gehälter im öffentlichen Dienst um 50 % angehoben, die Rentner erhalten eine Einmalzahlung von 80 €, der Mindestlohn von 210 € monatlich wird von der Steuer befreit.

Berechtigte Siegeszuversicht: Peter Medgyessy an der Wahlurne

12. APRIL

Überfälle in Nepal

Bei Kämpfen von Polizei und Rebellen in Nepal sterben 160 Menschen.

Die aufständischen Maoisten versuchen seit 1996 eine kommunistische Einparteienherrschaft in dem Himalaja-Staat durchzusetzen. Vor den jüngsten Kämpfen haben sie zwei Polizeiwachen 300 km westlich von Katmandu überfallen.

Katmandu: Leichen getöteter Polizisten vor der Einäscherung

6. APRIL

RTL feiert mit Showserie die 80er Jahre

Die erste Sendung der »80er Show« wird von RTL ausgestrahlt. Sie erreicht einen sensationellen Marktanteil von 36,7 % in der Zielgruppe der Zuschauer zwischen 14 und 49 Jahren.

Immer Samstagabends widmet sich Moderator Oliver Geißen bis Anfang Juni in chronologischer Folge einem Jahr des neunten Jahrzehnts des 20. Jahrhunderts, zeigt Ausschnitte aus Nachrichtensendungen, Serien und Filmen der 1980er Jahre, präsentiert die Musik und die modischen Trends, empfängt Stars und Zeitzeugen, die seinerzeit für Schlagzeilen sorgten. So wird die Zeit der Schulterpolster, der Grünengründung und der ersten »Yuppies«, von »Miami Vice«, »Dallas« und »Denver Clan«, Neuer Deutscher Welle und Synthiepop wieder lebendig. Produzent der Sendung ist Deutschlands beliebtester TV-Moderator Günter Jauch.

Der 32-jährige Geißen, der seit 1999 eine tägliche Mittags-Talkshow bei RTL moderiert, lockt viel Prominenz in seine Sendung, darunter die Sängerin Nena – die noch einmal ihren Hit »99 Luftballons« vorträgt –, den früheren Außenminister Hans-Dietrich Genscher – der von der Auflösung der DDR und vom Mauerfall erzählt –, Komiker Hape Kerkeling, Eiskunstläuferin Katarina Witt und Boxchampion Henry Maske sowie TV-Entdeckungen der 80er wie Desirée Nosbusch.

»Wenn eine Generation familienfähig wird, fängt sie an, ihre Jugenderinnerungen zu recyceln« – so erklärt Trendforscher Matthias Horx das Phänomen des 80er-Jahre-Revivals. Er hat selbst ein Buch mit dem Titel »Die wilden Achtziger« veröffentlicht.

Sonnyboy Oliver Geißen, 1980 zehn Jahre alt, übt sich in Nostalgie.

3. APRIL

Irrfahrt endet in der Ukraine

Eine Geiselnahme in Wrestedt endet nach langer Irrfahrt unblutig.

Drei Aussiedler aus der früheren Sowjetunion überfallen die Filiale der Kreissparkasse in dem niedersächsischen Ort und erbeuten mit Waffengewalt 240 000 €. Als sich die Polizei dem Tatort nähert, fliehen sie in einem Auto mit zwei 25 bzw. 39 Jahre alten weiblichen Bankangestellten als Geiseln.

Erst nach einer 22-stündigen, 1600 km langen Irrfahrt, die über Polen bis in die Ukraine führt, geben die drei Männer auf. Eine der Geiseln hat sich beim Halt an einer Tankstelle in Ostpolen in ein Polizeiauto flüchten können, auch die andere übersteht das Kidnapping unverletzt.

Ende August wird der Haupttäter wegen Menschenraubs, räuberischer Erpressung und Geiselnahme zu acht Jahren und drei Monaten Haft verurteilt. Seine beiden Komplizen erhalten eine Haftstrafe von jeweils sechs Jahren und neun Monaten.

25. APRIL

Zweiter Tourist im All

Der Südafrikaner Mark Shuttleworth startet zu einer Reise ins All.

Wie der erste Weltraumtourist Dennis Tito (USA) im Vorjahr zahlt der 28-Jährige für den Transport mit einer »Sojus«-Kapsel vom Weltraumbahnhof Baikonur und den zehntägigen Aufenthalt auf der Raumstation ISS 20 Mio. US-Dollar.

Mark Shuttleworth (r.) mit Astronaut Roberto Vittori auf der ISS

15. APRIL

Ein-Liter-Auto von VW

Der scheidende VW-Chef Ferdinand Piëch präsentiert ein Superspar-Auto.

Piëch fährt mit dem Prototyp des Wagens von Wolfsburg zur Hauptversammlung des Konzerns in Hamburg. Das Sparmobil kommt auf 100 km mit 0,89 l Kraftstoff aus. Am 16. April übergibt Piëch den Stab an Bernd Pischetsrieder.

Piëch (vorn) und sein Nachfolger Pischetsrieder im Ein-Liter-Auto

14. APRIL

Woods gewinnt zum dritten Mal

Eldrick Tiger Woods festigt seine Spitzenstellung im Golfsport.

Der Titelverteidiger gewinnt zum dritten Mal seit 1997 das US-Masters der Golfprofis. Der Weltranglisten-Erste aus den USA setzt sich auf dem umgestalteten Par-72-Kurs in Augusta mit 276 Schlägen gegen den Südafrikaner Retief Goosen (279) und Phil Mickelson (USA/280) durch.

Zum dritten Mal lässt sich Tiger Woods das Siegerjackett überstreifen.

7. APRIL

Timo Boll: Star an der Platte

Der 21 Jahre alte Timo Boll ist Tischtennis-Europameister.

Der erfolgreichste EM-Teilnehmer bei den Herren setzt sich im Finale in Belgrad mit 4:2 Sätzen gegen den Griechen Kalinikos Kreanga durch.

Zuvor hat Linkshänder Boll gemeinsam mit seinem Clubkollegen Zoltan Fejer-Konnerth vom TTV Gönnern in vier Sätzen gegen Lucjan Blaszczyk/Tomasz Krzeszewski (Polen) den Titel im Doppel geholt, mit dem Team das Finale gegen Schweden jedoch 2:3 verloren.

Timo Boll aus Gönnern

27. APRIL

Magdeburg siegt im Europapokal

Als erster Bundesligist gewinnt der SC Magdeburg die Champions League.

Der amtierende deutsche Handballmeister sichert sich durch ein 30:25 zu Hause gegen Fotex Veszprem die seit 1994 ausgespielte Trophäe. In Ungarn hatte das Team von Alfred Gislason 21:23 verloren.

Jubel in Magdeburg: Der SCM ist wie 1978 und 1981 Europacupsieger.

21. APRIL

Kölner feiern Eishockeytitel

Die Kölner Haie entscheiden die 82. Deutsche Meisterschaft für sich.

Im entscheidenden fünften Playoff-Finale setzen sich die Kölner vor 8200 Besuchern im Mannheimer Friedrichspark bei Titelverteidiger Adler Mannheim mit 2:1 durch. Obwohl sie in der regulären Saison nur Sechster wurden, entscheiden die Kölner die »Best of five«-Serie 3:2 für sich. Den insgesamt achten Kölner Titelgewinn macht Dwayne Norris vier Minuten vor Schluss perfekt.

Das Eishockey-Team aus Köln jubelt nach dem Sieg über Mannheim.

15. APRIL

Zwölf Stadien bei WM 2006

Die zwölf Spielorte für die WM 2006 in Deutschland stehen fest.

Der Weltfußballverband FIFA und das Organisationskomitee für die Fußball-WM 2006 entscheiden sich für Berlin, Dortmund, Frankfurt am Main, Gelsenkirchen, Hamburg, Hannover, Kaiserslautern, Köln, Leipzig, München, Nürnberg und Stuttgart als Austragungsorte für die WM-Spiele; leer aus gehen Bremen, Düsseldorf und Mönchengladbach.

Die Arenen werden für rd. 1,4 Mrd. € um- bzw. neu gebaut. München ist Favorit für das Eröffnungsspiel, Berlin fürs Finale.

■ 1. Mai, Maifeiertag

Berlin: Bei Demonstrationen zum 1. Mai im Stadtteil Kreuzberg liefern sich Polizei und Randalierer Straßenschlachten. Die Polizei meldet 181 verletzte Beamte und 158 Festnahmen.

■ 2. Mai, Donnerstag

London: Bei den Kommunalwahlen in England und Wales büßt die Labour Party gegenüber den Parlamentswahlen 2001 etwa acht Prozentpunkte ein, bleibt aber mit 34 % stärkste Kraft.

SPRUCH DES MONATS

»Gegen den war Lügenbaron Münchhausen ein Pygmäe. «
CSU-Landesgruppenchef Michael Glos über den Rüstungslobbyisten Karlheinz Schreiber und dessen Auslassungen über illegale Millionenspenden an die CSU

■ 3. Mai, Freitag

Vilnius: Mit einem Zusatz zur Europäischen Menschenrechtskonvention verpflichten sich 36 der 44 Mitgliedstaaten des Europarates, die Todesstrafe gänzlich abzuschaffen.

■ 4. Mai, Samstag

Dortmund: Borussia Dortmund ist Deutscher Fußballmeister. → S. 57

■ 5. Mai, Sonntag

Freiburg: Dieter Salomon ist der erste grüne Oberbürgermeister einer deutschen Großstadt. → S. 53

Paris: Amtsinhaber Jacques Chirac gewinnt die Wahl zum französischen Staatspräsidenten. → S. 48

■ 6. Mai, Montag

Hilversum: Neun Tage vor der Parlamentswahl in den Niederlanden wird der Rechtspopulist Pim Fortuyn ermordet (→ 15.5./S. 49).

■ 7. Mai, Dienstag

Rischon Lezion: Bei einem Anschlag werden 16 Menschen mit in den Tod gerissen. Der palästinensische Selbstmordattentäter zündet eine Bombe in der Billardhalle eines Unterhaltungszentrums (→ 1.4./S. 36).

■ 8. Mai, Mittwoch

New York: UN-Generalsekretär Kofi Annan eröffnet den zweiten Weltkindergipfel. → S. 51

■ 9. Mai, Christi Himmelfahrt

Aachen: Der internationale Karlspreis wird an den Euro verliehen. → S. 52

Kaspijsk: Ein Bombenanschlag mit 42 Toten überschattet die Feiern zum »Tag des Sieges« in Russland. → S. 49

■ 10. Mai, Freitag

Potters Bar: Bei einem schweren Zugunglück nördlich Londons werden sieben Menschen getötet und elf weitere schwer verletzt. → S. 49

■ 11. Mai, Samstag

Berlin: Der FC Schalke 04 gewinnt mit 4:2 gegen Bayer 04 Leverkusen zum vierten Mal den DFB-Pokal.

Göteborg: Die Slowakei ist erstmals Eishockey-Weltmeister. Im Finale wird Russland mit 4:3 besiegt. → S. 56

■ 12. Mai, Sonntag

Mannheim: Die FDP nominiert mit Parteichef Guido Westerwelle erstmals einen Kanzlerkandidaten. → S. 52

München: Ohne seine erkrankte Frau Mette-Marit beginnt Norwegens Kronprinz Haakon seinen Deutschlandbesuch. → S. 55

Zeltweg: Ferrari-Pilot Michael Schumacher gewinnt umstritten den Großen Preis von Österreich. → S. 56

■ 13. Mai, Montag

Toronto: Der Parteispenden-Untersuchungsausschuss des Bundestags vernimmt den Waffenlobbyisten Karlheinz Schreiber als Zeugen. → S. 53

■ 14. Mai, Dienstag

Jammu: Gewalttaten im indischen Teil von Kaschmir lösen eine neuerliche Krise zwischen Indien und Pakistan aus. → S. 50

■ 15. Mai, Mittwoch

Den Haag: Aus den Parlamentswahlen in den Niederlanden gehen die Christdemokraten und die Liste Pim Fortuyn als Sieger hervor. → S. 49

Böblingen: Der Tarifkonflikt in der Metall- und Elektroindustrie im Pilotbezirk Baden-Württemberg wird beigelegt. → S. 54

Glasgow: Im Finale der Champions League verliert Bayer Leverkusen 1:2 gegen Real Madrid. → S. 56

■ 16. Mai, Donnerstag

Düsseldorf: Der FDP-Landesvorsitzende von NRW, Jürgen Möllemann, löst mit seiner Kritik an dem Publizisten Michel Friedman eine Debatte über Antisemitismus aus. → S. 52

Brüssel: Das belgische Parlament billigt ein Sterbehilfegesetz. → S. 48

■ 17. Mai, Freitag

Berlin: Deutschland verankert den Tierschutz als Staatsziel in der Verfassung. → S. 54

Dublin: Aus den Wahlen in Irland geht Regierungschef Bertie Ahern mit seiner konservativen Partei Fianna Fáil (FF) als Sieger hervor. → S. 48

Berlin: Die Polizei stellt die am 20. April aus dem Brücke-Museum gestohlenen neun Bilder deutscher Expressionisten sicher. → S. 55

■ 18. Mai, Samstag

Leverkusen: In ihrem letzten WM-Test besiegt die deutsche Nationalelf das Team von Österreich mit 6:2 Toren.

■ 19. Mai, Pfingstsonntag

Nürnberg: Unions-Kanzlerkandidat Edmund Stoiber (CSU) bezweifelt auf dem Treffen der Sudetendeutschen die EU-Tauglichkeit Tschechiens. → S. 53

■ 20. Mai, Pfingstmontag

Dili: Osttimor wird in die Unabhängigkeit entlassen. → S. 50

■ 21. Mai, Dienstag

Washington: Die USA geben 40 Mio. US-Dollar Finanzhilfe für Jugoslawien frei, nachdem die Regierung in Belgrad wie gefordert mit dem UN-Kriegsverbrechertribunal in Den Haag kooperiert.

■ 22. Mai, Mittwoch

Frankfurt am Main: Der Schweizer Josef Ackermann wird Vorstandssprecher der Deutschen Bank. → S. 52

■ 23. Mai, Donnerstag

Berlin: Im Deutschen Bundestag ruft US-Präsident George W. Bush die Europäer zum gemeinsamen Kampf gegen den Terrorismus und die Feinde der Freiheit auf (→ 28.5./S. 51).

■ 24. Mai, Freitag

Vechta: In einem ökologischen Betrieb in Niedersachsen wird das verbotene Herbizid Nitrofen entdeckt. → S. 54

Shimonoseki: Die Jahrestagung der Internationalen Walfangkommission (IWC) endet im Streit. → S. 50

■ 25. Mai, Samstag

Taipeh: Beim Absturz einer Passagiermaschine kommen alle 225 Insassen ums Leben. → S. 50

Tallinn: Beim 47. europäischen Schlager-Grand-Prix siegt für Lettland die Sängerin Marie N. → S. 55

■ 26. Mai, Sonntag

Bogota: Der rechtsgerichtete Politiker Alvaro Uribe wird zum Präsidenten Kolumbiens gewählt. → S. 51

Cannes: Bei den 55. Filmfestspielen geht die Goldene Palme an Regisseur Roman Polanski für seinen Film »Der Pianist«. → S. 55

■ 27. Mai, Montag

Petah Tikva: Bei einem Selbstmordanschlag in einem belebten Einkaufszentrum der israelischen Stadt werden drei Menschen getötet.

■ 28. Mai, Dienstag

Pratica di Mare: Die 19 NATO-Staaten und Russland vereinbaren eine Kooperation in Sicherheitsfragen. → S. 51

Berlin: Michael Sommer wird zum Vorsitzenden des Deutschen Gewerkschaftsbundes gewählt. → S. 54

PERSON DES MONATS

Oxana Fjodorowa

wird am 29. Mai in San Juan zur 51. »Miss Universum« gewählt. Die 24-jährige Russin, die ihren Arbeitsplatz an der Hochschule des Innenministeriums hat und als Einzige im Finale kein Englisch kann, setzt sich beim Wettbewerb auf Puerto Rico gegen 75 Konkurrentinnen aus aller Welt durch. Drei Monate später wird ihr der Titel aberkannt. Sie halte – so heißt es – vertragliche Verpflichtungen nicht ein.

■ 29. Mai, Mittwoch

Seoul: Der Schweizer Joseph Blatter bleibt Chef des Weltfußballverbandes FIFA. → S. 56

■ 30. Mai, Donnerstag

Algier: Die Parlamentswahl in Algerien gewinnt die Nationale Befreiungsfront (FLN) von Präsident Abdelaziz Bouteflika. → S. 50

■ 31. Mai, Freitag

Seoul: Zum Auftakt der 17. Fußball-Weltmeisterschaft unterliegt Titelverteidiger Frankreich 0:1 gegen WM-Neuling Senegal (→ 30.6./S. 66).

5. MAI

Nach Le-Pen-Schock: Chirac bleibt Präsident

Jacques Chirac bleibt – wie erwartet – Frankreichs Staatspräsident.

Bei einer Wahlbeteiligung von 81,3 % erringt Chirac in der Stichwahl 82,2 % der Stimmen. Der überraschend in die Endrunde der Präsidentenwahl eingezogene Rechtspopulist Jean-Marie Le Pen kommt nur auf 17,8 %. Auch die Linksparteien haben diesmal Chirac unterstützt und dazu aufgerufen, die Wahl zu einem Referendum gegen Le Pen zu machen.

In der ersten Runde am 21. April hatte sich nicht der amtierende sozialistische Premier Lionel Jospin als Herausforderer von Chirac durchgesetzt, sondern – zum Entsetzen der meisten Franzosen und der europäischen Nachbarn – der Gründer (1972) und langjährige Führer des rechtsextremen Front National.

Möglich wurde dies durch massive Wahlenthaltung: 27,4 % der knapp 40 Mio. wahlberechtigten Franzosen blieben zu Hause, 2,5 % gaben ungültige Wahlzettel ab. Der Neogaullist Chirac erreichte 19,8 %, Le Pen 17,0 % und Jospin 16,1 %.

Nach dieser, wie er sagte, »grausamen und ungerechten Niederlage« gab Jospin seinen Rückzug aus der Politik bekannt. Überall in Frankreich kam es in den beiden Wochen zwischen den Wahlgängen zu Protesten gegen Le Pen, deren Höhepunkt Demonstrationen von mehr als 1,3 Mio. Menschen am 1. Mai waren.

16 Kandidaten hatten sich im ersten Durchgang um das Amt im Elysée-Palast beworben. Bis dahin war allgemein ein Kopf-an-Kopf-Rennen zwischen Chirac und Jospin erwartet worden.

Jacques Chirac blickt Lionel Jospin nach, der am 6. Mai offiziell abtritt.

Der Sozialist, seit 1997 Premier, hatte seine Kampagne auf Eigenschaften wie Glaubwürdigkeit und Kompetenz aufgebaut und durchaus respektable Werte in den Bereichen Arbeit und Soziales vorweisen können.

Zwar wurde Chirac immer wieder von Affären eingeholt, die aus seiner Zeit als Bürgermeister von Paris

Viele Jugendliche gehen am 1. Mai in Paris gegen Le Pen auf die Straße.

(1977–1995) herrühren, als Präsident ist er jedoch strafrechtlich immun. In seinem Wahlkampf stellte er das Thema der inneren Sicherheit in den Mittelpunkt. Ansonsten ähnelten sich die Programme des Präsidenten und des Premiers in vielen Punkten.

Der 73-jährige Le Pen hatte im Wahlkampf weitgehend auf antisemitische und ausländerfeindliche Parolen verzichtet. Er sah sich als »Opfer des Systems«, weil es ihm lange Zeit nicht gelungen war, die für eine Kandidatur nötigen 500 Unterschriften von Mandatsträgern zu sammeln.

Am 6. Mai ernennt Chirac den Rechtsliberalen Jean-Pierre Raffarin als Nachfolger von Jospin zum neuen Premierminister. Der bis dahin kaum öffentlich hervorgetretene 53-jährige Wirtschaftsexperte gilt als Mann des Ausgleichs (→ 16. 6./S. 62).

Nach seinem überragenden Wahlerfolg – er erreicht mit Abstand das beste Ergebnis, das jemals seit Gründung der Fünften Republik 1958 in einer Stichwahl um das Amt des Staatspräsidenten erzielt wurde – tritt Chirac am 16. Mai seine zweite Amtszeit an. Erstmals gilt die im Jahr 2000 eingeführte Verkürzung der Amtsperiode von sieben auf fünf Jahre, die damit der Legislaturperiode der Nationalversammlung angeglichen ist.

17. MAI

Irlands Regierung bestätigt

Die Wähler in Irland erteilen der Opposition eine klare Absage.

Premierminister Bertie Ahern wird eindrucksvoll bestätigt. Seine konservative Fianna Fáil (FF) erringt mit 41,5 % der Stimmen 80 der 166 Sitze im Parlament, die mit ihr verbündeten rechtsliberalen Progressive Democrats (PD) mit 4,7 % der Stimmen acht Mandate. Im Parlament vertreten sind auch die Labour Party (LP) sowie die Green Party (GP) und Sinn Féin, der politische Flügel der IRA.

Die zweite bürgerliche Volkspartei Fine Gael (FG) büßt mit 22,5 % 23 von 54 Parlamentssitzen ein.

Der seit 1997 amtierende Premier Bertie Ahern gibt seine Stimme ab.

16. MAI

Recht auf Sterbehilfe

Ein Jahr nach den Niederlanden legalisiert Belgien als zweites Land weltweit die bedingte Sterbehilfe.

Das vom belgischen Parlament mit 86 zu 51 Stimmen bei zehn Enthaltungen gebilligte Sterbehilfe-Gesetz ist nach Ansicht von Experten das liberalste der Welt. Es erlaubt eine Tötung auf Verlangen für unheilbar kranke Patienten, auch wenn diese nicht in absehbarer Zeit sterben werden, sowie für Menschen mit andauernden psychischen Leiden.

Justizminister Marc Verwilghen verweist darauf, dass die legale aktive Sterbehilfe auf mündige Jugendliche und Erwachsene, die im Vollbesitz ihrer geistigen Kräfte wiederholt den Wunsch nach aktiver Sterbehilfe geäußert haben, beschränkt ist. Sie greift nicht bei geistig Behinderten und Demenzpatienten.

Der Weg für die Neuregelung, die Umfragen zufolge von der Mehrheit der Bevölkerung unterstützt wird, wurde frei, nachdem 1999 eine Regierung aus Liberalen, Sozialisten und Grünen gebildet worden war. Die seither oppositionellen Christsozialen wollen vor dem europäischen Gerichtshof für Menschenrechte in Straßburg gegen das Gesetz klagen.

Dieses Gericht hatte erst am 29. April im Falle der todkranken 43-jährigen Britin Diane Pretty entschieden, dass aktive Sterbehilfe für unheilbar Kranke nicht unter den Schutz der Europäischen Menschenrechtskonvention fällt.

15. MAI

Rechtsruck bei Niederlande-Wahl

Die Niederlande erhalten eine Mitte-Rechts-Regierung unter Führung der Christdemokraten. Die Wahl wird überschattet von der Ermordung des umstrittenen Rechtspopulisten Pim Fortuyn.

Fortuyn war am 6. Mai in Hilversum von einem militanten Tierschützer auf offener Straße erschossen worden. Der frühere Soziologieprofessor war 2001 in die Politik gegangen und zunächst als Spitzenkandidat der Bewegung »Leefbaar Nederland« (»Lebenswerte Niederlande«) angetreten. Seine ultrarechten Ansichten zur Ausländer- und Islamfrage stellten den bekennenden Homosexuellen jedoch auch dort ins Abseits, und Fortuyn gründete eine eigene Liste. Bei den Kommunalwahlen am 7. März erreichte er in seiner Heimatstadt Rotterdam 35 % der Stimmen.

Bei den Parlamentswahlen nun erzielt die Liste Pim Fortuyn 17,2 % und zieht auf Anhieb mit 26 Mandaten als zweitstärkste Kraft ins Parlament ein. Wahlsieger ist der Christlich-Demokratische Appell (CDA), der sich unter seinem Vorsitzenden Jan Peter Balkenende gegenüber 1998 um fast zehn Prozentpunkte auf 28,7 % steigert und 43 Sitze (1998: 29) der 150 Sitze in der Zweiten Kammer erringt.

Zum Debakel wird die Wahl für die bisherige Mitte-Links-Regierung. Die sozialdemokratische Partei der Arbeit (PvdA) fällt mit 15,1 % (29,0 %) auf ein historisches Tief (→ 16.10./S. 102).

Pim Fortuyn stellt sich vor der Kommunalwahl in Rotterdam den Demonstranten, die ihn als Rassisten und »holländischen Haider« attackieren.

Jan Peter Balkenende wird am 22. Juli als neuer Regierungschef vereidigt.

Regierung stürzt über Srebrenica

Am 16. April trat die niederländische Regierung zurück. Anlass war die Rolle holländischer Blauhelm-Soldaten beim Massaker in der bosnischen Muslim-Enklave Srebrenica.

Das von dem Sozialdemokraten Wim Kok geführte Mitte-Links-Kabinett zog die Konsequenz aus einem am 10. April veröffentlichten, 6000 Seiten starken Bericht des Niederländischen Instituts für Kriegsdokumentation. Danach sind die UNO und die Niederlande mitverantwortlich für das Massaker in Srebrenica.

Insbesondere wird den Soldaten vorgeworfen, am 11. Juli 1995 die zur UN-Schutzzone erklärte muslimische Enklave in Bosnien-Herzegowina kampflos bosnisch-serbischen Truppen übergeben zu haben. Die Hauptschuld an der Vertreibung und Ermordung von rd. 7000 Muslimen trägt der bosnisch-serbische General Ratko Mladic.

Die UN hätten, so heißt es in dem Bericht, die 400 niederländischen UN-Soldaten (Dutchbat) nicht ausreichend unterstützt. Die frühere niederländische Regierung unter dem Christdemokraten Ruud Lubbers habe sich 1993 auf eine »praktisch nicht durchführbare« Friedensmission in Bosnien eingelassen.

9. MAI

Dagestan trauert um 41 Attentatsopfer

Ein Sprengstoffanschlag mit 41 Toten und über 150 Verletzten in der Kaukasusrepublik Dagestan überschattet die Feiern zum »Tag des Sieges« in Russland.

Ort des Attentats ist Kaspijsk am Schwarzen Meer. Der Sprengsatz – eine mit Metallteilen gespickte Anti-Infanterie-Mine – war in einem Gebüsch auf dem zentralen Platz der Garnisonsstadt versteckt.

Die Bombe explodiert, als gerade ein Militärorchester, gefolgt von einer Marschkolonne der Marineinfanterie, die Stelle passiert. Unter den Toten sind 23 Zivilisten, darunter 17 Kinder. Dagestan war mehrfach Ort von Anschlägen von Separatisten aus dem Nachbarland Tschetschenien.

Die Explosionsstelle in Kaspijsk am Gedenktag für den Sieg der Alliierten 1945

10. MAI

Britische Bahn unfallträchtig

Ein schweres Zugunglück im Norden Londons fordert sieben Tote und elf schwer Verletzte.

Nach Angaben der britischen Bahngesellschaft Railtrack entgleist ein vom Londoner Bahnhof King's Cross kommender Personenzug bei Potters Bar in der Grafschaft Hertfordshire. Die Ursache ist vermutlich eine defekte Weiche.

Es ist seit 1997 das sechste schwere Unglück bei der Bahn, die Anfang der 90er Jahre durch die damalige konservative Regierung privatisiert wurde. Dabei wurde das Gleis- und Signalnetz vom Bahnbetrieb getrennt. Das Unglück belebt die Debatte über die Zukunft der Bahn.

14. MAI

Erneut Kaschmir-Krise

Vier Monate nach dem vorläufigen Ende der Kaschmir-Krise beschwören neue Gewalttaten die Gefahr eines Atomkrieges zwischen Indien und Pakistan herauf.

Bei einem Angriff muslimischer Rebellen auf einen Bus und ein Armeelager in der Nähe der Stadt Jammu im indischen Teil von Kaschmir werden 34 Menschen getötet, darunter die drei Attentäter.

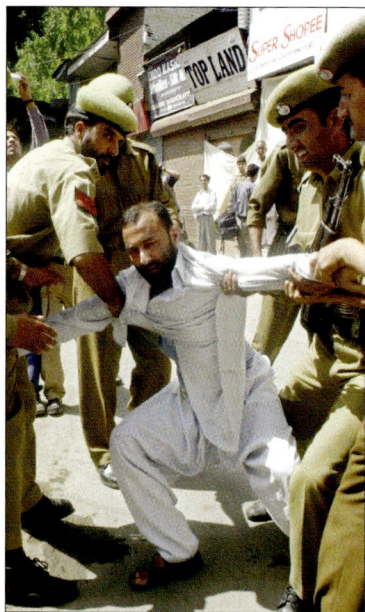

Der folgenschwerste Zwischenfall im Kaschmir-Konflikt seit dem Angriff auf das Parlament in Neu-Delhi im Dezember 2001, bei dem 14 Menschen starben, löst erneut eine Kaschmir-Krise aus. Indien droht mit Vergeltung und wirft Pakistan eine Beteiligung an dem Massaker vor. In den folgenden Tagen eskaliert die Gewalt in der Region.

Angesichts der eigenen militärischen Überlegenheit drängen immer mehr indische Politiker zu einem Krieg. Am 22. Mai besucht Ministerpräsident Atal Behari Vajpayee Truppen in Kupwara an der Waffenstillstandslinie im Norden Kaschmirs und erklärt, es sei Zeit für die entscheidende Schlacht.

Am 27. Mai beschuldigt Pakistans Machthaber General Pervez Musharraf in einer Fernsehansprache seinerseits Indien, für die Zuspitzung des Streits verantwortlich zu sein. Während die internationale Diplomatie versucht, die Kriegsgefahr zu bannen, und die Bevölkerung zu Zehntausenden die Krisenprovinz verlässt, kommt es dort immer wieder zu Gefechten zwischen muslimischen Rebellen und indischen Soldaten.

Festnahme eines Muslim-Aktivisten in Srinagar im indischen Teil Kaschmirs

20. MAI

Osttimor unabhängig

Nach 25 Jahren indonesischer Herrschaft und knapp 19 Monaten unter UN-Übergangsverwaltung wird die einstige portugiesische Kolonie Osttimor unabhängig.

Osttimors erster Präsident ist der bereits am 14. April gewählte frühere Unabhängigkeitskämpfer José Alexandre »Xanana« Gusmão, der zur Versöhnung mit Indonesien aufruft.

Neben mehr als 800 Regierungsvertretern und hohen Beamten aus über 90 Ländern nimmt auch die indonesische Präsidentin Megawati Sukarnoputri an den Feiern teil. Die 825 000 Einwohner im Ostteil der Pazifikinsel Timor feiern um Mitternacht Ortszeit (17 Uhr MESZ) ihre Freiheit überschwänglich. Die neue Demokratische Republik Osttimor ist eines der ärmsten Länder weltweit.

Applaus für neuen Staat: Osttimors Präsident Alexandre »Xanana« Gusmão

30. MAI

Boykott bei Algerien-Wahl

Die Parlamentswahl in Algerien endet mit dem Sieg der früheren sozialistischen Einheitspartei FLN.

Die Partei von Präsident Abdelaziz Bouteflika stellt nach amtlichen Angaben künftig 199 der 389 Abgeordneten im Parlament in Algier.

Allerdings hat das Ergebnis nur begrenzte Aussagekraft: Die der Minderheit der Berber nahe stehenden Parteien hatten angesichts der Misswirtschaft und ausbleibender Reformen zum Boykott aufgerufen. Landesweit gehen nur 46,1 % der Stimmberechtigten zur Wahl, in den Berbergebieten der Kabylei sind es nur ca. 2 %. Überschattet wird die Wahl von blutigen Auseinandersetzungen.

25. MAI

Boeing zerbirst in 9100 m Höhe

225 Tote fordert der Absturz eines taiwanesischen Jumbo-Jets.

20 Minuten nach dem Start vom internationalen Flughafen Taipeh stürzt die Boeing 747-200 der China Airlines (CAL) auf ihrem Flug Richtung Hongkong bei gutem Wetter nahe der Pescadores-Inseln (Penghu) aus 9100 m Höhe ins Meer.

Die Piloten setzten keinen Notruf ab. Warum der 23 Jahre alte Jumbo-Jet abstürzt, bleibt unbekannt. Spekulationen, die Maschine könnte von einer Rakete getroffen worden sein, werden von offizieller Seite dementiert.

Bergung von Trümmern des in vier Teile zerbrochenen Jumbo-Jets

24. MAI

Keine Einigung über Walfang

Die Tagung der Internationalen Walfangkommission (IWC) geht im Streit der Teilnehmer auseinander.

Japan scheitert bei dem Treffen in der Hafenstadt Shimonoseki mit dem Wunsch nach Ausweitung des Küstenwalfangs. Im Gegenzug blockiert Tokio erstmals seit 56 Jahren die Verlängerung der Sonderfangquoten für die von Walfleisch lebenden Ureinwohner in Alaska und Nordrussland.

Seit 1986 gilt ein Verbot des kommerziellen Walfangs. Japan erhielt – offiziell zu wissenschaftlichen Zwecken – eine begrenzte Fangquote vor seinen Küsten. In Japan gilt Walfleisch als Delikatesse.

28. MAI

Russland avanciert zum Juniorpartner der NATO

Durch die »Erklärung von Rom« verbinden sich die NATO und der frühere Gegner Russland.

Der russische Präsident Wladimir Putin und die Staats- und Regierungschefs der 19 NATO-Staaten verpflichten sich erstmals vertraglich zur Zusammenarbeit in der Abwehr gemeinsamer Gefahren.

Das auf dem Luftwaffenstützpunkt Pratica di Mare bei Rom unterzeichnete Abkommen sieht die Gründung eines NATO-Russland-Rates vor, in dem Moskau als gleichberechtigter Partner vertreten sein soll. Das Vertragswerk ist von den Außenministern der Allianz und Russlands am 14. Mai auf der NATO-Frühjahrstagung im isländischen Reykjavik ausgearbeitet worden.

Zu den wichtigsten Bereichen der Kooperation zählen Terrorismusbekämpfung, Nichtweiterverbreitung von Massenvernichtungswaffen, Abrüstung, Raketenabwehr sowie Katastrophenschutz. Nicht mitentscheiden darf Moskau allerdings weiterhin bei NATO-internen Verteidigungsfragen und bei der Ausrufung des Bündnisfalls. Auch blockieren kann Russland Entscheidungen der 19 Mitgliedstaaten in diesen Fällen nicht. Das neue Gremium ersetzt den 1997 gegründeten Gemeinsamen NATO-Russland-Rat und wird einmal monatlich auf Botschafterebene unter Vorsitz von NATO-Generalsekretär George Robertson zusammentreten.

Beide Seiten sprechen von einem historischen Ereignis. Elf Jahre nach der Auflösung des Warschauer Paktes 1991 bedeutet die Gründung des NATO-Russland-Rates den vorläufigen Höhepunkt, wenn es darum geht, den wichtigsten Nachfolgestaat der Sowjetunion in das westlich geprägte Wertesystem einzubeziehen. US-Präsident George W. Bush erklärt, zwei frühere Feinde seien jetzt offiziell Partner. Putin würdigt den Vertrag, der eine Juniorpartnerschaft seines Landes mit der NATO begründet, mit den Worten: »Wir sind von der Konfrontation bis zum Dialog, von der Konfrontation zur Zusammenarbeit einen langen Weg gegangen.«

Die Unterzeichnung des Abkommens ist der Höhe- und Schlusspunkt der Europareise von US-Präsident Bush. Er hatte am 22./23. Mai – begleitet von friedlichen Protesten Zehntausender Friedensaktivisten und Globalisierungsgegner – Berlin besucht und in einer Grundsatzrede vor dem Deutschen Bundestag Westeuropa und Russland zum gemeinsamen Kampf gegen den Terrorismus und die Feinde der Freiheit aufgerufen.

Weiter gereist nach Moskau, unterzeichnete Bush gemeinsam mit Putin am 24. Mai einen Vertrag über die bisher größte Reduzierung strategischer Atomwaffen. Das Abkommen sieht vor, die atomaren Gefechtsköpfe bis 2012 um zwei Drittel auf jeweils 1700 bis 2200 Sprengköpfe zu verringern. Allerdings muss nur ein Teil von ihnen zerstört werden, der Rest darf eingelagert werden. Putin und Bush unterschrieben ferner einen Vertrag über die strategische Zusammenarbeit beider Länder und eine Erklärung zum gemeinsamen Anti-Terror-Kampf.

George W. Bush und Wladimir Putin verkünden am 24. Mai im Kreml den Abrüstungsvertrag.

26. MAI

Wahlen in Kolumbien

Der neue Präsident von Kolumbien heißt Alvaro Uribe. Er will den Frieden im Land erzwingen.

Schon nach dem ersten Durchgang steht der rechtsgerichtete Politiker als Sieger fest. Vor dem Hintergrund des erneut aufgeflammten Bürgerkrieges hatte sich Uribe für eine hartes Durchgreifen gegen die linken FARC-Rebellen ausgesprochen und Kompromisse abgelehnt.

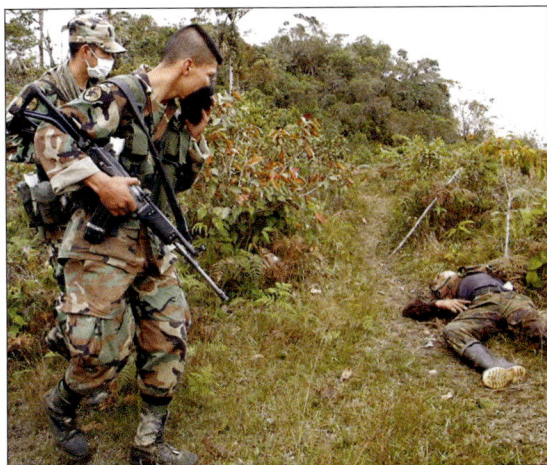

Kolumbianische Regierungssoldaten vor der Leiche eines FARC-Rebellen

8. MAI

Kinder sprechen zur UNO

Kinder und Jugendliche sprechen erstmals als Delegierte vor der UN-Vollversammlung in New York.

Mit deutlicher Kritik an der Lage der Kinder in der Welt eröffnet UN-Generalsekretär Kofi Annan den dreitägigen zweiten Weltkindergipfel. Mit einem Aktionsplan sollen der Schutz von Kindern vor Ausbeutung und Gewalt verbessert sowie Schulbildung für alle und Aids-Vorsorge erreicht werden.

Ugandas Staatschef Yoweri Museveni und seine Kinder-Delegation in New York

16. MAI

»Karsli-Affäre« entzweit die FDP

Auseinandersetzungen mit dem Zentralrat der Juden in Deutschland und ein innerparteilicher Machtkampf stürzen die FDP in eine tiefe Krise.

Der nordrhein-westfälische FDP-Landeschef Jürgen Möllemann wirft Michel Friedman, Publizist und Vizepräsident des Zentralrats der Juden vor, »mit seiner intoleranten, gehässigen Art« mitverantwortlich für antisemitische Tendenzen in Deutschland zu sein. Er erntet dafür in der Öffentlichkeit schärfste Kritik.

Am Tag zuvor hat der NRW-Landtagsabgeordnete Jamal Karsli einen Antrag auf Mitgliedschaft in der FDP gestellt. Karsli hatte die Grünen am 23. April im Streit um die in seinen Augen Israel-freundliche Nahostpolitik von Außenminister Joschka Fischer verlassen und arbeitet seither bei der FDP mit. Die Aufnahme des gebürtigen Syrers, der wegen seiner Äußerungen zum Nahostkonflikt (»Nazi-Methoden Israels«, »zionistische Lobby«) umstritten ist, stößt auf massive Kritik auch in der FDP.

Angesichts der Widerstände zieht Karsli am 22. Mai seinen Aufnahmeantrag in die Partei zurück, nicht jedoch den in die Fraktion. Zugleich entwickelt sich zu ein Machtkampf zwischen Möllemann und Parteichef Guido Westerwelle, der seinen Vize am 5. Juni ultimativ auffordert, Karsli aus der Fraktion auszuschließen. Nun erst lenkt Möllemann ein (→ 2.12./S. 120).

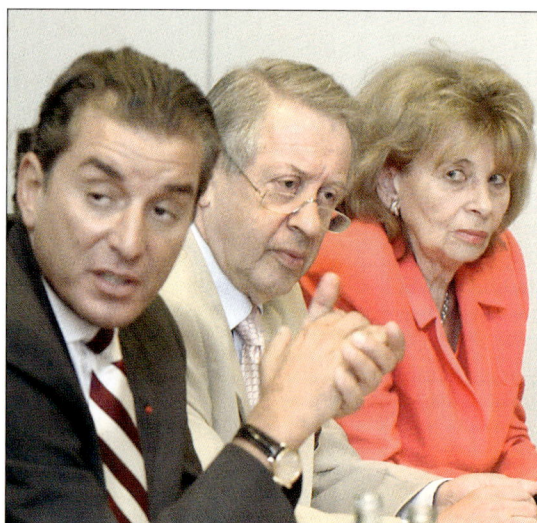

△ Jamal Karsli (l.) und Jürgen Möllemann; der als araberfreundlich bekannte Möllemann äußert mehrfach Kritik am militärischen Vorgehen Israels in den Autonomiegebieten.

◁ Der von Möllemann kritisierte Michel Friedman (l.), Paul Spiegel und Charlotte Knobloch vom Zentralrat

12. MAI

Kanzlerkandidat Westerwelle

Die Freien Demokraten ziehen erstmals in ihrer Geschichte mit einem Kanzlerkandidaten in den Bundestagswahlkampf.

Parteichef Guido Westerwelle wird zum Abschluss des Mannheimer Parteitags von den rd. 660 Delegierten bei nur zwei Gegenstimmen nominiert. Er begründet – nach längerem Zögern – seine Bereitschaft zur Kandidatur mit den jüngsten Erfolgen der FDP.

Guido Westerwelle und sein Wahlkampfgefährt mit Namen »Guidomobil«

9. MAI

Karlspreis an den Euro vergeben

Im fünften Monat seiner Einführung als Bargeld wird dem Euro der Internationale Karlspreis verliehen.

Im Krönungssaal des Aachener Rathauses nimmt der Präsident der Europäischen Zentralbank (EZB), Wim Duisenberg, den Preis entgegen.

Es ist das erste Mal, dass die 1950 für besondere Verdienste um die Einigung Europas gestiftete Auszeichnung nicht an eine Persönlichkeit oder Organisation, sondern an eine Sache vergeben wird. Dem Euro wird ein Epoche machender »Beitrag zum Zusammenwachsen der Völkerfamilie« zuerkannt.

Auch Duisenberg glaubt, dass die Gemeinschaftswährung mehr zur Stabilität und zum Vertrauen in die politische Einigung Europas beigetragen habe als alle EU-Verträge. Die gemeinsame Währung sei damit zugleich zum Symbol für die europäische Vision geworden.

22. MAI

Schweizer führt Deutsche Bank

Erstmals wird ein Ausländer Chef der Deutschen Bank.

Der Schweizer Josef Ackermann wird auf der Hauptversammlung des Geldinstitutes in Frankfurt am Main zum neuen Vorstandssprecher bestimmt. Sein Vorgänger Rolf-Ernst Breuer übernimmt den Aufsichtsratsvorsitz von Hilmar Kopper.

Der Vorstand hatte Ackermann bereits im September 2000 zum Nachfolger Breuers bestellt. Erstmals wird ein Ausländer Chef des Frankfurter Traditionshauses.

Unter Breuer war die Deutsche Bank seit 1997 durch Zukäufe gewachsen, u. a. durch die Übernahme der New Yorker Investmentbank Bankers Trust 1999. Die spektakuläre Fusion mit der Dresdner Bank scheiterte allerdings. Um Kosten zu senken, wurden Arbeitsplätze abgebaut, und die Zeiten, in denen die Frankfurter – gemessen am Börsenwert – weltweit zu den großen Fünf gehörten, sind lange vorbei.

13. MAI

Untersuchungsausschuss erbringt wenig Konkretes

Keine konkreten Erkenntnisse über die CDU-Spendenaffäre ergibt die Befragung des bayerischen Waffenlobbyisten Karlheinz Schreiber durch den Parteispenden-Untersuchungsausschuss im kanadischen Toronto.

Schreiber belastet mit seiner Aussage zwar die CSU, Beweise für seine Behauptungen bleibt er aber schuldig. Kurz vor Ende des ersten Teils seiner Vernehmung unter Ausschluss der Öffentlichkeit im deutschen Generalkonsulat in Toronto erklärt Schreiber nach Angaben von Ausschussmitgliedern, er habe Ende der 80er Jahre der CSU rd. 5 Mio. DM (2,6 Mio. €) gespendet, die – gestückelt und verdeckt – in die Parteikasse geflossen seien. Um Schreiber zu befragen, sind sechs Mitglieder des Ausschusses eigens nach Kanada geflogen. Dort läuft gegen Schreiber ein Auslieferungsverfahren.

Schreiber gilt als Schlüsselfigur in der Spendenaffäre der Union. Er war es, der im August 1991 dem damaligen CDU-Schatzmeister Walther Leisler Kiep 1 Mio. DM in bar überreichte. Als dies im November 1999 bekannt wurde, begann die Spendenaffäre, die sich rasch ausweitete.

Von Schreiber stammt auch die 100 000-DM-Spende von 1994, über deren Annahme und Weitergabe der frühere CDU-Vorsitzende Wolfgang Schäuble und die einstige CDU-Schatzmeisterin Brigitte Baumeister unterschiedliche Angaben machten –

Karlheinz Schreiber auf dem Weg zu seiner Zeugenaussage im Konsulat

was zum Rücktritt Schäubles vom Fraktions- und Parteivorsitz führte.

Außer Ankündigungen und Anschuldigungen gegen die CSU hat Schreiber bei seiner Befragung jedoch nicht viel zu bieten. Der CSU-Chef und bayerische Ministerpräsident Edmund Stoiber, von dem Schreiber behauptet, ihm seien die Modalitäten illegaler Geldtransfers bekannt gewesen, weist diese Darstellung bei seiner Aussage vor dem Untersuchungsausschuss am 4. Juni zurück.

Stoiber ist der letzte Zeuge, der vor dem am 2. Dezember 1999 eingesetzten Ausschuss befragt wird. Der Ausschuss hörte 138 Zeugen und arbeite-

te rd. 1800 Akten durch. Angesichts der Bandbreite der Themen und der mangelnden Auskunftsbereitschaft vieler Beteiligter bleiben die Ergebnisse dürftig. Es ging u. a. um folgendes:

Panzergeschäft: Hinsichtlich der Umstände der Lieferung von 36 Fuchs-Spürpanzern an Saudi-Arabien durch Thyssen im Jahr 1991 wies Altkanzler Helmut Kohl (CDU) den Vorwurf der Korruption entschieden zurück. Für einen Zusammenhang zwischen der Exportgenehmigung und der 1-Mio.-DM-Spende von Karlheinz Schreiber an die CDU gibt es keinen Beleg.

Kohl-Spenden: Bei vier Ausschuss-Vernehmungen blieb Kohl unter Berufung auf sein Ehrenwort die Namen der anonymen Spender schuldig, von denen er zwischen 1993 und 1998 insgesamt 2,17 Mio. DM angenommen hatte. Ebenfalls ungeklärt ist die Herkunft der Gelder auf Schweizer CDU-Konten im Zusammenhang mit einer Stiftung »Norfolk«.

Fall Leuna: Keine Hinweise auf Schmiergeldzahlungen an deutsche Politiker ergaben die Untersuchungen des Ausschusses bzw. der Staatsanwaltschaft im Zusammenhang mit dem Verkauf der Leuna-Raffinerie und der Mineralölgesellschaft Minol an den französischen Ölkonzern Elf Aquitaine im Jahr 1992.

In der Bewertung der Ausschussarbeit sind sich die Obleute der fünf im Gremium vertretenen Parteien uneins. So beklagt der SPD-Obmann Frank Hofmann die Aussageverweigerung von CDU-Zeugen und erklärt, es sei »nicht auszuschließen, dass über Schmiergeldzahlungen Entscheidungen der Regierung Kohl beeinflusst werden sollten«. Ganz anders Andreas Schmidt, Obmann von CDU/CSU: Seiner Meinung nach hat sich gezeigt, dass die »Regierung Helmut Kohl entgegen vielen ungerechtfertigten Verdächtigungen nicht bestechlich« war. Angesichts dieser Uneinigkeit beendet der Ausschuss am 6. Juni seine Arbeit, ohne einen vollständigen Abschlussbericht vorzulegen. Er beschließt lediglich den sog. Feststellungsteil des Endberichts.

19. MAI

Belastete Beziehung Berlin–Prag

Die Fortdauer der Benes-Dekrete von 1945 belasten das Verhältnis zwischen Deutschen und Tschechen.

In seiner Rede auf dem 52. Sudetendeutschen Tag in Nürnberg wirft Bayerns Ministerpräsident Edmund Stoiber (CSU) der rot-grünen Bundesregierung Untätigkeit in der Vertriebenenpolitik vor.

Wie am Tag zuvor Bundesinnenminister Otto Schily (SPD) verlangt auch der Unions-Kanzlerkandidat die Aufhebung der sog. Benes-Dekrete, auf deren Grundlage nach dem Zweiten Weltkrieg rd. 3 Mio. Sudetendeutsche

aus der damaligen Tschechoslowakei vertrieben worden waren.

Anders als Schily stellt allerdings Stoiber diese Forderung in einen Zusammenhang mit dem geplanten EU-Beitritt Tschechiens. »Wer im Jahr 2002 in Europa Vertreibung und Entrechtung verteidigt, die über 57 Jahre zurückliegen, der muss sich von allen Europäern fragen lassen, wie europatauglich er ist«, erklärt Stoiber unter dem Beifall der Landsmannschaft.

Dagegen hatte Schily lautstarke Pfiffe für seine Aussage geerntet, dass für die rot-grüne Regierung »das vergangene Unrecht der Vergangenheit

angehört«. Gleichzeitig kritisierte Schily Äußerungen des tschechischen Ministerpräsidenten Milos Zeman zur nachträglichen Rechtfertigung der Vertreibung der Sudetendeutschen nach 1945. Medienberichten zufolge hatte Zeman erklärt: »Sie wollten heim ins Reich gehen. Also haben wir sie gehen lassen.«

Zemans harsche Ausdrucksweise führte schon mehrfach zu Irritationen. Nicht zuletzt deshalb sagte Bundeskanzler Gerhard Schröder (SPD) eine für März geplante Reise nach Prag ab. Dort ist die sudetendeutsche Frage ein Wahlkampfthema (→ 15.6./S. 62).

5. MAI

Freiburg wählt Grün ins Rathaus

Freiburg ist die erste deutsche Stadt, in der ein Grünen-Politiker Oberbürgermeister wird.

Dieter Salomon, der 41-jährige bisherige Fraktionschef im Landtag, erreicht im zweiten Wahlgang 64,4 % der Stimmen. Gudrun Heute-Blum (CDU), die Oberbürgermeisterin von Lörrach, kommt auf 34,5 %.

Für Salomon stimmen in der Stichwahl auch viele Anhänger der SPD, deren Kandidat Bernhard Zepter im ersten Wahlgang nur 16,5 % erreicht hatte.

15. MAI

4 % mehr für Metaller

IG-Metall Chef Klaus Zwickel vor dem Ford-Werk in Köln

Der erste Metallerstreik seit 1995 endet mit einem Kompromiss.

Die Metallarbeitgeber in Baden-Württemberg und die IG Metall vereinbaren einen Tarifvertrag, der Einkommensanhebungen in zwei Stufen vorsieht: Ab 1. Juni 2002 gibt es 4 % mehr Lohn, ab 1. Juni 2003 kommen noch einmal 3,1 % dazu. Für die Monate März und April 2002 gibt es keine Lohnerhöhung, für Mai eine Einmalzahlung von 120 €. Der Tarifvertrag läuft bis Ende 2003.

Die IG Metall war mit der Forderung nach bundesweit einheitlich 6,5 % mehr Lohn und Gehalt in die Tarifrunde gegangen. Die Arbeitgeber hatten den 3,6 Mio. Beschäftigten 3,3 % mehr geboten. Am 13. Mai wurde der Streik auf Berlin-Brandenburg ausgeweitet. Dort wird der Abschluss von Baden-Württemberg übernommen.

28. MAI

Wechsel an DGB-Spitze

Der Deutsche Gewerkschaftsbund (DGB) erhält nach acht Jahren eine neue Führungsspitze.

Der 17. DGB-Bundeskongress in Berlin wählt mit 364 von 387 gültigen Stimmen Michael Sommer, den bisherigen stellvertretenden Chef der Dienstleistungsgewerkschaft ver.di, zum Nachfolger des 62-jährigen Dieter Schulte, der aus Altersgründen nicht mehr antrat.

Dieter Schulte (l.) und sein Nachfolger als DGB-Chef Michael Sommer

24. MAI

Nitrofen bringt Bio-Produkte in Verruf

Meldungen über Nitrofen-Rückstände in Bio-Eiern und -Geflügel führen zu einem Vertrauensverlust für den Öko-Landbau.

Zuerst bei einem niedersächsischen Geflügelhalter, dann auch in anderen ökologischen Betrieben in Niedersachsen, Mecklenburg-Vorpommern, Sachsen-Anhalt und Nordrhein-Westfalen wird das als Krebs erregend bekannte und seit langem EU-weit verbotene Herbizid Nitrofen in Futterweizen, Hühnerfleisch und Eiern gefunden.

Der Skandal zieht bundesweit Kreise. Mehr als 100 Bio-Betriebe werden wegen positiver Nitrofen-Tests gesperrt. Der Handel stoppt am 28. Mai den Verkauf von Bio-Produkten.

Bei der Suche nach der Herkunft des nitrofenverseuchten Ökogetreides stoßen die Behörden zunächst auf den niedersächsischen Futtermittelhersteller GS agri. Dort war das Getreide in Futtermittel für Geflügel gemischt worden, obwohl die Firma durch eigene Kontrollen schon länger von dessen Verseuchung gewusst haben soll.

Am 3. Juni wird eine Lagerhalle der Norddeutschen Saat- und Pflanzengut AG (NSP) im mecklenburg-vorpommerschen Malchin als Quelle ausgemacht. Zu DDR-Zeiten wurden dort hochgiftige Pflanzenschutzmittel, später dann Futtermittel gelagert. Als Konsequenz aus dem Skandal kündigt Verbraucherministerin Renate Künast noch bessere Kontrollen an.

Verbraucherministerin Künast (Grüne) erläutert ihre Erkenntnisse über den Nitrofen-Skandal; Teile der Opposition fordern – vergeblich – ihren Rücktritt.

17. MAI

Tierschutz wird zum Staatsziel

Als erster EU-Staat verankert Deutschland den Tierschutz als Staatsziel in der Verfassung.

543 von 577 Abgeordneten aller Parteien im Bundestag befürworten eine solche Verfassungsänderung. Dagegen stimmen 19 Abgeordnete, 15 enthalten sich. Die für Änderungen des Grundgesetzes nötige Zweidrittelmehrheit wird damit deutlich erreicht.

Der Artikel 20a des Grundgesetzes wird um drei Worte ergänzt: Der Staat schützt künftig die natürlichen Lebensgrundlagen »und die Tiere«. Die Tierschutzverbände begrüßen den Schritt, der allerdings noch keinen gesetzlichen Anspruch auf einen verbesserten Tierschutz bewirkt. Jedoch bietet nach Meinung der Verbände die Verfassungsänderung ein wichtiges Argument für ihre Forderung nach artgerechter Haltung landwirtschaftlicher Nutztiere. Bislang gelten nur für Legehennen ab 2007 verbesserte Schutzbestimmungen.

17. MAI

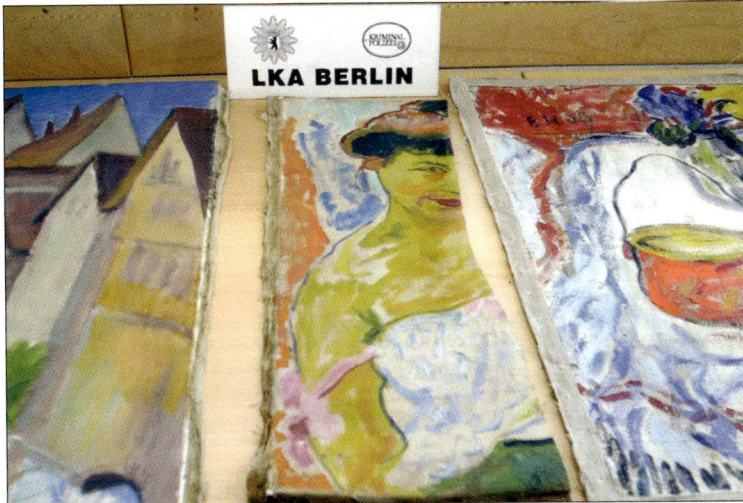

Pechstein-Gemälde »Junges Mädchen« zwischen zwei Heckel-Bildern

Brücke-Bilder wieder da

Der Kunstraub im Berliner Brücke-Museum ist aufgeklärt.

Die am 20. April aus dem Museum gestohlenen neun Bilder der deutschen Expressionisten Erich Heckel, Max Pechstein, Ernst Ludwig Kirchner und Emil Nolde im Wert von 3,6 Mio. € sind wieder da. Eines der Bilder von Pechstein ist zerschnitten, die übrigen weisen Schäden auf. Bei den fünf von der Polizei gefassten mutmaßlichen Hehlern handelt es sich um drei Jugoslawen und zwei Deutsche.

12. MAI

Von Verbrennungen gezeichnet: Mette-Marit neun Tage nach dem Interview

Mette-Marit kommt nicht

Kronprinzessin Mette-Marit kommt nun doch nicht nach Deutschland.

Ohne seine erkrankte Frau beginnt der norwegische Kronprinz Haakon in München seinen fünftägigen Deutschlandbesuch. Das Paar hatte am 8. Mai der n-tv-Moderatorin Sandra Maischberger in Oslo ein Interview gegeben. Dabei zog sich Mette-Marit durch eine Kombination von Scheinwerfer- und Sonnenlicht schwere Verbrennungen im Gesicht und an der Hornhaut der Augen zu.

25. MAI

Platz 21 für Corinna May

Der 47. Schlager-Grand-Prix wird für Deutschland zu einer Pleite.

In Estlands Hauptstadt Tallinn landet die zuvor als Favoritin gehandelte Bremerin Corinna May nur auf Platz 21 unter den 24 Teilnehmerstaaten – es ist eine der schlechtesten Platzierungen für Deutschland in der Geschichte des Eurovision Song Contest. Es siegt überraschend für Lettland die Sängerin Marie N.

Mit »I Wanna« im Latino-Stil gewinnt die Lettin Marija Naumova den Schlager-Grand-Prix und verweist die Konkurrenz auf die Plätze.

26. MAI

Erfolg für Polanski

Der Sieger der 55. Filmfestspiele von Cannes heißt Roman Polanski.

In dem mit der Goldenen Palme ausgezeichneten Streifen »Der Pianist« geht es um einen polnischen Klavierspieler, dem die Flucht aus dem Warschauer Getto gelingt. Polanski setzt sich u. a. gegen den gleichfalls als Favoriten gehandelten Film »The Man Without A Past« des Finnen Aki Kaurismäki durch.

Adrien Brody als »Der Pianist«; der preisgekrönte Film erzählt die authentische Geschichte eines jüdischen Musikers während des Zweiten Weltkriegs in Polen.

29. MAI

Blatter bleibt im Amt

Der Schweizer Joseph Blatter bleibt weitere vier Jahre Präsident des Fußball-Weltverbandes FIFA.

Gleich im ersten Wahlgang im Hotel Seoul Hilton setzt sich der 66-Jährige mit 139 der 195 gültigen Stimmen gegen seinen elf Jahre jüngeren Herausforderer Issa Hayatou aus Kamerun durch, der lediglich 56 Stimmen verbuchen kann.

Der Deutsche Fußball-Bund (DFB) hatte Blatter schon seit längerem unterstützt, obwohl sich der umtriebige Sportfunktionär im Vorfeld des FIFA-Kongresses schweren Vorwürfen ausgesetzt sah. Die Palette seiner – vermeintlichen oder tatsächlichen – Verfehlungen reichten vom Amtsmissbrauch bis zur Korruption.

Am 10. Mai hatten sogar fünf Vizepräsidenten und weitere sechs Mitglieder des Exekutivkomitees der FIFA in Zürich Klage gegen den Verbandschef eingereicht. Mit Blatters Wiederwahl ist dies erst einmal vom Tisch. FIFA-Generalsekretär Michel Zen-Ruffinen, der mit seiner Kritik an Blatter die Klage möglich gemacht hatte, muss nach der WM in Südkorea und Japan gehen.

Versöhnliche Geste: Josef Blatter empfängt die Glückwünsche seines Herausforderers Issa Hayatou.

15. MAI

Bayer verspielt dritten Titel

Bayer Leverkusen bleibt das Pech treu: Auch beim dritten Versuch in elf Tagen gelingt kein Titelgewinn.

Nach der vergebenen Meisterschaft (→ 4.5./S. 57) und der Pleite im DFB-Pokalfinale verliert Bayer im Glasgower Hampden Park das Finale der Champions League 1:2 (1:2) gegen Real Madrid. Die Tore für Spaniens Rekordmeister erzielen vor 51 456 Zuschauern der Spanier Raul (9. Minute) und der Franzose Zinedine Zidane (45.), für das zwischenzeitliche 1:1 sorgt der Brasilianer Lucio (14.).

Angetrieben von einem glänzenden Michael Ballack, der in seinem letzten Spiel im Bayer-Trikot eindrucksvoll die Fäden zieht, gibt die Elf von Trainer Klaus Toppmöller nie auf und schnürt die »Königlichen« vor allem in der hektischen Schlussphase regelrecht im eigenen Strafraum ein.

Die Gegentore fallen aus Leverkusener Sicht höchst unglücklich: Beim 0:1 nimmt Raul einen weiten Einwurf von Roberto Carlos auf, läuft Lucio davon und überrascht Bayer-Schlussmann Hans-Jörg Butt mit einem zwar platzierten, aber nicht sonderlich scharf geschossenen Ball.

Sechs Minuten später macht der brasilianische Nationalspieler seinen Fehler mit einem Kopfball nach einer

Zinedine Zidane trifft zum 2:1.

Vorlage von Bernd Schneider wieder gut. Ein Geniestreich von Zidane vor der Halbzeitpause entscheidet dann das Spiel: Eine Flanke von Roberto Carlos verwandelt der Franzose mit einem Schuss aus der Drehung – der Ball fliegt unhaltbar für Butt in den Torwinkel.

Gegen die im zweiten Durchgang allzu passiven Madrilenen haben Ballack (82.), Dimitar Berbatow (85.) und in der Nachspielzeit Torhüter Butt, dessen Kopfball knapp das Tor verfehlt, die letzten großen Chancen zum Ausgleich.

12. MAI

Sieg nach Stallorder

Ein Funkspruch aus der Ferrari-Box entscheidet den Großen Preis von Österreich in Zeltweg.

Formel-1-Weltmeister Michael Schumacher gewinnt vor seinem Teamkollegen Rubens Barichello. Bei seinem fünften Saisonerfolg erntet Schumacher allerdings Pfiffe: Laut Ferrari-Stallorder muss der vorne liegende Barrichello 100 m vor dem Ziel abbremsen. Der Weltverband FIA verurteilt am 26. Juni Piloten und Team zu 1 Mio. US-Dollar Strafe – wegen nicht regelgerechten Verhaltens bei der Siegerehrung (→ 13.10./S. 108).

Michael Schumacher (l.) überlässt Rubens Barrichello den Siegespokal.

11. MAI

Slowakei holt Titel

Die Slowakei ist erstmals Eishockey-Weltmeister. Russland wird im Finale von Göteborg 4:3 bezwungen.

Ein Tor von Peter Bondra (Washington Capitals) in der 59. Minute entscheidet das Endspiel der 66. Weltmeisterschaft vor 11 591 Zuschauern im Scandinavium für die mit elf Spielern aus der nordamerikanischen Profiliga NHL angetretenen Slowaken.

Gastgeber Schweden belegt bei den vom 26. April bis 11. Mai in Göteborg, Jönköping und Karlstad ausgetragenen Titelkämpfen Platz drei. Deutschland scheitert im Viertelfinale.

Rastislav Stana, Miroslav Satan und Jan Lasak (v.l.) bejubeln den Titel.

4. MAI

Dortmund Meister – Leverkusen wieder nur Zweiter

Im Kampf um die Deutsche Fußballmeisterschaft fängt Borussia Dortmund kurz vor Schluss Bayer Leverkusen noch ab.

Zum sechsten Mal nach 1956, 1957, 1963, 1995 und 1996 sind die Schwarz-Gelben Deutscher Fußballmeister. Am 34. Spieltag besiegt das Team von Trainer Matthias Sammer Werder Bremen 2:1 und bleibt damit auf dem ersten Platz. Vizemeister wird Bayer Leverkusen nach einem 2:1 gegen Hertha BSC Berlin; Titelverteidiger Bayern München bleibt nach einem 3:2 über Hansa Rostock Platz drei.

Für überschäumenden Jubel in dem mit 68 000 Zuschauern ausverkauften Dortmunder Westfalenstadion sorgt der eingewechselte Brasilianer Ewerthon mit einem Treffer zum 2:1 in der 75. Minute.

Eine Vorentscheidung war aber schon eine Woche zuvor gefallen: Die Bayer-Elf verlor überraschend 0:1 beim 1. FC Nürnberg, der BVB ge-

wann 4:3 beim Hamburger SV und schob sich auf Platz eins – mit einem Punkt Vorsprung vor Leverkusen. Ähnlich wie 2000, als Bayer am letzten Spieltag in Unterhaching verlor, verspielt die Werkself kurz vor Toresschluss die Meisterschaft.

Der spannende Kampf um den Titel und gegen den Abstieg sorgt für einen neuen Zuschauerrekord: Mit 33 024 Besuchern im Schnitt wird die Bestmarke von 1998/99 noch um 190 Zuschauer pro Spiel überboten. 893 Treffer sind eine durchschnittliche Ausbeute. Erfolgreichste Torjäger sind Martin Max (1860 München) und Marcio Amoroso (Dortmund) mit jeweils 18 Treffern.

Fünf Vereine trennen sich vorzeitig von ihren Trainern, darunter auch der 1. FC Köln, der Ewald Lienen entlässt. Der Verein bleibt 1033 Minuten ohne Torerfolg und übertrifft damit die 1992/93 aufgestellte Torlos-Rekordmarke des 1. FC Saarbrücken (964 Minuten). Die Kölner steigen ebenso wie

der FC St. Pauli und der SC Freiburg aus der Ersten Liga ab, ihre Plätze nehmen Hannover 96, Arminia Bielefeld und der VfL Bochum ein.

Der FC Schalke 04 gewinnt vor 70 000 Zuschauern im Berliner Olym-

piastadion am 11. Mai zum vierten Mal den DFB-Pokal. Der Cupverteidiger setzt sich mit 4:2 (1:1) gegen Bayer 04 Leverkusen durch. Bei den Damen bezwingt der 1. FFC Frankfurt im Pokal-Finale den Hamburger SV mit 5:0.

Jetzt wird gejubelt: Gerhard Mayer-Vorfelder (vorn, r.) hat die Schale überreicht.

1. Fußball-Bundesliga 2001/02

Rang	Verein	Spiele	Tore	Punkte
1	Borussia Dortmund	34	62:33	70
2	Bayer Leverkusen	34	77:38	69
3	Bayern München	34	65:25	68
4	Hertha BSC Berlin	34	61:38	61
5	FC Schalke 04	34	52:36	61
6	Werder Bremen	34	54:43	56
7	1. FC Kaiserslautern	34	62:53	56
8	VfB Stuttgart	34	47:43	50
9	TSV 1860 München	34	59:59	50
10	VfL Wolfsburg	34	57:49	46
11	Hamburger SV	34	51:57	40
12	Borussia Mönchengladbach	34	41:53	39
13	Energie Cottbus	34	36:60	35
14	Hansa Rostock	34	35:54	34
15	1. FC Nürnberg	34	34:57	34
16	SC Freiburg	34	37:64	30
17	1. FC Köln	34	26:61	29
18	FC St. Pauli	34	37:70	22

Aufsteiger aus der 2. Fußball-Bundesliga:
Hannover 96, Arminia Bielefeld und Vfl Bochum

DFB-Pokalwettbewerb 2001/02

FINALE	
FC Schalke 04 – Bayer Leverkusen	4:2
HALBFINALE	
Bayer Leverkusen – 1. FC Köln	3.1 n.V.
FC Schalke 04 – Bayern München	2:0 n.V.
VIERTELFINALE	
Hertha BSC Berlin – 1. FC Köln	1:2 n.V.
FC Schalke 04 – Rot-Weiß Oberhausen	2:0
Bayer Leverkusen – TSV 1860 München	3:0
1. FC Kaiserslautern – Bayern München	0:0 n.V., 3:5 i. E. [1]
ACHTELFINALE	
VfB Stuttgart – TSV 1860 München	2:2 n.V., 2:4 i. E. [1]
1. FC Union Berlin – Rot-Weiß Oberhausen	1:2
FSV Mainz 05 – 1. FC Kaiserslautern	2:3
Eintracht Frankfurt – Hertha BSC Berlin	1:2 n.V.
KFC Uerdingen – 1. FC Köln	1:1 n.V., 3:5 i. E. [1]
Darmstadt 98 – FC Schalke 04	0:1 n.V.
Hannover 96 – Bayer Leverkusen	1:2
Bayern München – VfL Wolfsburg	2:1

1) Ergebnis im Elfmeterschießen

Österreich 2001/02

Rang	Verein	Spiele	Tore	Punkte
1	FC Tirol Innsbruck*	36	63:20	75
2	SK Sturm Graz	36	68:42	65
3	Grazer AK	36	69:39	63
4	Austria Wien	36	53:38	53
5	FC Kärnten	36	40:52	50
6	SV Austria Salzburg	36	42:40	49
7	Schwarz Weiß Bregenz	36	51:70	45
8	Rapid Wien	36	37:49	43
9	SV Ried im Innkreis	36	37:54	36
10	VfB Admira/Wacker Mödling	36	25:81	15

*Der Verein wird nach einem Lizenzentzug in die dritte Liga zurückgestuft

Schweiz 2001/02

Rang	Verein	Spiele	Tore	Punkte
1	FC Basel	14	36:16	55 (22)
2	Grasshoppers Zürich	14	28:17	45 (19)
3	FC Lugano	14	23:19	42 (19)
4	Servette Genf	14	25:23	38 (17)
5	FC Zürich	14	14:17	35 (15)
6	FC St. Gallen	14	18:20	34 (18)
7	Young Boys Bern	14	18:25	31(16)
8	FC Sion	14	10:35	21 (17)

In Klammern Bonuspunkte aus der Vorrunde

Italien 2001/02

Rang	Verein	Spiele	Tore	Punkte
1	Juventus Turin	34	64:23	71
2	AS Rom	34	58:24	70
3	Inter Mailand	34	62:35	69
4	AC Mailand	34	47:33	55
5	AC Chievo Verona	34	57:52	54
6	Lazio Rom	34	50:37	53
7	FC Bologna	34	40:40	52
8	AC Perugia	34	38:46	46
9	Atalanta Bergamo	34	41:50	45
10	AC Parma	34	43:47	44
11	Turin Calcio	34	37:39	43
12	FC Piacenza	34	49:43	42
13	Brescia Calcio	34	43:52	40
14	Udinese Calcio	34	41:52	40
15	Hellas Verona	34	41:53	39
16	US Lecce	34	36:56	28
17	AC Florenz	34	29:63	22
18	AC Venedig	34	30:61	18

Die Gewinner der Europapokale 2001/02

Champions League	Real Madrid – Bayer Leverkusen	2:1
UEFA-Cup	Feyenoord Rotterdam – Borussia Dortmund	3:2

Meister und Pokalsieger in Europa 2001/02

Land	Landesmeister	Pokalsieger		
Albanien	Dinamo Tirana	SK Tirana	– Dinamo Tirana	1:0
Belgien	KRC Genk	FC Brügge	– Excelsior Mouscron	3:1
Bosnien-H.	Zeljeznicar Sarajevo	FK Sarajevo	– Zeljeznicar Sarajevo	2:1
Bulgarien	Levski Sofia	Levski Sofia	– ZSKA Sofia	3:1
Dänemark	Brøndby IF	Odense BK	– FC København	2:1
Deutschland	Borussia Dortmund	FC Schalke 04	– Bayer Leverkusen	4:2
England	FC Arsenal	FC Arsenal	– FC Chelsea	2:0
Estland	FC Flora Tallinn	FC Levadia Tallinn	– FC Levadia Maardu	2:0
Färöer	HB Tórshavn	NSÍ Runavik	– HB Tórshavn	2:1
Finnland	HJK Helsinki	Haka Valkeakoski	– FC Lahti	4:1
Frankreich	Olympique Lyon	FC Lorient	– SC Bastia	1:0
Georgien	Torpedo Kutaisi	Lokomotiwi Tiflis	– Torpedo Kutaissi	2:0
Griechenland	Olympiakos Piräus	AEK Athen	– Olympiakos Piräus	2:1
Irland	FC Shelbourne	FC Dundalk	– Bohemians Dublin	2:1
Island	KR Reykjavik	Fylkir Reykjavik	– Fram Reykjavik	3:1
Israel	Maccabi Haifa	Maccabi Tel-Aviv	– Maccabi Haifa	0:0 n.V., 5:4 i. E. [1]
Italien	Juventus Turin	AC Parma	– Juventus Turin	1:2 und 1:0
Jugoslawien	Partizan Belgrad	Roter Stern Belgrad	– Sartid Smederovo	1:0
Kroatien	NK Zagreb	Dinamo Zagreb	– Varteks Varazdin	1:1 und 1:0
Lettland	Skonto Riga	Skonto Riga	– Metalurgs Liepaja	3:0
Liechtenstein [2]		FC Vaduz	– USV Eschen-Mauren	6:1
Litauen	FBK Kaunas	FBK Kaunas	– Suduva Marijampole	3:1
Luxemburg	F'91 Düdelingen	Avenir Beggen	– F'91 Düdelingen	1:0
Malta	Hibernians Paola	FC Birkirkara	– Sliema Wanderers	1:0
Mazedonien	Vardar Skopje	Pobeda Prilep	– Cementarnica Skopje	3:1
Moldawien	Serif Tiraspol	Serif Tiraspol	– Nistru Otaci	3:2 n. V.
Niederlande	Ajax Amsterdam	Ajax Amsterdam	– FC Utrecht	3:2 n. V.
Nordirland	FC Portadown	FC Linfield	– FC Portadown	2:1
Norwegen	Rosenborg Trondheim	Vålerenga	– Odd Grenland	1:0
Österreich	FC Tirol Innsbruck	Grazer AK	– Sturm Graz	3:2
Polen	Legia Warschau	Wisla Krakau	– Amica Wronki	4 :2 und 4:0
Portugal	Sporting Lissabon	Sporting Lissabon	– Leixões SC	1:0
Rumänien	Dinamo Bukarest	Rapid Bukarest	– Dinamo Bukarest	2:1
Russland	Lokomotive Moskau	ZSKA Moskau	– Zenit St. Petersburg	2:0
Schottland	Celtic Glasgow	Glasgow Rangers	– Celtic Glasgow	3:2
Schweden	Djurgårdens IF Stockholm	Djurgårdens IF	– AIK Stockholm	1:0 n. V.
Schweiz	FC Basel	FC Basel	– Grasshoppers Zürich	2:1
Slowakei	MSK Zilina	Koba Senec	– Matador Púchov	1:1 n. V. 4:2 i. E. [1]
Slowenien	NK Maribor	HIT Nova Gorica	– Aluminij Kidricevo	4:0 und 2:1
Spanien	FC Valencia	Deportivo La Coruña	– Real Madrid	2:1
Tschechien	FC Slovan Liberec	Slavia Prag	– Sparta Prag	2:1
Türkei	Galatasaray Istanbul	Kocaelispor	– Besiktas Istanbul	4:0
Ukraine	Schachtjor Donezk	Schachtjor Donezk	– Dynamo Kiew	3:2 n.V.
Ungarn	Zalaegerszegi TE	Újpesti TE Budapest	– Haladás Szombathely	2:1 n.V.
Wales	Barry Town	Barry Town	– FC Bangor City	4:1
Weißrussland	BATE Borisow	FK Homel	– BATE Borisow	2:0
Zypern	APOEL Nicosia	Anorthosis Famagusta	– Ethnikos Achnas	1:0

1) Ergebnis im Elfmeterschießen 2) Keine Meisterschaft

1. Juni, Samstag
Sapporo: Die deutsche Elf startet mit einem 8:0-Sieg über Saudi-Arabien in die Fußball-WM (→ 30.6./S. 66).

2. Juni, Sonntag
Bern: Die Schweizer stimmen mehrheitlich für die Fristenregelung beim Schwangerschaftsabbruch. → S. 62

Mailand: Der Italiener Paolo Savoldelli gewinnt den Giro d'Italia. → S. 65

3. Juni, Montag
Gasa-Stadt: Das höchste palästinensische Gericht ordnet die Freilassung des Führers der radikalen Volksfront zur Befreiung Palästinas, Achmed Saadat, an. Israel wirft ihm vor, Drahtzieher des Mords an Tourismusminister Rehavam Zeevi im Oktober 2001 gewesen zu sein (→ 1.4./S. 36).

4. Juni, Dienstag
London: Rd. 1 Mio. Menschen nehmen Anteil am goldenen Thronjubiläum der britischen Königin Elisabeth II. → S. 59

5. Juni, Mittwoch
Megiddo: Bei einem Selbstmordanschlag auf einen Linienbus im Norden Israels sterben 17 Menschen, 40 weitere werden z. T. schwer verletzt.

6. Juni, Donnerstag
Washington: US-Präsident George Bush kündigt die Schaffung einer neuen Sicherheitsbehörde an. → S. 61

7. Juni, Freitag
Berlin: Der Bundestag lehnt eine Änderung des Grundgesetzes zur Einführung von Volksabstimmungen auf Bundesebene ab.

8. Juni, Samstag
Kassel: Bundespräsident Johannes Rau eröffnet die documenta. → S. 64

Memphis: Der Brite Lennox Lewis verteidigt seine Boxweltmeistertitel im Schwergewicht gegen Mike Tyson (USA). → S. 65

9. Juni, Sonntag
Algier: Bei neuen Gewalttaten militanter Islamisten werden in Algerien neun Menschen getötet und zahlreiche verletzt. Seit Beginn des Jahres starben mehr als 600 Menschen, darunter 150 Angehörige der Sicherheitskräfte.

Kiel: Die Leverkusener Segelyacht »Illbruck« gewinnt das »Volvo Ocean Race«. → S. 65

10. Juni, Montag
London: 25 Jahre nach seinem Tod stürmt Elvis Presley mit einer Remix-Version des Songs »A Little Less Conversation« von 1968 die Hitparaden.

11. Juni, Dienstag
Berlin: Der Parteispenden-Untersuchungsausschuss des Bundestages legt seinen Abschlussbericht vor (→ 13.5./S. 53).

Leslie: Ex-Beatle Paul McCartney und das frühere Model Heather Mills geben sich das Jawort.

12. Juni, Mittwoch
Berlin: Das Oberverwaltungsgericht entscheidet, dass die CDU 21 Mio. € aus der staatlichen Parteienfinanzierung zurückzahlen muss. → S. 63

Denver: Der US-Bundesstaat Colorado wird wegen schwerer Waldbrände zum Notstandsgebiet erklärt. → S. 62

13. Juni, Donnerstag
Kabul: Die Große Ratsversammlung wählt Hamid Karsai zum Präsidenten Afghanistans. → S. 60

14. Juni, Freitag
Berlin: Die festen Ladenpreise für Bücher werden in Deutschland gesetzlich verankert.

Berlin: Regisseurin Caroline Link und ihre Familiensaga »Nirgendwo in Afrika« sind die Sieger bei der Vergabe des 52. Deutschen Filmpreises. → S. 64

SPRUCH DES MONATS

»Your Majesty! – Mummy!«
Der britische Thronfolger Prinz Charles bei seiner Ansprache zu Ehren des 50. Thronjubiläums seiner Mutter, Königin Elisabeth II.

15. Juni, Samstag
Prag: Die regierenden Sozialdemokraten gewinnen die Parlamentswahl in Tschechien. → S. 62

16. Juni, Sonntag
Paris: Das bürgerliche Lager erringt bei den französischen Parlamentswahlen die absolute Mehrheit. → S. 62

Rom: Papst Johannes Paul II. spricht den Kapuzinermönch Padre Pio heilig. → S. 64

17. Juni, Montag
Schwerin: Wegen ihrer Beteiligung an den fremdenfeindlichen Ausschreitungen in Rostock-Lichtenhagen 1992 verurteilt das Landgericht drei Männer zu Bewährungsstrafen zwischen zwölf und 18 Monaten.

Alsenborn: Fritz Walter, der Ehrenspielführer der deutschen Fußball-Nationalmannschaft, stirbt im Alter von 81 Jahren. → S. 65

18. Juni, Dienstag
Jerusalem: Bei einem palästinensischen Selbstmordanschlag auf einen Bus werden 17 Israelis und der Attentäter getötet sowie 50 Passagiere verletzt (→ 1.4./S. 36).

19. Juni, Mittwoch
London: Im Appollo-Victoria-Theater wird das Musical »Bombay Dreams« von Andrew Lloyd Webber uraufgeführt.

20. Juni, Donnerstag
Washington: In den USA dürfen nach einer Entscheidung des Obersten Gerichts geistig behinderte Straftäter nicht hingerichtet werden. → S. 61

Jixi: Bei einem Grubenunglück in Nordost-China kommen 111 Menschen ums Leben.

21. Juni, Freitag
Singapur: Wegen Drogenbesitzes wird die 23-jährige Deutsche Julia Bohl zu fünf Jahren Haft verurteilt.

22. Juni, Samstag
Sevilla: Die EU beschließt ein Aktionsprogramm gegen illegale Einwanderer. → S. 62

Ghaswin: Der Norden des Iran wird von einem schweren Erdbeben der Stärke 6,3 erschüttert. → S. 60

23. Juni, Sonntag
Doha: In einem Tonband, das der arabische Fernsehsender Al-Jazeera veröffentlicht, bekennt sich ein Sprecher der terroristischen Al-Qaida zum Anschlag auf die Synagoge auf Djerba (→ 11.4./S. 41).

24. Juni, Montag
Tirana: Das albanische Parlament wählt Alfred Moisiu zum Präsidenten.

Gasa-Stadt: Nach einer Serie verheerender Selbstmordanschläge tötet die israelische Armee mit einem gezielten Raketenangriff im Gasastreifen sechs Palästinenser. Unter ihnen sollen vier Mitglieder der radikalen Hamas-Bewegung sein.

25. Juni, Dienstag
Wiesbaden: Nach einer Woche endet der flächendeckende Streik in der Bauwirtschaft. → S. 63

Wolfsburg: Nach 28 Jahren löst der VW Golf den »Käfer« als »meistgebauten Volkswagen aller Zeiten« ab.

PERSON DES MONATS

Alex Maskey

Der 50-Jährige wird als erster Politiker der Sinn Fein, des politischen Arms der katholischen Untergrundorganisation Irisch-Republikanische Armee (IRA), zum Oberbürgermeister von Belfast gewählt. Der frühere Amateurboxer, der bereits mehrere Attentate militanter Protestanten überlebt hat, war bei den Friedensgesprächen der letzten Jahre einer der wichtigsten Verhandlungsführer seiner Partei.

26. Juni, Mittwoch
Potsdam: Matthias Platzeck wird neuer brandenburgischer Ministerpräsident. → S. 63

New York: Der US-Telefonkonzern WorldCom räumt ein, dass er einen um 3,8 Mrd. US-Dollar zu hohen Gewinn ausgewiesen hat. → S. 61

27. Juni, Donnerstag
Karlsruhe: Das Bundesverfassungsgericht weist eine Klage gegen das geplante Dosenpfand zurück. → S. 63

Kananaskis: Der G8-Gipfel in Kanada endet mit der Verabschiedung eines Aktionsplans für Afrika. → S. 60

28. Juni, Freitag
Budapest: Das Mittelrheintal zwischen Bingen und Koblenz sowie die Hansestädte Stralsund und Wismar werden von der UNESCO als Weltkulturerbe anerkannt.

29. Juni, Samstag
Seoul: Bei einem Feuergefecht zwischen süd- und nordkoreanischen Kriegsschiffen werden mehr als 30 Soldaten getötet. → S. 60

30. Juni, Sonntag
Yokohama: Brasilien wird durch ein 2:0 über Deutschland Fußballweltmeister. → S. 66

4. JUNI

Goldenes Thronjubiläum für die Queen

Mit einem Dankgottesdienst in der Londoner St.-Paul's-Kathedrale erreichen die Feiern zum 50. Thronjubiläum der britischen Königin Elisabeth II. ihren Höhepunkt.

Hunderttausende jubeln der Queen zu, als diese in Begleitung ihres Mannes Prinz Philip, Herzog von Edinburgh, in einer achtspännigen goldenen Kutsche vom Buckingham-Palast zur Kirche fährt. Während der Gedenkfeier würdigt der Erzbischof von Canterbury, George Carey, die Jubilarin als »Inbegriff der Beständigkeit« und lobt ihre »Bereitschaft zum Dienen«.

Den Auftakt des verlängerten Jubiläumswochenendes bildete am 1. Juni das zweistündiges Open-Air-Konzert »Prom in the Palace« im Garten des Buckingham-Palastes. 12 000 per Los ausgesuchte Gäste verfolgten das Ereignis im Garten der Queen vor dem effektvoll beleuchteten Palast live. Am Montag folgte die »Party in the Palace«, ein Popkonzert mit zahlreichen Showgrößen von Paul McCartney bis hin zu Ricky Martin.

Elisabeth II. legte für ihr Jubiläum besonderen Wert auf die Einbeziehung all ihrer Untertanen, nicht nur in Großbritannien und Nordirland, sondern auch in den übrigen Commonwealth-Staaten, deren offizielles Staatsoberhaupt sie ist.

In der Goldenen Staatskutsche fahren Königin Elisabeth II. und ihr Mann Prinz Philip vom Buckingham-Palast zur St.-Paul's-Kathedrale. Das prunkvolle Gefährt, das 1762 für König Georg III. gebaut wurde, benutzt die Queen nach ihrer Krönung und dem Silberjubiläum zum dritten Mal.

Am Ende der »Royal Pop-Party« im Garten des Buckingham-Palastes stattet die Jubilarin den Akteuren (v.r. Andrea Corr, Sir Cliff Richard, Sir Paul McCartney, Ricky Martin) einen Besuch auf der Bühne ab. Ex-Beatle McCartney berichtet im Anschluss, er habe Elisabeth II. gefragt, ob ein solches Ereignis künftig nicht jedes Jahr veranstaltet werden sollte. Ihre Antwort: »Sehr gern, aber nicht in meinem Garten.«

RÜCKBLICK

Würdig auch in schwieriger Zeit

Elisabeth, Prinzessin von York, wurde am 21. April 1926 in London geboren, zur Kronprinzessin wurde sie jedoch erst 1936, als ihr Onkel Edward VIII. abdankte und ihr Vater als Georg VI. König wurde. Nach dem überraschend frühen Tod des Vaters am 6. Februar 1952 bestieg die knapp 26-Jährige, seit 1947 mit Philip Mountbatten, Prinz von Griechenland und Dänemark, verheiratet und zu dieser Zeit zweifache Mutter, den Thron.

Ihre repräsentativen Aufgaben erledigt die Queen seither mit Würde und, wie es scheint, unermüdlich. Allein 2002 absolviert sie neben ihren umfangreichen Pflichten im eigenen Land Besuche in Australien, Neuseeland, Jamaika und Kanada, vier Länder, denen sie formell als Staatsoberhaupt vorsteht. Ihre Untertanen wissen ihre Arbeit zu würdigen: Nach neuesten Umfragen befürworten 81% der Briten die Beibehaltung der Monarchie.

Solcher Popularität konnten sich Elisabeth II. und ihre Familie nicht immer erfreuen. Besonders in den 90er Jahren erschütterten Skandale den Hof; trauriger Höhepunkt war 1997 der Unfalltod von Elisabeths Ex-Schwiegertochter Diana.

Die Krönung am 2. Juni 1953

13. JUNI

Karsai in Kabul bestätigt

Die afghanische Stammesversammlung Loya Dschirga wählt Interimsregierungschef Hamid Karsai zum Staats- und Ministerpräsidenten.

Karsai, der sich gegen zwei Mitbewerber durchsetzt, bleibt voraussichtlich zwei Jahre im Amt und soll u. a. allgemeine Wahlen vorbereiten. Als wichtige Aufgabe nennt er außerdem den Kampf gegen den Terrorismus – »so lange, bis er erledigt ist«. Er ruft die Bevölkerung zur Einigkeit auf.

Die Afghanen gehören zu verschiedenen Volksgruppen, die sich nun in der Regierung und in einem künftigen Parlament angemessen repräsentiert sehen wollen. Dies sowie unterschiedliche politische und religiöse Vorstellungen führen dazu, dass in Afghanistan nach wie vor starke Spannungen herrschen. In dieser Situation gelingt es der Loya Dschirga, der Versammlung der rd. 1700 gesellschaftlichen und religiösen Würdenträger des Landes, nicht, ein Verfahren für die Wahl eines Parlaments festzulegen.

Karsais 14-köpfige Regierung ist ebenfalls stark nach ethnischen Gesichtspunkten zusammengesetzt. Verteidigungsminister bleibt der Tadschiken-General Mohammed Fahim, auch Außenminister Abdullah Abdullah ist Tadschike. Im Innenministerium wird der Tadschike Junis Kanuni durch den Paschtunen Tadsch Mohammed Wardak abgelöst.

Hamid Karsai ist Patschune.

29. JUNI

Geplänkel in Korea

Bei einem Seegefecht zwischen Nord- und Südkorea kommen vermutlich über 30 Soldaten ums Leben.

Nach über 50 Jahren der Teilung besteht zwischen Nord- und Südkorea seit 1953, dem Ende des Koreakrieges, lediglich ein Waffenstillstand. Erst vor wenigen Jahren hat eine Politik der vorsichtigen Annäherung begonnen.

Dennoch bleibt die Lage an der Grenze entlang des 38. Breitengrades gespannt; immer wieder kommt es dort zu Gefechten. Trotz des Zwischenfalls wollen beide Staaten ihren Dialog fortsetzen.

Nach dem Seegefecht verbrennen Demonstranten in Seoul Nordkoreas Flagge.

22. JUNI

Zehntausende obdachlos

Ein Erdbeben erschüttert den Iran.

Mindestens 216 Menschen kommen ums Leben, weitere 1000 werden verletzt. Da etwa 5000 Häuser von den Erdstößen der Stärke 6,3 auf der Richterskala zerstört und mindestens zehn Dörfer dem Erdboden gleich gemacht werden, sind mehrere 10 000 Menschen obdachlos.

Mit Hunden suchen Mitarbeiter des Roten Halbmonds nach Verschütteten.

27. JUNI

G7 nimmt Russland auf

Russland gehört ab 2006 zu den führenden Industriestaaten.

Dies beschließen die Staats- und Regierungschefs der sog. G7-Staaten auf ihrem Gipfeltreffen in Kananaskis/Kanada. Verabschiedet wird außerdem ein Aktionsplan für Afrika mit mindestens 6 Mrd. € an zusätzlicher Entwicklungshilfe bis 2006.

Nach den Krawallen von Genua 2001 tagt der G8-Gipfel 2002 abgeschieden.

26. JUNI

Falsche Bilanzen zerstören Vertrauen

Das Eingeständnis umfangreicher Bilanzfälschungen beim US-Telekommunikationskonzern WorldCom führt weltweit zu einer nachhaltigen Erschütterung der Aktienmärkte und lässt das Vertrauen in eine baldige Wiederbelebung der Weltkonjunktur schwinden.

Wie es heißt, haben interne Revisoren aufgedeckt, dass in der Bilanz des Unternehmens Ausgaben in Höhe von 3,8 Mrd. Dollar fälschlich als Investitionen ausgewiesen wurden. Bei korrekter Buchung hätte WorldCom für 2001 und das erste Quartal 2002 Nettoverluste ausweisen müssen.

Firmenchef John Sidgmore zeigt sich entsetzt. Doch es stehen ihm noch weitere Negativmeldungen ins Haus: Am 9. August muss das Unternehmen eingestehen, dass seit 1999 weitere Falschbuchungen in Höhe von 3,3 Mrd. Dollar vollzogen wurden. Schon am 22. Juli hat der mit 30 Mrd. Dollar verschuldete Konzern Insolvenz angemeldet.

Die bewusste Fälschung der Bilanzen führt zu einer schweren Vertrauenskrise. Nun wird befürchtet, dass auch andere Firmen ihre Abrechnungen geschönt haben.

Schon zu Beginn des Jahres waren Bilanzfälschungen des Energieunternehmens Enron (→ 23.1./S. 12) bekannt geworden. Am 28. Juni teilt der Druckerproduzent Xerox mit, er habe nach Prüfung der Bilanzen den Gewinn von 1997 bis 2001 um 1,9 Mrd. Dollar nach unten korrigiert. Beim Pharmakonzern Merck wurden ver-

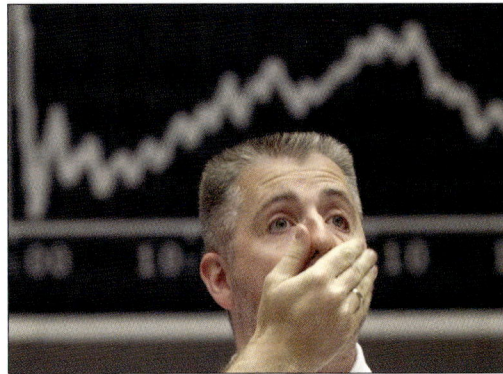

△ WorldCom-Chef John Sidgmore gibt den Konkurs des Telekommunikationsunternehmens bekannt, das durch die Übernahme mehrerer Konkurrenten groß geworden ist.

◁ Am 26. Juni rutscht der DAX erstmals seit September 2001 unter 4000 Punkte.

mutlich 12,4 Mrd. Dollar Rezeptgebühren als Umsatz verbucht.

Die Regierung und der Kongress bemühen sich um Schadensbegrenzung. Noch im Juli wird ein Gesetz verabschiedet, das für Bilanzbetrug eine Höchststrafe von 25 Jahren Haft festlegt und die Unternehmensführung verpflichtet, die Bilanzen persönlich zu beeiden. Außerdem werden die staatlichen Kontrollen ausgebaut.

Dies kann allerdings das Vertrauen in die US-Wirtschaft nicht wieder herstellen. Die Aktienmärkte fallen im September auf die tiefsten Stände seit mehr als fünf Jahren (→ 26.9./S. 87).

RÜCKBLICK

Rascher Aufstieg – tiefer Fall

Das Telekommunikationsunternehmen WorldCom, zweitgrößter Festnetzbetreiber in den USA, wurde 1983 von dem Kanadier Bernard J. Ebbers und drei Freunden gegründet. Einen rasanten Aufschwung nahm die Firma in den 90er Jahren, als sie mit modernen Glasfasernetzen zu einem führenden Anbieter im Internet-Verkehr wurde.

Dank der Übernahme von über 70 Konkurrenten entwickelte sich WorldCom in dieser Zeit zu einem Firmenimperium; allerdings wurde gemunkelt, dass die Integration der Neuerwerbungen nicht immer gelungen sei. So soll es zeitweilig über 50 unterschiedliche Abrechnungssysteme gegeben haben.

Als die Telekommunikationsbranche Mitte 2000 in eine Phase der Stagnation eintrat, geriet WorldCom ins Trudeln: Überkapazitäten, sinkende Umsätze und ein Schuldenberg von über 30 Mrd. US-Dollar setzten dem Unternehmen zu.

Im März 2002 leitete die US-Börsenaufsicht SEC Vorermittlungen gegen WorldCom ein und verlangte Auskunft über Bilanzierungspraktiken und Firmenkredite an leitende Angestellte. Nachdem im April auch die Kreditwürdigkeit des Unternehmens herabgestuft worden war, trat Ebbers als Firmenchef zurück. Nachfolger wurde sein bisheriger Stellvertreter John Sidgmore, der aber selbst in den Verdacht geriet, sich durch den Insiderhandel mit Firmenaktien bereichert zu haben.

20. JUNI

Todesstrafe eingeschränkt

Das Oberste US-Gericht untersagt die Hinrichtung geistig Behinderter.

Weil die Verfassung »grausame und ungewöhnliche Strafen« verbietet, dürfen nach Ansicht der Richter Exekutionen an geistig behinderten Straftätern nicht ausgeführt werden. Von dem Urteil betroffen sind Dutzende erwachsene Straftäter, deren Intelligenzquotient unter 70 liegt und die damit als geistig behindert gelten. Möglicherweise wirkt sich die Entscheidung auch auf Verbrecher aus, die zur Tatzeit minderjährig waren.

Am 24. Juni stellt der Oberste Gerichtshof fest, dass über 150 Verfahren, in denen die Todesstrafe verhängt wurde, neu aufgerollt werden müssen. Die Begründung: Jeder Angeklagte hat laut Verfassung das Recht auf ein Verfahren vor einem Geschworenengericht, das über Schuldfrage und Strafzumessung entscheidet. In fünf Bundesstaaten wird jedoch die Strafe von einem Richter festgelegt.

6. JUNI

Behörde für Heimatschutz

US-Präsident George W. Bush stellt in einer Fernsehansprache ein Sicherheitskonzept vor, in dessen Mittelpunkt ein Ministerium für Heimatschutz steht.

Die neue Behörde mit insgesamt 169 000 Mitarbeitern und einem Budget von 37,4 Mrd. US-Dollar soll Kompetenzen bündeln, die bislang bei über 100 Regierungsbehörden und -ämtern lagen, sowie die Arbeit der Geheimdienste CIA und FBI koordinieren. Sie wird damit nach dem Verteidigungsministerium und dem Ministerium für Veteranen-Angelegenheiten die drittgrößte Bundesbehörde der USA sein.

Mit seinem Plan reagiert Bush auf Vorwürfe, im Vorfeld der Anschläge vom 11. September 2001 seien Hinweise und Erkenntnisse über die Terroristen zu spät oder gar nicht beachtet worden. Insbesondere in der Zusammenarbeit zwischen CIA und FBI soll es zu Pannen gekommen sein.

22. JUNI

Europa verstärkt Abschottung

Die EU beschließt Maßnahmen gegen illegale Einwanderer.

Schätzungsweise 500 000 Menschen reisen pro Jahr illegal in die EU ein; dagegen will sich die Union künftig noch stärker abschotten. Diskutiert wird auf dem Gipfeltreffen der Staats- und Regierungschefs in Sevilla vor allem die Frage, wie Transitländer zu mehr Kooperation bewegt werden können. Schließlich einigt man sich auf die Formulierung: »Eine unzureichende Zusammenarbeit seitens eines Landes könnte einer Intensivierung der Beziehungen zwischen dem betreffenden Land und der Union abträglich sein.«

Keine Übereinstimmung erzielen die EU-Staaten in puncto Agrarsubventionen. Angesichts der geplanten Erweiterung hält u. a. Bundeskanzler Gerhard Schröder eine Neuregelung für unabdingbar, während z. B. Frankreich am bisherigen System festhalten will (→ 12.12./S. 118).

16. JUNI

Machtwechsel in Paris

Bei der Parlamentswahl in Frankreich erringt das bürgerliche Lager einen fulminanten Sieg.

Sechs Wochen nach der eindrucksvollen Bestätigung für Staatspräsident Jacques Chirac (→ 5.5./S. 48) erringt die »Union für die Präsidentenmehrheit« 369 der 577 Sitze in der Pariser Nationalversammlung. Den Auftrag zur Regierungsbildung erhält Jean-Pierre Raffarin von der Liberaldemokratischen Partei, der nach der Wiederwahl Chiracs den Sozialisten Lionel Jospin abgelöst und als Übergangspremier amtiert hat.

Die Sozialistische Partei, bislang stärkste Kraft im Parlament, muss sich nach den Worten ihres Ersten Sekretärs François Hollande künftig damit begnügen, »wichtigste Kraft innerhalb der Opposition« zu sein. Nach Expertenmeinung ist es der bisherigen Regierungspartei, die nur noch 141 statt 242 Abgeordnete entsendet, nicht gelungen, ihre Anhänger zu mobilisieren – die Wahlbeteiligung lag bei 61 %.

Frankreichs Premier Jean-Pierre Raffarin gilt als Mann der Mitte.

15. JUNI

Vladimir Spidla regiert in Prag

Mit knappem Vorsprung gewinnen die Sozialdemokraten (CSSD) die Parlamentswahlen in Tschechien.

Die CSSD erhält 30,2 % der Stimmen bzw. 70 der 200 Sitze im Parlament. Die konservative Bürgerpartei ODS des früheren Premiers Vaclav Klaus, die in den vergangenen vier Jahren die sozialdemokratische Minderheitsregierung toleriert hatte, bleibt mit 24,5 % bzw. 58 Sitzen hinter den Erwartungen zurück.

Die größten Zuwächse verzeichnet die kommunistische KSCM (18,5 %; 41 Sitze), die offenbar von der niedrigen Wahlbeteiligung (58 %) profitiert. 14,3 % der Stimmen bzw. 31 Mandate erhält das Liberale Bündnis, künftiger Koalitionspartner der CSSD.

Am 15. Juli vereidigt Staatspräsident Vaclav Havel die neue Regierung unter dem Sozialdemokraten Vladimir Spidla, der seinen Parteifreund Milos Zeman ablöst.

12. JUNI

Verheerende Waldbrände

Der US-Bundesstaat Colorado wird zum Notstandsgebiet erklärt.

Auch in mehreren weiteren Bundesstaaten wüten verheerende Feuer.

Insgesamt werden bis Mitte Juli in diesen Regionen mehr als 1,6 Mio. ha Wald und Busch vernichtet – mehr als doppelt so viel wie im Vergleichszeitraum des Vorjahres.

Mit einem Gegenfeuer bekämpft die Feuerwehr in Colorado den Waldbrand.

2. JUNI

Votum für Fristenlösung

Die Schweizer wollen die Fristenlösung beim Schwangerschaftsabbruch.

Bisher drohen nach dem Gesetz von 1942 bei einer Abtreibung bis zu drei Jahre Haft. Bei der Volksabstimmung, an der sich 40,5 % der stimmberechtigten Bevölkerung beteiligen, votieren nun 72 % für die Einführung der Fristenlösung.

Plakat gegen die Fristenlösung – die Schweizer entscheiden sich dennoch dafür.

Die Probleme beseitigen. Nicht die Kinder.

NEIN zur Fristen-"Lösung

---

26. JUNI

Generationswechsel in Brandenburg

Der Landtag in Potsdam wählt Matthias Platzeck (SPD, 48) zum brandenburgischen Regierungschef.

Vier Tage zuvor hat der bisherige Ministerpräsident Manfred Stolpe (SPD, 66) nach fast zwölf Amtsjahren, davon die letzten drei in Koalition mit der CDU, seinen Rücktritt angekündigt. Er begründete den Schritt mit der Notwendigkeit eines Generationswechsels. Seine Politik hatte allerdings zuletzt für Negativschlagzeilen gesorgt, nicht nur wegen des Tumults im Bundesrat bei der Abstimmung über das Zuwanderungsgesetz (→ 22.3./S. 60): Öffentlich geförderte Projekte wie die Rennstrecke Lausitzring oder der Luftschiffbauer Cargolifter, die zum Abbau der Arbeitslosigkeit von rd. 18 % beitragen sollten, erwiesen sich als Flops.

Stolpes Nachfolger hat sich als Landesumweltminister bei der Bekämpfung der Oderflut 1997 Verdienste erworben. 1998 wurde er zum Oberbürgermeister von Potsdam gewählt. Schon im Juli muss Platzeck sein Kabinett umbilden: Justiz- und Europaminister Kurt Schelter (CDU) tritt wegen einer Immobilienaffäre zurück und wird durch Barbara Richstein ersetzt. Drei Wochen später räumt der glücklose Sozialminister Alwin Ziel (SPD) seinen Stuhl; Nachfolger ist sein Parteifreund Günter Baaske.

Brandenburgs Regierungschef Matthias Platzeck (r.) mit Amtsvorgänger Manfred Stolpe, der im Herbst ins Bundeskabinett wechselt.

---

12. JUNI

Neue Runde im Spendenskandal

Die CDU muss 21 Mio. € aus der staatlichen Parteienfinanzierung zurückzahlen.

Dies entscheidet das Oberverwaltungsgericht Berlin, das damit ein anders lautendes Urteil der Vorinstanz aufhebt. Die CDU hatte für das Jahr 1998 einen falschen Rechenschaftsbericht abgegeben, in dem 18 Mio. DM, die der hessische Landesverband ins Ausland transferiert hatte, nicht verzeichnet waren.

Bundestagspräsident Wolfgang Thierse (SPD) forderte daraufhin die Union auf, die staatlichen Zuschüsse zurückzuzahlen. Die CDU klagte und bekam in erster Instanz Recht: Das Verwaltungsgericht Berlin befand Anfang 2001, da ein formal richtiger Rechenschaftsbericht fristgerecht vorgelegt worden sei, habe die CDU nicht gegen das Parteiengesetz verstoßen. Das OVG urteilt nun, dass der Rechenschaftsbericht auch inhaltlich korrekt sein müsse.

---

25. JUNI

Nach Streik höhere Löhne am Bau

Mit ihrer Einigung auf einen neuen Tarifvertrag beenden Arbeitgeber und Gewerkschaft den einwöchigen Streik in der Bauwirtschaft.

Es war der erste flächendeckende Arbeitskampf der Branche in der Geschichte der Bundesrepublik. Die nach 22-stündigen, mehrfach kurz vor dem Scheitern stehenden Verhandlungen erreichte Einigung sieht eine Lohnerhöhung in zwei Stufen vor: Ab September 2002 steigen die Tarife um 3,2 %, ab April 2003 noch einmal um 2,4 %. Für die Monate Juni, Juli und August erhalten die Beschäftigten Einmalzahlungen von jeweils 75 €. Außerdem werden die Mindestlöhne erhöht und erstmals auch auf Facharbeiter ausgedehnt. Der Tarifvertrag hat eine Laufzeit von zwei Jahren.

Wegen der Unterscheidung zwischen ost- und westdeutschen Löhnen birgt die Einigung Zündstoff. Noch immer erhalten die Bauarbeiter in den neuen Bundesländern deutlich weniger Geld als ihre westdeutschen Kollegen: Der Mindestlohn für Facharbeiter beträgt künftig im Westen 12,47 €, im Osten dagegen 10,01 €.

Dennoch erscheint es zunächst fraglich, ob die ostdeutschen Arbeitgeber dem Tarifabschluss zustimmen, denn auch das niedrigere Lohnniveau in ihrem Bereich halten viele für nicht finanzierbar. Letztlich stimmen aber beide Seiten dem Kompromiss zu.

Bestreikte Baustelle in Düsseldorf; die Bauwirtschaft schrumpft seit sechs Jahren.

---

27. JUNI

Weiter Streit um Dosenpfand

Das Bundesverfassungsgericht nimmt eine Verfassungsbeschwerde gegen das geplante Dosenpfand nicht zur Entscheidung an.

Zur Begründung heißt es, die Kläger – zehn Getränkeherstellern und Supermarktketten – hätten den Rechtsweg nicht ausgeschöpft, obwohl sie dies seit 1999 hätten tun können. Eine Verordnung von 1991 sieht vor, dass für Bier- und Mineralwasserdosen ein Zwangspfand von 25 Cent festgesetzt werden kann, wenn der Anteil der Mehrwegverpackungen für Getränke dauerhaft unter 72 % sinkt. Dies ist seit 1997 der Fall.

Nun haben wieder die unteren Instanzen das Wort, z.B. das Verwaltungsgericht Düsseldorf: Es kommt im September zu dem Schluss, dass das Dosenpfand nicht per Verordnung, sondern nur durch Gesetz eingeführt werden dürfe. Damit sei die Regelung für NRW hinfällig.

8. JUNI

Dokumentarisches auf der documenta XI

In Kassel wird die Kunstschau documenta XI eröffnet.

Vorangegangen sind vier sog. Plattformen – Diskussionsforen an verschiedenen Orten über kulturelle, soziale und wirtschaftliche Erscheinungsformen der Globalisierung –, die fünfte Plattform ist nun die eigentliche Ausstellung: 118 Künstler und Künstlerinnen präsentieren 100 Tage lang ihre Werke und Projekte.

Ausstellungsorte sind die documenta-Halle, das Fridericianum, der Kunstbahnhof und mit der stillgelegten Binding-Brauerei erstmals in der fast 50-jährigen Geschichte der documenta auch ein Industriegebäude.

Auffällig ist der dokumentarische Blick insbesondere in den Bereichen Film, Video und Fotografie, die auf der documenta XI besonders stark vertreten sind. Allan Sekula (*1951) lässt die Häfen der Welt in seiner Fotoserie »Fish Story« ernüchternd unromantisch erscheinen, Ulrike Ottinger ist in »Südostpassage I« dem Marktgeschehen in Odessa und Istanbul mit der Filmkamera auf der Spur.

Grenzerfahrungen im buchstäblichen Sinne widmen sich gleich mehrere Arbeiten. So fängt die Belgierin Chantal Akerman (*1950) Versuche zum illegalen Grenzübertritt an der Demarkationslinie zwischen Mexiko

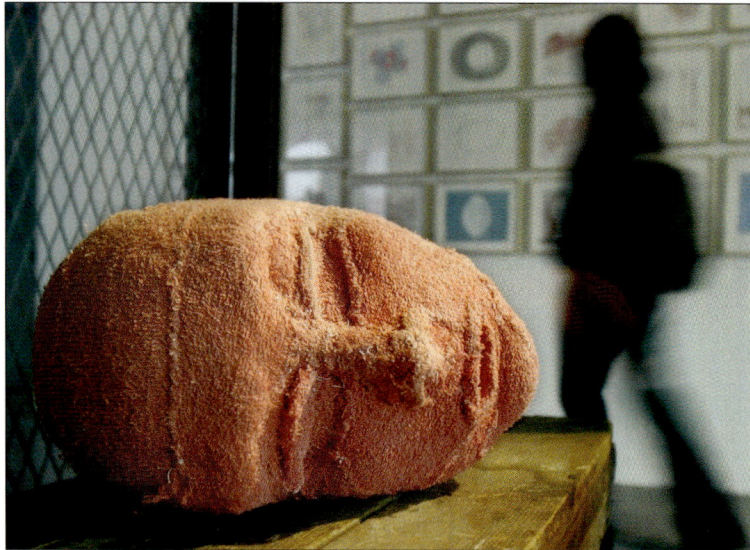

*Zu den wenigen großen Namen der documenta XI gehört Louise Bourgeois (*1911), die u. a. einen Frauenkopf aus Frottee ausstellt.*

und den USA in beklemmenden Videoaufnahmen ein, der Inder Amar Kanwar widmet sich dem Geschehen an der indisch-pakistanischen Grenze mit dem Mittel des Dokumentarfilms, und der in den Niederlanden lebende Moldawier Pavel Braila (*1971) registriert in seinem Projekt »Schuhe für Europa«, wie an der Grenze von Moldawien nach Rumänien in einem komplizierten, lautstarken Verfahren die Züge auf die rumänische Spurweite umgestellt werden.

Der künstlerische Leiter der documenta XI, Okwui Enwezor aus Nigeria, hat auf eine starke Präsenz der Dritten Welt Wert gelegt. Besondere Aufmerksamkeit finden u. a. der Kongolese Bodys Isek Kingelez (*1948) mit verspielten, farbenfrohen Stadtmodellen aus Papier, Sperrholz und Karton sowie Frédéric Bruly Bouabré (*1921) aus Côte d'Ivoire, der in Serien postkartengroßer Zeichnungen mit Beschriftung seit 1941 sein Wissen über die Welt sammelt.

16. JUNI

Ein neuer Volksheiliger

Papst Johannes Paul II. spricht den italienischen Kapuzinermönch Padre Pio (1887–1968) heilig.

Hunderttausende verfolgen auf dem überfüllten Petersplatz in Rom und in den angrenzenden Straßen, vor Großleinwänden in der römischen Innenstadt, in Padre Pios Geburtsort Pietrelcina und in seiner Wirkungsstätte San Giovanni Rotondo die größte Heiligsprechungszeremonie in der 2000-jährigen Geschichte der Kirche.

Padre Pio war schon zu Lebzeiten besonders in Italien außerordentlich populär. Der Kapuzinermönch war seit

Padre Pios Wirkungsstätte in der Nähe des süditalienischen Foggia

1918 stigmatisiert – über dem Herzen sowie an Händen und Füßen öffneten sich Wunden, ähnlich den Wundmalen des gekreuzigten Christus, die nicht verheilten. Eine Reihe von Wundern werden Padre Pio zugesprochen, etwa die Heilung von Kranken, und es heißt, er habe dem heutigen Papst, als dieser 1947 als Pilger nach Rom kam, sein künftiges Amt prophezeit.

Die Amtskirche stand nicht immer vorbehaltlos zu dem Mönch. Lange Zeit galt er als Schwindler, der die Gläubigen verwirre. Von 1922 bis 1934 war er durch päpstliche Anordnung zum Schweigen verpflichtet.

Viele Gläubige haben Padre Pio auch schon vor dem offiziellen Akt wie einen Heiligen verehrt.

14. JUNI

Lola lockt Stars nach Berlin

Bei der Verleihung der 52. Deutschen Filmpreise in Berlin liegt Caroline Links »Nirgendwo in Afrika« vorn.

Das Drama einer in den 30er Jahren nach Kenia emigrierten deutsch-jüdischen Familie wird mit fünf Goldenen Lolas ausgezeichnet, u. a. als bester Film und für die beste Regie.

Je eine Silberne Lola geht an die ostdeutsche Milieustudie »Halbe Treppe« von Andreas Dresen und an Tom Tykwers neuesten Film »Heaven«. »Das Sams« in der Regie von Ben Verbong wird als bester Kinder- und Jugendfilm ausgezeichnet.

Bei den Darstellerpreisen dominieren bekannte Gesichter: Martina Gedeck (»Bella Martha«) und Eva Mattes (»Das Sams«) sind die besten Haupt- bzw. Nebendarstellerinnen. Bei den Männern erhalten der ungemein fleißige Daniel Brühl (»Nichts bereuen«, »Das weiße Rauschen«, »Vaya con dios«) und Matthias Habich (»Nirgendwo in Afrika«) die Preise.

Das Publikum vergibt seine Gunst eindeutig an Michael »Bully« Herbigs Westernklamotte »Der Schuh des Manitu«. Die Jury bedenkt den Kinohit des vergangenen Jahres mit einem Sonderpreis für eine hervorragende Einzelleistung.

Begegnen sich »Nirgendwo in Afrika«: Sidede Onyulu, Lea Kurka

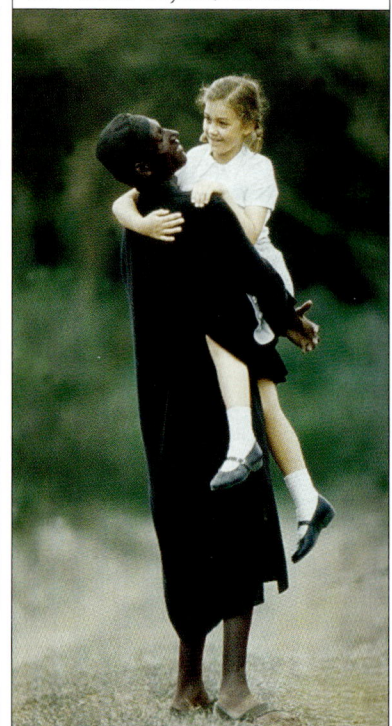

17. JUNI

Fritz Walter ist tot

Die Fußballwelt trauert um Fritz Walter. Der Ehrenspielführer der deutschen Fußball-Nationalelf stirbt im Alter von 81 Jahren in seinem Haus in Enkenbach-Alsenborn.

Walter führte 1954 die deutsche Nationalelf im denkwürdigen WM-Finale von Bern zum 3:2-Sieg über Ungarn. Der Pfälzer schoss 33 Tore in 61 Länderspielen zwischen 1940 und 1942 sowie 1951 und 1958 und galt als die rechte Hand von Erfolgstrainer Josef Herberger.

Walter spielte von 1938 bis 1959 insgesamt 379-mal für den 1. FC Kaiserslautern und erzielte dabei 306 Tore. Fünfmal stand Walter im Endspiel um die Deutsche Meisterschaft und holte 1951 und 1953 den Titel.

Am 31. Oktober 1985 wurde der Betzenberg in Fritz-Walter-Stadion umbenannt. Dort findet am 23. Juni auch die Trauerfeier für den verstorbenen »Helden von Bern« statt.

Bilder von Fritz Walter bei der Trauerfeier für die Fußball-Legende

8. JUNI

Mike Tyson gegen Lewis chancenlos

Lennox Lewis bleibt unbestritten Boxweltmeister im Schwergewicht.

Der 36-jährige Brite bezwingt in der ausverkauften Pyramid Arena in Memphis den US-Amerikaner Mike Tyson durch K.o. in der achten Runde. Er verteidigt seine Titel der Weltboxverbände WBC und IBF.

Wieder verfehlt eine Linke Mike Tysons den Kopf von Lennox Lewis (r.).

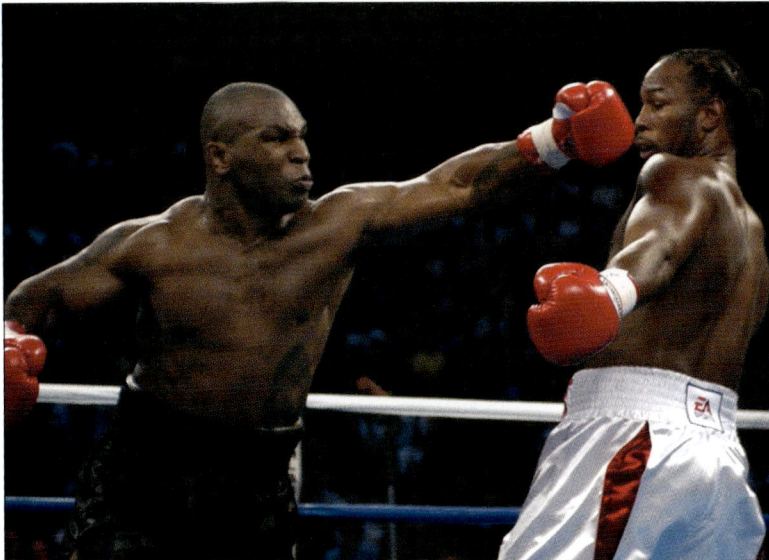

2. JUNI

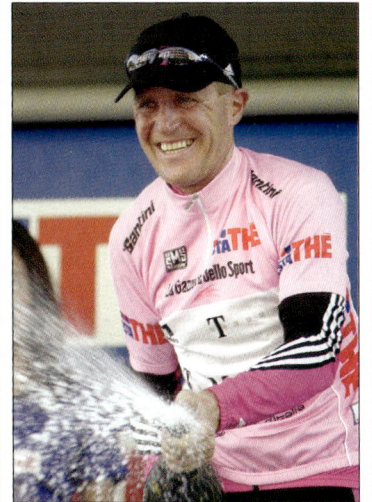

Jens Heppner feiert im rosa Trikot.

Heppner fährt elf Tage in Rosa

Paolo Savoldelli siegt beim 85. Giro d'Italia, lange trug aber Telekom-Profi Jens Heppner das rosa Trikot.

Nach 3334 km erreicht Savoldelli das Ziel in Mailand mit einem Vorsprung von 1:41 min auf Tyler Hamilton (USA). Überschattet wurde der Giro von vier Dopingfällen; betroffen waren u. a. die Italiener Stefano Garzelli und Gilberto Simoni, die Sieger von 2000 und 2001.

Heppner hatte auf der sechsten Etappe das rosa Trikot des Gesamtführenden erobert. Erst nach der 16. Etappe musste »Nonno« (Opa), wie die Presse den 37-jährigen Thüringer nennt, das Kleidungsstück wieder hergeben. Er musste später wegen Verletzung aufgeben.

9. JUNI

Mit dem Wind um die Welt

Die »Illbruck« siegt als erstes deutsches Boot beim härtesten und schwersten Segelrennen der Welt.

Die Leverkusener Segelyacht gewinnt das »Volvo Ocean Race«. Etwa 50 000 Menschen heißen die acht Schiffe, die auf Grund schwacher Winde auf der Ostsee mit Verspätung eintreffen, in Kiel willkommen.

Nach 32 700 Seemeilen (60 560 km) liegt die »Illbruck« mit 61 Punkten vor der schwedischen »Assa Abloy« (55 Punkte), die als Einzige beim Start der neunten Etappe in Göteborg noch Siegchancen hatte. Diese beiden Boo-

te hatten die Konkurrenz beherrscht: Die »Illbruck« gewann vier, die »Assa Abloy« drei Etappen.

Doch mit ihrem zweiten Platz auf dem letzten Abschnitt der Weltumsegelung macht die Crew des Leverkusener Kunststoff-Fabrikanten Michael Illbruck den Triumph perfekt. Er soll bis zu 40 Mio. € in das Abenteuer Weltumsegelung investiert haben. Segelprofis aus fünf Ländern – darunter mit dem Münchner Tony Kolb nur ein Deutscher – führten unter dem Kommando von US-Skipper John Kostecki die grün-weiße Hightech-Yacht als Gesamtsieger ins Ziel.

Das »Volvo Ocean Race«, das aus dem »Whitbread Race« hervorgegangen ist, gibt es seit 1973.

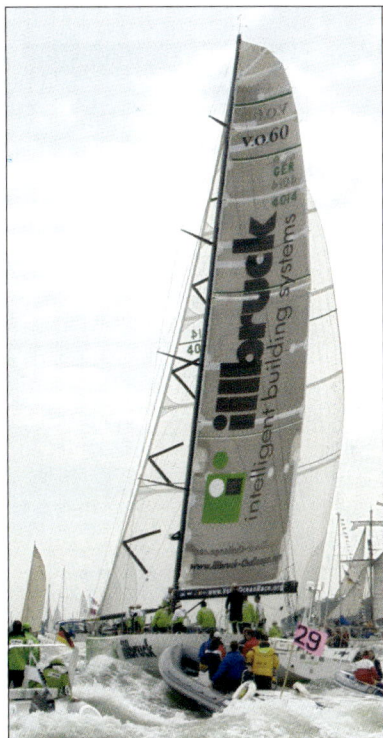

Die grün-weiße Hightech-Yacht »Illbruck« als Gesamtsieger im Ziel

30. JUNI

Ronaldo schießt Brasilien zum fünften WM-Titel

Im Finale von Yokohama sichern sich Brasiliens Kicker den fünften Weltmeistertitel für ihr Land nach 1958, 1962, 1970 und 1994.

Im Endspiel der 17. Fußballweltmeisterschaft in Japan und Südkorea setzen sich die Brasilianer vor 70 564 Zuschauern im International Stadium mit 2:0 (0:0) gegen die deutsche Nationalelf durch.

Trotz der Niederlage durch zwei Tore von Superstar Ronaldo (67. und 79. Minute) wird die deutsche Nationalelf nach ihrer Rückkehr am 1. Juli in Frankfurt am Main begeistert von den Fans gefeiert.

Nach einem glanzvollen Auftakt mit dem 8:0 gegen Saudi-Arabien hatte sich die Elf von Rudi Völler mit nur einem Gegentreffer in sechs Begegnungen ins Finale gespielt und dabei am 25. Juni im Halbfinale von Seoul den Traum des Co-Gastgebers Südkorea vom Endspiel zunichte gemacht. Der Schütze des goldenen Tores zum 1:0, Michael Ballack, war allerdings nach seiner zweiten gelben Karte für das Finale gesperrt. Tags darauf gewann Brasilien gegen die Türkei ebenfalls mühevoll 1:0 durch ein Tor von Ronaldo.

Trotz der Niederlage im Spiel um den dritten Platz mit 2:3 gegen die überraschend starke Türkei konnte sich Südkorea damit trösten, als erstes

Team aus Asien ein WM-Halbfinale erreicht und damit den Nachbarn Nordkorea übertrumpft zu haben, der 1966 im Viertelfinale ausschied.

Fußballerisch dominierte bei den Titelkämpfen das Kollektiv: Auch ohne überragende Einzelkönner zogen Deutschland, die Türkei und Südkorea in die Runde der letzten vier ein. Teams wie Frankreich, Argentinien, Portugal und Spanien scheiterten teilweise schon in der Vorrunde an ihrer Abhängigkeit von Stars, von denen viele auf Grund der starken Belastung in den vorangegangenen Klubspielen ihr Leistungspotenzial nicht ausschöpfen

konnten. Nur die Brasilianer verfügten mit Spielern wie Ronaldo, Rivaldo und Ronaldinho ein weiteres Mal über eine einzigartige Ansammlung von Individualisten, die ein Spiel im Alleingang entscheiden können – und dies auch taten.

Das Turnier in Asien geht als »Festival« der Schiedsrichter-Fehlentscheidungen in die Geschichte ein. Davon fühlte sich insbesondere Italien stark benachteiligt. Beim Spiel gegen Kroatien (1:2) erkannte Graham Poll (England) Italien zwei reguläre Tore ab. Im Achtelfinale gegen Südkorea (1:2 n.V.) wähnten sich die Azzuri durch

Ausgerechnet ein Fehler des bis dahin über[ra]genden deutschen Torhüters Oliver Kahn e[nt]scheidet das Spiel: In der 67. Minute kann der Bayern-Keeper einen Schuss von Rival[do] nicht festhalten, und Ronaldo schiebt den Ball aus kurzer Distanz ein. Zwölf Minute[n] später sorgt Ronaldo mit seinem achten Tu[r]nier-Tor für die Entscheidung. Lange Zeit [ist] das Team von Rudi Völler den Südamerik[a]nern spielerisch ebenbürtig. Die DFB-Elf b[e]stimmt in ihrem siebten WM-Finale seit 1954 sogar zeitweise das Geschehen. Erst nach gut 20 Minuten erspielen sich die Bra[si]lianer durch Ronaldo (19./30./45. Minute) und Kleberson (45.) gute Chancen. In der [.] Minute verpasst der Leverkusener Oliver Neuville mit einem von Brasiliens Torhüte[r] Marcos an den Pfosten gelenkten Freistoß [aus] 30 Metern die beste Tormöglichkeit.

die Entscheidungen von Byron More[no] (Ecuador), vor allem eine gelb-rote Karte [für] Francesco Totti (angebliche Schwalbe), so[gar] als Opfer eines internationalen Komplotts. Vorrundenspiel Deutschland–Kamerun (2[:0]) sorgte der kleinlich pfeifende spanische Refe[ree] Antonio Lopez Nieto (Spanien) für ei[nen] Weltrekord, als er 14 gelbe und zwei gelb[-ro]te Karten verteilte.

Frankreich schied ohne Sieg und ohne [Tor,] mit der schlechtesten Bilanz eines Titelv[er]teidigers bei WM-Endrunden schon nach [drei] Gruppenspielen aus. Mit den einstigen Do[p]pel-Weltmeistern Uruguay und Argenti[nien] mussten noch zwei weitere Ex-Champi[ons] nach der Vorrunde die Koffer packen.

Die Spiele der 17. Fußball-Weltmeisterschaft in Japan und Südkorea (31. 5.–30. 6. 2002)

GRUPPE A

Frankreich–Senegal 0:1 (0:1)
Uruguay–Dänemark 1:2 (0:1)
Dänemark–Senegal 1:1 (1:0)
Frankreich–Uruguay 0:0
Dänemark–Frankreich 2:0 (1:0)
Senegal–Uruguay 3:3 (3:0)

Mannschaft	Tore	Punkte
Dänemark	5:2	7
Senegal	5:4	5
Uruguay	4:5	2
Frankreich	0:3	1

GRUPPE B

Paraguay–Südafrika 2:2 (1:0)
Spanien–Slowenien 3:1 (1:0)
Spanien–Paraguay 3:1 (0:1)
Südafrika–Slowenien 1:0 (1:0)
Südafrika–Spanien 2:3 (1:2)
Slowenien–Paraguay 1:3 (0:1)

Mannschaft	Tore	Punkte
Spanien	9:4	9
Paraguay	6:6	4
Südafrika	5:5	4
Slowenien	2:7	0

GRUPPE C

Brasilien–Türkei 2:1 (0:1)
China–Costa Rica 0:2 (0:0)
Brasilien–China 4:0 (3:0)
Costa Rica–Türkei 1:1 (0:0)
Costa Rica–Brasilien 2:5 (1:3)
Türkei–China 3:0 (2:0)

Mannschaft	Tore	Punkte
Brasilien	11:3	9
Türkei	5:3	4
Costa Rica	5:6	4
China	0:9	0

GRUPPE D

Südkorea–Polen 2:0 (1:0)
USA–Portugal 3:2 (3:1)
Südkorea–USA 1:1 (0:1)
Portugal–Polen 4:0 (1:0)
Portugal–Südkorea 0:1 (0:0)
Polen–USA 3:1 (2:0)

Mannschaft	Tore	Punkte
Südkorea	4:1	7
USA	5:6	4
Portugal	6:4	3
Polen	3:7	3

GRUPPE E

Irland–Kamerun 1:1 (0:1)
Deutschland–Saudi-Arabien 8:0 (4:0)
Deutschland–Irland 1:1 (1:0)
Kamerun–Saudi-Arabien 1:0 (0:0)
Kamerun–Deutschland 0:2 (0:0)
Saudi-Arabien–Irland 0:3 (0:1)

Mannschaft	Tore	Punkte
Deutschland	11:1	7
Irland	5:2	5
Kamerun	2:3	4
Saudi-Arabien	0:12	0

GRUPPE F

Argentinien–Nigeria 1:0 (0:0)
England–Schweden 1:1 (1:0)
Schweden–Nigeria 2:1 (1:1)
Argentinien–England 0:1 (0:1)
Schweden–Argentinien 1:1 (0:0)
Nigeria–England 0:0

Mannschaft	Tore	Punkte
Schweden	4:3	5
England	2:1	5
Argentinien	2:2	4
Nigeria	1:3	1

GRUPPE G

Kroatien–Mexiko 0:1 (0:0)
Italien–Ecuador 2:0 (2:0)
Italien–Kroatien 1:2 (0:0)
Mexiko–Ecuador 2:1 (1:1)
Mexiko–Italien 1:1 (1:0)
Ecuador–Kroatien 1:0 (0:0)

Mannschaft	Tore	Punkte
Mexiko	4:2	7
Italien	4:3	4
Kroatien	2:3	3
Ecuador	2:4	3

GRUPPE H

Japan–Belgien 2:2 (0:0)
Russland–Tunesien 2:0 (0:0)
Japan–Russland 1:0 (0:0)
Tunesien–Belgien 1:1 (1:1)
Tunesien–Japan 0:2 (0:0)
Belgien–Russland 3:2 (1:0)

Mannschaft	Tore	Punkte
Japan	5:2	7
Belgien	6:5	5
Russland	4:4	3
Tunesien	1:5	1

ACHTELFINALE

Deutschland–Paraguay 1:0 (0:0)
Dänemark–England 0:3 (0:3)
Schweden–Senegal 1:2 n.V. (1:1, 1:1)
Spanien–Irland 4:3 n.E. (1:0, 1:1)
Mexiko–USA 0:2 (0:1)
Brasilien–Belgien 2:0 (0:0)
Japan–Türkei 0:1 (0:1)
Südkorea–Italien 2:1 n.V. (0:1, 1:1)

VIERTELFINALE

England–Brasilien 1:2 (1:1)
Deutschland–USA 1:0 (1:0)
Spanien–Südkorea 3:5 n.E. (0:0)
Senegal–Türkei 0:1 n.V. (0:0)

HALBFINALE

Deutschland–Südkorea 1:0 (0:0)
Brasilien–Türkei 1:0 (0:0)

SPIEL UM DEN 3. PLATZ

Südkorea–Türkei 2:3 (1:3)

FINALE

Deutschland–Brasilien 0:2 (0:0)

Frankreichs Zinedine Zidane (r.) im Duell mit dem Dänen Martin Laursen

Japans Kaiser Akihito und Südkoreas Präsident Kim Dae Jung beim Endspiel

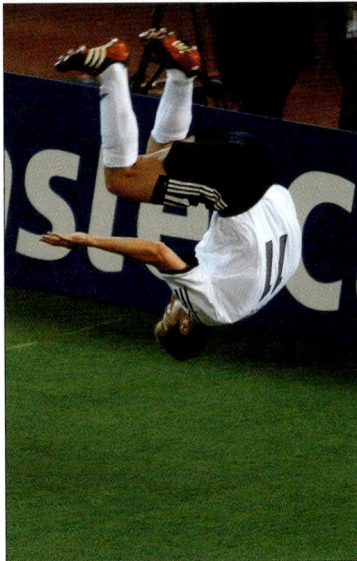

Überlistet wird Englands Torhüter David Seaman von Ronaldinho: 1:2 im Viertelfinale gegen Brasilien.

Der Salto – hier nach dem 1:0 gegen Irland – und seine Kopfballtore machen Miroslav Klose zum Star.

Fest des Fußballs in zwei Ländern

Die 17. Fußball-Weltmeisterschaft stand unter besonderen Vorzeichen: Es war das erste Turnier in Asien und wurde erstmals von zwei Staaten veranstaltet, die zudem in der Vergangenheit lange Zeit miteinander verfeindet waren und und in denen es immer noch viele gegenseitige Vorbehalte gibt. Mehr als 50 Jahre litt Korea unter japanischer Besatzung: Das Land wurde 1895 von den Japanern besetzt und war von 1910 bis 1945 annektiert.

Beide Teams lösen in ihren Ländern mit ihren überraschend starken Leistungen einen Fußballboom aus: Südkorea wird Vierter, Japan schafft immerhin den Sprung ins Achtelfinale und scheitert dort 0:1 an der Türkei.

Takayuki Suzuki (l.) im Duell mit Juri Nikiforov; das 1:0 gegen Russland ist Japans erster WM-Sieg überhaupt.

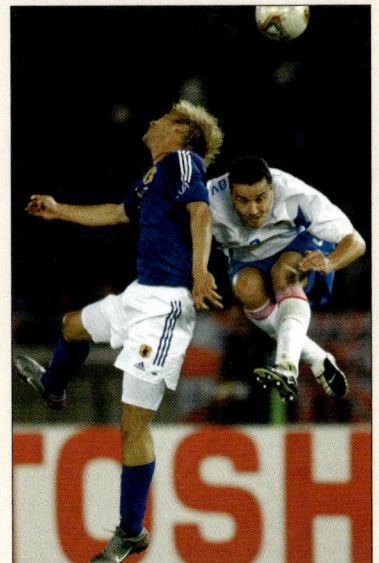

Ilhan Mansiz (r.) trifft für die Türkei zum Sieg im Viertelfinale gegen Senegal.

Ahn Jung Hwan (r.) düpiert Paolo Maldini und trifft zum 2:1 für Südkorea.

■ 1. Juli, Montag

Den Haag: Der Internationalen Strafgerichtshof, der Völkermord, Kriegsverbrechen und Verbrechen gegen die Menschlichkeit verfolgen soll, nimmt die Arbeit auf (→ 12.7./S. 72).

Überlingen: Nahe des Bodensees stoßen zwei Flugzeuge in der Luft zusammen und stürzen ab; bei dem Unglück sterben 71 Menschen. → S. 71

■ 2. Juli, Dienstag

Brüssel: Wegen illegaler Preisabsprachen muss der deutsche Chemiekonzern Degussa ein Bußgeld von 118 Mio. € an die EU zahlen.

■ 3. Juli, Mittwoch

Frankfurt am Main: Der hoch verschuldete Verein Eintracht Frankfurt erhält eine Lizenz für die 2. Fußball-Bundesliga. → S. 75

■ 4. Juli, Donnerstag

Berlin: Der Bundestag ändert das Stasi-Unterlagengesetz dahingehend, dass vor der Herausgabe von Akten prominenter Betroffener abgewogen werden muss, ob bei der Informationsbeschaffung Menschenrechte verletzt worden sind (→ 8.3./S. 28).

PERSON DES MONATS

Katherina Reiche

Die 28-jährige ostdeutsche Bundestagsabgeordnete wird von Unions-Kanzlerkandidat Edmund Stoiber in sein Kompetenzteam berufen. Ihr Zuständigkeitsbereich ist die Familien-, Frauen- und Jugendpolitik. Die Ernennung der unverheirateten Mutter, die im August ihr zweites Kind erwartet, stößt parteintern und in Kirchenkreisen auf Kritik.

117. Längengrad: Steve Fossett umrundet die Erde im Ballon. → S. 74

■ 5. Juli, Freitag

Manchester: Das Imperial War Museum North wird eröffnet. → S. 74

Oberhausen: Das Maschinenbauunternehmen Babcock Borsig stellt Insolvenzantrag. → S. 70

■ 6. Juli, Samstag

Kabul: Der afghanische Vizepräsident und Stadtentwicklungsminister Hadschi Abdul Kadir und sein Fahrer werden Opfer eines Attentats (→ 13.6./S. 60).

Frankfurt am Main: Der deutsche Radprofi Jan Ullrich gesteht den Missbrauch von Drogen ein. → S. 75

■ 7. Juli, Sonntag

Wimbledon: Lleyton Hewitt (Australien) gewinnt die offenen englischen Tennismeisterschaften. → S. 75

■ 8. Juli, Montag

Wuppertal: Wegen Korruption wird Oberbürgermeister Hans Kremendahl angeklagt. Ein Bauunternehmer soll 1999 den Wahlkampf des SPD-Politikers mit einer sog. Einflussspende unterstützt haben. Drei Tage darauf gibt Kremendahl sein Amt ab.

■ 9. Juli, Dienstag

Durban: Die Afrikanische Union (AU) wird gegründet, die sich an der Europäischen Union orientiert.

■ 10. Juli, Mittwoch

Bonn: Die Regulierungsbehörde für Post und Telekommunikation ordnet eine Portosenkung in Deutschland an.

London: Ein privater Sammler ersteigert für umgerechnet 77,3 Mio. € beim Auktionshaus Sotheby's ein Gemälde von Peter Paul Rubens. → S. 74

■ 11. Juli, Donnerstag

Genf: Der Europäische Fußball-Verband UEFA beschließt, ab 2003/04 die Zwischenrunde in der Champions League abzuschaffen.

■ 12. Juli, Freitag

New York: Der UN-Sicherheitsrat gewährt Bürgern der USA und anderer Länder, die den Weltstrafgerichtshof ablehnen, eine zunächst auf ein Jahr begrenzte Immunität. → S. 72

■ 13. Juli, Samstag

München: Wegen des Verdachts der Steuerhinterziehung wird Ex-Tennisstar Boris Becker angeklagt (→ 24.10./S. 107).

■ 14. Juli, Sonntag

Paris: Während der Militärparade am französischen Nationalfeiertag wird auf Staatspräsident Jacques Chirac ein Attentat verübt, bei dem aber niemand zu Schaden kommt.

■ 15. Juli, Montag

Frankfurt am Main: Zum ersten Mal seit Februar 2000 erreicht der Euro wieder die Parität zum US-Dollar. Die Europäische Zentralbank setzt den Referenzkurs mit 1,0024 Dollar fest.

■ 16. Juli, Dienstag

Düsseldorf: Nach tagelangem Gezerre um seinen Posten erklärt Telekom-Vorstandschef Ron Sommer seinen Rücktritt. → S. 70

■ 17. Juli, Mittwoch

Karlsruhe: Das Bundesverfassungsgericht weist eine Klage von sechs unionsgeführten Ländern gegen das seit dem 1. August 2001 geltende Gesetz zur gleichgeschlechtlichen Partnerschaft ab.

■ 18. Juli, Donnerstag

Berlin: Kanzler Gerhard Schröder entlässt nach Medienberichten über Honorarzahlungen des PR-Unternehmers Moritz Hunzinger an Rudolf Scharping den Verteidigungsminister. → S. 69

■ 19. Juli, Freitag

Berlin: Peter Struck, bisher SPD-Fraktionschef im Bundestag, wird neuer Verteidigungsminister (→ 18.7./S. 69).

■ 20. Juli, Samstag

Washington: Durch Vermittlung der USA wird der Streit zwischen Spanien und Marokko über die unbewohnte Petersilieninsel beigelegt. → S. 72

■ 21. Juli, Sonntag

Magny-Cours: Ferrari-Pilot Michael Schumacher gewinnt den Großen Preis von Frankreich und steht damit als Formel-1-Weltmeister 2002 fest (→ 13.10./S. 108).

■ 22. Juli, Montag

Aachen: Teile Belgiens, der Niederlande und Nordrhein-Westfalens werden von Erdstößen erschüttert. → S. 74

■ 23. Juli, Dienstag

Gasa-Stadt: Bei einem israelischen Raketenangriff wird der militante Palästinenserführer Scheich Salah Schehada getötet. Der Militäraktion fallen 14 weitere Menschen zum Opfer.

■ 24. Juli, Mittwoch

München: Das Patent zur Züchtung menschlicher und tierischer Embryonen wird vom Europäischen Patentamt in weiten Teilen widerrufen. → S. 71

■ 25. Juli, Donnerstag

Köln: Nach sechs Jahren Bauzeit eröffnet die Deutsche Bahn die ICE-Trasse von Frankfurt am Main nach Köln. → S. 70

■ 26. Juli, Freitag

Berlin: Im Zusammenhang mit der Bonusmeilen-Affäre erklärt der Grünen-Abgeordnete Cem Özdemir seinen Rückzug aus der Politik. → S. 69

SPRUCH DES MONATS

»Die Raffgier Einzelner bringt alle Politiker in Verruf.«

Wolfgang Bosbach, stellvertretender Vorsitzender der Unionsfraktion im Bundestag, nach dem Rücktritt des Grünen-Politikers Cem Özdemir im Zusammenhang mit der Bonusmeilen-Affäre

Honolulu: Ein Naturschauspiel auf Hawaii – Lavamassen des Vulkans Kilauea strömen ins Meer – lockt zahlreiche Zuschauer an. → S. 73

■ 27. Juli, Samstag

Lwiw: Durch einen Flugzeugabsturz während einer Flugschau in der Ukraine sterben 85 Menschen. → S. 72

■ 28. Juli, Sonntag

Gütersloh: Vorstandschef Thomas Middelhoff verlässt das Medienunternehmen Bertelsmann. → S. 70

Somerset: Nach 77 Stunden werden neun Männer aus dem eingestürzten Stollen einer Kohlenmine in Pennsylvania geborgen. → S. 73

Paris: Lance Armstrong (USA) gewinnt zum vierten Mal die Tour de France. → S. 75

■ 29. Juli, Montag

Khartum: Im Südensudan werden zwei deutsche Mitarbeiter einer Hilfsorganisation von Rebellen verschleppt. Einer der Geiseln gelingt am 1. August die Flucht, die zweite wird zwei Tage später freigelassen.

■ 30. Juli, Dienstag

Pretoria: Durch Vermittlung Südafrikas schließen Ruanda und die Demokratische Republik Kongo einen Friedensvertrag. → S. 72

■ 31. Juli, Mittwoch

Berlin: Wirtschaftssenator Gregor Gysi (PDS) tritt wegen der Bonusmeilen-Affäre zurück (→ 26.7./S. 69).

Guadelupe: Papst Johannes Paul II. spricht Juan Diego Cuauhtlatoatzin (1474–1548) heilig. → S. 73

18. JULI

Schröder entlässt Verteidigungsminister Scharping

Nach Berichten, der PR-Unternehmer Moritz Hunzinger habe Honorare an Rudolf Scharping gezahlt, entlässt Bundeskanzler Gerhard Schröder den Verteidigungsminister.

Nachfolger Scharpings wird der SPD-Fraktionschef Peter Struck (59), der seinerseits durch Fraktionsvize Ludwig Stiegler (58) ersetzt wird.

Die Illustrierte »Stern« hatte gemeldet, dass Scharping 1998 ein Konto bei einer Kölner Privatbank eröffnet habe, für das er Hunzinger eine Vollmacht erteilte. Über das Konto sollen 1999 Aktiengeschäfte abgewickelt worden sein. Hunzinger habe 140 000 DM eingezahlt, davon 80 000 DM als Vorschuss für Memoiren, die der SPD-Politiker schreiben wollte. Weitere 60 000 DM habe Scharping für drei Vorträge bekommen, die er zwischen 1996 und 1998, also noch vor seiner Amtszeit als Minister, gehalten habe. Das Geld sei allerdings erst 1999, nach Scharpings Wechsel auf die Hardthö-

he, geflossen. Ferner soll Hunzinger ein Treffen zwischen Scharping und einem Rüstungslobbyisten arrangiert und den Minister begleitet haben, als dieser bei einem Herrenausstatter Kleidung im Wert von 54 000 DM erwarb.

Den zuletzt genannten Vorwurf weist Scharping entschieden zurück. Zu den Honorarzahlungen erklärt er, er habe sich »stets gesetzeskonform« verhalten und alle Gelder ordnungsgemäß versteuert. Abgeordnete sind verpflichtet, Vortragstätigkeiten beim Bundestagspräsidenten anzuzeigen, sofern das Honorar 2500 € im Monat oder 15 000 € im Jahr überschreitet. Dies soll der Minister versäumt haben.

Bereits im Sommer 2001 hatte Scharping unter Druck gestanden. Fotos des Ministers beim Baden mit seiner Lebensgefährtin auf Mallorca und ein Flug auf Kosten der Steuerzahler mit der Flugbereitschaft der Bundeswehr zu einer nächtlichen Stippvisite auf der Ferieninsel brachten ihn in die Schlagzeilen.

Karriereende mit Großem Zapfenstreich: Scharping (M.), der 1995 bereits als SPD-Chef gestürzt wurde, mit seinem Nachfolger Struck

26. JULI

Politiker straucheln über Bonusmeilen

Cem Özdemir (Grüne) kündigt seinen Rückzug aus der Politik an. Fünf Tage später tritt der Berliner Wirtschaftssenator Gregor Gysi (PDS) zurück.

Özdemir soll von dem PR-Unternehmer Moritz Hunzinger einen Kredit von 80 000 DM zu einem günstigen Zinssatz von 5,5 % erhalten haben. Eine Verpflichtung sei für ihn damit nicht verbunden gewesen, erklärt der innenpolitische Sprecher von Bündnis 90/Die Grünen im Bundestag. Einen Grund zum Rücktritt sieht er gekom-

men, als bekannt wird, dass er Bonusmeilen der Lufthansa, die er mit Dienstflügen erwarb, privat »verflogen« hat. Auch der PDS-Politiker Gregor Gysi muss zugeben, Dienst-Bonusmeilen privat genutzt zu haben, und tritt am 31. Juli zurück.

Özdemir will trotz eines sicheren Listenplatzes nicht wieder ins Parlament.

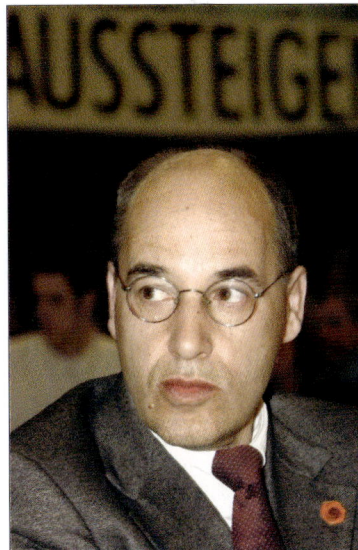

Gregor Gysi, Zugpferd der PDS

HINTERGRUND

Pressefreiheit vs. Datenschutz

Nach dem Bonusmeilen-Programm der Lufthansa gibt es für Kunden, die 30 000 Meilen mit der Gesellschaft geflogen sind, einen Freiflug. Dies gilt auch für Bundestagsabgeordnete, doch diese dürfen bei Dienstflügen erworbene Bonusmeilen auch nur dienstlich nutzen. Dagegen haben offenbar Abgeordnete aller Parteien verstoßen, wie »Bild« bekannt macht.

Als ruchbar wird, dass der Bund der Steuerzahler seit Herbst 2001 über eine Liste der Bonusmeilen-Nutzer verfügt, die Informationen aber zurückhielt, wittert der Generalsekretär der SPD, Franz Müntefering, im Wahlkampf eine Kampagne gegen die Regierung und zeigt u. a. die Chefredaktion der »Bild«-Zeitung und den Steuerzahlerbund an, weil sie gegen das Datenschutzgesetz verstoßen haben sollen. Elf Chefredakteure namhafter Medienerzeugnisse werfen dem Politiker daraufhin einen Angriff auf die Pressefreiheit vor. Müntefering zieht am 10. August die Anzeige zurück.

16. JULI

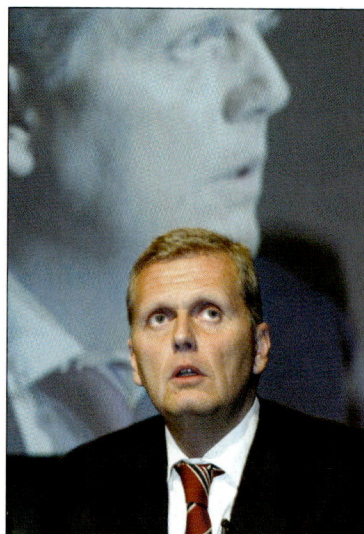

Ron Sommer (l.) erklärt seinen Rücktritt, Kai-Uwe Ricke folgt ihm nach.

Neue Telekom-Spitze

Telekom-Chef Ron Sommer (59) tritt zurück. Für längstens sechs Monate übernimmt Ex-Aufsichtsratschef Helmut Sihler seinen Posten.

Gerüchten zufolge soll der Bund, mit 43 % Großaktionär bei der Telekom, Sommers Ablösung betrieben haben. Da ein Nachfolger nicht bereitsteht, verständigt sich der Aufsichtsrat auf die Interimslösung mit Sihler, damit in Ruhe nach einem neuen Konzernchef gesucht werden kann. Der findet sich am 14. November mit Kai-Uwe Ricke (41), bislang für die Mobilfunksparte des Konzerns zuständig.

Sommer ist 1995 an die Spitze der Telekom gelangt und hat sie 1996 an die Börse geführt. Als die Aktie nach einem Höhenflug bis auf 104,90 € (März 2000) am 2. Mai 2002 unter den Erst-Emissionspreis von 14,32 € fiel und danach weiter abstürzte, wurde die Kritik an ihm lauter. Teure Zukäufe im Ausland und der Erwerb einer UMTS-Lizenz für 8,5 Mrd. € haben die Schulden des Unternehmens auf 67 Mrd. € anwachsen lassen.

28. JULI

Middelhoff (r.) 2000 mit Patriarch Reinhard Mohn und dessen Frau Liz

Wechsel bei Bertelsmann

Thomas Middelhoff, seit 1998 Vorstandsvorsitzender bei Bertelsmann, verlässt den Konzern. Nachfolger wird Vorstand Gunter Thielen.

Grund für den Wechsel, der auf einer Aufsichtsratssitzung in Gütersloh beschlossen wird, sind unterschiedliche Auffassungen zwischen Middelhoff sowie der Familie Mohn als Mehrheitsgesellschafter und dem Aufsichtsrat über die künftige Strategie des Unternehmens. In Medienberichten heißt es, dass es Differenzen über den von Middelhoff forcierten Börsengang gegeben habe.

Der 49-Jährige hat den Ausbau des Gütersloher Familienunternehmens zu einem internationalen Medienkonzern u. a. durch die Übernahme der Mehrheit bei der RTL Group und den Kauf des US-Verlags Random House konsequent vorangetrieben. Sein Nachfolger Thielen (59) leitete im Konzern die Sparte Druck- und Industriebetriebe, seit 2001 auch die Bertelsmann Stiftung sowie die Bertelsmann Verwaltungsgesellschaft.

25. JULI

Neue ICE-Strecke Köln–Frankfurt

Nach sechsjähriger Bauzeit wird die neue Hochgeschwindigkeits-Bahnstrecke zwischen Köln und Frankfurt am Main eröffnet.

Auf der 6 Mrd. € teuren Trasse kann ein ICE 3 bis zu 300 km/h schnell fahren. Die Reisezeit auf der 177 km langen Strecke verringert sich um eine Stunde auf 76 Minuten. Das Prestigeobjekt der Deutschen Bahn weist allerdings Schönheitsmängel auf: Landespolitiker haben durchgesetzt, dass der ICE in Limburg und Montabaur einen Zwischenstopp einlegen muss und in Köln nicht vom Hauptbahnhof, sondern in Deutz startet.

Mit einer »Eins« verkleidete Bahnmitarbeiterinnen am Debüt-ICE

5. JULI

Babcock Borsig ist pleite

Das Maschinenbauunternehmen Babcock Borsig mit weltweit 22 000 Beschäftigten meldet Insolvenz an.

Der Oberhausener Konzern will damit dem Vorwurf der Konkursverschleppung zuvorkommen. Unterdessen laufen die drei Tage zuvor begonnenen Rettungsgespräche zwischen Anteilseignern und Gläubigerbanken weiter, die der nordrhein-westfälische Ministerpräsident Wolfgang Clement (SPD) moderiert. Trotz der in Aussicht gestellten Millionenbürgschaften der öffentlichen Hand bleiben sie erfolglos. Die Banken sind zu weiteren Krediten nicht bereit, da das Sanierungskonzept sie nicht überzeugt.

24. JULI

Keine Geschäfte mit Embryonen

Die Einspruchsabteilung des Europäischen Patentamtes (EPA) in München widerruft ein Patent zur Züchtung embryonaler Stammzellen.

Die Verwendung menschlicher und tierischer Embryonen zu industriellen und kommerziellen Zwecken ist damit ausgeschlossen.

Das EPA hatte im Dezember 1999 der Universität Edinburgh und einer australischen Firma ein Patent erteilt, in dem es um die Gewinnung tierischer und menschlicher embryonaler Stammzellen ging, das sich aber auch auf die damit mögliche Züchtung von Embryonen sowie die Herstellung gentechnisch veränderter Menschen und Tiere erstreckte.

Der Umweltschutzorganisation Greenpeace wurde im Februar 2000 auf das Patent aufmerksam und startete eine Kampagne dagegen. 14 Einspruchsparteien, darunter die Regierungen von Deutschland, den Niederlanden und Italien, forderten einen Widerruf, der jetzt erfolgt. Man habe einen »schweren Fehler« begangen, erklärt das EPA.

Wissenschaftler können embryonale Stammzellen weiterhin für ihre Forschungen nutzen, allerdings dürfen mit diesen Zellen keine Geschäfte mehr gemacht werden.

Greenpeace äußert sich zufrieden über die Entscheidung: Dieser Präzedenzfall erschwere es, künftig solche Biopatente zu erteilen.

Vor dem Patentamt demonstriert Greenpeace gegen Genpatente.

1. JULI

In einer Schneise von mehreren Kilometern nahe der Kleinstadt Überlingen finden sich Wrackteile.

71 Tote bei Flugzeugkollision

Im Luftraum nordwestlich des Bodensees stoßen ein Frachtflugzeug und ein russisches Passagierflugzeug zusammen. Keiner der 71 Insassen überlebt das Unglück.

Von der Katastrophe betroffen sind eine Boeing 757-200-Frachtmaschine des Paketdienstes DHL mit zwei Piloten an Bord, die von Bergamo nach Brüssel unterwegs war, sowie eine Tupolew 154 M der russischen Bashkirian Airlines mit 69 Insassen auf dem Weg von Moskau nach Barcelona.

Nach Angaben der Bundesanstalt für Flugunfalluntersuchung (Braunschweig) hat in den beiden Flugzeugen auf Kollisionskurs das automatische Warnsystem funktioniert. Die DHL-Piloten hätten dessen Aufforderung zum Sinkflug befolgt. Das Warnsystem der Tupolew habe eine Aufforderung zum Steigen gegeben, der der Pilot nicht nachkam, da er von der Schweizer Flugsicherung Skyline wiederholt die Aufforderung zum Sinken erhalten habe; daraufhin leitete auch er den Sinkflug ein. Statt einander auszuweichen, rasten die Maschinen also weiter aufeinander zu.

Gegen den Fluglotsen und Verantwortliche von Skyline wird ermittelt. Wie es heißt, soll in der Unglücksnacht bei Skyline für die Wartung das Kollisionswarngerät ausgeschaltet gewesen sein, ein zweiter diensthabender Fluglotse soll zum Unfallzeitpunkt Pause gemacht haben.

Hinterbliebene der Opfer sind aus der russischen Teilrepublik Bashkortostan an den Absturzort gereist; sie nehmen Abschied von den Toten und geben den Behörden Hinweise zur Identifizierung der Leichen.

Gedenkfeier im russischen Ufa für die Opfer, darunter 45 Schulkinder, die in Spanien Urlaub machen sollten

20. JULI

Zank um Petersilieninsel

Der Streit zwischen Spanien und Marokko um eine unbewohnte Mittelmeerinsel, die auf Spanisch Isla de Perejil und auf Arabisch Leila heißt, wird auf Druck der USA beigelegt.

Nach Telefonaten von US-Außenminister Colin Powell mit seinen Amtskollegen in Madrid und Rabat einigen sich Spanien und Marokko darauf, dass keines der beiden Länder die Insel erneut besetzt, die seit 42 Jahren den Status eines Niemandslandes hat.

Die Auseinandersetzung war ausgebrochen, als am 11. Juli ein kleiner Trupp aus Marokko mit Fahnen auf dem 150 000 m² großen Felseneiland gelandet war. Nachdem diplomatische Bemühungen, Rabat zum Abzug zu bewegen, gescheitert waren, räumten die Spanier am 17. Juli die Insel. Die spanischen Soldaten ziehen sich nun unmittelbar nach der Einigung mit Marokko von der Insel zurück.

Allerdings kommt es bereits am 23. September erneut zu einem Zwischenfall: Marokko behauptet, ein spanischer Militärhubschrauber sei auf der Petersilieninsel gelandet. Die Version aus Madrid lautet hingegen, der Hubschrauber habe das Eiland nur kurz überflogen, nachdem in der Nähe ein marokkanisches Militär-Schlauchboot gesichtet worden sei.

Ein Trupp spanischer Soldaten auf der unbewohnten Felseninsel

27. JULI

Absturz bei Flugschau

Beim Absturz eines Jagdflugzeugs während einer Flugschau in Lwiw (Ukraine) sterben 85 Menschen.

Die beiden Piloten können sich mit dem Schleudersitz retten. Das Unglück ereignet sich unmittelbar nachdem der Militärjet vom Typ Suchoi Su-27 eine Schraube geflogen hat.

Die Unglücksmaschine soll beim Kunstflugmanöver zu niedrig geflogen sein.

30. JULI

Bald Frieden im Kongo?

Die Demokratische Republik Kongo und Ruanda schließen in Pretoria (Südafrika) einen Friedensvertrag.

Ruanda verpflichtet sich, binnen 90 Tagen seine Truppen aus dem Osten des Kongo abzuziehen, der Kongo will im eigenen Land Hutu-Milizen festnehmen, die für den Völkermord in Ruanda 1994 verantwortlich gemacht werden. Seit 1998 sind an Kämpfen im Kongo verschiedene Nationen beteiligt.

V.l. Paul Kagame (Ruanda), Mbeki (Südafrika), Joseph Kabila (Kongo)

12. JULI

Zweierlei Maß im Völkerrecht

Auf Druck der USA stimmt der Weltsicherheitsrat im Zusammenhang mit der Einrichtung eines Weltstrafgerichtshofs der begrenzten Immunität von US-Bürgern bei UNO-Einsätzen zu.

Bürger der USA – und aller anderen Staaten, die den Gerichtshof ablehnen – werden für eventuell bei Friedenseinsätzen begangene Verbrechen gegen die Menschlichkeit u. ä. von der Verfolgung durch das Gericht zunächst für ein Jahr freigestellt, jährliche Verlängerungen sind möglich. Die USA geben daraufhin ihre Blockade gegen die Verlängerung des UN-Mandats in Bosnien auf.

Das Statut des Internationalen Gerichtshofs, der zum 1. Juli am Sitz in Den Haag die Arbeit aufgenommen hat, ist von 139 Staaten unterzeichnet und bisher von 76 ratifiziert worden. Nicht mit dabei sind außer den USA u. a. Israel, China und Russland. Mit der Entscheidung des Sicherheitsrats wird praktisch zweierlei Maß ins Völkerrecht eingeführt.

Die USA bemühen sich nun, in bilateralen Abkommen einer Auslieferung ihrer Bürger an den Gerichtshof generell vorzubeugen. Die u. a. von Deutschland gehegte Hoffnung, die EU-Staaten zu einem generellen Verzicht auf solche Abkommen zu bewegen, erfüllen sich nicht.

31. JULI

In der Basilika der Jungfrau von Guadelupe: Statue des neuen Heiligen

Mit indianischen Tänzen wird die Heiligsprechung Juan Diegos gefeiert.

Papst spricht in Mexiko den ersten Indianer heilig

Zum Abschluss einer elftägigen Pilgerreise spricht Papst Johannes Paul II. in Guadelupe bei Mexiko-Stadt erstmals einen Indianer heilig.

Der Bauer Juan Diego Cuauhtlatoatzin (1474–1548), dessen indianischer Name »der Adler, der spricht« bedeutet, hatte der Legende nach 1531 mehrere Marienerscheinungen und begründete daraufhin das Heiligtum der Jungfrau von Guadelupe, das heute jährlich von etwa 20 Mio. Wallfahrern besucht wird.

Die Heiligsprechung, mit der das Oberhaupt der katholischen Kirche ein Zeichen der Solidarität mit der amerikanischen Urbevölkerung setzt, gestaltet sich zu einem farbenfrohen Fest, an dem 1 Mio. Menschen teilnehmen. Tags darauf spricht Johannes Paul II. am selben Ort die 1700 hingerichteten Märtyrer Juan Bautista und Jacinto de Los Angeles selig.

Der Pontifex hat während seiner 97. Auslandsreise zuvor an den Weltjugendfestspielen im kanadischen Toronto teilgenommen und in Guatemala-Stadt den Armenpriester Hermano Pedro de San José Betancur (1626–1667) heilig gesprochen. Anders als Juan Diego war dieser Spanier.

28. JULI

Alle neun Kumpel gerettet

Nach 77 Stunden werden neun in einem eingestürzten Stollen eingeschlossene Bergleute gerettet.

Zu dem Unglück kam es am 24. Juli, als die Bergleute beim Kohleabbau in der Mine Quecreek im US-Bundesstaat Pennsylvania versehentlich einen gefluteten, vor 50 Jahren stillgelegten Stollen anbohrten. An die 200 Mio. l Wasser drangen von dort in ihren Stollen ein und brachten ihn zum Einsturz. Die neun Männer waren in 73 m Tiefe in einem nur 5,5 m breiten, nicht einmal mannshohen Hohlraum eingeschlossen.

Nachdem zunächst ein Bohrkopf gebrochen war, gelang es den Rettern am Samstagabend, einen Schacht von 66 cm Durchmesser bis zu den Männern zu treiben. Mit einer Rettungsbombe werden sie nun einer nach dem anderen ans Tageslicht geholt. Die Kumpel im Alter zwischen 30 und 55 Jahren sind erschöpft und müde, aber gesundheitlich in guter Verfassung.

Der vierte Kumpel wird mit der Spezialkapsel ans Tageslicht gebracht.

26. JULI

Zischend und dampfend fließt der Lavastrom des Kilauea ins Meer.

Kilauea besonders aktiv

Ein spektakuläres Schauspiel lässt sich auf Hawaii beobachten: Vom Vulkan Kilauea strömen glühend heiße Gesteinsmassen ins Meer.

Der Vulkan ist seit 19 Jahren aktiv, allerdings tritt derzeit besonders viel Lava aus. Mit Hinweisschildern werden Schaulustige vor giftigen Dämpfen gewarnt.

Wissenschaftler befürchten, der instabile Teil des Berges könnte im Meer versinken und eine riesige Flutwelle auslösen.

Gesperrte Straße in Linnich, in der Schornsteine herabzustürzen drohen

In NRW bebt die Erde

Teile Nordrhein-Westfalens, der Niederlande und Belgiens werden von einem Erdbeben erschüttert.

Das Epizentrum des schwersten Bebens in der Region seit 1992 (Stärke 4,8) liegt bei Alsdorf und Übach-Palenberg nördlich von Aachen. Die Erdstöße sind im Ruhrgebiet sowie bis in den Westerwald zu spüren. Menschen kommen nicht zu Schaden, und auch die Sachschäden sind gering.

Im Ballon um die Welt

Der Multimillionär Steve Fossett überquert mit dem Ballon »Spirit of Freedom« den 117. Längengrad und hat damit als Erster eine Allein-Weltumrundung ohne Zwischenlandung im Heißluftballon geschafft.

Fossett ist am 19. Juni in der australischen Kleinstadt Notham gestartet.

Die Kapsel seines Ballons ist so ausgestattet, dass er selbst in Höhen über 14 000 m kein Sauerstoffgerät zum Atmen braucht. Der mit Helium gefüllte Ballon kann bei starkem Wind Geschwindigkeiten bis 200 km/h erreichen.

Statt der angesetzten 20 Tage hat der Amerikaner nur 14 Tage für die Weltumrundung gebraucht. Die Reise führte quer über Australien, dann über den Pazifik, die südamerikanischen Anden und den Südpol. Danach überflog Fossett in Richtung Osten Afrika und den Indischen Ozean.

Fünfmal war der mittlerweile 58-Jährige mit seinem Vorhaben gescheitert. Nun bleibt er wegen widriger Winde nach dem Rekord noch zwei Tage in der Luft, bevor er sicher in Australien aufsetzt.

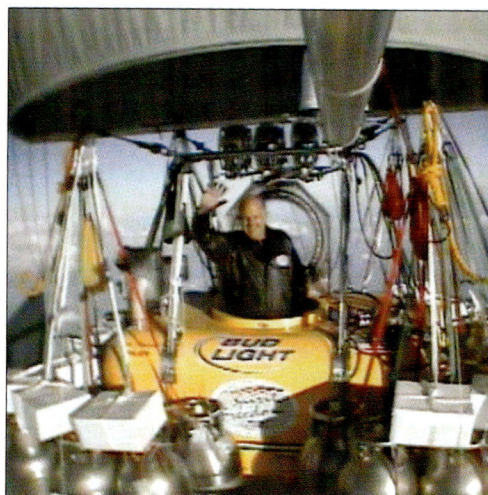

Fossett winkt in die am Ballon angebrachte Kamera.

Kriegsmuseum eröffnet

In Manchester wird das Imperial War Museum North eröffnet.

Der US-amerikanische Architekt Daniel Libeskind, der auch für das Jüdische Museum in Berlin verantwortlich zeichnet, hat den hoch symbolischen Bau als drei Scherben eines imaginären, silbern schimmernden Großglobus entworfen.

Hoch ragt eines der drei Elemente von Libeskinds Museumsbau in den Himmel.

Rekordpreis für Gemälde

77,3 Mio. € zahlt ein Privatsammler für ein Rubens-Gemälde.

Erst im Februar haben vom Londoner Auktionshaus Sotheby's hinzugezogene Experten das Werk mit dem Titel »Das Massaker der Unschuldigen« dem flämischen Barockmeister Peter Paul Rubens (1577–1640) zugeschrieben.

»Das Massaker der Unschuldigen«, bis Februar 2002 Werk eines Unbekannten

7. JULI

Sieg im Familienduell: Serena Williams

Souveräner Gewinner: Lleyton Hewitt

Favoritensieg und Schwestern-Duell

Der australische Weltranglisten-Erste Lleyton Hewitt gewinnt erstmals das Tennisturnier in Wimbledon.

Im Finale der 116. All England Championships lässt der Australier dem sensationell in das Finale eingezogenen Argentinier David Nalbandian keine Chance. 6:1, 6:3, 6:2 heißt es nach knapp zwei Stunden Spielzeit. Für den 21 Jahre alten Hewitt ist es der zweite Triumph in einem Grand-Slam-Turnier nach seinem Sieg bei den US-Open im September 2001.

Im Damen-Endspiel wurde die neue Rangordnung im Hause Williams bestätigt: Die 20-jährige Serena Williams bezwang Titelverteidigerin Venus mit 7:6 (7:4), 6:3 und siegte damit nach den French Open in Paris im zweiten Grand-Slam-Finale in Folge.

3. JULI

Eintracht bleibt in der 2. Liga

Eintracht Frankfurt spielt weiter in der 2. Fußball-Bundesliga.

Das Ständige Neutrale Schiedsgericht der Deutschen Fußball-Liga (DFL) spricht dem Traditionsklub die Lizenz für 2002/03 zu. Dies heißt auch, dass die SpVgg Unterhaching endgültig in die Regionalliga Süd absteigt.

Am 19. Juni hatte die DFL der hoch verschuldeten Eintracht die Lizenz verweigert. Anlass waren Zweifel an der Gültigkeit der Bankbürgschaft. Somit hätte Unterhaching weiterhin in der 2. Liga spielen können. Nun aber erkennt die DFL die Garantie der Hessischen Landesbank als rechtmäßig an. Den Antrag der erbosten Hachinger, die 2. Liga um einen auf 19 Klubs aufzustocken, lehnt die DFL am 9. Juli ab.

6. JULI

Dopingsünder Jan Ullrich

Telekom-Radprofi Jan Ullrich räumt Drogenmissbrauch ein.

Drei Tage nach Bekanntwerden seiner positiven A-Probe gibt der Tour-de-France-Gewinner von 1997 und Olympiasieger zu, nach einigen Drinks in einem Lokal »zwei kleine Tabletten« geschluckt zu haben. Er wird bis zum 23. März 2003 gesperrt und löst den Vertrag mit der Telekom.

28. JULI

Vierter Tour-Triumph für Armstrong

Der Texaner Lance Armstrong gewinnt zum vierten Mal in Folge die Tour de France, das schwerste Rad-Etappenrennen der Welt.

Auf dem 20. und letzten Abschnitt der am 6. Juli gestarteten Tour verteidigt er mühelos den Gesamtsieg vor dem Spanier Joseba Beloki (7:17 min zurück) und Raimondas Rumsas (8:17 min zurück). Für den Litauer gibt es allerdings ein böses Erwachen: Am Schlusstag der Tour wird seine italienische Ehefrau in Chamonix mit dopingverdächtigen Medikamenten im Gepäck festgenommen und Rumsas von seinem italienischen Lampre-Team suspendiert.

Nur auf dem achten Platz der Prämienwertung rangiert das Team Telekom. Das Fehlen des Vorjahreszweiten Jan Ullrich macht sich dabei ebenso bemerkbar wie die Tatsache, dass Erik Zabel erstmals nach sechs Jahren nicht das grüne Trikot des Sprintstärksten gewinnen konnte. Zwar siegte der Mann aus Unna auf der sechsten Etappe in Alençon und trug einen Tag das gelbe und elf Tage das grüne Trikot. Am Ende hat aber der Australier Robbie McEwen die Nase vorn und holt sich mit 280 Punkten das grüne Trikot vor Zabel (261).

Siegerehrung mit Lance Armstrong (M.), Joseba Beloki (l.), Raimondas Rumsas

Jan Ullrich nach der Drogenbeichte

1. August, Donnerstag
Bochum: Hertha BSC Berlin gewinnt im Ruhrstadion durch ein 4:1 über den FC Schalke 04 den mit 1,27 Mio. € dotierten DFB-Ligapokal.

2. August, Freitag
Ankara: Das türkische Parlament beschließt die Abschaffung der Todesstrafe in Friedenszeiten. → S. 82

PERSON DES MONATS

Matthias Berger

Der Bürgermeister von Grimma, der »Perle im Muldetal«, wird wegen seines zupackenden Krisenmanagements als »Held von Grimma« gefeiert und verströmt grenzenlosen Optimismus, auch wenn – wie er später sagt – die mühevoll historisch restaurierte Stadt »um Welten schlechter« aussieht als nach dem Krieg.

---

3. August, Samstag
Hannover: Bundeskanzler Gerhard Schröder (SPD) warnt die USA vor einem Militärschlag gegen den Irak und lehnt auch eine deutsche Beteiligung an den Kosten eines solchen Einsatzes ab (→ 13.11./S. 110).

4. August, Sonntag
La Paz: Der bolivianische Kongress wählt den neoliberalen Politiker Gonzalo Sánchez de Lozada im zweiten Wahlgang zum Präsidenten des Landes. → S. 82

Berlin: Mit fünf Titeln ist Franziska van Almsick die erfolgreichste Schwimmerin bei den 26. Europameisterschaften. → S. 85

5. August, Montag
Berlin: Der PDS-Landesvorstand nominiert den Fraktionschef im Abgeordnetenhaus, Harald Wolf, zum neuen Wirtschaftssenator. Er tritt am 29. August die Nachfolge von Gregor Gysi an (→ 26.7./S. 69).

6. August, Dienstag
Hannover: Die Varta AG trennt sich von großen Teilen ihres Kerngeschäfts. Die Sparten Geräte- und Autobatterien werden für über 570 Mio. € an zwei US-Unternehmen verkauft. Varta konzentriert sich nun auf den Ausbau des Mikro-Batteriegeschäfts.

7. August, Mittwoch
Bogotá: Sprengstoffanschläge der FARC-Rebellen, bei denen 20 Menschen ums Leben kommen, überschatten die Vereidigung des kolumbianischen Staatspräsidenten Alvaro Uribe (→ 26.5./S. 51).

Washington: Der Internationale Währungsfonds gewährt Brasilien den bislang höchsten Einzelkredit. → S. 81

8. August, Donnerstag
Washington: Der Besuch einer Palästinenserdelegation ist der erste offizielle Kontakt seit dem Bruch der Bush-Regierung mit Palästinenser-Präsident Jasir Arafat. → S. 82

9. August, Freitag
Dortmund: Mit einem 2:2 zwischen Borussia Dortmund und Hertha BSC Berlin startet die Fußball-Bundesliga in die Saison 2002/03. → S. 85

10. August, Samstag
Ankara: In der Türkei tritt Wirtschaftsminister Kemal Dervis zurück. Er will die »Partei für eine neue Türkei« des früheren Außenministers Ismail Cem unterstützen (→ 3.11./S. 111).

11. August, Sonntag
Locarno: Beim 55. Filmfestival erhält der deutsche Beitrag »Das Verlangen« von Iain Dilthey den Goldenen Leoparden. → S. 83

München: Im Olympiastadion enden die 18. Leichtathletik-Europameisterschaften. → S. 84

12. August, Montag
Passau: Für sieben bayerische Regionen wird wegen Hochwassers Katastrophenalarm ausgelöst. → S. 77

13. August, Dienstag
Potsdam: Brandenburgs Arbeits- und Sozialminister Alwin Ziel (SPD) tritt zurück. Sein Nachfolger wird Günter Baaske (SPD), bisher Sozialdezernent des Kreises Potsdam-Mittelmark.

14. August, Mittwoch
München: Der von Bayer 04 Leverkusen zum FC Bayern München gewechselte Michael Ballack wird zum ersten Mal von den Sportjournalisten zu Deutschlands »Fußballer des Jahres« gewählt.

15. August, Donnerstag
New York: Der weltgrößte Medienkonzern AOL Time Warner räumt Unregelmäßigkeiten in der Bilanz seiner Internet-Tochter AOL ein. Drei Transaktionen von 49 Mio. US-Dollar (53,3 Mio. €) seien fälschlich als Einnahmen verbucht worden (→ 26.6./S. 62).

16. August, Freitag
Berlin: Die von VW-Personalvorstand Peter Hartz geleitete Kommission zur Neuregelung des Arbeitsmarktes übergibt ihre Vorschläge an Bundeskanzler Gerhard Schröder (SPD). → S. 80

17. August, Samstag
Dresden: Das Hochwasser der Elbe erreicht in der sächsischen Landeshauptstadt mit 9,40 m den höchsten Pegel seit Menschengedenken. → S. 78

Worms: »Die Nibelungen« in der Bearbeitung von Moritz Rinke feiern Premiere. → S. 83

18. August, Sonntag
Krakau: Eine Freiluftmesse ist der Höhepunkt der neunten Reise von Papst Johannes Paul II. in sein Heimatland.

Berlin: »Angela Eine Nationaloper« hat Premiere. Das Werk ist CDU-Chefin Angela Merkel gewidmet. → S. 83

19. August, Montag
Grosny: Der Absturz eines Militärhubschraubers in Tschetschenien kostet 119 der 147 Insassen das Leben. Nach Angaben russischer Armeekreise wurde der Großraumhelikopter durch Raketen abgeschossen.

20. August, Dienstag
Berlin: Ein Sondereinsatz-Kommando der Polizei beendet nach fünf Stunden unblutig eine Geiselnahme in der irakischen Botschaft. Die fünf Besetzer, irakische Asylbewerber aus Brandenburg, werden festgenommen.

SPRUCH DES MONATS

»Am Wahlkampf auf gebrochenen Deichen werde ich mich nicht beteiligen«.
FDP-Chef Guido Westerwelle über einen möglichen Missbrauch der Hochwasserkatastrophen zu Wahlkampfzwecken

---

21. August, Mittwoch
Sofia: Beim ersten Auftritt nach der Fußball-Weltmeisterschaft kommt die deutsche Nationalelf gegen Bulgarien nicht über ein 2:2 hinaus.

22. August, Donnerstag
Pokhara: Beim Absturz eines Kleinflugzeugs im Himalaja kommen alle 18 Menschen an Bord ums Leben. Unter den Opfern sind auch 13 Deutsche.

23. August, Freitag
Peking: Durch anhaltende Regenfälle mussten in China bereits 600 000 Menschen evakuiert werden, weil der Dongting See, der zweitgrößte See des Landes, über die Ufer zu treten droht.

24. August, Samstag
Lecce: Etwa 200 mit ihrem Holzboot in Seenot geratene kurdische Flüchtlinge aus dem Irak werden im Süden Italiens an Land gebracht und in das Auffanglager Otranto überführt.

25. August, Sonntag
Berlin: Kanzler Gerhard Schröder (SPD) und der Unionskanzlerkandidat Edmund Stoiber (CSU) treffen sich zum ersten TV-Duell. → S. 80

26. August, Montag
Madrid: Ermittlungsrichter Baltasar Garzón verfügt ein Verbot der Baskenpartei Batasuna. → S. 82

Johannesburg: Der UN-Entwicklungsgipfel beginnt. → S. 81

27. August, Dienstag
Lüneburg: Das Landgericht verurteilt den Anführer der Geiselnehmer von Wrestedt zu acht Jahren und drei Monaten und seine beiden Komplizen zu jeweils sechs Jahren und neun Monaten Haft (→ 3.4./S. 45).

28. August, Mittwoch
Frankfurt am Main: Der Literaturkritiker Marcel Reich-Ranicki erhält den Goethepreis. → S. 83

29. August, Donnerstag
New York: Bei der Vergabe der MTV Video Music Awards erhält der Rapper Eminem für »Without Me« den Preis für das beste Video des Jahres.

30. August, Freitag
Monaco: Champions-League-Sieger Real Madrid gewinnt zum ersten Mal den europäischen Fußball-Supercup durch ein 3:1 über UEFA-Cup-Sieger Feyenoord Rotterdam.

31. August, Samstag
Wien: Der Kärntner Landeshauptmann Jörg Haider kündigt an, er wolle sich von allen Aktivitäten der Freiheitlichen Partei Österreichs (FPÖ) auf Bundesebene zurückziehen. Haider war im internen Machtkampf gegen die Parteichefin Susanne Riess-Passer unterlegen (→ 24.11./S. 115).

JAHRESRÜCKBLICK

12. AUGUST

Hochwasser in Bayern, Österreich und Tschechien

In Passau und in sechs bayerischen Landkreisen wird Katastrophenalarm ausgelöst. Auch in Tschechien und Österreich führen zahlreiche Flüsse schon seit Tagen Hochwasser.

Vorboten der Wetter-Katastrophe, die im August über Mitteleuropa hereinbricht, waren heftige Regenfälle in Böhmen und Österreich am 6./7. August und Überschwemmungen an der südrussischen Schwarzmeerküste, wo am 8. August mindestens 58 Menschen ums Leben kamen.

Zahlreiche Dörfer wurden in Tschechien und Österreich von der Außenwelt abgeschnitten, Tausende Menschen mussten evakuiert werden. Flüsse, die normalerweise kaum mehr als Rinnsale sind, schwollen über Nacht zu reißenden Bächen an.

Mit dem Tief »Ilse«, das am 10./11. August vom östlichen Bayern über Polen nach Tschechien zog und gewaltige Regenmengen mit sich brachte, verschlimmerte sich die Lage noch. In Passau steigt am 13. August die Donau auf 10,81 m, am folgenden Tag erreicht die Flutwelle Regensburg. Auch dort sind Bundeswehrsoldaten in fieberhaftem Einsatz, um durch Sandsackdämme eine Überschwemmung abzuwehren.

In Regensburg steigt der Pegel auf 6,60 m, ehe sich am 15. August in den Hochwassergebieten der Donau die Lage allmählich entspannt. Die Flut passiert an diesem Tag Straubing, ohne Schäden anzurichten.

In Passau überschwemmen die Fluten der Donau am 12. August die Uferstraßen bis zum Rathaus der Dreiflüssestadt.

Hochwasser-Chaos herrscht auch in Österreich, wo der Dauerregen in der Woche zuvor schon große Teile von Ober- und Niederösterreich heimgesucht hat. Betroffen ist vor allem das Bundesland Salzburg. In der Stadt Salzburg werden alle Brücken gesperrt, nachdem die Salzach auf über 8 m angestiegen ist.

Im oberösterreichischen Steyr wird das historische Zentrum durch das Hochwasser der Flüsse Steyr und Enns überflutet. 6500 Soldaten des Bundesheeres und Tausende Helfer sind im Einsatz, um in den betroffenen Regionen weitere Überschwemmungen abzuwehren.

Auch in Teilen Tschechiens ruft die Regierung den Notstand aus. Das Hochwasser der Moldau überspült am 13. August den Prager Zoo, tags darauf steigt der Pegel auf 7,85 m an und liegt damit 6 m höher als normal. Ganze Straßenzüge stehen in der tsche-

chischen Hauptstadt unter Wasser, etwa 70 000 Menschen werden evakuiert. Es ist das schlimmste Hochwasser seit 1890.

Eine erste Bilanz der Schäden in Tschechien ergibt, dass in Prag und anderen Städten viele Wohnhäuser abgerissen werden müssen, die als Folge der Überschwemmungen instabil geworden sind. In Österreich werden durch die Fluten ca. 10 000 Häuser »schwerst beschädigt«.

Sandsackbarrikade vor einem Tabakladen im niederösterreichischen Melk

Schwere Verwüstungen durch Regen und Erdrutsche in Kaltenbach (Tirol)

17. AUGUST

Menschen an der Elbe im Kampf gegen die Fluten

Das Elbhochwasser ist die größte Naturkatastrophe, die Deutschland seit 1945 heimsucht. Rekordträchtig sind aber auch die Bereitschaft, dem Nachbarn in der Not beizustehen, sowie die Zahl der freiwilligen Helfer und der eingesetzten Rettungskräfte.

Mit 9,40 m – dem höchsten Pegel seit Menschengedenken – erreicht in Dresden das Hochwasser der Elbe seinen Scheitelpunkt. Weite Teile der Altstadt sind überschwemmt, Kulturdenkmale wie die Semper-Oper, der Zwinger oder die Frauenkirche stehen unter Wasser. Überflutet wird auch der Hauptbahnhof, der Verkehr kommt zeitweise zum Erliegen.

Die Überschwemmungen entlang der Elbe, Donau, Moldau, Mulde und ihrer Nebenflüsse übersteigen die Grenzen des bislang Vorstellbaren. Bilder, wie sie sonst nur aus China, Indien oder Bangladesch bekannt waren, kommen aus Dresden, Grimma und Bitterfeld.

Am 12. August führten in Sachsen die ersten Gebirgsbäche Hochwasser, mehrere Talsperren liefen über, in fast allen Landkreisen im Erzgebirge herrschte Ausnahmezustand. Einen Tag später evakuierte die Bundeswehr über 600 Patienten aus den Krankenhäusern von Dresden und Freital nach Leipzig. In Sachsen waren bereits mehrere Orte von der Außenwelt abgeschnitten, besonders kritisch war die Lage entlang des Flusses Mulde. Die gesamte Altstadt von Grimma versank am 13. August in den trüben Fluten.

Am 15. August wurde Dresden von einer zweiten, riesigen Hochwasser-Welle überflutet. Zugleich standen in der Nähe von Aussig (Tschechien) Teile des Chemiewerks »Spolana« unter Wasser, die Gefahr einer Verseuchung wuchs. Die Bundeswehr setzte Tornado-Jets mit Wärmebildkameras ein, um Schwachstellen in den Deichen zu entdecken. In Pirna entstand ein Zeltlager für 15 000 Personen.

Als sich der Hochwasserscheitel flussabwärts verlagert, sind auch dort die Deiche bedroht. In Sachsen-Anhalt wurde bereits am 16. August der größte Teil von Bitterfeld evakuiert, Hunderte von Helfern sind im Einsatz, um durch einen Damm aus Sandsäcken den dortigen Chemiepark zu schützen. In Mühlberg im südlichen Brandenburg wurden alle 5300 Einwohner evakuiert.

Der Theaterplatz vor der Semperoper in Dresden ist am 17. August überflutet, l. Teile des Zwingers.

Am 18. August stehen rd. 19 000 Soldaten der Bundeswehr gleichzeitig im Katastropheneinsatz. Kritisch wird die Lage vor allem in Torgau, Dessau und Wittenberg, wo an diesem Tag ein Damm bricht. Dort wird – 250 km von Prag entfernt – auch der Seebär »Gaston« geborgen, der beim Hochwasser aus dem Prager Zoo entkommen war. Er stirbt jedoch beim Rücktransport.

Am 19. August erreicht die Flutwelle Norddeutschland. In Niedersachsen, Mecklenburg-Vorpommern und Schleswig-Holstein steigen die Pegel rascher als erwartet. Auch im Norden werden Menschen evakuiert und Landstriche überflutet, das Ausmaß der Schäden ist jedoch geringer als weiter südlich. Allerdings besteht noch lange die Gefahr, dass die völlig durchgeweichten Deiche nachgeben.

Das Sinken des Elbpegels bedeutet für die Menschen am Mittellauf des Flusses noch keine Entwarnung. Nun drückt das Grundwasser auf Fundamente und Keller, zugleich beginnt das große Aufräumen.

Nach einer am 6. November von der Bundesregierung vorgelegten Bilanz verursacht die Jahrhundertflut Schäden in Höhe von rd. 9,2 Mrd. €, besonders betroffen sind Sachsen mit einer Schadenssumme von rd. 6 Mrd. € und Sachsen-Anhalt mit ca. 900 Mio. €. Über 100 Kommunen sind erheblich vom Hochwasser betroffen, in 60 Landkreisen und kreisfreien Städten richtet die Flut teilweise schwerwiegende Schäden an. 18 Menschen kommen ums Leben.

Die Schäden an Bahnstrecken, Straßen und Wasserstraßen des Bundes summieren sich auf rd. 1,6 Mrd. €. Betroffen sind ferner Privathaushalte (rd. 2,1 Mrd. € Schaden), die übrige staatliche und kommunale Infrastruktur (rd. 1,8 Mrd. €), die gewerbliche Wirtschaft (1,7 Mrd. €) und die Landwirtschaft (rd. 290 Mio. €).

Mehr als 128 000 Helfer, unter ihnen mehr als 73 000 Einsatzkräfte des Bundes, sind im Einsatz, um die Wassermassen zu stoppen, unter teilweise extremen Bedingungen Leben zu retten und bei der Bewältigung der Hochwasserfolgen zu helfen. Über 38 Mio. Sandsäcke werden zur Sicherung der Deiche und Häuser verbaut.

Überreste eines Hauses im erzgebirgischen Kurort Kipsdorf im Weißeritztal

Freiwillige Helfer errichten am Ufer der Goitzsche bei Bitterfeld einen Damm.

Die zerstörte Bahnstrecke Dresden–Leipzig im sächsischen Röderau bei Riesa

Der Wörlitzer Park kann unter großem Aufwand vor der Flut bewahrt werden.

Spendenflut folgt Wassermassen

Die Hochwasserkatastrophe zerstört innerhalb kurzer Zeit vieles von dem, was die Bewohner der betroffenen Gebiete seit der Wende in engagierter Arbeit aufgebaut haben. Verlust oder Verwüstung von Haus, Wohnung oder Arbeitsplatz bedroht viele unmittelbar in ihrer Existenz. Mehr als 337 000 Menschen sind von den Überflutungen betroffen.

Während die Frage, wer die Schäden bezahlen soll, immer drängender wird, hat die Politik schon längst die Flut als Wahlkampfthema entdeckt. Am 14. August kommt Bundeskanzler Gerhard Schröder (SPD) ins sächsische Grimma, um sich in der Altstadt über die Folgen der Katastrophe zu informieren. Unionskanzlerkandidat Edmund Stoiber (CSU) erscheint zwei Tage später vor Ort.

Die Überschwemmungen geben – mitten im Bundestagswahlkampf – der rot-grünen Bundesregierung Gelegenheit, angesichts der nationalen Katastrophe Tatkraft zu beweisen. Schon am 14. August beschließt das Kabinett ein Zwölf-Punkte-Sofortprogramm, das u. a. den Einsatz von Hilfskräften des Bundes in den Krisengebieten regelt und Soforthilfen in Höhe von 100 Mio. € mit Barleistungen für die betroffenen Landkreise und kreisfreien Städte sowie steuerliche Erleichterungen und Kreditprogramme, die Ausgabe einer Sonderbriefmarke »Hochwasserhilfe 2002« und einen Spendenaufruf des Bundeskanzlers mit ARD, ZDF, RTL und Pro-Sieben SAT.1 vorsieht. Mehr als 200 Mio. € kommen auf diese Weise an Spenden herein.

In Regenjacke und Gummistiefeln: Gerhard Schröder und Ministerpräsident Georg Milbradt besuchen Grimma.

Am 19. August beschließt das Kabinett die Verschiebung der zweiten Stufe der Steuerreform von 2003 auf 2004, die Erhöhung der Körperschaftssteuer für Unternehmen in 2003 um 1,5 % auf 26,5 %, die Ausschöpfung von Mitteln aus dem EU-Strukturfonds sowie Umschichtungen im Verkehrshaushalt, wodurch ein Finanzierungsrahmen von insgesamt 9,8 Mrd. € bereit steht. Dieser wird von Bundesrat und Bundestag trotz einiger Vorbehalte gebilligt.

Allein der Bund stellt aus seinem Etat direkte Hilfen im Umfang von 5 Mrd. € bereit, hinzu kommen Mittel aus der Effizienzreserve der EU-Strukturfonds in Höhe von 1,2 Mrd. €. Bis Anfang November leistet der Bund zur Bewältigung der Hochwasserkatastrophe finanzielle Hilfe im Umfang von über 700 Mio. €.

Auszahlung von Soforthilfen für Hochwassergeschädigte in der Stadt Dessau

16. AUGUST

Hartz-Vorschläge für schnellere Arbeitsvermittlung

Nach knapp sechsmonatiger Arbeit übergibt die sog. Hartz-Kommission Bundeskanzler Gerhard Schröder (SPD) in Berlin ihr Konzept zum Abbau der Arbeitslosigkeit.

Angesichts schlechter Umfragewerte für die Regierung hatte Schröder einzelne Ergebnisse der am 22. Februar gestarteten Kommissionsberatungen schon vorab an die Öffentlichkeit gegeben, um seine arbeitsmarktpolitische Kompetenz zu unterstreichen. Als VW-Personalvorstand Peter Hartz nun die Vorschläge in Gänze vorstellt, geht die Präsentation im Französischen Dom nahezu in der »Jahrhundertflut« unter (→ 17.8./S. 78).

Der Hartz-Bericht enthält sowohl Vorschläge zur Umgestaltung der Bundesanstalt für Arbeit (→ 4.2./S. 17) als auch Maßnahmen zur Schaffung von Arbeitsplätzen und zum Abbau der Bürokratie. Unter der Leitidee »Eigeninitiative auslösen – Sicherheit einlösen« umfasst das Hartz-Konzept 13 »Innovationsmodule«. Künftig soll die eigene Integrationsleistung des Arbeitslosen im Zentrum der Arbeitsförderung stehen. Dafür sind u. a. folgende Maßnahmen vorgesehen:

Die Arbeitsämter werden zu JobCentern umgestaltet und übernehmen

auch die arbeitsmarktrelevante Beratung und Betreuung seitens anderer Behörden. Darüber hinaus sind sie Schnittstelle zur PersonalService-Agentur (PSA).

Die PSA arbeiten eigenständig für und im Auftrag des Arbeitsamtes mit dem Ziel, Erwerbslose mit einer neuen Form vermittlungsorientierter Arbeitnehmerüberlassung möglichst rasch wieder in den ersten Arbeitsmarkt zu integrieren. In der Probezeit wird ein Nettolohn in Höhe des Arbeitslosengeldes gezahlt, danach der tariflich vereinbarte PSA-Lohn.

Bei einer Kündigung muss das JobCenter sofort informiert werden, damit Vermittlungsbemühungen frühzeitig einsetzen können. Bei Älteren ersetzt die Lohnversicherung als Ergänzung der bisherigen Arbeitslosenversicherung einen Teil des Einkommensverlustes, der bei Antritt einer niedriger bezahlten sozialversicherungspflichtigen Arbeit entsteht.

Jeder Bezieher von Arbeitslosengeld und Sozialgeld (die bisherige Sozialhilfe für nicht Erwerbsfähige) wird nur noch von einer Stelle betreut. Ich-AG und Mini-Job (bei Dienstleistungen in

Privathaushalten) sollen neue Wege zur Bewältigung des Problems Schwarzarbeit weisen. Die Einnahmen der Ich-AG unterliegen einer Pauschalbesteuerung (10 %) bis zu einer jährlichen Verdienstgrenze von 25 000 € bei Sozialversicherungspflicht. Die Verdienstgrenze bei Mini-Jobs steigt auf 500 € monatlich bei einer Sozialversicherungspauschale von 10 %.

Nach dem Konzept des JobFloaters erhalten kleine und mittlere Unternehmen, die einen Arbeitslosen nach der Probezeit fest einstellen, die Option auf ein Investitionsdarlehen.

Bei der Übergabe des Abschlussberichtes der Arbeitsmarkt-Reformkommission zeigt sich deren Vorsitzender Peter Hartz überzeugt, durch die Reformen die Zahl der Arbeitslosen bis 2005 um 2 Mio. reduzieren, die Dauer der Arbeitslosigkeit von durchschnittlich 33 auf 22 Wochen verkürzen und die Arbeitslosenversicherung in der Endstufe um bis zu 19,6 Mrd. € entlasten zu können. Bundeskanzler Gerhard Schröder (SPD) nennt die Vorschläge einen »großen Wurf«. Die Regierung werde sich sofort an die Umsetzung des Hartz-Konzeptes machen. Die Opposition bezeichnet die Pläne als Dokument des Versagens der Regierung.

25. AUGUST

TV-Duell ums Kanzleramt

Ohne klaren Sieger bleibt das erste TV-Duell der beiden Bewerber um das Kanzleramt vor den Kameras der Privatsender RTL und SAT.1.

Erstmals stehen sich in Deutschland – wie bei Präsidentschaftswahlkämpfen in den USA – der Amtsinhaber und der Herausforderer allein in einem Fernsehstudio gegenüber. Der Versuch von FDP-Chef Guido Westerwelle (→ 12.5./S. 52), sich in die Sendung einzuklagen, wurde abgewiesen.

Die 75-minütige Debatte zwischen Bundeskanzler Gerhard Schröder (SPD) und dem Unionskandidaten und bayerischen Ministerpräsidenten Edmund Stoiber (CSU) mit den Fragestellern Peter Kloeppel (RTL) und Peter Limbourg (SAT.1) erfüllt allerdings nicht die Erwartungen: Allzu

starr sind die Regeln, zu eng geschnürt ist das Korsett aus Fragen, Antworten und Nachfragen, als dass sich ein wirkliches Streitgespräch entwickeln könnte. Das Publikum bewertet das Duell als ausgeglichen.

Für Stoiber bedeutet dies einen Erfolg: Im Unterschied zu dem als »Medienkanzler« apostrophierten Schröder galt der Bayer lange Zeit in TV-Debatten als eher spröde.

Ungleich lebhafter verläuft das zweite Rededuell am 8. September an gleicher Stelle in Berlin-Adlershof, diesmal vor den Kameras von ARD und ZDF und mit Sabine Christiansen (ARD) und Maybrit Illner (ZDF) als Fragestellerinnen. Es kommt zeitweise zu einer echten Diskussion, bei der Schröder eine bessere Figur macht als sein Herausforderer.

Edmund Stoiber (l.) beim ersten TV-Duell mit Gerhard Schröder

26. AUGUST

Kaum Fortschritt auf dem Gipfel von Johannesburg

Die UN-Konferenz über nachhaltige Entwicklung unter dem anspruchsvollen Motto »People, Planet, Prosperity« (»Menschen, Planet, Wohlstand«) in Johannesburg erfüllt nur zum Teil die in sie gesetzten Erwartungen.

Bis zum 4. September ziehen die gut 65 000 Teilnehmer aus 191 Staaten eine Bilanz dessen, was aus dem »Aktionsplan 21. Jahrhundert« geworden ist, der 1992 auf der Konferenz von Rio de Janeiro beschlossen wurde. Zugleich geht es darum, die noch nicht erfüllten und neu hinzugekommenen Ziele bei der Minderung von Armut,

Tausende fordern »Home, jobs, food«.

Schuldenlast, Umweltverschmutzung und sozialer Ungerechtigkeit weltweit umzusetzen.

Unter den 109 Regierungschefs, die zeitweilig persönlich an der Konferenz teilnehmen, ist auch Bundeskanzler Gerhard Schröder. Nicht zuletzt unter dem Eindruck des Elbhochwassers (→ 17.8./S. 78) fordert er rasches Handeln, um dem Klimawandel zu begegnen, und erntet Beifall vor allem von den Delegierten aus der Dritten Welt. Schröder appelliert an Länder wie die USA und Russland, das Kyoto-Protokoll zum Klimaschutz rasch zu ratifizieren, zumindest aber einen gleichwertigen Beitrag zur Reduzierung der Treibhausgase zu leisten.

Der nach langen Debatten gebilligte Umsetzungsplan zur Armutsbekämpfung und zum Umweltschutz sieht u. a. vor, dass bis zum Jahr 2015 der Anteil der Menschen ohne sicheren Zugang zu sauberem Trinkwasser und zu sanitären Anlagen halbiert werden soll. Die Gesundheitsversorgung für Frauen will man verbessern und natürliche Ressourcen effizienter schützen. Bis 2010 soll die Geschwindigkeit des Artensterbens »deutlich« vermindert und in weiteren zehn Jahren sollen die negativen Auswirkungen von Chemikalien auf Mensch und Natur »minimiert« werden.

Wenig Konkretes gibt es beim Ausbau erneuerbarer Energien, wofür vor allem Deutschland und die EU plädiert haben. Der Aktionsplan fordert lediglich eine »bedeutende Steigerung« des Anteils dieser Energieformen.

Kritik an der US-Politik auf einer Demonstration am 31. August. US-Außenminister Colin Powell erntet Pfiffe, als er die Klimapolitik seiner Regierung lobt und die Bedeutung der Privatwirtschaft in der Umweltpolitik betont.

UNO-Generalsekretär Kofi Annan warnt in seiner Begrüßungsrede die Anwesenden vor einer ausweglosen Situation, in die sich die Weltgemeinschaft begebe, wenn sie weiterhin Armut und Umweltverschmutzung missachte. Das bisherige Entwicklungsmodell sei nur »für wenige fruchtbar und für viele verkehrt« gewesen. Der Weg, der lediglich eine begrenzte Zahl zu Wohlstand führe, werde sich »schon bald als Sackgasse für jeden von uns erweisen«. Annan appelliert vor allem an die Industriestaaten: »Lassen Sie uns aufhören, ökonomisch defensiv zu sein, und zeigen Sie stattdessen politischen Mut!«

7. AUGUST

Rekordkredit des IWF für krisengeschütteltes Brasilien

Der Internationale Währungsfonds (IWF) bewahrt Brasilien vorerst vor dem Sturz ins Finanzchaos.

Der IWF gewährt dem größten Land Südamerikas den höchsten Kredit seiner Geschichte für einen einzelnen Staat. Damit soll nicht nur Brasilien aus einer sich abzeichnenden Finanzkrise herausgeholfen werden, sondern auch eine mögliche Kettenreaktion in anderen von akuter Zahlungsunfähigkeit bedrohten Staaten Südamerikas abgewendet werden.

Brasilien erhält vom IWF eine Kreditlinie von 30 Mrd. US-Dollar (32,6 Mrd. €) über 15 Monate. Davon sollen 6 Mrd. Dollar noch 2002 ausgezahlt werden, der Rest ist im Verlauf des Jahres 2003 fällig. Brasilien hat ca. 250 Mrd. US-Dollar Auslandsschulden.

Mit der zeitlichen Streckung will der IWF bewirken, dass sich auch der im Oktober (→ 27.10./S. 101) zu wählende neue Präsident des Landes und seine Regierung der Stabilitätspolitik des nach acht Jahren aus dem Amt scheidenden Fernando Henrique Car-

doso verpflichtet fühlen. Neben Brasilien sind Argentinien, das im Dezember 2001 die Bedienung seiner Auslandsschulden in Höhe von 141 Mrd. Dollar eingestellt hat (→ 1.1./S. 12) und Uruguay besonders auf Hilfen zur Abwendung der Finanzkrise und zur Verbesserung der wirtschaftlichen Infrastruktur angewiesen.

In Argentinien rutschen durch die seit 1998 anhaltende Wirtschaftskrise bis Ende 2002 fast 60 % der Bevölkerung unter die Armutsgrenze. Das in akuten Finanznöten steckende Uru-

guay erhält Anfang August von den USA 1,5 Mrd. Dollar als Sofortkredit zur Stabilisierung des Bankensystems.

Angesichts der schwächelnden Weltkonjunktur sieht sich der IWF immer häufiger mit Kreditwünschen von Mitgliedsländern konfrontiert, deren Zahlungsbilanz massiv in Schieflage geraten ist. Dies gilt außer für Brasilien u. a. auch für die Türkei, die vom IWF mit rd. 16 Mrd. US-Dollar an Krediten bei der Überwindung der Schuldenkrise und bei der Sanierung der Wirtschaft unterstützt wird.

8. AUGUST

Kein Ende der Gewalt in Nahost

Eine dreiköpfige hochrangige Palästinenser-Delegation trifft zu Gesprächen mit US-Außenminister Colin Powell in Washington ein.

Die Palästinenser suchen direkte Kontakte zur US-Regierung, obwohl Präsident George W. Bush am 24. Juni in einer Grundsatzrede die Ablösung von Palästinenserpräsident Jasir Arafat als Voraussetzung für die Bildung eines Übergangsstaates in einem Zeitraum von drei Jahren verlangte.

Von Israel forderte Bush, es müsse sich im Westjordanland auf die Positionen vom September 2000 zurückziehen und den Bau jüdischer Siedlungen in den besetzten Gebieten einstellen. Unerwartet reagierte Arafat auf diese Rede positiv. Er kündigte an, im Januar 2003 Wahlen abhalten zu wollen, verwahrte sich aber gegen die Einmischung der USA in innere Angelegenheiten der Palästinenser.

Am 5. August forderte die UNO-Vollversammlung Israel auf, sich sofort aus den besetzten palästinensischen Gebieten zurückzuziehen. Die von der Europäischen Union unterstützte Resolution ist aber völkerrechtlich nicht bindend.

In Israel und den Palästinensergebieten sind seit Beginn der neuerlichen Intifada im Oktober 2000 bis Anfang August 2002 über 600 Menschen ums Leben gekommen (→ 1.4./S. 36).

△ Chefunterhändler Saeb Erekat (l.) mit Colin Powell. Es sei die Sache der Palästinenser, erklärt Erekat, über ihre politische Führung zu entscheiden, Jasir Arafat sei vom Volk gewählt.

◁ Gegen den Palästinenserführer Marwan Barguti eröffnet das Bezirksgericht in Tel Aviv am 14. August einen Prozess. Ihm werden Mord und Mitgliedschaft in einer terroristischen Vereinigung angelastet. Die israelische Führung wirft Barguti u. a. vor, an der Ausbildung und Finanzierung der militanten Al-Aksa-Brigaden beteiligt zu sein, die in Verbindung zur Fatah-Bewegung von Palästinenserpräsident Arafat stehen, und verweist auf 37 Angriffe, bei denen 26 Menschen getötet und Dutzende verletzt wurden.

2. AUGUST

Türkei hebt die Todesstrafe auf

Das türkische Parlament beschließt die Abschaffung der Todesstrafe in Friedenszeiten.

256 Abgeordnete unterstützen einen entsprechenden Gesetzentwurf, 162 sind dagegen. Seit 1984 ist in der Türkei keine Todesstrafe mehr vollstreckt worden. Die Entscheidung des Parlaments gilt als wichtige Bedingung für den angestrebten Beitritt zur Europäischen Union und gehört zu einem Reformpaket, das dem Land den Weg nach Europa ebnen soll. Dazu zählen auch mehr kulturelle Freiheiten für die Kurden und christliche Minderheiten sowie die Liberalisierung des restriktiven Versammlungs-, Vereins- und Presserechts.

Nutznießer der Abschaffung der Todesstrafe ist auch der frühere Chef der verbotenen kurdischen Arbeiterpartei (PKK), Abdullah Öcalan. Er war im Juni 1999 wegen Hochverrats zum Tode verurteilt worden und sitzt in Einzelhaft auf der Gefängnisinsel Imrali im Marmarameer.

4. AUGUST

Bolivien: Streit um Koka-Anbau

Der neue Präsident von Bolivien heißt Gonzalo Sánchez de Lozada. Der 72-Jährige war bereits von 1993 bis 1997 Staatsoberhaupt.

Der Kongress wählt den neoliberalen Politiker von der Revolutionären Nationalistischen Bewegung (MNR) im zweiten Wahlgang mit 84 Stimmen zum Präsidenten. Er setzt sich gegen den Sozialisten Evo Morales durch, der 43 Stimmen erhält.

Sánchez de Lozada hatte bei der Volkswahl am 30. Juni 22,5 % der Stimmen erreicht; Morales, der Anführer der Kokabauern und Vorsitzende der Bewegung für den Sozialismus, 20,9 %. Für den Fall seines Sieges drohten die USA mit der Einstellung der Anti-Drogen-Programme. Morales wollte den Anbau von Koka-Blättern legalisieren.

Bolivien gilt als das Armenhaus Südamerikas. Mindestens 60 % der 8,5 Mio. Einwohner leben in Armut.

26. AUGUST

Verbot für Baskenpartei

Der spanische Ermittlungsrichter Baltasar Garzón erklärt das sofortige Verbot der Baskenpartei Batasuna. Sie gilt als politischer Arm der militanten ETA-Separatisten.

Sämtliche Parteibüros werden geschlossen, das Batasuna-Vermögen wird beschlagnahmt und den Mitgliedern für zunächst drei Jahre »jegliche öffentliche, private oder institutionelle Tätigkeit« untersagt – nur bestehende Abgeordnetenmandate dürfen weiter wahrgenommen werden.

Aufgebrachte Anhänger der ETA-nahen Baskenpartei Batasuna in Bilbao

Batasuna (baskisch für Einheit), entstanden im Oktober 1978, setzt sich für eine territoriale Einheit des Baskenlandes einschließlich baskischer Provinzen in Frankreich ein und weigert sich seit Jahren, die Attentate der ETA zu verurteilen, denen seit 1968 mehr als 800 Menschen zum Opfer gefallen sind.

Als führender Kopf der Partei, die im Regionalparlament vertreten ist und in den Regionen Baskenland und Navarra 60 Bürgermeister und 900 Gemeinderäte stellt, gilt das ehemalige ETA-Mitglied Arnaldo Otegi. Die Partei verlagert nun ihren Hauptsitz ins französische Bayonne.

28. AUGUST

Marcel Reich-Ranicki und seine Frau Theofila lauschen der Laudatio.

Preis für Reich-Ranicki

Marcel Reich-Ranicki erhält den Goethepreis der Stadt Frankfurt.

Der bekannte Literaturkritiker ist der 40. Preisträger in der 75-jährigen Geschichte der Auszeichnung, die seit 1949 nicht mehr jährlich, sondern nur noch alle drei Jahre am Geburtstag des Dichters Johann Wolfgang von Goethe (1749–1832) verliehen wird. »Dies ist der Höhepunkt meines Lebens. Ein helleres, strahlenderes Licht kann auf mein Dasein nicht mehr fallen«, sagt der 82-jährige Preisträger.

17. AUGUST

Mario Adorf (Hagen von Tronje) und Maria Schrader (Kriemhild)

Nibelungen in Worms

»Die Nibelungen« feiern in Worms ihre glanzvolle Freiluft-Premiere.

Das Stück des 35 Jahre alten Dramatikers Moritz Rinke in der Inszenierung von TV-Regisseur Dieter Wedel zeigt in gut drei Stunden alles, was das um 1200 entstandene Epos zu bieten hat: Liebe und Politik, Verrat und Mord, starke Männer und intrigante Frauen sowie Stars wie Maria Schrader, Mario Adorf oder André Eisermann. Mehr als 25 000 Zuschauer sorgen für 13 ausverkaufte Vorstellungen.

11. AUGUST

Iain Dilthey mit dem Siegerpreis des mit 22 Filmen beschickten Festivals

Gefeiertes »Verlangen«

Nach 16 Jahren – zuletzt in Berlin 1986 »Stammheim« – gewinnt wieder ein deutscher Film ein großes internationales Festival.

Beim 55. Filmfestival in Locarno wird »Das Verlangen« von Iain Dilthey mit dem Goldenen Leoparden geehrt. Der Film mit Susanne-Marie Wrage, Klaus Grünberg und Robert Lohr in den Hauptrollen ist der dritte Teil der »Sehnsuchtstrilogie« des gebürtigen Schotten und der Abschluss seines Studiums an der Filmhochschule Ludwigsburg. Es geht u. a. um eine unglücklich verheiratete Pfarrersfrau.

18. AUGUST

»Angela« und die Macht

Fünf Wochen vor der Bundestagswahl wird CDU-Chefin Angela Merkel Titelfigur einer Oper.

»Angela Eine Nationaloper« heißt das Bühnenwerk des Librettisten Michael Frowin und des Komponisten Frank Schwemmer. Die Neuköllner Oper hat den Ort der Uraufführung höchst symbolträchtig gewählt, den noch unfertigen U-Bahnhof »Reichstag«. Mit zeitgenössischer E-Musik, Rap und Schlagern zeichnet das Stück Merkels Karriere vom Fall der Mauer bis zur Kür des Kanzlerkandidaten mit ihrem Verzicht zugunsten von CSU-Chef Edmund Stoiber nach.

Wer befürchtet hat, »Angela« sei so etwas wie politisches Kabarett mit den Mitteln der Oper, wird angenehm enttäuscht: Das Werk ist zeitgenössisches Musiktheater im besten Sinne. Die für ein Ensemble aus Piano, Schlagwerk, Celli und Saxophonen sowie einen achtköpfigen Chor geschriebene Partitur enthält viele Anspielungen auf die musikalischen Zeugnisse des 20. Jahrhunderts und wird vom Publikum mit großem Beifall aufgenommen.

Kathrin Unger und Dieter Goffing

11. AUGUST

Europas Beste in München

Nach sechs meist verregneten Tagen gehen im Münchner Olympiastadion die 18. Leichtathletik-Europameisterschaften zu Ende.

Mit 18 Medaillen – zweimal Gold, neunmal Silber und siebenmal Bronze – belegen die Starter des Deutschen Leichtathletikverbandes (DLV) Platz sieben im Medaillenspiegel.

Die 4 x 400-m-Frauenstaffel – Florence Ekpo-Umoh (Mainz), Birgit Rockmeier (Dortmund), Claudia Marx (Berlin) und Grit Breuer (Magdeburg) – holt am Schlusstag den zweiten Titel für das deutsche Team. Für die erste deutsche Goldmedaille sorgte der 2,01 m große Hamburger Ingo Schultz, der sich über 400 m in 45,15 sec einen Start-Ziel-Sieg erlief.

1289 Athleten aus 47 Nationen kämpften um 46 Goldmedaillen. Trotz teils widriger Witterungsbedingungen kamen an den sechs Wettkampftagen 303 900 Zuschauer.

Die schnellsten 100-m-Läufer Europas kommen aus Großbritannien und Griechenland: Dwain Chambers und Ekaterini Thanou wurden ihrer Favoritenstellung gerecht. Ihr Landsmann Konstadinos Kenteris sicherte sich als erster Leichtathlet sowohl den Olympiasieg als auch den Welt- und Europameistertitel über 200 m. Geschichte schrieb auch der Brite Colin Jackson mit seinem vierten EM-Gold über 110 m Hürden in Serie.

Nach zweijähriger Dopingsperre meldete sich Dieter Baumann mit dem Gewinn der Silbermedaille über 10 000 m eindrucksvoll zurück. Weitere Silbermedaillen für den DLV holten Heike Meißner über 400 m Hürden, Steffi Nerius im Speerwerfen, Charles Friedek im Dreisprung, Lars Börgeling (Stabhochsprung), Luminita Zaituc im Marathonlauf, Grit Breuer (400m), die Frauen-Staffel über 4 x 100 m sowie zum Abschluss ihrer Karriere die 37-jährige Siebenkämpferin Sabine Braun.

Heike Drechsler (M.), die Weitsprung-Olympiasiegerin von 1992 und 2000, verfehlt ihren fünften EM-Titel in Folge und belegt mit 6,65 m Platz fünf.

Silber für Speerwerferin Steffi Nerius (Leverkusen) mit einer Weite von 64,09 m

4 x 400-m-Schlussläuferin Grit Breuer (M.) übernimmt von Claudia Marx (3. v.r.) den Staffelstab und fängt Olesja Sikina (l.) vor dem Ziel noch ab.

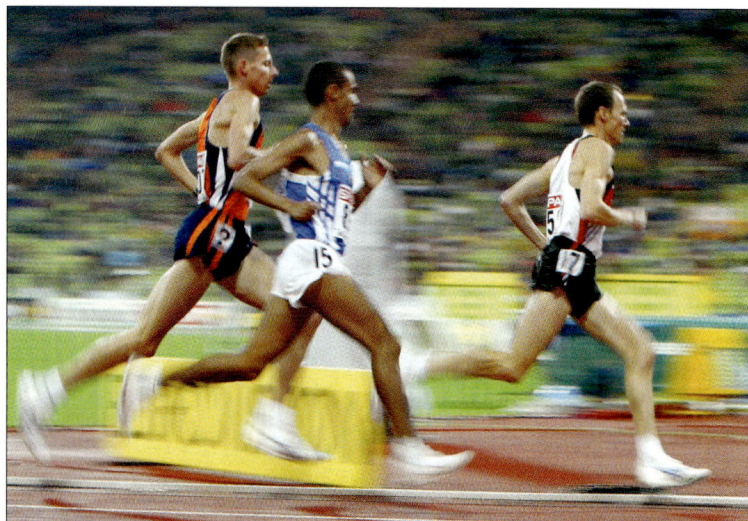

Dieter Baumann führt lange das Feld über 10 000 m an und gewinnt Silber.

Ingo Schultz (M.) vor David Canal (ESP, l.) und Daniel Caines (GBR, r.)

4. AUGUST

»Franzi-Festival« bei Schwimm-EM

Häufig vorneweg schwimmen die Athleten des Deutschen Schwimm-Verbandes (DSV) bei den 26. Europameisterschaften in Berlin.

Mit insgesamt 15 Gold-, zwölf Silber- und neun Bronzemedaillen verteidigen die Schwimmer und Wasserspringer des DSV ihre Spitzenposition in Europa. Allein die Schwimmer holen 22 Medaillen (10/7/5) und liegen souverän vor der Ukraine (5/4/5), Italien (4/5/2) und Schweden (4/3/4).

Die mit Abstand erfolgreichste deutsche Athletin ist Franziska van Almsick. Zehn Jahre nach der Silbermedaille über 200 m Freistil 1992 in Barcelona und einer von zahlreichen Höhen und Tiefen geprägten Karriere kehrt die nun 24-Jährige mit einer imposanten Bilanz auf die Erfolgsspur zurück. Almsick sicherte sich fünfmal Gold und verbesserte am 3. August über 200 m Freistil (1:56,64 min) ihren acht Jahre alten Weltrekord von Rom 1994 (1:56,78 min).

Am Schlusstag gewinnt Almsick mit der 4 x 100-m-Lagenstaffel mit Antje Buschschulte, Simone Weiler und Sandra Völker souverän in Europarekordzeit von 4:01,54 min. Ihre übrigen drei Europameistertitel holte sie gemeinsam mit Katrin Meißner, Petra Dallmann und Völker über 4 x 100 m Freistil in der Weltrekordzeit von 3:36,00 min sowie mit Dallmann, Alessa Riess und Hannah Stockbauer in der 4 x 200-m-Freistilstaffel in Jahresweltbestzeit von 7:59,07 min und im Einzelrennen über 100 m Freistil in

deutscher Rekordzeit von 54,39 sec. Von den deutschen Männern konnte noch am ehesten der Wuppertaler Thomas Rupprath mit »Franzi« mithalten. Nach den 50 m Rücken (25,05 sec) holte er über 100 m Schmetterling (51,94 sec) seinen zweiten EM-Titel in Berlin, hinzu kamen Silber über 50 m Schmetterling und Bronze mit der Lagen-Staffel über 4 x 100 m.

Franziska van Almsick bejubelt in Berlin ihren Europameistertitel über 200 m Freistil in der Weltrekordzeit von 1:56,64 min. Nach ihrem Triumph denkt sie zunächst ans Aufhören, doch nach vierwöchiger Bedenkzeit teilt die 24-Jährige mit, sie werde weiter schwimmen bis zu den Olympischen Spielen 2004, bei denen sie eine Goldmedaille gewinnen möchte. 2000 in Sydney schied die selbst ernannte Medaillenanwärterin bereits in den Vorläufen aus.

Insgesamt wurden bei den Wettkämpfen im Europasportpark an der Landsberger Allee fünf Weltrekorde aufgestellt. Auch der Ukrainer Oleg Lisogor (27,18 sec über 50 m Brust), die Schwedin Anna-Karin Kämmerling (50m Schmetterling in 25,57 sec) sowie Otylia Jedrzejczak aus Polen (200 m Schmetterling in 2:05,78 min) siegten mit neuen Bestleistungen.

9. AUGUST

Bundesliga geht in die 40. Saison

Mit einem 2:2 zwischen Meister Borussia Dortmund und Hertha BSC Berlin startet die Fußball-Bundesliga in die Saison 2002/2003.

Der erste Tabellenführer der 40. Bundesligasaison ist Arminia Bielefeld nach einem 3:0 gegen Werder Bremen. Mitaufsteiger VfL Bochum sorgt gleichfalls für Furore, während Zweitliga-Meister Hannover 96 Probleme hat, sich dem Niveau in der ersten Division anzupassen.

Trotz der gesunkenen TV-Einnahmen nach der Kirch-Pleite und öffentlicher Diskussionen um Gehaltskürzungen für die Spieler gehen elf der 18 Klubs mit einem höheren Etat in die Saison. Die Gesamtsumme aller Budgets liegt auf dem Rekordniveau von 652,7 Mio. € gegenüber 642,4 Mio. € im Vorjahr.

Den spektakulärsten Transfer landet der VfL Wolfsburg: Für zunächst ein Jahr kommt der bei Bayern München ausgemusterte Stefan Effenberg in die VW-Stadt.

Beim 1. FC Kaiserslautern kehrt Tristesse ein: Die sportliche und finanzielle Talfahrt des Vereins führt am 26. August zur Entlassung von Teamchef Andreas Brehme. Um die Zahlungsfähigkeit des mit 17,8 Mio. € verschuldeten Vereins zu sichern, kündigt der neue Club-Boss Rene C. Jäggi Anfang Oktober an, die Transfer- und Werberechte an Nationalstürmer Miroslav Klose für 5 Mio. € veräußern zu wollen.

Pieter van den Hoogenband holt in Berlin den Europatitel über 200 m Freistil.

Zwei Einzeltitel für Thomas Rupprath

Stefan Effenberg (r.) im Vfl-Trikot

■ **1. September, Sonntag**
Genf: Der Thailänder Supachai Panitchpakdi wird Generaldirektor der Welthandelsorganisation WTO.

Seoul: Beim schwersten Taifun in Südkorea seit 1959 kommen mindestens 139 Menschen ums Leben.

■ **2. September, Montag**
Hull/Zeebrügge: Nach vier Stunden wird ein Brand im Maschinenraum der Nordsee-Fähre »Norsea« der britischen Reederei P&O gelöscht. Das Schiff war mit 611 Menschen an Bord auf dem Weg von Großbritannien nach Belgien.

■ **3. September, Dienstag**
Peking: 15 Nordkoreaner fliehen in die deutsche Botschaftsschule. → S. 93

PERSON DES MONATS

Herbert Grönemeyer

Der Rockmusiker veröffentlicht nach vierjähriger Pause sein Album »Mensch«, das binnen drei Wochen in mehr als 1,2 Mio. Exemplaren über den Ladentisch geht. Zuletzt hatte Grönemeyer im April 1998 das Album »Bleibt alles anders« herausgebracht. Schwere persönliche Schicksalsschläge – der Tod des Bruders Wilhelm und seiner Frau Anna – ließen ihn vorübergehend verstummen.

■ **4. September, Mittwoch**
Colombo: Gegen den Widerstand von Präsidentin Chandrika Kumaratunga hebt die Regierung von Sri Lanka das Verbot der größten tamilischen Rebellenorganisation LTTE auf.

■ **5. September, Donnerstag**
Kabul: Auf einem Markt der afghanischen Hauptstadt tötet eine Autobombe mindestens 30 Menschen (→ 13.6./S. 60).

■ **6. September, Freitag**
Luanda: Die Präsidenten von Kongo und Uganda, Joseph Kabila und Yoweri Museveni, unterzeichnen ein Friedensabkommen (→ 30.7./S. 72).

■ **7. September, Samstag**
Berlin: Sir Simon Rattle gibt sein Debüt als Leiter der Berliner Philharmoniker. → S. 95

Kaunas: Mit einem 2:0 gegen Litauen startet die deutsche Fußball-Nationalelf in die Qualifikation zur Europameisterschaft 2004. → S. 97

■ **8. September, Sonntag**
Venedig: Der britische Regisseur Peter Mullan gewinnt den Hauptpreis bei den Filmfestspielen. → S. 95

Indianapolis: Jugoslawiens Basketballer verteidigen ihren Weltmeistertitel gegen Argentinien. → S. 97

New York: Tennis-Profi Pete Sampras gewinnt mit einem Sieg über Andre Agassi zum fünften Mal die US Open. Im Damenfinale schlug Serena Williams ihre Schwester Venus.

■ **9. September, Montag**
Bad Münder: Bei der Explosion eines Kesselwagens wird das hochgiftige Epichlorhydrin freigesetzt. → S. 94

■ **10. September, Dienstag**
New York: Die Schweiz wird zum Auftakt der 57. Sitzung der UN-Generalversammlung als 190. Mitglied in die Vereinten Nationen aufgenommen (→ 3.3./S. 30).

■ **11. September, Mittwoch**
Genf: Nach fünf Jahren scheidet die UN-Hochkommissarin für Menschenrechte, die Irin Mary Robinson, aus dem Amt. Ihr Nachfolger ist der Brasilianer Sergio Vieira de Mello.

■ **12. September, Donnerstag**
Leipzig: Bundespräsident Johannes Rau eröffnet das Bundesverwaltungsgericht am neuen Standort.

■ **13. September, Freitag**
Berlin: Auf seiner letzten Sitzung debattiert der 14. Deutsche Bundestag den Etatentwurf für 2003.

■ **14. September, Samstag**
Paris: Der US-Amerikaner Tim Montgomery läuft in 9,78 sec Weltrekord über 100 m. → S. 96

■ **15. September, Sonntag**
Büdelsdorf: Zur Abwendung einer Insolvenz sagt Wirtschaftsminister Werner Müller MobilCom 400 Mio. € an Staatsbürgschaften zu. → S. 94

Stockholm: Bei der Reichstagswahl in Schweden behaupten sich die Sozialdemokraten als stärkste Kraft. →S. 92

Skopje: Das oppositionelle Bündnis »Gemeinsam für Mazedonien« siegt

bei den Parlamentswahlen in Mazedonien. → S. 92

Berlin: Italien gewinnt die Volleyball-Weltmeisterschaft der Damen. → S. 97

■ **16. September, Montag**
Karatschi: Pakistan übergibt den mutmaßlichen Al-Qaida-Terroristen Ramzi Binalshibh an die USA. → S. 93

München: Nach sechs Jahren Bauzeit wird die Pinakothek der Moderne eröffnet. → S. 95

■ **17. September, Dienstag**
Berlin: Bundespräsident Johannes Rau eröffnet unter »www.deutschland.de« das Internet-Portal der Bundesrepublik.

Pjöngjang: Nordkoreas Machthaber Kim Jong Il und Japans Ministerpräsident Junichiro Koizumi treffen erstmals zusammen. → S. 93

■ **18. September, Mittwoch**
Paris: Der 92-jährige Nazi-Kollaborateur Maurice Papon wird wegen Herzschwäche vorzeitig aus der Haft entlassen. Er ist 1998 wegen Beteiligung an der Deportation von etwa 1600 französischen Juden zu zehn Jahren Haft verurteilt worden.

■ **19. September, Donnerstag**
Abidjan: Im Regierungssitz des westafrikanischen Staates Côte d'Ivoire rebellieren Hunderte Soldaten gegen ihre geplante Entlassung. Bis Mitte Oktober kommen bei Kämpfen mehr als 400 Menschen ums Leben.

■ **20. September, Freitag**
Ramallah: Als Reaktion auf zwei neuerliche Selbstmordattentate zerstören israelische Truppen große Teile des Amtssitzes von Palästinenser-Präsident Jasir Arafat.

■ **21. September, Samstag**
Bratislava: Das Mitte-Rechts-Bündnis um Mikulas Dzurinda gewinnt die Wahlen in der Slowakei. → S. 92

■ **22. September, Sonntag**
Berlin: Die rot-grüne Regierung kann sich bei der Bundestagswahl knapp behaupten. → S. 88

Schwerin: Bei der Landtagswahl in Mecklenburg-Vorpommern bleibt die SPD stärkste Partei. → S. 87

Jerez: Der irische Springreiter Dermott Lennon wird Weltmeister. → S. 96

Sevilla: Bei den Ruder-Weltmeisterschaften holen deutsche Athleten neun Medaillen. → S. 97

SPRUCH DES MONATS

»Ich hatte Todesangst, als ich die Pranke von Kahn in meinem Nacken spürte.«
Thomas Brdaric, Stürmer beim Fußballclub Bayer 04 Leverkusen, der beim Ligaspiel seines Vereins gegen Bayern München mit dem gegnerischen Torwart Oliver Kahn aneinander gerät

---

■ **23. September, Montag**
Berlin: Jürgen Möllemann legt sein Amt als stellvertretender FDP-Bundesvorsitzender nieder. → S. 91

■ **24. September, Dienstag**
Berlin: Die Bundestagsfraktionen von Union und SPD wählen eine neue Führung (→ 23.9./S. 91).

■ **25. September, Mittwoch**
Nebra: Auf einer Pressekonferenz präsentieren Archäologen die »Himmelsscheibe von Nebra«. → S. 94

■ **26. September, Donnerstag**
Ziguinchor/Dakar: Beim Untergang der senegalesischen Fähre »Joola« vor der westafrikanischen Küste kommen 970 Menschen ums Leben. → S. 93

Frankfurt am Main: Die Deutsche Börse will bis Ende 2003 den Neuen Markt aufgeben. → S. 87

■ **27. September, Freitag**
New York: Die UNO-Vollversammlung wählt Deutschland, Spanien, Pakistan, Chile und Angola vom 1. Januar 2003 an als nicht ständige Mitglieder in den Weltsicherheitsrat.

■ **28. September, Samstag**
Ankara: Die türkische Polizei verhaftet in der südöstlichen Provinz Sanliurfa zwei Männer, die mit 15,7 kg Uran unterwegs waren. Das radioaktive Material soll aus einer ehemaligen Sowjetrepublik stammen.

■ **29. September, Sonntag**
Birmingham: Beim Ryder Cup müssen sich die Golfprofis aus den USA dem Europa-Team geschlagen geben. → S. 96

■ **30. September, Montag**
Berlin: SPD und Bündnisgrüne nehmen Koalitionsverhandlungen auf (→ 22.10./S. 104).

22. SEPTEMBER

Klares Votum für die rot-rote Koalition in Schwerin

In Mecklenburg-Vorpommern bestätigen die Wähler die Regierungskoalition von SPD und PDS.

Die Sozialdemokraten mit Ministerpräsident Harald Ringstorff an der Spitze können bei der Landtagswahl 6,3 Prozentpunkte zulegen und bleiben mit 40,6 % stärkste Partei. Ihrem Koalitionspartner bekommt die Regierungsbeteiligung offenbar weniger gut. Die PDS verliert rd. ein Drittel ihrer Wähler und erreicht nur noch 16,4 % der Stimmen. Dazu haben auch interne Probleme beigetragen: Arbeitsminister Helmut Holter, einer von drei PDS-Ressortchefs und bisher Ringstorffs Stellvertreter, ist wegen Unregelmäßigkeiten bei der Vergabe öffentlicher Aufträge und anderer Skandale ins Schussfeld geraten.

Die SPD-Zugewinne sind umso erstaunlicher, als Mecklenburg-Vorpommern mit einer durchschnittlichen Arbeitslosenquote von 19,6 % im Jahr 2001 bundesweit Schlusslicht und von massiver Abwanderung gebeutelt ist: 15 900 Menschen, davon viele zwischen 20 und 30 Jahren alt, kehrten dem strukturschwachen Küstenland im abgelaufenen Jahr den Rücken.

Die CDU, angeführt von Eckhardt Rehberg, machte die Abwanderung zum Wahlkampfthema und lag in den Umfragen lange Zeit vorn. Sie wollte – in einer Koalition mit der FDP und der PRO des Hamburger Innensenators Ronald Schill – einen Machtwechsel erreichen. Beide ins Auge gefasste Partner schaffen aber nicht den Sprung in den Landtag, ebenso wenig wie die Bündnisgrünen. Die CDU selbst verzeichnet leichte Zugewinne.

Ringstorff bleibt Ministerpräsident, seine Frau Dagmar freut sich mit ihm.

Agierte glücklos: Helmut Holter

Wie angekündigt kommt es zu einer Neuauflage der rot-roten Koalition. Am 6. November wählt der Landtag in Schwerin Ringstorff mit allen 46 Koalitionsstimmen erneut zum Regierungschef. Seine Riege weist mit Sozialministerin Marianne Linke (PDS) und Kultusminister Hans-Robert Metelmann (SPD), dem bisherigen Rektor der Universität Greifswald, zwei neue Gesichter auf. Holter verliert sein Amt als Ringstorffs Stellvertreter an Umweltminister Wolfgang Methling (PDS), bleibt aber Minister.

Als wichtigste Ziele nennt der Koalitionsvertrag Schaffung und Erhalt von Arbeitsplätzen, um die Abwanderung wirksam bekämpfen zu können, vorbehaltlich allerdings der »erforderlichen Haushaltsmittel«.

Landtagswahl in Mecklenburg-Vorpommern

Partei	Stimmen in %		Sitze	
	2002	1998	2002	1998
SPD	40,6	34,3	33	27
CDU	31,3	30,2	25	24
PDS	16,4	24,4	13	20
FDP	4,7	1,6	–	–
Grüne	2,6	2,7	–	–
Sonstige	4,1	6,8	–	–

26. SEPTEMBER

Ruhmloses Ende für einstiges Wachstumssegment

Die Deutsche Börse löst das zuletzt von Skandalen, Pleiten und Kursstürzen erschütterte Handelssegment Neuer Markt bis Ende 2003 auf.

Nach dem Fortfall des Neuen Marktes soll es nach den Planungen der Börse nur noch zwei Marktsegmente geben. Für Unternehmen des »Prime Standard« werden strenge, international gültige Zulassungsvoraussetzungen gelten. In diesem Bereich werden wahrscheinlich u. a. die heutigen DAX- und MDAX-Werte gehandelt werden. Im »Domestic Standard« werden Firmen erfasst, die gesetzlichen Mindestnormen an die Markttransparenz genügen. Andere Werte werden nach Branchen in Gruppen gelistet.

Der Neue Markt war 1997 nach dem Vorbild der US-amerikanischen Nasdaq geschaffen worden, um jungen, wachstumsorientierten Unternehmen die Chance zum Börsengang zu eröffnen, ohne dass diese sich über Jahre mit guten Bilanzen »hochdienen« mussten. Nach zögerlichem Beginn erlebte das Handelssegment 1999 und Anfang 2000 einen beispiellosen Boom.

Ebenso rasch setzte aber der Verfall ein: Der Index Nemax 50, der seit Mitte 1999 die nach Marktkapitalisierung und Börsenumsatz 50 größten Werte am Neuen Markt erfasste, erreichte am 10. März 2000 mit 8546 Punkten seinen Höchststand, am 24. September 2002 markiert er mit 325 Zählern ein neues Allzeittief. Bilanzskandale wie beim Telematikanbieter Comroad und Pleiten wie die des »Moorhuhn«-Erfinders Phenomedia bringen den Neuen Markt nun endgültig zur Strecke. Mitschuld an dem Verfall geben Experten den Banken, die oft den Börsengang von Firmen befördert hätten, die nicht börsenreif gewesen seien.

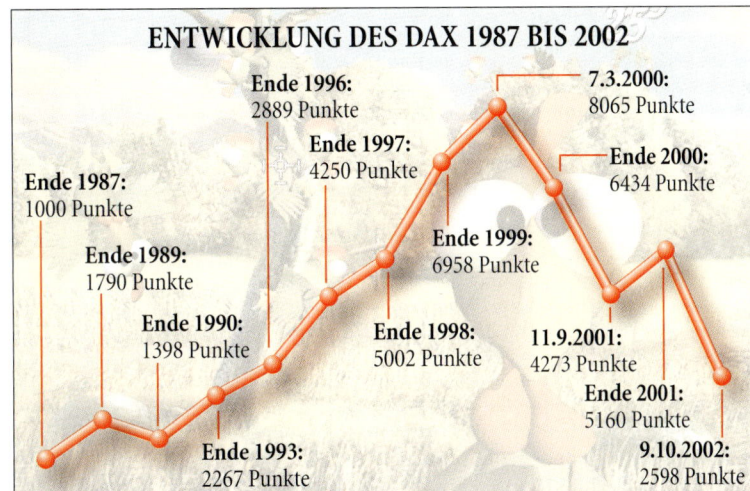

ENTWICKLUNG DES DAX 1987 BIS 2002

Ende 1987: 1000 Punkte
Ende 1989: 1790 Punkte
Ende 1990: 1398 Punkte
Ende 1993: 2267 Punkte
Ende 1996: 2889 Punkte
Ende 1997: 4250 Punkte
Ende 1998: 5002 Punkte
Ende 1999: 6958 Punkte
7.3.2000: 8065 Punkte
Ende 2000: 6434 Punkte
11.9.2001: 4273 Punkte
Ende 2001: 5160 Punkte
9.10.2002: 2598 Punkte

22. SEPTEMBER

Gerhard Schröder winkt den SPD-Anhängern zu, Ehefrau Doris applaudiert.

Rot-grüne Koalition

Bei der Wahl zum 15. Deutschen Bundestag wird die rot-grüne Regierung unter Bundeskanzler Gerhard Schröder (SPD) mit knapper Mehrheit bestätigt.

Die Hoffnung des bayerischen Ministerpräsidenten und Unions-Kanzlerkandidaten Edmund Stoiber (CSU), gemeinsam mit der FDP regieren zu können, erfüllt sich nicht. Nach einem von wechselnder Wählergunst in den Umfragen geprägten Wahlkampf und einem spannenden Wahlabend steht das vorläufige amtliche Endergebnis erst gegen 3.45 Uhr morgens fest.

Danach muss die SPD gegenüber 1998 einen herben Stimmenverlust von 2,4 Prozentpunkten hinnehmen und liegt nunmehr bei 38,5 %. CDU/CSU gewinnen 3,4 Prozentpunkte hinzu, die Unionsparteien erreichen ebenfalls einen Stimmenanteil von 38,5 %, werden aber mit 6027 Stimmen Rückstand zweitstärkste Kraft.
Spannender Wahlabend: Prognosen gleich nach Schluss der Wahllokale sehen Union und SPD fast gleichauf, aber die Grünen vor der FDP. Nachdem erste Hochrechnungen der ARD allerdings einen Vorsprung für Schwarz-Gelb, also Union und FDP, signalisieren, treten um 18.45 Uhr im Konrad-Adenauer-Haus die Spitzen der Union vor die froh gestimmten Anhänger: »Wir sind wieder da«, sagt Stoiber in einer ersten Stellungnahme. »Die CDU/ CSU ist wieder die stärkste Fraktion im Bundestag.«

Der Kanzler wartet bis 19.25 Uhr, ehe er erstmals vor die Presse tritt. Seine Stimmung ist sichtlich verhalten: »Wir haben einen guten Kampf gekämpft«, ruft er seinen Anhängern im Willy-Brandt-Haus zu. »Mehrheit ist Mehrheit«, sagt Schröder. »Wenn wir sie haben, werden wir sie nutzen.«

Erst als die Hochrechnungen von ARD und ZDF am späten Sonntagabend einen knappen Vorsprung für das rot-grüne Regierungsbündnis ermitteln, können Kanzler Schröder und sein grüner Außenminister Joschka Fischer in der Berliner SPD-Zentrale kurz nach Mitternacht überschwänglich ihren Sieg feiern und sich öffentlich die Fortsetzung der Koalition versprechen.

Dagegen ist bei den Unionsparteien die Enttäuschung groß. CDU/CSU, die bis in den Abend hinein hoffen durften, wenigstens die stärkste Parlamentsfraktion zu stellen, haben keines ihrer Wahlziele erreicht. Der noch am Wahlabend nach München geflogene Stoiber setzt auf ein baldiges Scheitern der rot-grünen Koalition und hält sich vorerst weiterhin als Kanzlerkandidat

Grund zur Freude haben auch die Grünen: Ihre Bundesminister Jürgen Trittin, Joschka Fischer und Renate Künast (v. l.) lassen sich auf der Wahlparty feiern.

mit hauchdünner Mehrheit vom Wähler bestätigt

bereit. Schließlich fährt die CSU in Bayern mit 58,6 % eines ihrer besten Ergebnisse seit 1949 ein.

Grüne vor der FDP: Schröder kann vor allem deshalb weiter regieren, weil sich sein Koalitionspartner Bündnis 90/Die Grünen um 1,9 Prozentpunkte auf 8,6 % der Stimmen verbessert. Dementsprechend groß ist der Jubel im Berliner »Tempodrom«, in dem die Grünen-Basis Fischer und die anderen Spitzenleute feiert, aber auch das schwache Abschneiden der FDP bejubelt.

Die Freien Demokraten legen zwar um 1,2 Prozentpunkte zu und erreichen 7,4 % der Stimmen, sie verfehlen damit aber deutlich ihr ehrgeiziges Wahlziel von 18 %. Den Liberalen machte in der letzten Wahlkampfwoche eine neuerliche anti-israelische Attacke von Jürgen Möllemann zu schaffen, der noch am Wahlabend von Parteichef Guido Westerwelle zum Verzicht auf sein Amt als Parteivize gedrängt wird. Möllemann, der auch FDP-Landeschef in Nordrhein-Westfalen ist, hatte in der Woche vor der Wahl mit einer eigenständigen Faltblattaktion seine Kritik an Israel erneuert (→ 16.5./S. 52; 23.9./S. 91; 2.12./S. 118).

PDS ohne Fraktion: Noch ärger trifft es die PDS. Sie büßt – nicht unerwartet – bundesweit 1,1 Prozentpunkte ein, kommt lediglich auf 4,0 % und

Guido Westerwelle ist deutlich der Spaß vergangen.

PDS-Chefin Gabi Zimmer ist sichtlich deprimiert.

0,8 % in der politischen Bedeutungslosigkeit.

Kleiner, jünger, weiblicher: Wegen einer Verkleinerung des Parlaments und eines Neuzuschnitts der Wahlkreise hat der 15. Deutsche Bundestag ohne Überhangmandate 58 Sitze weniger als

zuvor. Überhangmandate werden vergeben, wenn eine Partei in einem Bundesland mehr Direktmandate erringt, als ihr nach dem proportionalem Zweitstimmen-Anteil an Sitzen zustehen. Die SPD gewinnt eines in Hamburg, zwei in Sachsen-Anhalt und ei-

nes in Thüringen; die CDU erhält ein Überhangmandat in Sachsen.

Insgesamt verfügt die rot-grüne Koalition mit 306 von 603 Sitzen über eine Mehrheit von elf Abgeordneten gegenüber der schwarz-gelben Opposition (295). Das sind vier mehr als die so genannte Kanzlermehrheit von 302. Die Wahlbeteiligung liegt bei 79,1 % und damit niedriger als 1998 (82,2 %).

Das Durchschnittsalter des Bundestages sinkt um 0,5 auf 49,3 Jahre, der Frauenanteil steigt auf 32,2 % (1998: 30,9 %). Die Abiturientin Anna Lührmann aus Hessen von Bündnis 90/Die Grünen ist mit 19 Jahren die jüngste Bundestagsabgeordnete aller Zeiten. Zu den prominentesten Neuzugängen gehören bei der SPD Hamburgs Ex-Bürgermeister Ortwin Runde und bei der Union der ehemalige Münchner CSU-Chef Peter Gauweiler sowie der frühere Turn-Weltmeister Eberhard Gienger und der langjährige Bundesliga-Schiedsrichter Bernd Heynemann (beide CDU).

Fast ein Drittel der bisherigen Abgeordneten scheidet mit der Wahl aus dem Parlament aus, darunter so prominente Volksvertreter wie Altkanzler Helmut Kohl (CDU) und seine früheren Minister Norbert Blüm (CDU), Theo Waigel (CSU), Bernd Seiters (CDU) und Klaus Kinkel (FDP) sowie die ehemalige Staatsministerin Irmgard Schwaetzer (FDP). Auch die bisherige Bundestagsvizepräsidentin Anke Fuchs (SPD) beendet ihre Parlamentskarriere.

Ergebnis der Bundestagswahl

Partei	Stimmen in %		Sitze	
	2002	1998	2002	1998
SPD	38,5	40,9	251	298
CDU/CSU	38,5	35,1	248	245
Grüne	8,6	6,7	55	47
FDP	7,4	6,2	47	43
PDS	4,0	5,1	2	36
Sonstige	3,0	5,9	–	–

wird im 15. Bundestag somit nicht wieder als Fraktion vertreten sein, sondern ist lediglich durch zwei in Berlin direkt gewählte Abgeordnete (→ S. 90) repräsentiert. Nicht zuletzt dem früheren Parteichef Gregor Gysi wird angelastet, durch seinen Rücktritt als Berliner Wirtschaftssenator (→ 26.7./S. 69) den Absturz in der Wählergunst ausgelöst zu haben.

Keine Rolle spielen die kleinen Parteien auf Rechtsaußen: Neben NPD und Republikanern bleibt auch die Partei von Hamburgs umstrittenem Innensenator Ronald Schill mit

Angela Merkel und Edmund Stoiber hoffen am frühen Abend noch auf Sieg.

Hochwasser und Irak-Krise katapultieren Schröder noch auf die Überholspur

Fast neun Monate lang, von der Nominierung Edmund Stoibers (CSU) als Kanzlerkandidat der Union (→ 11.1./S. 7) bis kurz vor dem Wahltag, lag das schwarz-gelbe Lager aus CDU/CSU und FDP in den Umfragen durchweg vor SPD und Bündnis 90/Die Grünen. Erst in letzter Minute kann Bundeskanzler Gerhard Schröder (SPD) den Trend drehen. Wahlforscher sehen dafür vor allem zwei Gründe: Die Flutkatastrophe (→17.8./S. 78) und die Debatte über einen Krieg gegen den Irak (→ 13.11./S. 110).

»Kantig, echt, erfolgreich« – mit diesen Attributen hatte Medienberater Michael Spreng, einst Chefredakteur der »Bild am Sonntag«, den Unionskandidaten angepriesen. Stoiber setzte vor allem auf Kompetenz in der Wirtschafts- und Sozialpolitik. Er hielt dem Kanzler bei jeder Gelegenheit vor, sein 1998 gemachtes Versprechen, die Zahl der Arbeitslosen auf rd. 3,5 Mio. zu senken, gebrochen zu haben.

Für Schröder war dies ebenso ein Minuspunkt wie z. B. der Kölner SPD-Spendenskandal (→ 4.3./S. 28), der Abgang von Verteidigungsminister Rudolf Scharping (→ 18.7./S. 69) und die Bonusmeilenaffäre (→ 26.7./S. 69). Als Antwort auf die Bildungsdebatte als Folge der Pisa-Studie (→10.1./S. 15) zog Schröder Ende Juni die für den → 16. August (S. 80) vorgesehene Präsentation der Ergebnisse der Hartz-Kommission vor und verkündete den Wählern scheibchenweise die Vorschläge für den Abbau der Arbeitslosigkeit.

Dennoch brach die SPD Ende Juli in der Wählergunst regelrecht ein: Das ZDF-Politbarometer meldete für die Sozialdemokraten nur noch 35 %, für die Union 43 %, den Grünen wurden 7 % und der FDP 10 % prophezeit. Deshalb startete die SPD die heiße Wahlkampfphase am 5. August, 18 Tage früher als geplant. Dabei machte Schröder den Irak erfolgreich zum Wahlkampfthema. Sein Krisenmanagement beim Elbhochwasser und das zweite TV-Duell mit Stoiber am 8. September (→ 25. 8./S. 80) sorgten für den Meinungsumschwung. Daran änderte auch die Meldung nichts mehr, Bundesjustizministerin Herta Däubler-Gmelin (SPD) habe vor Gewerkschaftern in Tübingen die Politik von US-Präsident George W. Bush indirekt mit der Adolf Hitlers verglichen. Die SPD kostete diese Affäre wohl einige Zehntelprozente – und die Politikerin selbst das Ministeramt.

US-Verteidigungsminister Donald Rumsfeld (r.) ignoriert Peter Struck (l.h.).

Däubler-Gmelin wird ihr Amt los.

Wähler in Berlin bringen durch Direktmandate Farbe ins Parlament

Neun der zwölf Berliner Wahlkreise kann die SPD für sich verbuchen, in den anderen drei entscheiden sich die Wähler mit der Mehrheit der Erststimmen für Kandidaten, die das politische Spektrum des Parlaments links von der Mitte erweitern – diese Kandidaten ziehen per Direktmandat in den Bundestag ein.

In Marzahn-Hellersdorf und Lichtenberg-Hohenschönhausen setzen sich Petra Pau und Gesine Lötzsch durch, die nun ganz allein die PDS im Bundestag repräsentieren. Sie konstituieren weder eine Fraktion noch eine Gruppe, sondern gelten als fraktionslos und haben damit weniger Rechte und finanzielle Mittel als andere Abgeordnete.

In Friedrichshain/Kreuzberg/Prenzlauer Berg-Ost erringt der zum linken Flügel seiner Partei zählende Hans-Christian Ströbele als erster Grünen-Politiker direkt ein Bundestagsmandat. Für Ströbele war dies die einzige Chance, wieder in den Bundestag einzuziehen. Die Grünen hatten den engagierten Kriegsgegner auf den aussichtslosen vierten Platz der Berliner Landesliste gesetzt (→ 21.1./S. 8).

»Ströbele wählen heißt Fischer quälen«, hatte Ströbele auf seinen Wahlplakaten verkündet.

Die PDS-Politikerinnen Gesine Lötzsch (l.) und Petra Pau bilden eine »neue Frauen-AG im Bundestag«. Pau wurde 1998 erstmals in den Bundestag gewählt und war dort ab Oktober 2000 stellvertretende Fraktionsvorsitzende; Lötzsch war seit 1991 Mitglied des Abgeordnetenhauses von Berlin.

Hans-Christian Ströbele darf jubeln.

Die Wahl wird im Osten entschieden

Eine Bundestagswahl kann im Osten nicht gewonnen, aber sehr wohl dort verloren werden. Das Ergebnis vom 22. September bestätigt diesen Standardsatz der Wahlforscher. Wegen des schwachen Abschneidens in Ostdeutschland bleibt die Union zum zweiten Mal in Folge unter 40 %, nachdem sie zwischen 1953 und 1994 bei Bundestagswahlen stets über dieser Marke gelegen hatte.

Die Union legt im Osten gegenüber 1998 einen Punkt auf 28,3 % zu, im Westen hingegen um 3,9 Punkte auf 40,9 %. Wäre nur im Westen gewählt worden, könnte sie mit der FDP (West: 7,6 %, Ost: 6,3 %) regieren. Demgegenüber verbessert die SPD ihren Anteil in den fünf östlichen Bundesländern im Vergleich zu 1998 (35,1 %) um 4,6 Prozentpunkte, während sie im Westen (38,1 %) 4,2 Prozentpunkte verliert.

Ein deutliches Gefälle zeigt das Abschneiden von Bündnis 90/Die Grünen (West: 9,5 %, Ost: 4,8 % und mehr noch der PDS (West: 1,1 %; Ost: 16,8 %).

Nach einer Analyse des Instituts Infratest dimap verliert die SPD an die Union 1,25 Mio. Wähler und gibt an die Grünen rd. 500 000 Stimmen ab, während die PDS 63 000 Stimmen verliert, etwa je zur Hälfte an die SPD und an das Lager der Nichtwähler.

Die Grünen profitieren offenbar in hohem Maße von »Leihstimmen« aus dem sozialdemokratischen Lager, sie können bei allen Wählergruppen zulegen, besonders stark bei der Berufsgruppe der Selbstständigen.

Vor allem in den alten Bundesländern und bei den Männern kann die Union punkten und gewinnt auch bei Arbeitern, Angestellten sowie Arbeitslosen hinzu.

Allerdings hat sie, wie die Wahlforscher ermitteln, strukturelle Defizite in Großstädten und bei jüngeren Frauen. In den nördlichen und östlichen Bundesländern wird darüber hinaus deutlich, dass ein Unions-Spitzenkandidat aus Bayern bei den Wählern auf Vorbehalte stößt. In Bayern erreicht die CSU ein Plus von 10,9 Prozentpunkten; sie kommt – auf Bundesebene gerechnet – auf 9,0 % (+ 2,3).

Personalwechsel bei Fraktionen

Am Tag nach der Wahl fallen erste personalpolitische Entscheidungen für die neue Legislaturperiode.

Bei der FDP setzt Parteichef Guido Westerwelle den Verzicht von NRW-Landeschef Jürgen Möllemann auf sein Stellvertreteramt im Bund durch. Der Anlass ist ein Möllemann-Faltblatt an die Wähler in NRW, in dem er seine Kritik an Israel (→ 16.5./S. 52) erneuerte. Möllemann – der Initiator des »Projekts 18« – gilt nun als Hauptverantwortlicher für das schwache Abschneiden der FDP (→ 2.12./S. 118).

Bei der Union schlägt die Stunde von CDU-Chefin Angela Merkel. Sie hatte Edmund Stoiber in der Kandidatenfrage den Vortritt überlassen (→ 11.1./S. 7), meldet nun aber energisch ihren Anspruch auf den Fraktionsvorsitz an und drängt den seit Februar 2000 als Fraktionschef amtierenden Friedrich Merz zum Verzicht auf eine Kampfabstimmung – mit Erfolg. Am 24. September wählt die Fraktion von CDU und CSU Merkel zu ihrer Vorsitzenden.

Der bisherige SPD-Generalsekretär Franz Müntefering wird auf Initiative von Bundeskanzler Gerhard Schröder zum SPD-Fraktionschef gewählt. Neuer SPD-»General« wird der Hamburger Bundestagsabgeordnete und SPD-Landesvorsitzende Olaf Scholz.

Bei den Grünen stehen künftig zwei Frauen an der Fraktionsspitze, die von Joschka Fischer favorisierten Krista Sager und Katrin Göring-Eckhardt.

Katrin Göring-Eckhardt (l.) und Krista Sager führen die Grünen-Fraktion.

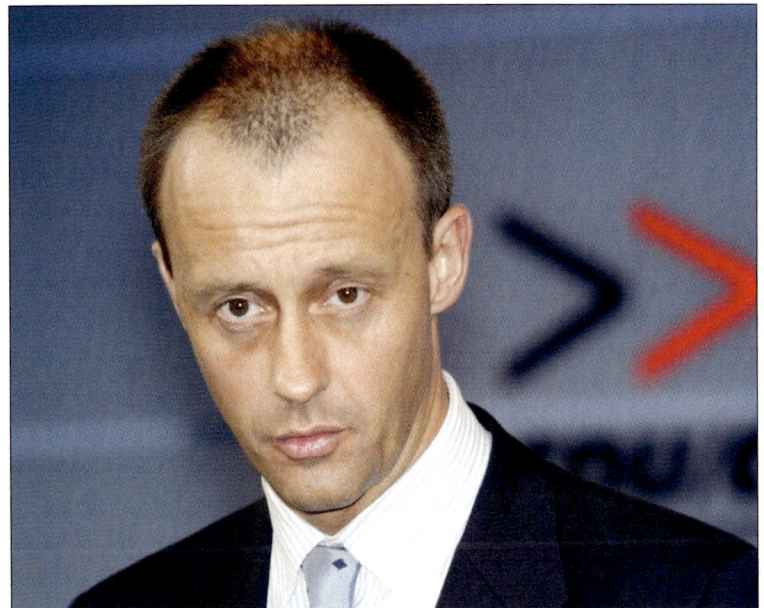

Nach zweieinhalb Jahren muss Friedrich Merz nun Angela Merkel weichen.

SPD-Hoffnungsträger Olaf Scholz

SPD-Fraktionschef Franz Müntefering und sein Vorgänger Ludwig Stiegler

21. SEPTEMBER

Slowakei setzt auf Europakarte

Die slowakischen Wähler bestätigen die konservative Regierung.

Zwar erhält die Bewegung für eine demokratische Slowakei (HZDS) des nationalistischen Ex-Premiers Vladimir Meciar 19,5 % der Stimmen und wird mit 36 der 150 Mandate stärkste Kraft im Parlament, doch findet sie keinen Koalitionspartner. Das Mitte-Rechts-Bündnis um Mi-

Warten aufs Ergebnis: v.l. Bela Bugar (SMK), Dzurinda, Pavol Hrusovsky (KDH), Pavol Rusko (ANO)

kulas Dzurinda kann somit weiter regieren.

Dank des Wählervotums wahrt die Slowakei ihre Chance auf den Beitritt zu EU und NATO: Ungewohnt offen hatten westliche Diplomaten die 4,1 Mio. Wähler vor einer Stimmabgabe für Meciar gewarnt, dessen Regierungszeit von 1994 bis 1998 durch Rückschritte im Demokratisierungsprozess und eine schwere Wirtschafts- und Finanzkrise gekennzeichnet war.

Dzurindas Demokratische und Christliche Union (SDKU) stellt im Parlament 28 Abgeordnete, die mit ihr verbündete Partei der ungarischen Koalition (SMK) erringt 20 Mandate. Die christdemokratische KDH und die wirtschaftsfreundliche ANO halten jeweils 15 Sitze. Drittstärkste Kraft mit 25 Mandaten wird die linkspopulistische Smer-Partei.

15. SEPTEMBER

Sieg für Schwedens Sozialdemokraten

Unerwartet deutlich behauptet sich die sozialdemokratische Minderheitsregierung bei der Reichstagswahl in Schweden.

Die Partei des seit 1996 amtierenden Ministerpräsidenten Göran Persson gewinnt mit einem Stimmenanteil von 39,9 % 3,4 Prozentpunkte hinzu und stellt nun 144 Abgeordnete, 13 mehr als bisher. Dieser Zuwachs geht zu Lasten der sozialistischen Linkspartei (VP). Im bürgerlichen Lager verschieben sich die Gewichte zugunsten der Liberalen Volkspartei.

Im Wahlkampf ging es auch um grundsätzliche Weichenstellungen. Während die Sozialdemokraten den Wohlfahrtsstaat trotz hoher Steuern erhalten wollen, streben die Bürgerlichen an, durch Privatisierung und Steuersenkungen die Wirtschaft anzukurbeln und dafür soziale Einschnitte hinzunehmen.

Die Regierungsbildung vollzieht sich nicht so glatt wie von Persson er-

hofft. Eine formelle Koalition möchte der Premier nicht eingehen, Tolerierungsgespräche mit den Grünen und der Linkspartei scheitern am 29. September. Schließlich kann sich Persson die Unterstützung beider Parteien aber durch Zugeständnisse in der Umwelt- und Arbeitsmarktpolitik sichern.

Jubelnde Sozialdemokraten: Parteisekretär Lars Sternkvist, Gewerkschaftschefin Wanja Lundby-Wedin, Göran Persson, Außenministerin Anna Lindh (v.l.)

15. SEPTEMBER

Machtwechsel in Mazedonien

Die oppositionellen Sozialdemokraten feiern bei der Parlamentswahl in Mazedonien einen deutlichen Sieg.

Das Bündnis »Gemeinsam für Mazedonien«, bestehend aus dem Sozialdemokratischen Bund (SDSM) und den Minderheitsparteien von Türken, Roma und Serben, gewinnt 60 der 120 Parlamentssitze. SDSM-Chef Branko Crvenkovski, von 1992 bis 1998 schon einmal Regierungschef, wird am 1. November zum Ministerpräsidenten gewählt. Er bildet eine Koalition mit der Albanerpartei BDI.

Eine bittere Niederlage muss der als »Hardliner« geltende bisherige Ministerpräsident Ljubco Georgievski hinnehmen. Seine nationalistische VMRO-DPMNO und ihr Bündnis »Kopf hoch« verlieren 14 Mandate und kommen nur noch auf 33 Sitze.

Als Vertretung der albanischen Minderheit im Land – rd. 24,5 % der Bevölkerung – setzt sich der frühere Rebellenführer Ali Ahmeti mit seiner Demokratischen Union für Integration (BDI) an die erste Stelle; sie zieht mit

16 Abgeordneten ins Parlament ein. Die Demokratische Partei der Albaner (PDSh) von Arben Xhaferi, die an der bisherigen Regierung beteiligt war, erhält dagegen nur noch zwei Sitze.

2001 hatten sich in Mazedonien Regierungstruppen und albanische Re-

bellen bürgerkriegsähnliche Kämpfe geliefert. Erst im August 2001 einigte man sich auf einen Friedensplan, der den ethnischen Albanern mehr Rechte einräumt und dessen Umsetzung von NATO-Truppen überwacht wird.

Nach einer langen Wahlnacht ist klar: Crvenkovskis Partei hat gesiegt.

17. SEPTEMBER

Vorsichtige Annäherung

Erstmals treffen sich in Pjöngjang die Führer Japans und Nordkoreas.

Nordkoreas Machthaber Kim Jong Il und Japans Ministerpräsident Junichiro Koizumi erreichen Konsens in wichtigen bilateralen und sicherheitspolitischen Fragen und ebnen den Weg für Verhandlungen über diplomatische Beziehungen.

Kim Jong Il (l.) begrüßt Koizumi zum ersten Gipfel beider Länder.

16. SEPTEMBER

Erfolg gegen Al-Qaida

Pakistan liefert einen Al-Qaida-Terroristen an die USA aus.

Ramzi Binalshibh, mutmaßlicher Chefplaner der Anschläge vom 11. September 2001, wurde in Karatschi mit elf Komplizen nach einem Schusswechsel verhaftet. Er wird auf einem US-Kriegsschiff verhört und dann an einen unbekannten Ort gebracht.

Mit verbundenen Augen wird Binalshibh nach seiner Verhaftung abgeführt.

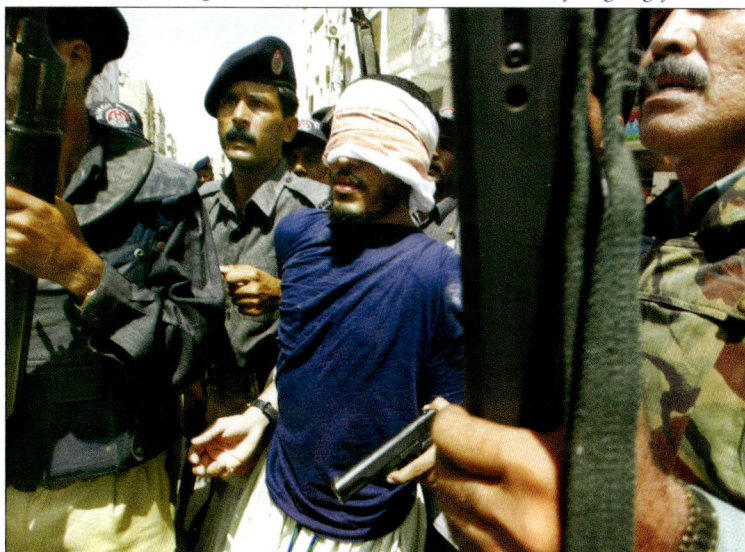

3. SEPTEMBER

Nordkoreaner flüchten

15 Nordkoreaner flüchten in Peking in die Deutsche Botschaftsschule, um die Ausreise nach Südkorea zu erreichen.

Zunächst ist unklar, ob das Schul- und Wohngelände als exterritoriales Gebiet gelten kann, das von den chinesischen Sicherheitskräften nicht betreten werden darf. Im Unterschied zu den hermetisch von der Polizei abgeriegelten westlichen Botschaften ist das Schulgelände nur wenig bewacht.

Während die Schüler erst einmal nach Hause geschickt werden, verhandelt der deutsche Botschafter Joachim Broudré-Gröger mit den Behörden. In diesem Fall haben die Flüchtlinge Glück: Nach acht Tagen dürfen sie über Singapur nach Südkorea ausreisen.

Seit Beginn des Jahres haben mehr als 80 Nordkoreaner China verlassen können, nachdem sie – nicht selten nach Kontaktaufnahme mit westlichen Medien – auf exterritoriales Gelände vorgedrungen sind. China, das mit Nordkorea verbündet ist, verweigert den Flüchtlingen oft die Ausreise und schickt sie in ihre Heimat zurück. Etwa 150 000 Nordkoreaner leben illegal in Peking.

Die letzten der 15 Nordkoreaner springen über die Schulmauer.

26. SEPTEMBER

Fast 1000 Tote bei Unfall

970 Menschen sterben bei einem Fährunglück vor der westafrikanischen Küste.

Die staatseigene senegalesische Fähre »Joola« gerät kurz vor Mitternacht in einen Sturm. Starker Wind und heftiger Regen bringen das Schiff, das schon beim Auslaufen Schlagseite gehabt haben soll, binnen weniger Minuten zum Kentern. Von den 1034 Menschen, die nach offiziellen Angaben an Bord gegangen sind, können nur 64 Passagiere gerettet werden. Das Schiff befand sich auf dem Weg vom Hafen der Stadt Ziguinchor in der südlichen Provinz Casamance in die Hauptstadt Dakar.

Senegals Präsident Abdoulaye Wade muss zugeben, dass die Fähre völlig überladen war: Sie transportierte mindestens doppelt so viele Menschen wie erlaubt. Zudem sei sie für Binnengewässer und nicht für das offene Meer konstruiert gewesen.

Die Todesopfer sind fast ausschließlich Senegalesen, 20 der Opfer stammen aus Gambia und 21 aus fünf europäischen Staaten. Die Fähre ist erst drei Wochen zuvor nach einer fast einjährigen Reparaturzeit wieder in Betrieb genommen worden.

In Dakar werden zur Identifizierung Fotos der Opfer ausgestellt.

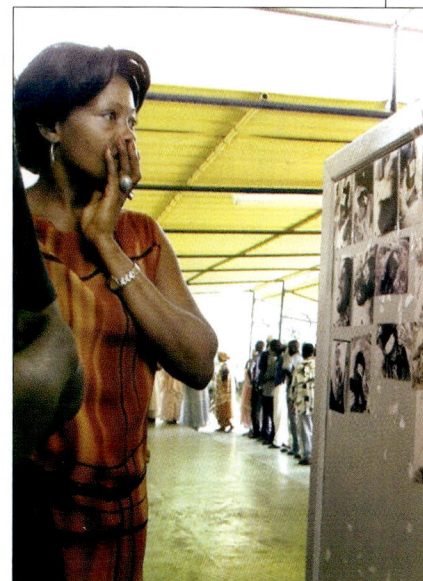

25. SEPTEMBER

Archäologen präsentieren Sensationsfund

Mit der rd. 3600 Jahre alten »Himmelsscheibe von Nebra« wird die bislang älteste konkrete Sternenabbildung der Welt vorgestellt.

Die bronzene »Himmelsscheibe« wiegt rd. 2 kg und hat einen Durchmesser von 32 cm. Sie war 1997 oder 1998 von Raubgräbern auf dem Mittelberg bei Nebra in Sachsen-Anhalt gefunden worden und zunächst durch mehrere Hände gegangen, bevor die Polizei sie am 23. Februar 2002 in einem Baseler Hotel sicher stellen konnte.

Die Scheibe ist mit eingelegten Goldblechen versehen, die verschiedene Himmelskörper darstellen. Während die meisten der 32 Goldsterne keine konkreten Sternbilder zeigen, stellen die sieben im Zentrum angeordneten Sterne mit großer Wahrscheinlichkeit das sog. Siebengestirn (Plejaden) dar. Dieses Sternbild spielte in der Antike eine wichtige Rolle für Schifffahrt und Landwirtschaft.

Ob es sich bei den anderen Abbildungen um Sonne und Mondsichel handelt, ist unsicher. Es könnte auch

Die »Himmelsscheibe von Nebra« wurde von illegalen Schatzsuchern entdeckt.

ein Vollmond und eine partielle Sonnen- oder Mondfinsternis dargestellt sein. Die ursprünglich zwei goldenen Rundbögen an den Seiten werden als Horizontbögen gedeutet. Unklarheit herrscht noch über die Bedeutung des stärker gebogenen, gerillten Goldstreifens oben an der Scheibe.

Der Fund gilt als wissenschaftliche Sensation. Genauere Untersuchungen sollen nun Aufschluss über die astronomischen Kenntnisse und die religiösen Vorstellungen der Menschen in der Bronzezeit geben.

Auch der Fundort der »Himmelsscheibe« auf dem 252 m hohen Mittelberg hat astronomische Bezüge: Von hier aus gesehen geht die Sonne am 1. Mai hinter dem Kulpenberg, der höchsten Erhebung des Kyffhäusers, unter. Zur Sommersonnenwende am 21. Juni verschwindet sie genau hinter dem rd. 80 km entfernten Brocken. Bei klarem Wetter ist der höchste Berg im Harz von hier aus gut zu sehen. Hier könnte es also eine Art Observatorium für die astronomische Zeitbestimmung gegeben haben.

15. SEPTEMBER

Staat rettet MobilCom

Um eine Insolvenz abzuwenden, erhält die Telekomfirma MobilCom 400 Mio. € an Staatsbürgschaften.

Der Mobilfunkanbieter ist nach dem Ende des finanziellen Engagements von Großaktionär France Télécom in Zahlungsschwierigkeiten geraten. Die selbst mit rd. 70 Mrd. € verschuldeten Franzosen, die 28,5 % an MobilCom halten, haben am 12. September die Partnerschaft aufgekündigt. Durch das Eingreifen des Bundes – eine Woche vor der Wahl (→ 22.9./S. 88) – wird eine sofortige Pleite abgewendet, doch laut Sanierungsplan droht über 1800 der rd. 5500 MobilCom-Mitarbeiter die Entlassung.

MobilCom-Gründer Gerhard Schmid soll die Firmenkrise verschuldet haben.

9. SEPTEMBER

Unfall mit Chemiewaggon

Bei der Explosion eines Kesselwagens wird das hochgiftige Epichlorhydrin freigesetzt.

Zu dem Chemieunfall im Bahnhof von Bad Münder kommt es, als zwei Güterzüge gegen 21 Uhr frontal zusammenstoßen und mehrere Waggons in Brand geraten. Ursache für den Unfall sind nach Angaben des Eisenbahnbundesamtes defekte Bremsen. Mehr als 370 Menschen, die in der Nähe des Unglücksorts wohnen, melden sich mit Atemwegreizungen und Kopfschmerzen bei Ärzten und in Krankenhäusern und lassen ihr Blut vorsorglich auf mögliche Belastungen testen.

Ausreichend geschützt? Polizeibeamte untersuchen die Unglücksstelle.

Museum für München

Bayerns Landeshauptstadt erhält eine Pinakothek der Moderne.

Der von Stephan Braunfels entworfene Bau (Kostenpunkt 121 Mio. €) ist mit über 12 000 m² Ausstellungsfläche das größte Museum für die bildenden Künste, das jemals in Deutschland erbaut wurde. Die Pinakothek vereint unter einem Dach vier staatliche Sammlungen – moderne Kunst, Graphik, Design und Architektur.

Eröffnung der Pinakothek (u.), die durch schlichte Eleganz wirkt (l.)

Berliner feiern Rattle

Der Dirigent Sir Simon Rattle gibt sein Debüt als Leiter der Berliner Philharmoniker.

Der 47-jährige Brite, der für zunächst zehn Jahre an die Spitze des Orchesters verpflichtet worden ist, gilt als einer der profiliertesten Vertreter der jüngeren Dirigentengeneration.

Vor einer mit Größen aus Politik und Kultur gespickten Zuhörerschaft steht Musik des 20. Jahrhunderts auf dem Programm des ausverkauften Sonderkonzerts, mit dem er seinen Einstand gibt. Rattle ist Nachfolger von Claudio Abbado, der 1989 die Aufgabe des ständigen Dirigenten und künstlerischen Leiters übernommen hatte.

Rattle will die zeitgenössische Musik stärker im Repertoire verankern.

Goldener Löwe für Mullan

Der Goldene Löwe der Filmfestspiele in Venedig geht an »The Magdalene Sisters« des Schotten Peter Mullan.

Die Entscheidung der Jury stößt auf heftige Kritik seitens katholischer Kulturfunktionäre. Der Streifen sei frech, antiklerikal, antikatholisch – kurzum, so der Vatikan im Vorfeld, eine »gemeine Provokation«. Der als Schauspieler in »My Name is Joe« und »Trainspotting« bekannt gewordene Mullan zeigt das Schicksal von vier irischen Mädchen im Jahr 1964, die wegen ihrer angeblichen Sünden in kirchliche Obhut gegeben werden und sich gegen die unbezahlte harte Arbeit und die alltägliche Erniedrigung zur Wehr setzen.

»The Magdalene Sisters« – Realität oder antiklerikale Überzeichnung?

14. SEPTEMBER

Montgomery ist nun der Schnellste

US-Sprinter Tim Montgomery läuft mit 9,78 sec in Paris einen neuen Weltrekord über 100 m.

Auf der Kunststoffbahn des Stade Charlety unterbietet er beim Grand-Prix-Finale der Leichtathleten die am 16. Juni 1999 in Athen aufgestellte Bestmarke seines Landsmanns Maurice Greene um eine Hundertstelsekunde. Montgomery profitiert bei seinem Rekordlauf von einem gerade noch zulässigem Rückenwind von 2,0 m pro Sekunde.

Der Rekordlauf zahlt sich für Montgomery in barer Münze aus: Dank der neuen Bestleistung entreißt er – bei gleicher Punktzahl von 116 – dem marokkanischen Mittelstreckler Hicham El Guerrouj noch den Gesamtsieg im Grand Prix und kann Paris mit einem stolzen Preisgeld von insgesamt 250 000 US-Dollar verlassen. Immerhin 150 000 US-Dollar kassiert seine Lebensgefährtin, die US-Sprinterin Marion Jones (USA), die Gesamtsiegerin bei den Frauen.

Tim Montgomery vor der Anzeigetafel mit dem Rekord

Der 100-m-Weltrekord der Männer			
Zeit	Datum	Ort	Rekord
10,6 sec	06.07.1912	Stockholm	Donald Lippincott (USA)
10,4 sec	23.04.1921	Redlands/USA	Charles Paddock (USA)
10,3 sec	09.08.1930	Toronto	Percy Williams (CAN)
10,2 sec	20.06.1936	Chicago	Jesse Owens (USA)
10,1 sec	03.08.1956	Berlin	Willie Williams (USA)
10,0 sec	21.06.1960	Zürich	Armin Hary (GER)
9,95 sec	14.10.1968	Mexiko-Stadt	Jim Hines (USA)
9,93 sec	03.07.1983	Colorado Springs	Calvin Smith (USA)
9,92 sec	30.08.1987	Rom	Carl Lewis (USA)
9,90 sec	14.06.1991	New York	Leroy Burell (USA)
9,86 sec	25.08.1991	Tokio	Carl Lewis (USA)
9,85 sec	06.07.1994	Lausanne	Leroy Burrell (USA)
9,84 sec	27.07.1996	Atlanta	Donovan Bailey (CAN)
9,79 sec	16.06.1999	Athen	Maurice Greene (USA)
9,78 sec	14.09.2002	Paris	Tim Montgomery (USA)

29. SEPTEMBER

Europas Golfer entthronen USA

Titelverteidiger USA muss sich beim 34. Ryder Cup der Golfprofis den Europäern geschlagen geben.

Trotz des Mitwirkens von Superstar Eldrick Tiger Woods unterliegt das US-Team auf der Anlage »The Belfry« unweit von Birmingham der Europa-Auswahl unerwartet deutlich mit 12,5:15,5. Die überragenden Spieler beim Sieger sind der Schotte Colin Montgomerie mit 4,5 Punkten und der Deutsche Bernhard Langer, der bei seiner zehnten Teilnahme am Ryder Cup erstmals in allen Partien ungeschlagen bleibt und 3,5 Punkte zum Triumph beisteuert. Der entscheidende Putt gelingt dem Iren Paul McGinley, der sich im zehnten Spiel den Punkt mit Jim Furyk teilt und den zum Sieg notwendigen halben Punkt holt.

Für Europa ist es der sechste Sieg in dem seit 1979 veranstalteten Kontinentalvergleich, den bis dahin Briten und Amerikaner ausgetragen hatten.

22. SEPTEMBER

Weltreiterspiele in Jerez

Dermott Lennon ist der beste Springreiter bei den IV. Weltreiterspielen im spanischen Jerez.

Mit nur vier Fehlerpunkten setzt sich der Ire im Finale der besten Vier mit Pferdewechsel gegen Eric Navet (Frankreich/8 Fehlerpunkte), Pete Wylde (USA/12) und die Schwedin Helena Lundbäck (21) durch.

Die deutschen Springreiter bleiben vor den 25 000 Zuschauer im Estadio Chapin weit hinter den Erwartungen zurück. Als Titelverteidiger im Team-Wettbewerb angetreten, landen sie am Ende auf dem vierten Platz. Erstmals seit 1986 gehen die deutschen Springreiter bei der Medaillenvergabe völlig leer aus.

Die Dressur-Equipe – Nadine Capellmann, Ulla Salzgeber, Klaus Husenbeth und Ann-Kathrin Linsenhoff – wird zum neunten Mal Weltmeister, in der Einzelwertung sichert sich Capellmann auf ihrem Wallach Farbenfroh den ersten großen Titel.

◁ *Dermott Lennon auf der Stute Liscalgot; er siegt mit nur einem Abwurf.*

▷ *Nadine Capellmann reitet auf Farbenfroh zum Sieg im spanischen Jerez.*

26. OKTOBER

Geiseln mit Gas befreit

Russische Soldaten stürmen ein Moskauer Musical-Theater, in dem sich über 800 Geiseln in der Gewalt tschetschenischer Rebellen befinden.

Schwer bewaffnete, mit Bomben ausgerüstete und vermummte tschetschenische Kämpfer, darunter mehrere Frauen, hatten das Haus, in dem das russische Erfolgsmusical »Nord-Ost« läuft, am Abend des 23. Oktober während einer Vorstellung besetzt. Sie nahmen Zuschauer, Mitwirkende und Personal als Geiseln und forderten als Bedingung für deren Freilassung den

Mowsar Barajew, der Anführer der Rebellen, bei einem Interview

vollständigen Rückzug der russischen Truppen aus Tschetschenien.

Die Aktion zur Beendigung der Geiselnahme startet um 6.20 Uhr Ortszeit. Vor der Erstürmung des Theaters durch eine Alpha-Spezialeinheit wird Gas durch die Lüftungsschächte ins Innere des Theaters geleitet, um die Geiselnehmer, die sich selbst als »Selbstmordkommando« bezeichnen, außer Gefecht zu setzen

und zu verhindern, dass sie wie angedroht ihre Bomben zünden können. Gegen 6.30 Uhr beginnt der Angriff. Um 7.18 Uhr wird die Befreiung für beendet erklärt.

Bei der gewaltsamen Aktion sterben 128 Geiseln, die meisten an dem von den Sicherheitskräften eingesetzten Gas, das – so die Kritik aus dem Ausland – angesichts des geschwächten Gesundheitszustands der Eingeschlossenen, die seit zweieinhalb Tagen ohne Nahrung waren, wohl zu hoch dosiert worden sei.

Obwohl die Verletzten unmittelbar nach dem Ende der Aktion mit Krankenwagen in Kliniken transportiert werden, können viele von ihnen nicht rechtzeitig oder nicht ausreichend medizinisch versorgt werden – möglicherweise auch deshalb, weil die Behörden sich lange weigern, Auskunft über die Zusammensetzung des verwendeten Narkosegases zu geben.

Erst nach Spekulationen, es könnte sich um ein verbotenes Giftgas handeln, verlautbart am 30. Oktober, die Sicherheitskräfte hätten ein Gas auf der Basis von Fentanyl-Derivaten eingesetzt, das nicht gegen die Chemiewaffen-Konvention verstoße.

Die 41 Geiselnehmer – auch ihr Anführer Mowsar Barajew – sterben Presseberichten zufolge an gezielten Kopf- und Genickschüssen, die ihnen offenbar in bewusstlosem Zustand beigebracht worden sind.

Als unmittelbare Reaktion auf den Überfall verschärft das russische Par-

△ *Am Morgen der Befreiungsaktion: Rettungswagen stehen vor dem Musical-Theater zum Abtransport von Verletzten bereit.*

◁ *Das Theatergebäude ist von Soldaten hermetisch abgeriegelt.*

lament im Eilverfahren das ohnehin strenge Pressegesetz. Nun sind Berichte über anti-terroristische Operationen kaum noch möglich, Kritik an Aktionen der Sicherheitskräfte ist nicht mehr erlaubt.

In den Tagen nach der Beendigung der Geiselnahme hatte es harsche Kritik an der Informationspolitik der russischen Regierung gegeben. Insbesondere Fernsehbilder von Angehörigen der befreiten Geiseln, die sich vor den Krankenhäusern versammelten und denen jede Auskunft über deren Zustand verweigert wurde, riefen im In- und Ausland Empörung hervor.

HINTERGRUND

Konflikt um Tschetschenien schwelt seit über einem Jahrzehnt

Unmittelbar nach dem Ende des Geiseldramas in Moskau beginnt die russische Armee mit neuerlichen Militäreinsätzen gegen bewaffnete Kämpfer in dem nach Unabhängigkeit strebenden Tschetschenien. Die Kaukasusrepublik ist seit Anfang der 90er Jahre ein Konfliktherd.

Noch zu Sowjetzeiten erklärte sich die Region im August 1991 für unabhängig und wählte Dschochar Dudajew zum tschetschenischen Präsidenten, doch Moskau erkannte diese Schritte nie an. Die Kremlführung verlegte sich zunächst darauf, die innertschetschenische Opposition gegen

Dudajew mit Waffen zu unterstützen. Als deren Putschversuch im November 1994 scheiterte, marschierte die russische Armee im Monat darauf mit zunächst 40 000 Soldaten in die Kaukasusrepublik ein. Zwar eroberten russische Truppen die Hauptstadt Grosny und kontrollierten bald weite Teile des tschetschenischen Territoriums, doch der bewaffnete Widerstand ging weiter. Erst am 31. August 1996 vereinbarte der vom damaligen russischen Präsidenten Boris Jelzin zu seinem Sicherheitsberater und Tschetschenien-Beauftragten ernannte Alexander Lebed mit dem tschetscheni-

schen Militärchef Aslan Maschadow ein Ende des Krieges.

Der Friede hielt drei Jahre. Ende September 1999 startete der russische Präsident Wladimir Putin eine neuerliche Offensive. Sie war eine Reaktion auf das Eindringen tschetschenischer Kämpfer ins benachbarte Dagestan und auf eine Serie von Bombenanschlägen auf Wohnhäuser in Moskau und anderen russischen Städten, denen insgesamt rd. 400 Menschen zum Opfer fielen und für die Putin Tschetschenen verantwortlich machte. Die Militäraktion führte am 6. Februar 2000 zur Erstürmung und weit-

gehenden Zerstörung Grosnys. Die Tschetschenen verlegten sich daraufhin wieder auf einen Guerillakrieg.

Bis heute wird die Auseinandersetzung mit äußerster Härte geführt. Praktiken wie Entführungen, Geiselnahmen, außergerichtliche Hinrichtungen, Folter, Vergewaltigungen und »Verschwindenlassen« von Personen werden nach Berichten von Menschenrechtsorganisationen von den tschetschenischen Rebellen, ebenso aber auch von russischer Seite angewendet. Eine Ahndung von Kriegsverbrechen durch die russischen Behörden findet nicht statt.

Terror auf Bali: 191 Tote

Mindestens 191 Menschen sterben bei Sprengstoffanschlägen auf der indonesischen Ferieninsel Bali.

Gegen 23.30 Uhr lassen die Täter vor dem von Touristen viel besuchten »Sari Club Café« in Kuta, einem direkt an der Küste gelegenen, belebten Stadtteil der Inselhauptstadt Denpasar, eine Autobombe explodieren. Eine weitere Explosion ereignet sich fast zeitgleich in der benachbarten »Paddy's Bar«. Auch in der Nähe des US-Konsulats detoniert ein Sprengkörper, dort gibt es aber keine Toten und Verletzten. Die Täter benutzen drei verschiedene Sprengstoffe, darunter den Plastiksprengstoff C-4 sowie TNT.

Die meisten Opfer der Detonation und der daraufhin ausbrechenden Brände – zu den Toten kommen etwa 300 teils schwer Verletzte – sind Australier. Bali liegt nur vier Flugstunden von der westaustralischen Stadt Perth entfernt. Auch sechs Deutsche sind unter den Todesopfern, weitere getötete

Touristen stammen aus anderen Ländern Europas sowie aus Japan, den USA, Südamerika und Taiwan.

Im Unterschied zu anderen Inseln Indonesiens und der Hauptstadt Jakarta, wo es in den letzten Jahren wiederholt zu religiös oder ethnisch motivierter Gewalt kam, galt Bali – das international beliebteste Urlaubsziel des Landes – bislang vor Anschlägen als sicher.

Am 7. November meldet der US-Nachrichtensender CNN, die Terrororganisation Al-Qaida von Osama bin Laden habe sich auf einer Website zu dem Anschlag bekannt. Am 21. November verhaftet die indonesische Polizei in der Hafenstadt Merak einen mutmaßlichen Planer der Terrorakte. Er soll der radikalen Islamisten-Organisation Jemaah Islamiya (JI) angehören, der Verbindungen zu Al-Qaida nachgesagt werden. JI-Führer Abu Bakar Bashir weist den Vorwurf zurück. Der Anschlag sei das Werk ausländischer Terroristen, erklärt er.

Ein Bild der Verwüstung bietet sich in dem balinesischen Badeort Kuta Beach.

Heckenschützen von Washington sind gefasst

Zwei Männer, die im Großraum Washington zehn Menschen aus dem Hinterhalt erschossen und drei weitere verletzt haben sollen, gehen der Polizei ins Netz.

Auf einem Rastplatz in Frederick County 80 km nordwestlich der US-Hauptstadt nimmt die Polizei die mutmaßlichen Heckenschützen (»Sniper«) fest. Es handelt sich um den 41-jährigen John Allen Muhammad und seinen 17-jährigen, aus Jamaika stammenden Stiefsohn John Lee Malvo.

Die beiden haben seit dem 2. Oktober die Region um Washington in Angst versetzt, indem sie ohne erklärliches Motiv mit gezielten Schüssen das Feuer auf ihnen unbekannte Menschen eröffneten. Die Kugeln trafen diese in Alltagssituationen, etwa beim Rasenmähen, beim Tanken oder auf einer Bank im Park.

Die Serie der Attentate begann am Abend des 2. Oktober in Wheaton mit tödlichen Schüssen in einem Parkhaus. Innerhalb von 16 Stunden nach dem ersten Mord starben in anderen Ort-

Das Tatfahrzeug, ein blauer Chevrolet Caprice, Baujahr 1990

schaften des Bundesstaates Maryland weitere vier Menschen.

Am 3. Oktober wurde an der Georgia Avenue in Washington ein Rentner erschossen, zwei weitere Opfer überlebten in den folgenden Tagen schwer verletzt. Nach weiteren Todesschüssen an Tankstellen in Manassas und Fredericksburg in Virginia am 9.

und 11. Oktober wurde am 14. Oktober eine FBI-Beamtin auf dem Parkplatz eines Baumarkts in Washington tödlich getroffen. Fünf Tage später überlebte ein Mann an einer Tankstelle in Ashland (Virginia) schwer verletzt. Ein Busfahrer wurde am 22. Oktober in Montgomery (Maryland) das letzte Todesopfer.

Die meisten Toten gehen offenbar auf das Konto des 17-jährigen Malvo. Er soll stets dann am Werk gewesen sein, wenn aus dem Kofferraum des Tatfahrzeugs heraus geschossen wurde. Der Wagen der beiden mutmaßlichen »Sniper« war in eine Tötungsmaschine auf Rädern umgebaut worden. In ihm stellen die Ermittler ein Sturmgewehr, das – wie spätere Untersuchungen ergaben – zweifelsfrei als Tatwaffe benutzt wurde, mitsamt Zielfernrohr und Stativ sicher.

Die beiden Festgenommenen sollen außerdem bei Raubüberfällen in Georgia, Alabama und Louisiana zwischen dem 21. und 23. September drei Menschen getötet haben. Auch andere, noch nicht geklärte Gewaltverbrechen könnten auf ihr Konto gehen.

Zwei Wochen nach der Festnahme übergeben die US-Bundesbehörden die beiden mutmaßlichen Täter an die Gerichtsbarkeit im Staat Virginia. Dort droht auch Jugendlichen die Todesstrafe. In Maryland, wo das Duo die meisten Morde verübte, gibt es keine Todesstrafe.

5. OKTOBER

Nationalisten in Bosnien gestärkt

Aus den Präsidentschafts- und Parlamentswahlen in Bosnien-Herzegowina gehen die nationalistischen Parteien gestärkt hervor.

Bei der Wahl zum gesamtstaatlichen Parlament steigert die Demokratische Aktion (SDA), die Vertretung der muslimischen Bevölkerungsgruppe, ihren Anteil gegenüber den Wahlen vom November 2000 auf 32 % und stellt die stärkste Fraktion im 42 Sitze umfassenden Abgeordnetenhaus. Die multi-ethnische Sozialdemokratische Partei (SDP) muss hingegen starke Verluste hinnehmen.

Im dreiköpfigen Staatspräsidium sind die bosnischen Serben durch den amtierenden Präsidenten der bosnischen Serbenrepublik, Mirko Sarovic (Serben-Partei SDS), repräsentiert, die Bosniaken durch den SDA-Vorsitzenden Sulejman Tihic und die Kroaten durch Dragan Covic (HDZ).

10. OKTOBER

Pakistaner dürfen wählen

Zum ersten Mal seit dem Militärputsch 1999 können die Pakistaner ein Parlament wählen.

Bei dem Urnengang erringen die Islamisten einen großen Erfolg: Das

Musharraf wählt in Rawalpindi.

Bündnis, das die Jamiat-Ulema-Islam (Gesellschaft islamischer Gelehrter) mit fünf anderen radikal-islamischen Bewegungen gebildet hat, kann fast die Hälfte der Stimmen verbuchen.

An den tatsächlichen Kräfteverhältnissen im Land ändert die Wahl wenig. Die Position von Pervez Musharraf, der sich im Oktober 1999 an die Macht geputscht hat, bleibt unangefochten. Musharraf hat sich am 30. April in einer Volksabstimmung für fünf Jahre als Staatspräsident bestätigen lassen und darüber hinaus die Verfassung so geändert, dass er den Premierminister entlassen, gegen Regierungsentscheidungen sein Veto einlegen und das Parlament jederzeit auflösen kann.

Die politische Radikalisierung, die sich im Wahlergebnis niederschlägt, geht zu Lasten der christlichen Minderheit. Bei fünf Anschlägen auf christliche Einrichtungen seit Oktober 2001 sind mindestens 37 Menschen ermordet worden.

6. OKTOBER

Heiligsprechung ehrt Opus Dei

Papst Johannes Paul II. spricht Josemaría Escrivá de Balaguer heilig.

Über 200 000 Menschen sind auf dem Petersplatz in Rom Zeuge, als der 1975 gestorbene spanische Priester in die Gemeinschaft der Heiligen aufgenommen wird. Escrivá war der Gründer und lange Jahre auch Leiter der Priester- und Laienorganisation Opus Dei (Werk Gottes). Ungewöhnlich schnell – schon 1992 –

Unter einem Bild von Escrivá nimmt Johannes Paul II. die Zeremonie vor.

hatte der Papst ihn selig gesprochen. Die Entscheidung, ihn nun zum Heiligen zu erheben, ist auch innerhalb der katholischen Kirche höchst umstritten: Opus Dei gilt mit seinen weltweit rd. 85 000 – zu strenger Verschwiegenheit verpflichteten – Mitgliedern in etwa 90 Ländern als extrem konservative, jede Öffnung der Kirche ablehnende und autoritär geführte Organisation. Es ist zugleich eine der einflussreichsten Gruppierungen innerhalb des Katholizismus.

Escrivá war nach einem Theologiestudium 1925 zum Priester geweiht worden und hatte drei Jahre darauf – gemäß »göttlicher Eingebung«, wie er später erklärte – das Opus Dei gegründet.

Johannes Paul II. hat seit 1978 fast doppelt so viele Menschen zu Heiligen erhoben wie seine Vorgänger in den vorangegangenen 400 Jahren.

5. OKTOBER

Wechsel nach Wahl in Lettland

Die 2001 von Einars Repse gegründete Partei »Neue Ära« wird stärkste Kraft im Parlament in Riga.

Bei den Wahlen in Lettland kommt sie aus dem Stand auf 26 der 100 Sitze. Damit regiert künftig der rechtsliberale Newcomer den EU- und NATO-Anwärter. Repse war 1988 ein Mitgründer der Nationalbewegung LNNK. Nach der Unabhängigkeit 1991 sorgte er als Nationalbankchef dafür, dass der Rubel durch die stabile Währung Lats ersetzt wurde.

Die prorussisch orientierte Partei »Für Menschenrechte in einem Vereinten Lettland« erringt 24, die konservative Volkspartei 21 Sitze. Die übrigen Mandate entfallen auf drei kleinere Parteien und Bündnisse der rechten Mitte. Sie macht Repse, der am 7. November zum Ministerpräsidenten gewählt wird, zu seinen Koalitionspartnern. »Lettlands Weg«, die Partei des früheren Premiers Andris Berzins scheitert an der Fünf-Prozent-Hürde.

27. OKTOBER

Linksruck in Brasilien

Die Brasilianer wählen mit Luiz Inacio Lula da Silva zum ersten Mal einen Sozialisten zum Staatspräsidenten.

Mit 61,5 % der Stimmen setzt sich Lula in der Stichwahl gegen den von der Wirtschaft favorisierten und vom scheidenden Präsidenten Fernando Henrique Cardoso unterstützten Jose Serra durch, der nur 38,5 % erreicht.

Lula feiert in São Paulo seinen Sieg.

Beim ersten Wahlgang am 6. Oktober hatte Lula die absolute Mehrheit mit 47 % noch knapp verfehlt.

»Agora e Lula« (»Diesmal ist Lula dran«) – mit dieser Parole haben seine Anhänger für den früheren Gewerkschafter und Kandidaten der pragmatisch-linken Partido dos Trabalhadores (PT) geworben. Als Kämpfer gegen die Militärdiktatur (1964 bis 1985) hatte sich Lula einen Namen gemacht und als Chef der Metallgewerkschaft zwischen 1978 und 1980 eine Reihe von Streiks organisiert.

1989 bewarb er sich erstmals um das höchste Staatsamt, damals noch als linker Agitator. Nun verspricht er seinen Anhängern, er werde eine »sanfte Samba-Revolution« einleiten.

Zu seinem Vize ernennt Lula – nicht zuletzt, um die ausländischen Investoren zu beruhigen – Jose Alencar, einen erfolgreichen Textilfabrikanten aus dem Bundesstaat Minas Gerais. Brasilien ist angesichts einer schweren Wirtschaftskrise dringend auf ausländische Finanzhilfe angewiesen (→ 7.8./S. 81).

6. OKTOBER

Anschlag auf Tanker vor dem Jemen

Vor der Ostküste des Jemen gerät der französische Tanker »Limburg« in Brand.

Zunächst ist von einem Unfall die Rede, doch bald erhärtet sich der Verdacht auf einen terroristischen Anschlag. Ein mit Sprengstoff beladenes Boot hat den Tanker gerammt und auf der Steuerbordseite oberhalb der Wasserlinie ein Loch in den Schiffsrumpf gerissen.

Der brennende französische Tanker »Limburg« vor der Küste des Jemen

Große Teile des 330 m langen Schiffes werden durch den Anschlag zerstört, eines der 25 Besatzungsmitglieder – ein Matrose aus Bulgarien – kommt ums Leben. Mehr als 90 000 der 397 000 Barrel Öl fließen in den Golf von Aden.

Sechs Wochen später bekennt sich Al-Qaida, das Terrornetzwerk des Saudis Osama bin Laden, indirekt zu der Tat, mit der offenbar die wirtschaftliche Kooperation der arabischen Welt mit den westlichen Staaten, insbesondere den USA, getroffen werden sollte. In einer am 13. November vom katarischen Fernsehsender Al-Jazeera ausgestrahlten Tonbandaufnahme lobt allem Anschein nach bin Laden selbst den Überfall auf den französischen Tanker, ferner den Anschlag auf Bali (→ 12.10./S. 100) und die Geiselnahme in Moskau (→ 26.10./S. 99).

Ein ähnlicher Angriff war am 12. Oktober 2000 im Hafen von Aden auf den US-amerikanischen Zerstörer »USS Cole« verübt worden. Damals wurden 17 US-Soldaten getötet.

11. OKTOBER

Explosion in finnischem EKZ

Bei einem Sprengstoffanschlag nahe der finnischen Hauptstadt Helsinki werden sieben Personen getötet und 85 verletzt.

Die Explosion ereignet sich gegen 18.30 Uhr im zweitgrößten Einkaufszentrum des Landes in Vantaa, einem Vorort im Norden von Helsinki. Durch die Detonation stürzt ein großes Glasdach ein. Ein etwa 300 m² großer Bereich mit Attraktionen für Kinder wird schwer beschädigt.

Über die Person des Täters und seine Motive herrscht zunächst Rätselraten. Später wird bekannt, dass es sich um einen 19-jährigen Studenten aus Helsinki handelt. Er hat den Sprengstoff in einem Gürtel, der zur Verstärkung der Explosionswirkung zusätzlich mit Schrotkugeln gefüllt war, am Leib getragen und kommt durch die Detonation selbst ums Leben. Ein terroristischer Hintergrund wird von der Polizei ausdrücklich ausgeschlossen.

16. OKTOBER

Kurze Amtszeit für Balkenende

Der niederländische Ministerpräsident Jan Peter Balkenende gibt den Rücktritt seiner Regierung bekannt.

Nach nur 87 Tagen im Amt muss der christdemokratische Regierungschef aufgeben. Der Grund sind parteiinterne Machtkämpfe bei seinem rechtspopulistischen Koalitionspartner Liste Pim Fortuyn (LPF). Die nach den Wahlen vom → 15. Mai (S. 49) gebildete Koalition aus Christdemokraten (CDA), Rechtsliberalen (VVD) und der LPF ist durch erbitterte Auseinandersetzungen zwischen den LPF-Ministern Eduard Bomhoff (Gesundheit) und Herman Heinsbroek (Wirtschaft) zuletzt fast handlungsunfähig geworden. Beide Politiker beanspruchen für sich die Nachfolge des am 6. Mai ermordeten Parteigründers Pim Fortuyn. Neuwahlen werden für den 22. Januar 2003 angesetzt. Bis dahin soll Balkenende die Regierungsgeschäfte weiterführen.

6. OKTOBER

Prinz Claus wird in der Fürstengruft der Nieuwe Kerk in Delft beigesetzt.

Trauer um Prinz Claus

Prinz Claus, Ehemann der niederländischen Königin Beatrix, stirbt im Alter von 76 Jahren.

Der einstige deutsche Diplomat trug seit seiner Hochzeit mit der niederländischen Thronerbin 1966 den Titel eines Prinzen der Niederlande. Obwohl in seiner Wahlheimat zunächst mit vielen Vorbehalten aufgenommen, galt er bald als idealer Gatte für die anfangs zur Ungeduld neigende Beatrix. Als Vater von drei Söhnen verhalf er dem Haus Oranien zu männlichen Erben.

19. OKTOBER

Iren nicht mehr gegen größere EU

Per Referendum billigen die Iren die geplante EU-Erweiterung.

Mit einer Mehrheit von 62,9 % stimmen die Wähler dem Vertrag von Nizza zu, dem sie bei einem ersten Referendum im Juni 2001 noch mit 54 % der abgegebenen Stimmen die Zustimmung verweigert hatten. Damit ist der Weg für die Erweiterung der Europäischen Union um zehn Staaten frei. Irland ist das einzige EU-Land, in dem vor der Ratifikation des Vertrages eine Volksabstimmung notwendig war. Ausschlaggebend ist diesmal die höhere Beteiligung: 2001 gingen 34,5 % der rd. 2,9 Mio. Stimmberechtigten zur Abstimmung, diesmal sind es 48,5 %.

Premier Bertie Ahern (→ 17.5./S. 48) hatte intensiv um eine Zustimmung geworben. Unter Hinweis auf die niedrige Wahlbeteiligung hatte die Regierung eine neue Abstimmung angesetzt und eine Info-Kampagne gestartet (→ 12.12./S. 118).

31. OKTOBER

Bischof Tommaso Valentinetti bei der Trauerfeier in San Giuliano di Puglia

Nächste Ausfahrt Ätna: Der Vulkan auf Sizilien ist wieder aktiv.

29 Tote durch Erdstöße in Mittelitalien

Bei einem Erdbeben in San Giuliano di Puglia sterben 29 Menschen, die meisten von ihnen Kinder.

Um 11.32 Uhr erschüttert ein Beben der Stärke 5,4 die italienische Region Molise 80 km nordöstlich von Neapel. In San Giuliano di Puglia stürzt die Decke der 1954 errichteten Grundschule ein und begräbt Kinder und Lehrer unter sich, die dort gerade eine Halloween-Party feiern. Einige der Erstklässler können in einer dramatischen Rettungsaktion lebend aus den Trümmern geborgen werden, doch für 28 Schülerinnen und Schüler sowie für einen Lehrer kommt jede Hilfe zu spät.

Der Zorn der Bewohner richtet sich gegen die Behörden: Die baufällige Schule sei, so ihre Beschuldigung, nicht sachgemäß renoviert worden. Mitte Dezember nimmt die Justiz Ermittlungen gegen sechs Techniker auf, die am Umbau des Gebäudes beteiligt waren.

Vier Tage vor dem Beben, am 27. Oktober, war nach gut einem Jahr Pause der Ätna, der aktivste Vulkan Europas, wieder zu Leben erwacht. Ein Ascheregen verdunkelte den Himmel über Sizilien, glühende Lava wälzte sich die Hänge des 3340 m hohen Vulkans hinab. Am 29. Oktober zerstörte ein Erdbeben der Stärke 4,4 auf der Richterskala das zuvor geräumte Dorf Santa Venerina am Fuße des Vulkans. Für die mehr als 1000 obdachlos gewordenen Menschen wurde in Catania eine Zeltstadt aufgebaut.

Nach Ansicht von Geologen stehen die Erdstöße in Molise und der Vulkanausbruch nicht in einem direkten Zusammenhang. Das letzte schwere Erdbeben in Italien ereignete sich 1997 in Umbrien. Damals kamen zwölf Menschen ums Leben, die wegen ihrer Kunstschätze berühmte Kirche San Francesco in Assisi wurde schwer beschädigt.

Auch in anderen Weltregionen bebt im Herbst 2002 die Erde: Ein dünn besiedeltes Gebiet in Alaskas wird am 4. November von einem Erdstoß mit einer Stärke von 7,9 auf der Richterskala erschüttert. Mittelstarke Erdbeben werden im Mittleren Westen der USA sowie in Indonesien und Pakistan gemessen. In Japan bebt die Erde auf der südlichen Hauptinsel Kyushu mit Stärke 5,7. Insgesamt kommen durch die Erdbeben innerhalb einer Woche weltweit 48 Personen ums Leben.

Die Region Molise wird am 12. November durch Erdstöße der Stärke 4,2 erneut in Angst und Schrecken versetzt, doch diesmal kommen Menschen nicht zu Schaden.

27. OKTOBER

Orkan über Europa

Durch einen Herbststurm – den schwersten seit zehn Jahren – kommen in Europa mindestens 34 Menschen ums Leben. In Deutschland sterben elf Personen.

Das Sturmtief »Jeanett« hinterlässt eine Spur der Verwüstung: Entwurzelte Bäume, abgeknickte Kirchtürme, umgestürzte Strommasten, abgedeckte Dächer, zusammengebrochene Baugerüste, durch die starken Regenfälle überflutete Straßen und Keller sowie Hochwasser an der Nordseeküste. Die Spitzengeschwindigkeit des Sturms misst der Deutsche Wetterdienst auf dem Fichtelberg im Erzgebirge: Dort rast der Orkan mit bis zu 183 km/h.

Besonders schwer getroffen ist Nordrhein-Westfalen. Hier kommen fünf Menschen im Zusammenhang mit dem Unwetter ums Leben. Auch in Hamburg, Hessen und Schleswig-Holstein fordert das Sturmtief Todesopfer. In Großbritannien sterben neun Menschen, der Sturm gilt dort als der schlimmste seit 15 Jahren. Auch in Frankreich, den Niederlanden, Belgien, Polen und der Schweiz werden Menschen Opfer der aufgewühlten Natur.

Die deutschen Feuerwehren werden zu mehr als 50 000 Einsätzen gerufen.

Ein Haus in Zschopau wird durch einen umgestürzten Baum unbewohnbar.

22. OKTOBER

Rascher Neustart für Rot-Grün mit neuem Personal

Mit 305 von 599 abgegebenen Stimmen bei 292 Gegenstimmen und zwei Enthaltungen wählt der Bundestag Gerhard Schröder (SPD) erneut zum Bundeskanzler.

Mindestens ein Abgeordneter der rotgrünen Koalition verweigert dem alten und neuen deutschen Regierungschef die Stimme. Mit 14 Mitgliedern ist Schröders zweite Regierung das kleinste Kabinett seit 1949.

Während bei den Grünen personell alles beim Alten bleibt, hat sich bei der SPD das Personalkarussell gedreht. Otto Schily (Inneres), Hans Eichel (Finanzen), Edelgard Bulmahn (Bildung), Peter Struck (Verteidigung) und Heidemarie Wieczorek-Zeul (Entwicklung) galten als gesetzt. Die wegen ihres angeblichen Bush-Hitler-Vergleichs in die Kritik geratene Herta Däubler-Gmelin (→ S. 90) erklärte früh ihren Verzicht auf das Justizministerium; ihre Nachfolgerin wird die bisherige Innen-Staatssekretärin Brigitte Zypries. Mit der am 7. Oktober verkündeten Berufung von Wolfgang Clement – seit Mai 1998 Ministerpräsident von Nordrhein-Westfalen – zum Superminister für Arbeit und Wirtschaft verloren der bisherige Wirtschaftsminister Werner Müller (parteilos) und Arbeitsminister Walter Riester (SPD) ihre Posten.

Ulla Schmidt bleibt Gesundheits-

Vorn v.l.: Ulla Schmidt (SPD; Gesundheit, Soziales), Peter Struck (SPD; Verteidigung), Edelgard Bulmahn (SPD; Bildung, Forschung), Joschka Fischer (Grüne; Äußeres), Johannes Rau, Gerhard Schröder, Renate Künast (Grüne; Verbraucherschutz, Landwirtschaft), Heidemarie Wieczorek-Zeul (SPD; Entwicklungshilfe); hinten v.l.: Wolfgang Clement (SPD; Wirtschaft, Arbeit), Renate Schmidt (SPD; Familie, Senioren, Frauen, Jugend), Hans Eichel (SPD; Finanzen), Jürgen Trittin (Grüne; Umwelt), Manfred Stolpe (SPD; Verkehr, Bau, Aufbau Ost), Otto Schily (SPD; Inneres), Brigitte Zypries (SPD; Justiz)

ministerin und erhält zusätzlich die Zuständigkeit für die Sozialpolitik. Anstelle des von Schröder favorisierten Leipziger Oberbürgermeisters Wolfgang Tiefensee rückt der frühere brandenburgische Ministerpräsident Man-

fred Stolpe (→ 26.6./S. 63) für Kurt Bodewig in das Amt des Ministers für Verkehr und Bau und erhält zusätzlich die Zuständigkeit für den Aufbau Ost. Verantwortlich für Familie, Senioren, Frauen und Jugend wird anstelle von

Christine Bergmann die bayerische SPD-Politikerin Renate Schmidt. Die Nachfolge von Kulturstaatsminister Julian Nida-Rümelin tritt die parteilose ehemalige Hamburger Kultursenatorin Christina Weiss an.

HINTERGRUND

Der Arbeitsmarkt soll grundlegend reformiert werden

Der neue »Superminister« Wolfgang Clement sieht seine wichtigste Aufgabe in der Reform des Arbeitsmarktes und dringt auf eine rasche Umsetzung der Hartz-Vorschläge (→ 16.8./S. 80).

Bereits zum 1. November startet per Verordnung das Förderprogramm »Kapital für Arbeit«: Unternehmen mit einem Jahresumsatz bis zu 500 Mio. €, die Arbeitslose einstellen, erhalten zinsgünstige Kredite.

Am 15. November beschließt der Bundestag mit den Stimmen von Rot-Grün zwei Gesetzentwürfe »für moderne Dienstleistungen am Arbeitsmarkt«. Das erste Paket, das nach dem Willen der Bundesregierung zum 1. Januar 2003 in Kraft treten soll, enthält u. a. eine Verschärfung der Zumutbar-

keitsregelung und Reformen bei den Arbeitsämtern, die zu einer schnelleren Vermittlung führen sollen. Ein Einspruch des Bundesrats gegen diesen Teil kann der Bundestag mit Kanzlermehrheit überstimmen.

Dies gilt auch für die Reform der Leiharbeit, den Hauptpunkt des ersten Pakets. Die Hartz-Kommission hat vorgeschlagen, bei den Arbeitsämtern Personal-Service-Agenturen einzurichten, die Arbeitslose an Unternehmen verleihen. Darüber hinaus justiert die Bundesregierung den gesetzlichen Rahmen zur Leiharbeit generell neu. Dabei gilt das Prinzip »gleicher Lohn für gleiche Arbeit« für Leiharbeiter und fest Angestellte. Allerdings dürfen Leiharbeiter – höchstens ein

Jahr lang – niedriger als im Betrieb üblich entlohnt werden, wenn dies in einem Tarifvertrag geregelt ist. Die Gewerkschaften haben signalisiert, solche Verträge mit Einstiegstarifen abschließen zu wollen. Leiharbeiter, die zuvor arbeitslos waren, dürfen in den ersten sechs Wochen ihrer Beschäftigung unter Tarif bezahlt werden.

Das zweite Reformpaket, das im Sommer 2003 in Kraft treten soll, bedarf der Zustimmung des Bundesrats, in dem die unionsregierten Länder über die Mehrheit verfügen. Hier ist die Bundesregierung also darauf angewiesen, einen Kompromiss mit der Opposition zu finden. Wichtige Bestandteile sind die sog. Ich-AG, also die steuerliche Begünstigung und Bezu-

schussung von Kleinunternehmern, die sich aus der Arbeitslosigkeit heraus selbstständig machen, und die sog. Mini-Jobs, die ebenfalls die Schwarzarbeit eindämmen sollen. Vorgesehen ist, dass Personen, die geringfügig Beschäftigte (bis zu 500 € monatlich) zu »haushaltsnahen Dienstleistungen« heranziehen, einen Teil des gezahlten Lohns bei der eigenen Steuer geltend machen können.

Beide Gesetzespakete werden am 29. November im Bundesrat vorerst gestoppt. Im Verlauf des Vermittlungsverfahrens signalisiert Clement der Union Entgegenkommen: Er regt eine Ausweitung der Regelungen zu den Mini-Jobs auf alle Bereiche und eine höhere Geringfügigkeitsgrenze an.

AUSBLICK

Sparbeschlüsse hart attackiert

In schwierigem Umfeld fasst die Bundesregierung im November etliche Sparbeschlüsse. Die Union wirft Rot-Grün vor, die Wähler über die Haushaltslage und notwendige Steuererhöhungen getäuscht zu haben, und initiiert einen Untersuchungsausschuss »Wahlbetrug«.

Finanzsituation: Nach Angaben der Steuerschätzer wird der Staat 2002/03 knapp 32 Mrd. € Steuern weniger einnehmen als bisher vorausgesetzt. Die EU-Kommission leitet am 19. November ein Defizit-Verfahren gegen Deutschland ein. Nach ihren Berechnungen wird das Etatdefizit 2002 bei 3,8 % des Bruttoinlandsprodukts liegen – erlaubt sind höchstens 3 % (→ 12.2./S. 17).

Steuern: Nach dem am 20. November vom Kabinett verabschiedeten Steuerpaket werden die Eigenheimzulage gekürzt und eine Spekulationssteuer von 15 % auf Aktiengewinne eingeführt. Die Pläne werden im Dezember revidiert: Statt der Spekulations- soll nun eine Abgeltungssteuer von 25 % auf alle Kapitalerträge – sie liegt insbesondere für Besserverdienende unter dem persönlichen Steuersatz, der bisher für Zinsgewinne angesetzt wurde – bewirken, dass Schwarzgeld aus dem Ausland zurückfließt und versteuert wird. Zusätzliche 1,4 Mio. € erwartet sich die Bundesregierung durch Änderungen bei der Ökosteuer.

Rente: Angesichts der Löcher in den Rentenkassen wird das im Koalitionsvertrag vereinbarte Ziel aufgegeben, den Rentenbeitrag von 19,1 % ab 2003 nur um 0,2 Prozentpunkte zu erhöhen. Der Beitrag steigt nach einem Beschluss des Bundestags vom 15. November nun auf 19,5 %. Das Gesetz wird am 29. November im Bundesrat von den unionsregierten Länder vorerst gestoppt. Zugleich setzt die Regierung eine Kommission ein, die eine grundlegende Reform der sozialen Sicherungssysteme entwickeln soll.

Gesundheit: Das Sparpaket im Gesundheitswesen, das ebenfalls am 29. November vom Bundesrat gestoppt wird, sieht u. a. eine Nullrunde für Ärzte und Zwangsrabatte für die Pharmabranche vor. Das Sterbegeld, das ohnehin nur noch für vor 1989 Geborene gilt, wird halbiert, der Wechsel zur Privatkasse erschwert.

3. OKTOBER

Symbol der Einheit renoviert

Die Enthüllung des Brandenburger Tores krönt die Feiern zum Tag der deutschen Einheit in Berlin.

Zwei Jahre lang ist das weltbekannte Bauwerk im Stil des Klassizismus hinter Bauplanen verborgen saniert worden; Kostenpunkt: 3,9 Mio. €. Nun wird es in einer spektakulären Aktion enthüllt. Der Münchner Designer Willy Bogner schwebt mit einem Heißluftballon auf das Dach des 22 m hohen Gebäudes, seilt sich von dort aus ab und öffnet dabei einen riesigen Reißverschluss, woraufhin die Stoffhülle fällt und den Blick auf das in neuem Glanz erstrahlende Symbol der deutschen Einheit freigibt. Eine dreiviertel Million Menschen hat sich vor dem Tor versammelt, um bei dem Ereignis dabei zu sein.

Zur Feier des zwölften Jahrestags der Wiedererlangung der deutschen Einheit ist als Ehrengast der ehemalige US-Präsident Bill Clinton angereist, der von den Berlinern begeistert gefeiert wird – anders als sein Nachfol-

Das Brandenburger Tor erstrahlt nach der Renovierung in neuem Glanz.

ger George W. Bush bei seinem Berlin-Besuch im Mai, der von Protesten begleitet war.

Bush immerhin nimmt nach wochenlangem Schweigen wieder Kontakt zu deutschen Spitzenpolitikern auf. Er gratuliert Bundespräsident Johannes Rau zum Tag der deutschen Einheit und betont die deutsch-amerikanische Freundschaft. Wegen USA-kritischer Töne aus den Reihen der Bundesregierung während des Wahlkampfes (→ S. 90) war das Verhältnis zwischen Berlin und Washington stark abgekühlt.

12. OKTOBER

PDS hält an Zimmer fest

Der PDS-Parteitag in Gera bestätigt Gabi Zimmer als Parteichefin.

Nach dem schlechten Abschneiden der PDS bei der Bundestagswahl (→ 22.9./S. 88) hatte es Kritik insbesondere aus den Reihen des Vorstands an der Parteivorsitzenden gegeben. Zunächst hatte der bisherige Bundesgeschäftsführer Dietmar Bartsch in Gera gegen Zimmer antreten wollen. Doch er zog seine Bewerbung zurück,

nachdem die Delegierten Zimmers Leitantrag »Zukunft durch Erneuerung« gebilligt hatten, mit dem die Parteichefin noch drei Tage zuvor im Vorstand gescheitert war. Daraufhin erklärte der frühere Chef der Bundestagsfraktion, Roland Claus, seine Kandidatur. Er erhält 96, Zimmer 279 der insgesamt 403 Stimmen. Zimmer sieht die PDS als »demokratisch sozialistische Partei«. Ihre Gegner hatten für eine Öffnung zur Mitte geworben.

Für die wiedergewählte Parteichefin Gabi Zimmer besteht die Aufgabe der PDS in der »gestaltenden Opposition«. Sie übt deutliche Kritik an den Regierungsbeteiligungen der Partei auf Länderebene.

1. OKTOBER

EU-Automarkt liberalisiert

Die von der EU-Kommission am 17. Juli beschlossene Stärkung des Wettbewerbs im Kfz-Teile-, Service- und Reparaturmarkt tritt in Kraft.

Die Liberalisierung des Autohandels und der Autowartung hat eine Laufzeit bis 31. Mai 2010. Von der schrittweise wirksam werdenden Reform verspricht sich EU-Kommissar Mario Monti mehr Wettbewerb. Im Kern geht es darum, dass Autohändler nach einer Übergangsfrist bis zum 30. September 2005 Autos in allen EU-Staaten verkaufen können und der sog. Gebietsschutz entfällt. Später sollen Händler auch Filialen im EU-Ausland eröffnen können.

Ferner sind die Händler von Oktober 2003 an nicht mehr verpflichtet, für die Fahrzeuge auch Wartung und Reparatur anzubieten. Diese Aufgabe können dann freie Werkstätten übernehmen. Darüber hinaus können Händler in Zukunft auch mehrere Marken anbieten.

1. OKTOBER

Entführter Bankierssohn ermordet

Der am 27. September entführte Frankfurter Bankierssohn Jakob von Metzler ist tot.

Die Polizei findet gegen Mittag an einem Waldsee in der Nähe des osthessischen Schlüchtern die Leiche des elfjährigen Jungen.

Bereits am Tag zuvor ist ein 27 Jahre alter Jurastudent festgenommen worden. Er steht nun unter dem dringenden Tatverdacht des Mordes und erpresserischen Menschenraubs. Bei der Übergabe des von der Familie erpressten Lösegelds in Höhe von 1 Mio. € am 29. September in einem Waldstück bei Frankfurt am Main hatte die Polizei den Mann identifizieren können. Zu diesem Zeitpunkt war der Junge bereits tot.

Der als Alleintäter verdächtige Mann gab der Polizei Hinweise auf den Fundort der Leiche. In seiner Wohnung werden mehrere 10 000 € sichergestellt, bei denen es sich offenbar um einen Teil des Lösegeldes handelt. Nach den Ermittlungen der Polizei hat der Jurastudent gezielt versucht, mit den Kindern der Bankiersfamilie Kontakt aufzunehmen.

Der mutmaßliche Täter hatte den Jungen auf dessen Nachhauseweg von der Carl-Schurz-Schule nahe des Elternhauses im Stadtteil Sachsenhausen

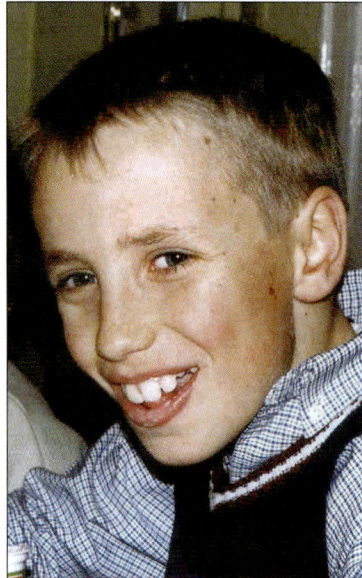

Jakob von Metzler

verschleppt und offenbar bald danach getötet. Zuletzt wurde Jakob gegen 10.35 Uhr an einer Bushaltestelle gesehen. Über eine Stunde später hinterließ der Entführer ein Schreiben mit der Geldforderung in der Einfahrt des Hauses, in dem die Familie von Metzler lebt. Sie ist Besitzerin des 1674 gegründeten Bankhauses Metzler, der ältesten deutschen Privatbank, und trat in der Vergangenheit in Frankfurt wiederholt als Mäzen hervor.

Der Jurastudent hüllt zunächst in Schweigen, legt dann aber am 14. Oktober ein umfassendes Geständnis ab. Geld soll das alleinige Tatmotiv gewesen sein.

Der Fall Jakob von Metzler reiht sich ein in eine Vielzahl von Entführungen, von denen meist vermögende Familien betroffen waren. Häufig kamen die Verschleppten nach der Zahlung von Lösegeld frei, doch vielfach endeten solche Entführungen auch tödlich. Im Oktober 1996 etwa wurde der Frankfurter Kaufmann Jakub Fiszman gekidnappt und ermordet. Die Täter wurden gefasst.

13. OKTOBER

Friedenspreis an Chinua Achebe

Der 71-jährige Nigerianer Chinua Achebe wird in der Frankfurter Paulskirche mit dem Friedenspreis des Deutschen Buchhandels ausgezeichnet.

Dieter Schormann vom Börsenverein übergibt den Preis an Achebe.

Achebe ist nach dem Senegalesen Léopold Sédar Senghor (1968) und der im französischen Exil lebenden Algerierin Assia Djebar (2000) der dritte Autor aus Afrika, der den seit 1950 vergebenen Preis erhält.

In seiner Laudatio kritisiert Theodor Berchem, der Präsident des Deutschen Akademischen Austauschdienstes (DAAD), die einseitige europäische Sichtweise bei der Darstellung Afrikas in Geschichte und Literaturgeschichte. Er würdigt den Nigerianer, dessen Werk in über 50 Sprachen übersetzt worden ist, für sein authentisches Bild der traditionellen afrikanischen Gesellschaft. In Achebes kunstvollem Englisch seien auch Eigenheiten seiner nigerianischen Muttersprache Ibo erkennbar. Börsenvereins-Vorsteher Dieter Schormann nennt den Afrikaner, der seit einem Autounfall 1990 auf einen Rollstuhl angewiesen ist, »einen großen Humanisten und Mittler zwischen den Kulturen«.

Die 54. Frankfurter Buchmesse (9.–13.10.) verzeichnet mit 265 000 Literatur-Interessierten ein leichtes Besucherplus, mit 6375 Ausstellern aus 110 Ländern bei den Anbietern allerdings einen Rückgang um 5,3 %.

20. OKTOBER

Zum 75. ein Literaturhaus für Grass

Ein Günter Grass gewidmetes Gebäude in Lübeck wird seiner Bestimmung als Literatur- und Kunsthaus übergeben.

Die Übergabe erfolgt im Rahmen eines Festaktes im Stadttheater der Hansestadt vier Tage nach dem 75. Geburtstag des Autors.

Am Eröffnungstag (v. l.): Schauspieler Armin Mueller-Stahl, Günter Grass, Ministerpräsidentin Heide Simonis und Staatsminister Julian Nida-Rümelin

Das Günter-Grass-Haus in der Lübecker Altstadt zeigt auf über 200 m² u. a. Originalmanuskripte sowie grafische und plastische Arbeiten des Schriftstellers. Darüber hinaus sollen hier regelmäßig Kulturveranstaltungen stattfinden. Mit dem Gebäude in der Glockengießerstraße 21 erhält der Literaturnobelpreisträger wohl als erster deutscher Schriftsteller schon zu Lebzeiten ein Literaturhaus als Ausstellungs- und Forschungsstätte.

Am Tag zuvor war Grass gefeierter Mittelpunkt bei einem Festakt im Deutschen Theater in Göttingen. Bundeskanzler Gerhard Schröder (SPD) erklärte, Grass sei nicht nur einer der größten Dichter des vergangenen Jahrhunderts, sondern »hoffentlich auch noch möglichst lange des jetzigen«.

Mit dem Günter-Grass-Haus verfügt Lübeck über eine weitere literarische Attraktion neben dem Buddenbrookhaus mit einer Ausstellung zu Heinrich und Thomas Mann.

10. OKTOBER

Kirchs Fußball-Rechte an Netzer

Günter Netzer erwirbt die Übertragungsrechte an der Fußball-Bundesliga und der WM 2006 und avanciert zu einer der wichtigsten Männer der Fußballszene.

Rechteinhaber Günter Netzer

Der Gläubiger-Ausschuss der insolvent gewordenen KirchMedia (→ 8.4./S. 41) entscheidet sich für den 37-maligen Fußball-Nationalspieler und seine Partner, darunter der französische Großinvestor und frühere Adidas-Chef Robert Louis-Dreyfus. Als Kaufpreis werden 300 Mio. € genannt.

Netzer leitet die in Zug in der Schweiz ansässige KirchSport AG, bei der die Sportrechte offiziell liegen. Sie war noch vor der Zahlungsunfähigkeit der KirchMedia gegründet worden und ist im Gegensatz zu ihrer Muttergesellschaft nicht insolvent.

Netzer ist nun zugleich Rechteinhaber, Aufsichtsratsmitglied des WM-Organisationskomitees 2006 und – gemeinsam mit dem künftigen NDR-Sportchef Gerhard Delling – zumindest noch bis 2004 Kommentator bei der ARD.

Über den Verkauf der restlichen Teile der KirchMedia fällt am 30. Oktober eine wichtige Vorentscheidung: Die Gläubiger legen sich im Grundsatz auf das Angebot des Bauer-Verlages und der HypoVereinsbank fest. Zu KirchMedia gehört die Mehrheit an der Senderfamilie Pro Sieben/SAT.1 und an Europas größtem Filmrechtehandel.

24. OKTOBER

Bewährung für Steuersünder Becker

Der ehemalige deutsche Tennisstar Boris Becker kommt in seinem Steuerverfahren mit einer Bewährungsstrafe und einer Geldbuße davon.

Das Landgericht München I verurteilt Becker wegen Steuerhinterziehung zu zwei Jahren Haft auf Bewährung. Ferner muss er eine Geldstrafe von 300 000 € sowie 200 000 € Geldbuße als Bewährungsauflage an mehrere karitative Einrichtungen zahlen.

Die Anklage hatte dreieinhalb Jahre Haft verlangt. In diesem Fall hätte Becker hinter Gitter gemusst. Strafmildernd wirkte sich aus, dass Becker Einsicht zeigt und seine Steuerschuld von rd. 3,1 Mio. € für die Jahre 1991 bis 1995 zuvor beglichen hat.

In dem Verfahren ging es darum, dass Becker laut Anklage in den Jahren 1991 bis 1993 zwar offiziell seinen Wohnsitz im Steuerparadies Monaco hatte, tatsächlich aber in dieser Zeit seine Wohnung im Münchner Nobelstadtteil Bogenhausen sein Lebensmittelpunkt war. Demnach wäre Becker in Deutschland voll steuerpflichtig gewesen, hatte dies aber dem Finanzamt verschwiegen.

Für Becker ist der Steuerprozess ein weiterer Rückschlag seit dem Ende seiner Profikarriere im Jahr 1999. Seine Scheidung im Januar 2001 kostete ihn erhebliche Summen, ebenso die Anerkennung einer unehelichen Vaterschaft. Im Sommer 2001 meldete Beckers Onlineportal Sportgate Insolvenz an. Auch seine Sportler-Agentur BBM musste ihre Geschäfte einstellen.

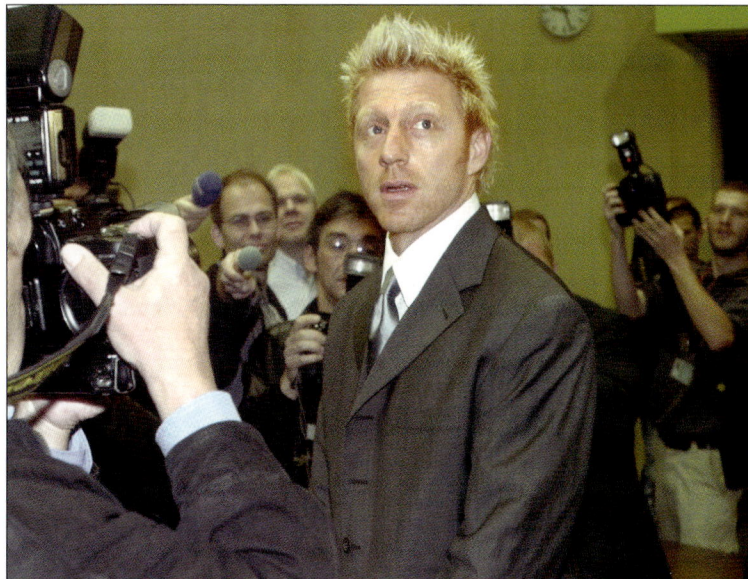

Ein sichtlich angespannter Boris Becker vor der Verkündung des Urteils

6. OKTOBER

Ronaldo ergänzt das »weiße Ballett«

Gleich in seinem ersten Spiel für Real Madrid erzielt der Brasilianer Ronaldo zwei Tore.

Gerade eine Minute auf dem Platz, trifft der Fußball-Weltmeister in der 63. Minute vor 76 000 Zuschauern im Estadio Bernabeu beim Ligaspiel gegen Deportivo Alaves und erzielt in der 79. Minute ein weiteres Tor zum viel umjubelten 5:2-Sieg.

Mit seinem ersten Auftritt seit dem WM-Finale von Yokohama (→ 30.6./S. 66) rundet der verletzungsanfällige Ronaldo das Traum-Duo der Superstars mit dem Portugiesen Luis Figo und dem Franzosen Zinedine Zidane ab, die in den beiden Jahren zuvor zu den »Königlichen« gewechselt waren.

Ronaldo hatte wenige Stunden vor Ablauf der Wechselfrist am 31. August einen Vertrag unterschrieben. Für seine Freigabe kassiert Inter Mailand 45 Mio. €. Ronaldo soll in Madrid 7,2 Mio. € netto pro Jahr verdienen, deutlich mehr als in Mailand (5 Mio. €).

Die teuersten Transfers der Welt

Jahr	Spieler	Alter Verein	Neuer Verein	Ablöse in Mio €
2001	Zinedine Zidane	Juventus Turin	Real Madrid	76,0
2000	Luis Figo	FC Barcelona	Real Madrid	58,2
2000	Hernan Crespo	AC Parma	Lazio Rom	56,5
2001	Gaizka Mendieta	FC Valencia	Lazio Rom	48,0
2002	Ronaldo	Inter Mailand	Real Madrid	45,0
2002	Rio Ferdinand	Leeds United	Manchester United	45,0
2001	Juan Veron	Lazio Rom	Manchester United	44,5
1999	Christian Vieri	Lazio Rom	Inter Mailand	42,6
2001	Filippo Inzaghi	Juventus Turin	AC Mailand	41,2
2001	Gianluigi Buffon	AC Parma	Juventus Turin	41,0

Ronaldo (l.) mit Steve McManaman

13. OKTOBER

Michael Schumacher fährt zum fünften WM-Titel

Überlegen wird Ferrari-Pilot Michael Schumacher zum fünften Mal Weltmeister in der Formel 1.

Beim Saisonfinale, dem Großen Preis von Japan in Suzuka, feiern Schumacher und Rubens Barrichello vor 118 000 Zuschauern den neunten Ferrari-Doppelsieg der Saison und den 15. ihrer Karriere – ein weiterer Rekord für die roten Renner aus Maranello. Schumacher und Barrichello sind das bislang erfolgreichste Formel-1-Paar.

Schumacher gelingt sein elfter Saisonsieg, der 64. in einem Grand-Prix-Rennen seit Beginn seiner Karriere 1992. Er kann nach WM-Titeln mit der argentinischen Rennfahrerlegende Juan Manuel Fangio gleichziehen, der 1951 sowie von 1954 bis 1957 gleichfalls fünfmal die Weltmeisterschaft für sich entschied.

Bei seinem dritten Triumph in Folge ist Schumacher auch der schnellste Formel-1-Weltmeister aller Zeiten. Bisher hielt der Brite Nigel Mansell, der sich 1992 im elften von 16 Läufen zum Champion machte, die Bestmarke. Nach dem Auftaktsieg beim Großen Preis von Australien in Melbourne am 3. März musste Schumacher zwar zwei Wochen später in Malaysia den Sieg seinem Bruder Ralf im Williams-BMW überlassen und sich mit Platz drei begnügen, doch bei den folgenden Rennen in São Paulo, Imola und Barcelona sowie – höchst umstritten nach Stallorder – in Zeltweg-Spielberg am → 12. Mai (S. 56) hieß der Sieger Michael Schumacher.

Einzig am 26. Mai in Monte Carlo durfte McLaren-Mercedes jubeln, als David Coulthard vor den beiden Schumachers gewann, doch in Montreal, auf dem Nürburgring und in Silverstone saß der Sieger wieder in einem Ferrari. Bereits am 21. Juli – im elften von 17 Saisonrennen – stand Schumacher mit seinem Erfolg beim Großen Preis von Frankreich in Magny Cours als Weltmeister fest.

Er siegte auch eine Woche später in Hockenheim und am 1. September in Spa; bei den Rennen in Budapest und Monza konnte sich Barrichello als Sieger die notwendigen Punkte für den zweiten Platz in der Gesamtwertung sichern. Unbeabsichtigt ließ Schumacher seinem Stallgefährten auch in Indianapolis beim Foto-Finish den Vortritt, eher er in Suzuka die Rangordnung wieder herstellte.

Mit seinem Sieg in Japan ist es Schumacher gelungen, in allen 17 WM-Läufen einer Saison auf dem Siegerpodest zu stehen – das hat vor ihm noch kein Fahrer geschafft. Schumacher und Barrichello haben mehr WM-Punkte eingefahren als der gesamte Rest des Formel-1-Feldes.

Hinter Schumacher (144 Punkte) und Barrichello (77) sichert sich der Kolumbianer Juan Pablo Montoya (50) im Williams-BMW Platz drei in der Gesamtwertung. Sein Teamkollege Ralf Schumacher scheidet in Suzuka in seinem 100. Grand Prix aus und muss sich in der Gesamtwertung mit 42 Punkten und Platz vier begnügen.

Die Konstrukteurs-WM gewinnt Ferrari (221) hoch überlegen vor Williams-BMW (92) und McLaren-Mercedes (65).

Für die Saison 2003 untersagt der Internationale Automobilsportverband (FIA) jede Stallorder. Ferner werden für die Weltmeisterschaft Punkte für die Plätze eins bis acht (10-8-6-5-4-3-2-1) statt eins bis sechs vergeben.

△ Die ersten Drei in Suzuka: Rubens Barrichello, Michael Schumacher (M.) und der Finne Kimi Räikkönen

◁ Ein nicht geplanter Rennausgang beim 16. WM-Lauf in Indianapolis: Gleichauf rasen Barrichello und Schumacher über die Ziellinie, doch offenbar hat der von der Pole-Position gestartete Schumacher zu stark abgebremst.

Formel-1-Weltmeisterschaft 2002 Fahrerwertung*

Pl. Fahrer	Marke	Pkt.	AUS 03.03.	MAL 17.03.	BRA 31.03.	S M 14.04.	ESP 28.04.	AUT 12.05.	MON 26.05.	CAN 09.06.	EU 23.06.	GBR 07.07.	FRA 21.07.	GER 28.07.	HUN 18.08.	BEL 01.09.	ITA 15.09.	USA 29.09.	JAP 13.10.
1. Michael Schumacher	Ferrari	144	10	4	10	10	10	10	6	10	6	10	10	10	6	10	6	6	10
2. Rubens Barrichello	Ferrari	77			6		6			4	10	6		3	10	6	10	10	6
3. Juan Pablo Montoya	Williams-BMW	50	6	6	2	3	6	4				4	3	6		4		3	3
4. Ralf Schumacher	Williams-BMW	42		10	6	4		3	4		3		2	4	4	2			
5. David Coulthard	McLaren-Mercedes	41			4	1	4	1	10	6			4	2	2	3		4	

*Aufgeführt sind nur die fünf Punktbesten

1. November, Freitag
Washington: Das Kartellrechts-Verfahren gegen den Software-Riesen Microsoft endet vorerst mit einem Vergleich. Microsoft soll u.a. PC-Herstellern größere Freiheiten bei der Einbindung von Nicht-Microsoft-Programmen einräumen sowie Teile des Quellcodes von Windows offen legen.

2. November, Samstag
Srinagar: Kurz vor seiner Vereidigung entgeht der neue Regierungschef des indischen Bundesstaats Jammu und Kaschmir, Mufti Mohammed Sayeed, einem Anschlag.

3. November, Sonntag
Ankara: Die gemäßigt islamistische Partei AKP erringt bei der Wahl in der Türkei die absolute Mehrheit. → S. 111

Nürnberg: Das Nationale Olympische Komitee für Deutschland (NOK) wählt Klaus Steinbach anstelle von Walther Tröger zu seinem Präsidenten.

4. November, Montag
Hamburg: Rocksänger Marius Müller-Westernhagen bringt seine CD »In den Wahnsinn« heraus. Vorab sind bereits 400 000 Stück verkauft.

5. November, Dienstag
Washington: Bei den Wahlen zum US-amerikanischen Kongress gewinnen die Republikaner in beiden Häusern die Mehrheit. → S. 114

6. November, Mittwoch
Düsseldorf: Der Landtag wählt den SPD-Politiker Peer Steinbrück zum Ministerpräsidenten von Nordrhein-Westfalen. → S. 116

Schwerin: Harald Ringstorff (SPD) wird als Ministerpräsident von Mecklenburg-Vorpommern bestätigt (→ 22.9./S. 87).

7. November, Donnerstag
Gibraltar: Die Bevölkerung der britischen Kronkolonie spricht sich gegen eine von den Regierungen in London und Madrid angekündigte Ko-Souveränität für Spanien aus. → S. 112

Hamburg: Zwei Tage nach seinem 79. Geburtstag stirbt der »Spiegel«-Herausgeber Rudolf Augstein. → S. 116

8. November, Freitag
New York: Der UNO-Sicherheitsrat billigt eine Resolution zur wirksamen Durchsetzung von Waffenkontrollen im Irak (→ 13.11./S. 110).

9. November, Samstag
Dresden: Knapp drei Monate nach der Hochwasserkatastrophe sind die Gemäldegalerie »Alte Meister« und die Semper-Oper wieder für das Publikum geöffnet (→ 17.8./S. 78).

10. November, Sonntag
Bagdad: Der frühere Coach der DDR-Auswahl, Bernd Stange, unterzeichnet einen Vierjahresvertrag als Betreuer der Fußball-Nationalmannschaft und der Olympia-Auswahl des Irak.

11. November, Montag
Hannover: Der CDU-Bundesparteitag bestätigt Angela Merkel mit 93,7 % der Stimmen als Parteichefin.

12. November, Dienstag
Leverkusen: Beim nordrhein-westfälischen CDU-Kreisverband taucht ein 1992 angelegtes Guthaben von rd. 136 000 € auf, das in keinem Rechenschaftsbericht erwähnt ist.

13. November, Mittwoch
Bagdad: Der Irak akzeptiert die UN-Resolution 1441 über die Rückkehr der Waffeninspekteure. → S. 110

14. November, Donnerstag
Gorleben: Der mit zwölf Atommüll-Behältern bisher größte Castor-Transport erreicht das Zwischenlager in Niedersachsen. →S. 116

SPRUCH DES MONATS

»Es ist so, als wäre Heinrich Brüning wiederauferstanden, jener Reichskanzler, der mit seiner Sparpolitik Massenarbeitslosigkeit verursachte und Hitler den Weg bereitete. Wie damals sind die Menschen verunsichert und geben immer weniger Geld aus.«
Der frühere SPD-Chef Oskar Lafontaine in einem Beitrag für die »Bild«-Zeitung vom 18. November über Bundeskanzler Gerhard Schröder. Brüning war von 1930 bis 1932 Reichskanzler.

Bonn: Der Aufsichtsrat der Deutschen Telekom wählt Kai-Uwe Ricke an die Spitze des Unternehmens (→16.7./S. 70).

15. November, Freitag
Peking: Der 59-jährige Hu Jintao wird zum Generalsekretär der Kommunistischen Partei Chinas gewählt. → S. 113

Santiago de Chile: Mit der umstrittenen Freigabe eines begrenzten Elfen-

beinhandels endet die 12. Artenschutzkonferenz. → S. 116

16. November, Samstag
Islamabad: Der pakistanische Präsident, General Pervez Musharraf, wird für eine fünfjährige Amtszeit vereidigt (→ 10.10./S. 101).

17. November, Sonntag
Perugia: Ein Berufungsgericht verurteilt den früheren italienischen Ministerpräsidenten Giulio Andreotti zu 24 Jahren Haft. → S. 112

18. November, Montag
London: Königin Elisabeth II. wohnt erstmals persönlich der Premiere eines James-Bond-Films bei. Der Streifen »Die Another Day« (»Stirb an einem anderen Tag«) wird als königliche Wohltätigkeitsveranstaltung in der Royal Albert Hall gezeigt.

19. November, Dienstag
Jerusalem: Die israelische Arbeitspartei wählt Amram Mizna zu ihrem Vorsitzenden. → S. 113

La Coruña: Der Untergang des Großtankers »Prestige« verursacht eine Umweltkatastrophe an der nordwestspanischen Küste. → S. 114

20. November, Mittwoch
Gelsenkirchen: Im letzten Länderspiel 2002 unterliegt die deutsche Fußball-Nationalelf den Niederlanden 1:3.

21. November, Donnerstag
Jerusalem: Bei einem Selbstmordanschlag in einem Bus sterben zwölf Menschen (→ 19.11./S. 113).

22. November, Freitag
Prag: Auf ihrem Gipfeltreffen lädt die NATO sieben osteuropäische Länder zum Beitritt ein. → S. 112

Kaduna: Wegen der in Nigeria geplanten »Miss World«-Wahl kommt es zu blutigen Unruhen. → S. 111

23. November, Samstag
München: Die CSU spricht sich zum Abschluss ihres zweitägigen Parteitages gegen eine EU-Mitgliedschaft der Türkei aus.

24. November, Sonntag
Wien: Bei den vorgezogenen Wahlen zum Nationalrat wird die konservative Österreichische Volkspartei (ÖVP) unter Bundeskanzler Wolfgang Schüssel erstmals seit 1966 wieder stärkste Partei. → S. 115

25. November, Montag
Berlin: Das FDP-Präsidium stellt Jürgen Möllemann ein Ultimatum für seinen Parteiaustritt (→2.12./S. 120).

26. November, Dienstag
Osnabrück: Mit einer Initiative im Bundesrat wollen die SPD-geführten Länder Nordrhein-Westfalen und Niedersachsen die Vermögensteuer wieder einführen. Sie nehmen im Dezember von dem Vorhaben Abstand.

PERSON DES MONATS

Fredi Bobic

Der frühere Stuttgarter, der nach Saisonbeginn von Borussia Dortmund zu Hannover 96 gewechselt war und dort in neun Bundesligaspielen acht Tore erzielte, feiert am 20. November nach über vier Jahren sein Comeback in der Nationalelf. Der 31-Jährige ist zudem beim 1:3 gegen die Niederlande in Gelsenkirchen der Schütze des einzigen deutschen Tores.

---

27. November, Mittwoch
New York: Der UN-Sicherheitsrat verlängert das Mandat der Afghanistan-Schutztruppe ISAF um ein Jahr. Der bisherige Auftrag läuft am 20. Dezember 2002 aus.

28. November, Donnerstag
Mombasa: Bei einem Anschlag auf ein israelisches Touristenhotel nahe der kenianischen Küstenstadt werden 16 Menschen getötet, darunter die drei Attentäter (→ 19.11./S. 113).

29. November, Freitag
Berlin: Mit Unionsmehrheit stoppt der Bundesrat vorerst wichtige Reformvorhaben der Regierung. Die Gesetze zur Arbeitsmarktreform, das Notprogramm für Gesundheit und Renten sowie die geplante Ausweitung der Ökosteuer werden an den Vermittlungsausschuss verwiesen.

30. November, Samstag
Ankara: Die türkische Regierung hebt den 1987 im Kampf gegen die Autonomiebestrebungen der kurdischen Arbeiterpartei PKK verhängten Ausnahmezustand in den überwiegend von Kurden bewohnten Provinzen Sirnak und Diyarbakir im Südosten des Landes auf.

13. NOVEMBER

Irak erlaubt Rückkehr der Waffenkontrolleure

Zwei Tage vor Ablauf der vom UN-Sicherheitsrat gesetzten Frist akzeptiert der Irak die Rückkehr der UNO-Waffeninspekteure.

Der irakische Außenminister Naji Sabri unterzeichnet ein Schreiben, in dem die UNO-Resolution 1441 bedingungslos akzeptiert wird. Am Vortag hat das Parlament in Bagdad eine Anerkennung des UNO-Beschlusses noch abgelehnt.

Am 8. November haben nach insgesamt gut zweimonatigen Verhandlungen die übrigen vier ständigen Mitglieder des Sicherheitsrates – Russland, Großbritannien, Frankreich und China – dem Drängen der USA nachgegeben und als Grundlage neuerlicher Waffenkontrollen eine neue, schärfere Resolution gebilligt. Sie verlangt vom Irak, den Waffeninspekteuren »bedingungslosen und uneingeschränkten Zugang« zu allen Stätten einschließlich der acht Präsidentenpaläste zu ermöglichen und droht widrigenfalls mit »ernsten Konsequenzen«.

Der Irak sollte die Resolution innerhalb von sieben Tagen akzeptieren und dann bis zum 8. Dezember der UNO »eine genaue, vollständige und umfassende Erklärung« zu allen Rüstungsprojekten übermitteln.

Gemäß den bisherigen UN-Resolutionen können die nach dem irakischen Überfall auf Kuwait 1990 verhängten Wirtschaftssanktionen gegen Bagdad erst dann aufgehoben werden, wenn Gewissheit darüber herrscht, dass der Irak keine Massenvernichtungswaffen besitzt. Über den Umfang des irakischen Drohpotenzials besteht allerdings Unklarheit. Seit Dezember 1998 war den Inspekteuren die Einreise in den Irak verwehrt worden, den sie zuvor aus Protest gegen fortgesetzte Behinderungen verlassen hatten. Bis dahin hatten die Inspekteure trotz diverser Täuschungsversuche und einer Hinhaltetaktik der Iraker u. a. 48 Langstreckenraketen mit diversen Sprengköpfen sowie 690 t chemische Kampfstoffe aufgespürt und vernichten lassen sowie Anlagen zur Anreicherung von Uran und eine Bio-Waffenfabrik entdeckt.

Am 27. November können nun die UN-Waffeninspekteure erste Kontrollen in militärischen Einrichtungen ungehindert durchführen. Auch der unangemeldete Besuch im al-Sadschud-Palast, einem der Präsidenten-

George W. Bush (l.) mit seinem Außenminister Colin Powell und Verteidigungsminister Donald Rumsfeld (r.)

paläste, in denen Anlagen zur Herstellung von Massenvernichtungswaffen vermutet werden, verläuft am 2. Dezember weitgehend problemlos.

Spätestens bis zum 21. Februar 2003 soll der schwedische Diplomat Hans Blix, der Anfang 2000 zum UNO-Chefinspekteur für den Irak ernannt

Saddam Hussein mit einem Schwert, ein Geschenk zu seiner Wiederwahl

worden war, dem Sicherheitsrat einen Bericht über das Ergebnis seiner Kontrollen vorlegen. Der von ihm geleiteten Rüstungskontrollmission (UNMOVIC) stehen mehr als 60 eigene Spezialisten sowie über 230 in aller Welt tätige Chemiker, Biologen und Fachleute für Massenvernichtungswaffen zur Verfügung.

Selbst wenn die Kontrollen ergebnislos bleiben und auch der 12 000-seitige Bericht des Irak über sein Waffenprogramm, der pünktlich – mitsamt einer an die Bevölkerung Kuwaits gerichteten Entschuldigung für den Einmarsch vom August 1990 – den Vereinten Nationen übermittelt wird, keine Hinweise auf den Besitz oder die aktuelle Entwicklung von Massenvernichtungswaffen enthalten sollten, glauben dennoch viele politische Beobachter, dass eine Militäraktion nur noch eine Frage der Zeit ist.

Nach Auffassung von US-Präsident George W. Bush stellt der Irak eine Bedrohung für den Weltfrieden dar. Zudem könnte er mit einem Sturz des irakischen Präsidenten Saddam Hussein das erreichen, was seinem Vater im Golfkrieg 1991 mangels ausreichender

Legitimation durch die UNO verwehrt blieb. Ein Regimewechsel in Bagdad ist somit das wichtigste Ziel der Irak-Politik der US-Regierung.

Am 11. Oktober hatte sich Bush vom Kongress die Ermächtigung zu einer möglichen Militäraktion erteilen lassen. Die von den Abgeordneten verabschiedete Resolution ermächtigt ihn zum Einsatz von Gewalt, um den Irak zum Verzicht auf seine vermuteten Massenvernichtungswaffen zu zwingen, sofern er alle friedlichen Mittel für ausgeschöpft hält. Ferner wird Bush - allerdings nicht zwingend - aufgegeben, für einen Waffengang den Konsens mit der internationalen Gemeinschaft zu suchen.

Angesichts dieses deutlichen Signals rüstet sich Hussein, der am 15. Oktober mit laut offiziellen Angaben 100 % Zustimmung bei 100 % Wahlbeteiligung für eine weitere siebenjährige Amtszeit bestätigt wurde und aus Dank wenig später die Türen seiner Gefängnisse öffnete, für die Abwehr eines drohenden Militärschlages.

Am 12. September hatte Bush in einer Rede vor den Vereinten Nationen deutlich gemacht, dass aus seiner

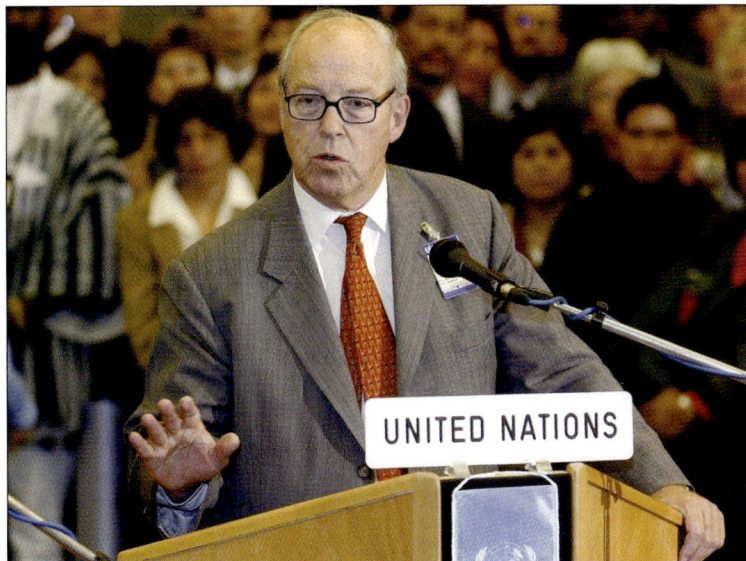

Hans Blix hat die Aufgabe, die Waffenkontrollen im Irak zu organisieren.

Wieder eine Stimme für Saddam Hussein – wenn die Statistik zutrifft

Sicht ein Militärschlag unvermeidlich sei, wenn die UNO den Irak nicht zur Abrüstung zwingen kann. Allerdings stößt Bush im eigenen Land mit seinem Kurs auf zunehmende Skepsis. Von den Verbündeten stellt sich nur der britische Premier Tony Blair uneingeschränkt hinter die USA.

Über halbwegs konkrete Angriffspläne berichtete erstmals am 5. Juli die »New York Times«. Danach sollte der Irak u. a. massiv aus der Luft und mit Bodentruppen aus dem Norden, Süden und Westen angegriffen werden.

Allerdings sind die Risiken unübersehbar, denn die USA und Großbritannien müssten bis zu 250 000 Soldaten in das Land schicken, die sich dann auf einen langen Einsatz mit Straßen- und Häuserkämpfen einzurichten hätten. Die Haushaltsexperten des Kongresses taxierten Anfang

Oktober die monatlichen Kriegskosten auf bis zu 9 Mrd. US-Dollar sowie zusätzlich bis zu 20 Mrd. US-Dollar für die militärischen Vorbereitungen und den späteren Abzug der Soldaten.

Der von den USA gewünschte Sturz Saddams hätte nicht nur politische, sondern auch gravierende ökonomische Folgen. Der Irak ist der Staat mit den weltweit zweitgrößten Ölvorkommen. Nach einem Machtwechsel in Bagdad könnte das Land wieder in großem Umfang Öl exportieren. Dies würde den Wettbewerb zwischen den Staaten der Organisation Erdöl exportierender Länder (OPEC) steigern und hätte sinkende Rohölpreise zur Folge. Davon wäre vor allem Saudi-Arabien betroffen, das rd. zwei Drittel seines Etats aus dem Ölgeschäft bestreitet.

3. NOVEMBER

Begeistert zeigt diese AKP-Anhängerin ein Plakat von Recep Tayyip Erdogan.

Türkei: Islamisten vorn

Die gemäßigten Islamisten sind die Sieger der vorgezogenen Neuwahlen für das türkische Parlament.

Die Partei für Gerechtigkeit und Entwicklung (AKP) gewinnt mit 34,2 % der Stimmen 363 von 550 Mandaten und damit die absolute Mehrheit in der Nationalversammlung. Außerdem zieht nur noch die sozialdemokratische Republikanische Volkspartei (CHP) mit 19,4 % und 178 Sitzen in die Volksvertretung ein. Die übrigen 16 zur Wahl angetretenen Parteien verfehlen den Sprung ins Parlament, darunter die Partei des Rechten Weges (DYP) der früheren Regierungschefin Tansu Ciller nur knapp mit 9,5 % der Stimmen. Neun Mandate gehen an unabhängige Abgeordnete.

Unter den an der Zehn-Prozent-Hürde gescheiterten Parteien ist auch die Demokratische Linkspartei (DSP) des noch amtierenden Ministerpräsidenten Bülent Ecevit. Seine schwere Erkrankung hat im Sommer eine Rücktrittswelle von Ministern und Abgeordneten und den Zerfall seiner Regierungskoalition ausgelöst. Die Parlamentswahl findet 18 Monate vor Ende der Legislaturperiode statt.

Anstelle von AKP-Chef Recep Tayyip Erdogan, den ein Gerichtsurteil vorerst an der Übernahme von Regierungsämtern hindert, bildet Abdullah Gül am 18. November ein Kabinett.

22. NOVEMBER

Unruhen um Miss-Wahl

In Nigeria löst die geplante Wahl der »Miss World« Unruhen aus.

Bei den Zusammenstößen zwischen Muslimen und Christen in der Stadt Kaduna im Norden Nigerias kommen 215 Menschen ums Leben, über 500 Personen werden verletzt.

Ausgelöst worden sind die Proteste der Muslime durch einen Artikel in der Tageszeitung »This Day« zu der geplanten Miss-Wahl in der Hauptstadt Abuja. Darin hatte die Journalistin Isioma Daniel die Kritik von Muslimen an der Miss-Wahl zurückgewiesen und gemeint, der Prophet Mohammed selbst »hätte sich vermutlich die schönste Frau von denen ausgesucht«. Viele muslimische Bürger Nigerias sehen in dem Spektakel jedoch eine Verunglimpfung ihres Propheten.

Der Schönheitswettbewerb ist nach Abuja vergeben worden, weil 2001 die Nigerianerin Agbani Darego den Wettbewerb gewonnen hatte. Wegen der tagelangen Ausschreitungen wird die Miss-Wahl schließlich nach London verlegt, wo nun am 7. Dezember mit Azra Akin eine Türkin zur Schönsten der Schönen gekürt wird.

22. NOVEMBER

Vaclav Havel (Mitte r.) erhält von Jacques Chirac (Mitte l.) ein Faksimile des NATO-Vertrages von 1949.

NATO gewinnt sieben Mitglieder hinzu

Die NATO soll 2004 um sieben Staaten Osteuropas wachsen.

Nach dem Willen der Staats- und Regierungschefs der 19 NATO-Staaten sollen Bulgarien, Rumänien, die baltischen Republiken Estland, Lettland, Litauen sowie Slowenien und die Slowakei in das Bündnis aufgenommen werden. Dies wäre die fünfte Erweiterung des 1949 gegründeten Militärbündnisses und – nach dem Beitritt von Polen, der Tschechischen Republik und Ungarn im Jahr 1999 – die zweite Aufnahme osteuropäischer Staaten.

NATO-Generalsekretär George Robertson gibt bekannt, dass die Beitrittsprotokolle voraussichtlich Ende März 2003 unterzeichnet werden. Der Beitritt soll dann bis Mai 2004 vollzogen sein. Weitere Anwärter für eine Aufnahme sind derzeit noch Albanien, Kroatien und Mazedonien.

Auf dem zweitägigen Gipfeltreffen der NATO in Prag wird ferner die von den USA gewünschte Aufstellung einer gut 20 000 Mann starken Schnellen Eingreiftruppe beschlossen. Sie soll ein wichtiges Instrument im Kampf gegen den Terrorismus sein.

Das dritte große Thema des Gipfels ist eine mögliche Militäraktion gegen den Irak. Schon am Vortag des Treffens hat US-Präsident George W. Bush den Kampf gegen den Terrorismus beschworen und in diesem Zusammenhang bekräftigt, der irakische Staatspräsident Saddam Hussein werde »so oder so« entwaffnet. Bush erklärte, er sei froh über jeden, der an der »Koalition der Wollenden« teilnehme. Die NATO-Staaten stellen sich in einer Erklärung hinter die UNO-Resolution 1441 zu Waffenkontrollen im Irak (→ 13.11./S. 110). Von einer Kriegsbeteiligung des Militärpaktes ist jedoch nicht die Rede.

Gleichfalls noch vor der offiziellen Eröffnung kommt es zu dem seit Wochen mit Spannung erwarteten Händeschütteln zwischen Bush und dem deutschen Bundeskanzler Gerhard Schröder. Dessen Weigerung, deutschen Soldaten an einem Krieg gegen den Irak zu beteiligen, sowie andere USA-kritische Töne aus dem rot-grünen Lager in der Endphase des Wahlkampfes hatten für transatlantische Verstimmung gesorgt (→ S. 90).

Im Anschluss an den Prager NATO-Gipfel stattet Bush dem russischen Präsidenten Wladimir Putin in St. Petersburg einen Kurzbesuch ab. Russland hat sich lange gegen einen Beitritt der früheren Sowjetrepubliken Estland, Lettland und Litauen zur NATO gesträubt, betont nun aber sein Interesse an Kooperation (→ 28.5./S. 51).

Als hätte es nie Streit gegeben: Gerhard Schröder (l.) und George Bush

7. NOVEMBER

Gibraltar will britisch bleiben

Nach dem Willen seiner Bewohner soll Gibraltar britisch bleiben.

In einem von der Regionalregierung eigenmächtig angesetzten Referendum lehnen 98,97 % der Abstimmenden eine Aufteilung der Souveränität zwischen Großbritannien und Spanien ab. London und Madrid hatten sich im Juli weitgehend über eine Ko-Souveränität für Spanien geeinigt, die den Einwohnern den britischen Pass belässt. Der Felsen von Gibraltar ist seit 1713 britisch.

Freude über das Ja zu Großbritannien

17. NOVEMBER

Ex-Premier verurteilt

Der frühere italienische Regierungschef Giulio Andreotti wird in Perugia der Anstiftung zum Mord für schuldig befunden.

Ein Berufungsgericht verurteilt den 83-Jährigen zu 24 Jahren Haft. Der in dem Verfahren von einem früheren Mafiaboss schwer belastete einstige christdemokratische Politiker soll 1979 die Ermordung des ihm missliebigen Journalisten Carmine Pecorelli in Auftrag gegeben haben.

In erster Instanz war Andreotti, der u. a. sieben Mal italienischer Ministerpräsident war, im September 1999 freigesprochen worden.

19. NOVEMBER

Israel: Neuwahlen und neue Gewalt

Nach dem Zerfall der großen Koalition steht Israel vor Neuwahlen.

Gut drei Wochen nach dem Ende der Regierungskoalition wählt Israels Arbeitspartei den Oberbürgermeister von Haifa, Amram Mizna, zum Vorsitzenden und Spitzenkandidaten für die Parlamentswahl am 28. Januar 2003. Seit den 80er Jahren hatte in Israel keine Koalitionsregierung bis zum Ende ihrer Amtszeit Bestand, seit 1995 regierten fünf Premiers.

Bei einer Wahlbeteiligung von 65 % der Parteimitglieder erreicht Mizna 53,9 %, der bisherige Vorsitzende Benjamin Ben-Elieser bekommt 38,2 % und der frühere Gewerkschaftschef Haim Ramon 7,2 % der Stimmen. Mizna gilt als politische »Taube«. Im Fall eines Wahlsiegs will er die Gespräche mit den Palästinensern wieder aufnehmen, die Armee aus dem Gasastreifen abziehen und jüdische Siedlungen im Autonomiegebiet abreißen.

Der Rücktritt Ben-Eliesers als Verteidigungsminister und der übrigen Minister der Arbeitspartei hat am 30. Oktober das Ende der großen Koalition bewirkt. Ausgelöst wurde die Regierungskrise durch den Streit um Beihilfen für die umstrittenen jüdischen Siedlungen in den besetzten Gebieten. Ben-Elieser wollte das Geld sozial schwachen Bevölkerungsgruppen geben.

Als Favorit bei der vorgezogenen Parlamentswahl gilt allerdings der Likud-Block von Regierungschef Ariel Scharon, der im Februar 2000 noch direkt vom Volk gewählt worden war. Dieses Verfahren ist inzwischen wieder abgeschafft worden. Scharon musste am 5. November seinen Rücktritt einreichen, nachdem es ihm nicht gelungen war, durch Bündnisse mit ultrarechten Parteien eine neue, tragfähige Regierung zu bilden. Staatspräsident Mosche Katzav löste daraufhin das Parlament auf.

Am 28. November wird Scharon in einer Urwahl als Parteichef bestätigt und setzt sich dabei u. a. gegen Ex-Premier Benjamin Netanjahu durch, den er am 3. November zum Außenminister ernannt hat.

Die Regierungskrise vollzieht sich vor dem Hintergrund fortdauernder Gewalt in den palästinensischen Autonomiegebieten und wiederholter Selbstmordanschläge in Israel. Nachdem Jerusalem vier Monate von An-

△ Einigkeit zwischen Rivalen: v.l. Haim Ramon, Amram Mizna, der neue Chef der Arbeitspartei, und sein Vorgänger Benjamin Ben-Elieser

◁ Händedruck auch bei der Konkurrenz vom Likud-Block: Benjamin Netanjahu (l.) und Ariel Scharon

schlägen verschont geblieben ist, reißt am 21. November ein Attentäter in einem Linienbus mindestens zwölf Menschen mit in den Tod. Als Vergeltung rückt die israelische Armee in Bethlehem im Westjordanland ein.

Eine neue Qualität erreicht die Gewalt am 28. November in Kenia: Ein Anschlag auf ein fast nur von Israelis besuchtes Hotel in Mombasa fordert 16 Tote. Fast zeitgleich entkommt eine mit 261 Passagieren besetzte Maschine der israelischen Fluggesellschaft Arkia nur knapp einem Raketenangriff.

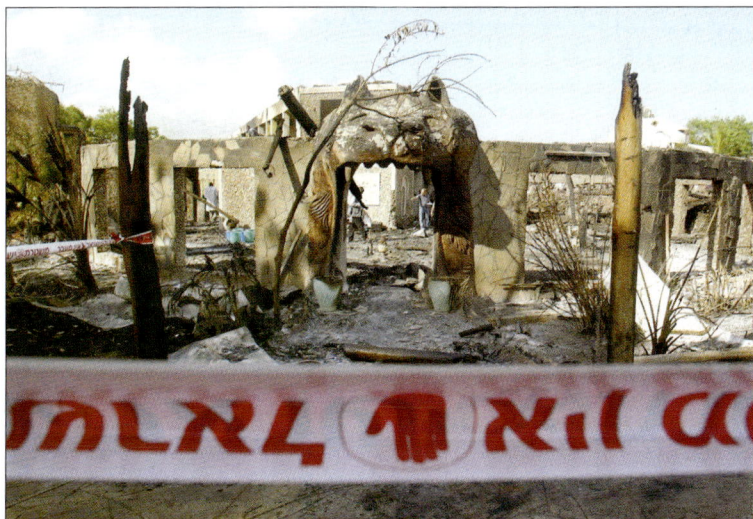

Experten der israelischen Armee untersuchen das Paradise-Hotel in Mombasa.

---

15. NOVEMBER

Wechsel in Chinas Führung

Chinas Kommunisten vollziehen einen Generationswechsel.

Das Zentralkomitee der Kommunistischen Partei Chinas (KPCh) wählt den 59-jährigen Hu Jintao als Nachfolger von Jiang Zemin zu seinem Generalsekretär. Jiang Zemin behält allerdings weiter Einfluss auf die Geschicke des Landes, da er als Oberbefehlshaber der Streitkräfte bestätigt wird und im neuen ZK noch viele Anhänger hat.

Am Vortag haben die 2114 Delegierten zum Abschluss des 16. Parteikongresses, der am 8. November eröffnet wurde, sechs Spitzenpolitiker aus Altersgründen nicht mehr in die oberste Führungsriege gewählt.

Hu Jintao (l.) mit Jiang Zemin

Bei diesem ersten geordneten Führungswechsel in der Geschichte der KPCh tritt eine ganze Generation freiwillig in den Ruhestand. Dazu gehören neben dem 76-jährigen Jiang Zemin auch Parlamentschef Li Peng und der amtierende Ministerpräsident Zhu Rongji.

Neben der Wahl eines neuen Zentralkomitees wird auf dem alle fünf Jahre in der Großen Halle des Volkes am Tiananmen-Platz abgehaltenen Parteitag u. a. beschlossen, dass neben Bauern und Arbeitern künftig auch Freiberufler und Selbstständige der Partei beitreten können.

Am 6. November ist mit großem propagandistischem Aufwand eine weitere Etappe beim Bau des umstrittenen Drei-Schluchten-Staudammes abgeschlossen worden. Das Mammutprojekt zur Stromgewinnung ist aus Umweltschutzgründen und wegen der erforderlichen Umsiedlung von über 1 Mio. Menschen höchst umstritten.

5. NOVEMBER

Bushs Republikaner beherrschen den Kongress

Nach dem unerwartet deutlichen Sieg bei den Wahlen in den USA sind künftig das Weiße Haus und beide Kammern des Kongresses in der Hand der Republikaner.

George W. Bush ist seit 1860 erst der dritte Präsident, dem es gelingt, bei den »midterm elections« (Halbzeitwahlen) zuzulegen. Neu gewählt wurden alle 435 Abgeordneten im Repräsentantenhaus, 34 der 100 Senatoren und 36 Gouverneure in den Bundesstaaten. Im Repräsentantenhaus haben die Republikaner nun 226 (bisher 223), die Demokraten 204 (bisher 208) Sitze, ein Mandat fällt an einen Unabhängigen, vier Sitze sind vakant.

Im Wahlkampf stellte eine mögliche Militäraktion gegen den Irak (→ 13.11./S. 110) alle anderen Themen in den Schatten. Dabei hätten die schwierige Wirtschaftslage, die Finanzskandale (→ 26.6./S. 61) und die Besorgnis erregenden Verluste bei der privaten Rentenvorsorge den Demokraten durchaus Argumente gegen Bushs Politik geliefert.

Die Demokraten suchen jetzt einen Neuanfang: Anstelle von Richard Gephardt soll künftig mit der Kalifornie-

Hoffnungsträgerin der Demokraten: Die Abgeordnete Nancy Pelosi

rin Nancy Pelosi, die dem liberalen Flügel der Partei angehört, erstmals eine Frau die Demokraten im Repräsentantenhaus führen.

Im Senat, der alle zwei Jahre zu einem Drittel neu gewählt wird, hatten die Demokraten bislang eine Mehrheit von einem Sitz. Hier stellen die Re-

publikaner bei zwei noch ausstehenden Entscheidungen nun bereits 51 Senatoren. Bei den Gouverneurswahlen gewinnen die Demokraten drei Staaten hinzu. Bisher stellten die Republikaner in 27 Staaten die Regierung, die Demokraten in 21, zwei Bundesstaaten hatten parteilose Gouverneure.

Präsidentenbruder Jeb Bush (r.) lässt sich von seinem Vater, George Bush sr., beglückwünschen. Jeb Bush setzt sich bei der Wahl zum Gouverneur von Florida mit 66 % der Stimmen unerwartet deutlich gegen den Demokraten Bill McBride durch.

19. NOVEMBER

Untergang der »Prestige« löst Umweltkatastrophe aus

Nach der Havarie der »Prestige« wird die nordwestspanischen Küste von ausgelaufenem Öl verseucht.

Sechs Tage nach der Havarie bricht der Großtanker »Prestige« auseinander und sinkt 180 km vor der Küste Galiciens mit rd. 65 000 t Öl an Bord in 3,6 km Tiefe. Das zuvor bereits ausgelaufene Öl verschmutzt die Küste auf einer Länge von gut 500 km.

Der 243 m lange Tanker befand sich für eine griechische Reederei auf dem Weg von Riga (Lettland) nach Gibraltar, als er am 13. November vor Kap Finisterra während eines Sturms in Seenot geriet. Die spanischen Behörden führen das Leck am Rumpf auf Materialermüdung und den schlechten Zustand des unter der Flagge der Bahamas fahrenden, 26 Jahre alten Schiffes zurück.

Vor dem Sinken hat der Havarist mindestens 10 000 t giftiges und extrem schwefelhaltiges Schweröl verloren. Anders als modernere Tanker hat die »Prestige« keine doppelten Außenwände. Seit 1996 müssen alle neuen

Öltanker als Doppelhüllenschiffe gebaut werden, Einhüllentanker sollen allerdings noch bis 2015 fahren dürfen. Weitere Katastrophen scheinen somit vorprogrammiert.

Um die Küsten Galiciens, deren Bewohner vor allem vom Fischfang leben, vor einer Umweltkatastrophe zu bewahren, ziehen vier Schlepper den Tanker trotz dessen starker Schlagseite aufs offene Meer. Doch der Wind schwemmt das treibende Öl landwärts, wo Tausende Helfer verzweifelt mit schwimmenden Barrieren und Spezi-

alpumpen gegen die Verseuchung ankämpfen. Hunderte von Seevögeln – darunter Kormorane, Tölpel und Möwen – kostet der zähflüssige Ölschlamm das Leben.

Nach Ansicht von Naturschützern hätte die Katastrophe vermieden werden können, wenn Spanien das Abpumpen des Öls in einem seiner Häfen erlaubt hätte. Am 1. Dezember protestieren bei der größten Demonstration in der Geschichte Galiciens bis zu 200 000 Menschen in Santiago de Compostela gegen den Umgang ihrer Regierung mit der Ölkatastrophe, deren Folgen noch nicht absehbar sind. Das zur Untersuchung des Wracks eingesetzte Spezial-U-Boot »Nautile« meldet, dass aus beiden Hälften des auseinandergebrochenen Tankers weiterhin Öl ausströmt.

Die Verkehrsminister der Europäischen Union verständigen sich am 6. Dezember darauf, einwandige Tanker, die mit Schweröl, Teer, Bitumen und schwerem Rohöl beladen sind, schon vor dem endgültigen Verbot aus europäischen Gewässern zu verbannen.

Der in zwei Teile zerbrochene Tanker »Prestige« kurz vor dem Untergang; zuletzt weigert sich Portugal, den Tanker in einem seiner Häfen aufzunehmen.

---

24. NOVEMBER

Wolfgang Schüssel (l.) vor seinen jubelnden Anhängern, die er dennoch zur Bescheidenheit aufruft

Jörg Haiders FPÖ fällt auf den Stand von 1986 zurück.

Wahl in Österreich bringt Sieg für Schüssel

Die vorgezogene Nationalratswahl wird zum Triumph für die Österreichische Volkspartei (ÖVP) und Bundeskanzler Wolfgang Schüssel.

Die ÖVP wird mit großem Vorsprung erstmals seit 1966 wieder stärkste Partei. Ihr bisheriger Regierungspartner, die rechtspopulistische Freiheitliche Partei (FPÖ), fährt hingegen nach innerparteilichen Querelen eine erdrutschartige Niederlage ein. Die Freiheitlichen erhalten nur noch 10,2 % der Stimmen und verlieren damit fast zwei Drittel ihrer Wählerschaft. Der ÖVP gelingt mit einem Zuwachs um 15,4 Prozentpunkte gegenüber der letzten Wahl 1999 auf 42,3 % der Stimmen der höchste Zugewinn einer Partei in Österreich seit 1945.

Dabei hatten die Meinungsforscher bis zuletzt ein Kopf-an-Kopf-Rennen der ÖVP mit den oppositionellen Sozialdemokraten (SPÖ) er-

wartet. Zwar gewinnt die SPÖ mit 36,9 % der Stimmen (1999: 33,2 %), ebenso wie die Grünen mit 9,0 % (7,4 %) leicht hinzu, zu der erhofften rot-grünen Mehrheit reicht es jedoch nicht. Die Wahlbeteiligung bleibt mit 80,5 % (1999: 80,4 %) stabil.

Eine Neuauflage der schwarz-gelben Koalition gilt nun als wahrscheinlichste Variante. SPÖ-Spitzenkandidat Alfred Gusenbauer sieht seine Partei eher in der Opposition. Auch ein Bündnis der ÖVP mit den Grünen erscheint nicht leicht vermittelbar.

Die FPÖ stürzt nach dem Wahldebakel in eine Führungskrise. Parteichef Herbert Haupt, der erst drei Wochen vor der Wahl die Nachfolge des erkrankten Verkehrsministers Mathias Reichhold angetreten hat, bietet zwar seinen Rücktritt an, wird jedoch am 8. Dezember auf einem Sonderparteitag in Salzburg im Amt bestätigt. Er bekundet den Willen zu einer neuen Koalition mit der ÖVP und versichert, Jörg Haider werde in der Bundespolitik keine Rolle mehr spielen. Der langjährige Parteichef setzt unterdessen seinen gewohnten Zick-Zack-Kurs fort. Am Morgen nach der Wahl kündigt er seinen Rücktritt als Landeshauptmann (Regierungschef) von Kärnten an, was er wenig später wieder dementiert.

Haider hat den Zerfall der Koalition durch seinen Machtkampf mit der früheren FPÖ-Chefin und Vizekanzlerin Susanne Riess-Passer, die er selbst im Mai 2000 inthronisiert hatte, und dem früheren Fraktionschef Peter Westenthaler herbeigeführt. Vorausgegangen war ein Streit um Hilfen für die Hochwasseropfer: Die Regierung hatte sich wegen der schwachen Konjunktur und der Hochwasserkatastrophe (→ 12.8./S. 77) für eine einjähri-

ge Verschiebung der für 2003 vorgesehenen Steuerreform ausgesprochen. Haider hingegen wollte an den ursprünglichen Plänen festhalten, berief sich auf ein angebliches Geheimabkommen mit Schüssel und wollte notfalls ein Steuer-Volksbegehren initiieren. Der Rücktritt von Riess-Passer und anderer FPÖ-Minister am 8. September besiegelte das Ende der im Februar 2000 gebildeten Mitte-Rechts-Regierung.

△ *SPÖ-Chef Alfred Gusenbauer; seine Partei steht nicht mehr auf Platz eins.*

▷ *Grünen-Chef Alexander Van der Bellen wollte mit der SPÖ koalieren.*

Ergebnis der Nationalratswahl				
Partei	Stimmen in %		Sitze	
	2002	1999	2002	1999
ÖVP	42,3	26,9	79	52
SPÖ	36,9	33,2	69	65
FPÖ	10,2	26,9	19	52
Grüne	9,0	7,4	16	14
Sonstige	1,7	5,6	–	–

»Spiegel« künftig ohne Augstein

Deutschland verliert mit Rudolf Augstein den wohl einflussreichsten Journalisten der Nachkriegszeit.

Zwei Tage nach seinem 79. Geburtstag erliegt der Gründer und Herausgeber des Nachrichtenmagazins »Der Spiegel« in Hamburg den Folgen einer Lungenentzündung.

Der am 5. November 1923 in Hannover geborene Augstein begann 1945 – nach drei Jahren Kriegsdienst und Gefangenschaft – in seiner Heimatstadt als Journalist zu arbeiten. Dort erschien am 4. Januar 1947 auch der erste »Spiegel«, den Augstein in den 50er und 60er Jahren als »Sturmgeschütz der Demokratie« verstand.

Nach der Titelgeschichte »Bedingt abwehrbereit« über das NATO-Manöver »Fallex 62« – der damalige Bundeskanzler Konrad Adenauer (CDU) erblickte in dem Artikel einen »Abgrund an Landesverrat« - begann am 26. Oktober 1962 die »Spiegel«-Affäre. Sie brachte Augstein für 103 Tage in Untersuchungshaft, löste aber auch Massendemonstrationen gegen diesen Angriff auf die Pressefreiheit aus und kostete den CSU-Politiker Franz Josef Strauß sein Amt als Bundesverteidigungsminister.

Bis zuletzt veröffentlichte Augstein, der 1972 drei Monate lang für die FDP im Bundestag saß, kritische Kommentare und Essays und verfasste Bücher überwiegend zu politischen Themen, darunter »Preußens Friedrich und die Deutschen« (1968) und »Jesus Menschensohn« (1972).

Wer künftig die Geschicke des »Spiegel« bestimmt, bleibt zunächst offen. Chefredakteur Stefan Aust schreibt in der Ausgabe vom 11. November: »Nach ihm kann und wird es keinen Herausgeber geben, der diesen Titel verdient. Die Schuhe sind zu groß.«

Seit 1971 ist Gruner + Jahr mit 25 % am »Spiegel«-Verlag beteiligt; 1974 überließ Augstein 50 % des Unternehmens seinen Mitarbeitern. Die restlichen 25 % gehen ungeteilt auf seine Erben über. Allerdings haben Mitarbeiter sowie Gruner + Jahr ein Vorkaufsrecht auf je 0,5 %. Damit verlieren Augsteins vier Kinder die Sperrminorität.

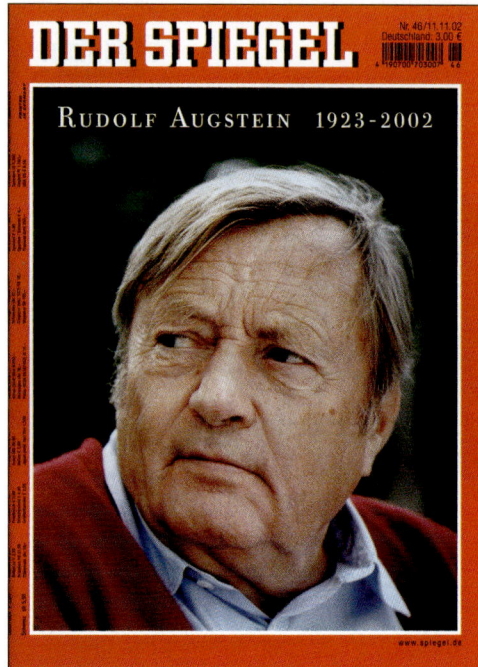
»Spiegel«-Ausgabe zum Tod von Rudolf Augstein

Artenschutz für Seepferdchen

Die umstrittene begrenzte Freigabe des Elfenbeinhandels sowie Schutzmaßnahmen für bestimmte Tiere und Pflanzen sind das Ergebnis der Artenschutzkonferenz.

Die 12. internationale Konferenz zum Washingtoner Artenschutzabkommen (Cites) in Santiago de Chile endet mit der Erlaubnis für Südafrika, Botswana und Namibia, von Mai 2004 an unter strengen Auflagen insgesamt 60 t Elfenbein aus Lagerbeständen zu verkaufen.

Unter verschärften Schutz stellt die Konferenz hingegen den Mahagonibaum, dessen wild wachsende Bestände in Mittelamerika bereits um mehr als 80 % dezimiert worden sind, sowie Seepferdchen, zahlreiche Arten von Schildkröten, Wal- und Riesenhai und den Schwarzmeer-Tümmler. Dieser Delfin unterliegt künftig einem totalen Handelsverbot. Wie schon auf der Walfangkonferenz (→ 24.5./S. 50) scheitert Japan mit dem Antrag, das vollständige Handelsverbot für Zwerg- und Bryde-Wale aufzuheben.

Castor nach Gorleben

Unter starkem Polizeischutz rollen zwölf Castoren nach Gorleben.

Der mit zwölf Atommüll-Behältern bisher größte Castor-Transport erreicht unter Protesten von Atomkraftgegnern das niedersächsische Zwischenlager. Der Konvoi mit Müll aus deutschen Kernkraftwerken ist am 11. November in der französischen Wiederaufbereitungsanlage La Hague gestartet.

In Frankreich beschützten rd. 300 Polizisten den Gefahrentransport, auf deutscher Seite waren etwa 16 000 Polizisten und Bundesgrenzschützer im Einsatz. Atomkraftgegner haben die Fahrt durch die Bundesrepublik mit vielen Protestaktionen nur verzögern können. Der Zug traf am Abend des 13. November mit sechs Stunden Verspätung in Dannenberg ein. Von dort wurden die Castoren mit rd. 1300 t hoch radioaktiven Abfällen auf Spezialtieflader gehievt und nach Gorleben gebracht.

Auf Tiefladern rollen die Castoren nach Gorleben.

Führungswechsel in NRW

Peer Steinbrück wird Ministerpräsident von Nordrhein-Westfalen.

Der Landtag wählt den 55-jährigen SPD-Politiker und bisherigen Landesfinanzminister mit 120 von 228 gültigen Stimmen zum Nachfolger des als »Superminister« für Arbeit und Wirtschaft nach Berlin gewechselten Wolfgang Clement. Der gebürtige Hamburger, einst Wirtschafts- und Verkehrsminister in Schleswig-Holstein, ist seit 1998 in Düsseldorf.

Steinbrück bildet die Regierung um. Die Zahl der Ministerposten erhöht sich von zehn auf elf. Außer den Grünen Bärbel Höhn und Michael Vesper behält nur Innenminister Fritz Behrens (SPD) seinen Posten. Harald Schartau wird das neue Ministerium für Wirtschaft und Arbeit übertragen. Der SPD-Landeschef kam selbst als Clement-Nachfolger nicht in Frage, da er nicht über das erforderliche Landtagsmandat verfügt.

Wolfgang Clement (l.) übergibt an Peer Steinbrück.

■ 1. Dezember, Sonntag

Brüssel: Die EU-Kommission warnt vor einem dramatischen Anstieg der Zahl der Aids-Toten. → S. 121

Ljubljana: Der bisherige slowenische Premier Janez Drnovsek wird in der Stichwahl zum Nachfolger von Präsident Milan Kucan gewählt, der am 23. Dezember seinen Posten abgibt.

SPRUCH DES MONATS

»Weniger für den privaten Konsum – und dem Staat das Geld geben, damit Bund, Länder und Gemeinden ihre Aufgaben erfüllen können.«
SPD-Fraktionschef Franz Müntefering am 1. Dezember in einem Interview mit dem »Tagesspiegel am Sonntag«

■ 2. Dezember, Montag

Berlin: Bundeskanzler Gerhard Schröder (SPD) erteilt weiterer Steuererhöhungen eine Absage und mahnt seine Partei zur Disziplin: Die »Kakophonie in den eigenen Reihen« müsse aufhören.

Berlin: Der FDP-Bundesvorstand beschließt ein Parteiordnungsverfahren gegen Jürgen Möllemann mit dem Ziel des Ausschlusses. → S. 120

■ 3. Dezember, Dienstag

Bagdad: Die UN-Waffeninspekteure im Irak durchsuchen erstmals einen Palast des irakischen Präsidenten Saddam Hussein (→ 13.11./S. 110).

Yokohama: Champions-League-Sieger Real Madrid gewinnt durch ein 2:0 gegen Südamerikameister Olimpia Asuncion (Paraguay) den Weltpokal.

■ 4. Dezember, Mittwoch

Bern: Die Schweizer Bundesversammlung wählt Micheline Calmy-Rey (SPS) zur Bundesrätin. → S. 119

Luanda: Das südliche Afrika und Australien erleben eine totale Sonnenfinsternis.

■ 5. Dezember, Donnerstag

Berlin: Der Bundestag verlängert den Einsatz der Bundeswehr in Mazedonien bis Mitte Juni 2003 und reduziert zugleich das Kontingent von 200 auf 70 Soldaten.

Oslo: Die Regierung Sri Lankas einigt sich mit Vertretern der Tamilen auf ein Ende des Bürgerkrieges. → S.119

■ 6. Dezember, Freitag

Berlin: Die Bundeswehr kann laut Verteidigungsminister Peter Struck (SPD) entgegen einer israelischen Bitte keine der im Ausland eingesetzten »Fuchs«-Truppentransportpanzer an Israel liefern.

■ 7. Dezember, Samstag

Bagdad: Der Irak übergibt der UNO ein rd. 12 000 Seiten langes Dossier über sein Potential an atomaren, biologischen und chemischen Waffen (→ 13.11./S. 110).

■ 8. Dezember, Sonntag

Hannover: Die Bundesversammlung von Bündnis 90/Die Grünen wählt Angelika Beer und Reinhard Bütikofer zu Parteivorsitzenden. → S. 120

Belgrad: In Serbien scheitert der zweite Versuch einer Präsidentenwahl an der zu geringen Beteiligung.

■ 9. Dezember, Montag

Chicago: Die Fluggesellschaft United Airlines beantragt wegen Zahlungsunfähigkeit Gläubigerschutz. → S. 119

■ 10. Dezember, Dienstag

Oslo/Stockholm: Die Nobelpreise werden vergeben. → S. 122

■ 11. Dezember, Mittwoch

Kourou: Auch der zweite Jungfernflug der europäischen Trägerrakete Ariane-5-Plus scheitert. → S. 119

■ 12. Dezember, Donnerstag

Kopenhagen: Der EU-Erweiterungsgipfel beginnt. 2004 sollen zehn weitere Staaten beitreten. → S. 118

Genf: Die UEFA vergibt die Fußball-EM 2008 an die Schweiz und Österreich. → S. 123

■ 13. Dezember, Freitag

Berlin: Die Regierungskommission zur Reform der Sozialsysteme nimmt unter dem Vorsitz des Rentenexperten Bert Rürup ihre Arbeit auf. Sie soll bis Herbst 2003 Vorschläge über die Zukunft von Rente und Gesundheitswesen erarbeiten.

■ 14. Dezember, Samstag

München: Der FC Bayern geht als »Herbstmeister« in die Winterpause der Fußball-Bundesliga. → S. 123

■ 15. Dezember, Sonntag

Frankfurt am Main: Die Deutsche Bahn AG startet mit dem Fahrplanwechsel ein neues Tarifsystem. → S.120

■ 16. Dezember, Montag

Berlin: Bundeskanzler Gerhard Schröder (SPD) kündigt die Einführung einer Zinsabgeltungssteuer an. Kapitalerträge sollen dann über einen Freibetrag hinaus einheitlich mit einem Satz von 25 % besteuert werden.

■ 17. Dezember, Dienstag

Berlin: Im Vermittlungsausschuss einigen sich Regierung und Opposition auf eine Regelung zu den Minijobs des Hartz-Konzepts. Danach müssen Arbeitnehmer mit einem Verdienst bis 400 € ab April 2003 keine Steuern und Sozialabgaben zahlen.

■ 18. Dezember, Mittwoch

Karlsruhe: Das Bundesverfassungsgericht erklärt das Zustandekommen des Zuwanderungsgesetzes für verfassungswidrig. → S. 121

Berlin: Der zweite Teil der Fantasy-Saga »Herr der Ringe« kommt in die Kinos. → S. 123

■ 19. Dezember, Donnerstag

Wuppertal: Das Landgericht spricht Wuppertals Oberbürgermeister Hans Kremendahl (SPD) vom Vorwurf der Bestechlichkeit frei. Anlass des Verfahrens war die Spende eines Bauunternehmers an die SPD für Kremendahls Wahlkampf 1999.

Kassel: Ein Spitzengespräch im Tarifstreit des öffentlichen Dienstes scheitert. → S. 121

Seoul: Der Reformpolitiker Roh Moo Hyun gewinnt die Präsidentenwahl in Südkorea. Der bisherige Staatschef Kim Dae Jung konnte gemäß Verfassung nicht mehr antreten.

■ 20. Dezember, Freitag

Karlsruhe: Gegner des Dosenpfands scheitern vor dem Bundesverfassungsgericht. → S. 121

■ 21. Dezember, Samstag

Kabul: Beim Absturz eines Hubschraubers kommen sieben Bundeswehrsoldaten ums Leben. Ursache des Unglücks ist vermutlich technisches Versagen.

■ 22. Dezember, Sonntag

Baden-Baden: Die Sportler des Jahres werden gekürt. → S. 123

■ 23. Dezember, Montag

Berlin: Das Robert-Koch-Institut erlaubt dem Bonner Gehirnforscher Oliver Brüstle als erstem deutschen Wissenschaftler die Einfuhr menschlicher embryonaler Stammzellen.

■ 24. Dezember, Dienstag

Hannover: Gefrierender Regen sorgt im Norden und in der Mitte Deutschlands für ein Verkehrschaos.

■ 25. Dezember, 1. Weihnachtstag

Daska: Bei einem Anschlag mutmaßlicher islamischer Extremisten auf einen Weihnachtsgottesdienst für Kinder werden in der pakistanischen Provinz Punjab drei Mädchen getötet und mindestens 16 verletzt.

■ 26. Dezember, 2. Weihnachtstag

Pjöngjang: Internationalen Protesten zum Trotz rüstet Nordkorea den Reaktor in Yongbyon mit neuen Brennstäben aus, bestreitet aber, ein Atomwaffenprogramm zu verfolgen.

■ 27. Dezember, Freitag

Peking: Wegen »nicht erfüllter Sicherheitsstandards« schließt die chinesische Regierung mehr als 3300 Internet-Cafés.

■ 28. Dezember, Samstag

Paris: Die Christliche Gemeinschaft von Taizé veranstaltet ihr 25. Europäisches Jugendtreffen.

PERSON DES MONATS

Ismail Boro

und seine fünfköpfige deutsch-türkische Berliner Großfamilie werden durch die vierteilige ARD-Dokumentation »Schwarzwaldhaus 1902« zu Medienstars. Sie lebten zehn Wochen auf einem alten Bauernhof im Schwarzwald unter den Bedingungen, die vor hundert Jahren herrschten.

■ 29. Dezember, Sonntag

Oberstdorf: Die 51. Vierschanzentournee startet.

■ 30. Dezember, Montag

Stuttgart: »Brot für die Welt« wirbt wieder mit der Aktion »Brot statt Böller« um Spenden.

■ 31. Dezember, Dienstag

Schanghai: Die Magnetschwebebahn Transrapid wird auf der Strecke zwischen Schanghai-Stadt und Pudong-Flughafen erprobt.

Europäische Union soll 2004 weiter wachsen

Durch die größte Erweiterung ihrer Geschichte soll die Europäische Union (EU) um zehn auf 25 Mitgliedsländer vergrößert werden.

Nach teilweise schwierigen Verhandlungen einigen sich die Staats- und Regierungschefs der 15 EU-Staaten und die Vertreter der Beitrittsländer auf die Finanzierung dieses ehrgeizigen Vorhabens. Slowenien, das früher zu Jugoslawien gehörte, die Mittelmeerinseln Malta und Zypern sowie sieben Staaten aus dem früheren sowjetischen Machtbereich – die baltischen Länder Estland, Lettland, Litauen, die Slowakei, Tschechien, Ungarn und Polen – sollen der bislang westeuropäisch geprägten EU beitreten. Diese vergrößert damit ihr Gebiet um rd. 30 % und hat dann fast 500 Mio. Einwohner.

Der Beitrittsvertrag soll auf dem Europäischen Rat von Athen am 16. April 2003 unterzeichnet werden und am 1. Mai 2004 in Kraft treten.

Mit der Zustimmung der Iren zum Vertrag von Nizza (→ 19.10./S. 102) und der vorläufigen Einigung über die künftige Agrarpolitik waren vor dem Gipfel in Kopenhagen zwei wesentliche Hindernisse aus dem Weg geräumt worden. Am 24. Oktober verständigten sich der deutsche Bundeskanzler Gerhard Schröder (SPD) und der französische Präsident Jacques Chirac im Grundsatz darauf, dass die Mittel der EU für die Agrarfinanzierung von 2007 bis 2013 eingefroren werden und

dass die Landwirte in den Beitrittsländern schrittweise den Bauern in den bisherigen EU-Staaten gleichgestellt werden sollen.

Auf dem Gipfel in Kopenhagen war bis zuletzt die Höhe der Finanzhilfen für die Beitrittsländer in den ersten Jahren der Erweiterung offen. Die EU-Chefs hatten ursprünglich eine Obergrenze von 37,6 Mrd. € gezogen, dann 40,42 Mrd. € angeboten. Nun sollen in die Beitrittsländer 40,72 Mrd. € u. a. an Direktbeihilfen für die Landwirtschaft, an Infrastrukturhilfen und

für den Aufbau verschärfter Kontrollen an den EU-Außengrenzen fließen. Polen bekommt von der EU zusätzlich 133 Mio. €, um die dann längste Ostgrenze der EU »schengentauglich« zu machen.

Für Rumänien und Bulgarien, mit denen Aufnahmeverhandlungen laufen, ist frühestens im Jahr 2007 ein EU-Beitritt denkbar.

Die Türkei, die seit langem eine Mitgliedschaft anstrebt, muss sich noch länger gedulden. Frühestens im Dezember 2004 könnte die EU dem

Land am Bosporus offizielle Beitrittsverhandlungen anbieten, wenn es bis dahin alle politischen Kriterien für eine Aufnahme erfüllt: Beachtung der Menschenrechte, Rechtsstaatlichkeit und demokratische Verhältnisse.

Diese in Kopenhagen gefundene Kompromissformel folgt im Wesentlichen einem Vorschlag von Deutschland und Frankreich. Die türkische Regierung reagiert verärgert: Sie hatte – mit Unterstützung der USA – auf einen Beginn der Verhandlungen bereits im Jahr 2003 gedrängt.

Der dänische Premier Anders Fogh Rasmussen, EU-Kommissionspräsident Romano Prodi und der für die Erweiterung zuständige deutsche EU-Kommissar Günter Verheugen (v.l.) sind sich über die Schlüsselfragen der Finanzierung des Erweiterungsvorhabens und die Beitrittsaussichten für die Türkei einig. Deutschland und andere Nettozahler in der EU lehnen allzu weit gehende Forderungen der Kandidaten nach Geldern über den bisherigen Finanzplan hinaus ab.

Zukunft Zyperns weiter ungewiss

Die Zypern-Frage zählt ebenso wie ein EU-Beitritt der Türkei zu den noch ungelösten Fragen. Die Republik Zypern – der von Griechen bewohnte südliche Teil der Insel – unter Präsident Glafkos Klerides gehört zu den zehn künftigen EU-Mitgliedern, die EU hofft aber auf den Beitritt eines vereinten Zypern einschließlich des 1974 von der Türkei militärisch besetzten Nordteils. Dazu müsste es zu einer Verständigung zwischen griechischer und türkischer Volksgruppe auf der Mittelmeerinsel über die Aufhebung der Teilung kommen.

In der Abschlusserklärung von Kopenhagen begrüßen die Gipfelteil-

nehmer ausdrücklich die Zusage der beiden Volksgruppen, »die Verhandlungen mit dem Ziel fortzusetzen, bis zum 28. Februar 2003 zu einer umfassenden Regelung des Zypern-Problems auf der Grundlage der Vorschläge des Generalsekretärs der Vereinten Nationen zu gelangen«. Das künftige Zypern soll – so der im November vorgelegte Vorschlag von Kofi Annan – aus einem gemeinsamen Staat mit zwei gleichberechtigten Teilstaaten bestehen (→ 16.1./S. 13).

Die türkischen Politiker Recep Tayyip Erdogan und Abdullah Gül mit dem griechischen Premier Kostas Simitis

Riesenpleite in der Luftfahrt

Die zweitgrößte Fluggesellschaft der Welt ist zahlungsunfähig.

Die US-Linie United Airlines beantragt in Chicago Gläubigerschutz, um trotz der Insolvenz eine Sanierung und die Fortdauer des Flugbetriebs zu ermöglichen. Auch die Lufthansa ist indirekt von der größten Pleite in der Luftfahrtgeschichte betroffen, da sie im Rahmen der Star Alliance mit United Airlines kooperiert. Deren Umsatz ist seit Jahresbeginn um 18% gesunken.

9. DEZEMBER

Maschinen der United Airlines am 6. Dezember auf dem Flughafen in Tokio

5. DEZEMBER

Friedenslösung für Sri Lanka

Nach 19 Jahren endet der Bürgerkrieg in Sri Lanka.

In Oslo verständigen sich Vertreter der Regierung und Abgesandte der tamilischen Rebellenbewegung LTTE auf ein Ende der Kämpfe, denen über 70 000 Menschen zum Opfer gefallen sind. Der Durchbruch gelang, weil die LTTE auf ihre Forderung nach einem eigenen Staat verzichtete. Angestrebt wird eine föderative Struktur, die den Tamilen, die im Norden und Osten der südasiatischen Insel die Mehrheit stellen, Selbstverwaltungsrechte gibt.

Premier Ranil Wickremasinghe (l.) mit LTTE-Sprecher Anton Balasingham

11. DEZEMBER

Fehlschlag mit Ariane

Die Ariane-5-Plus-Rakete wird kurz nach dem Start gesprengt.

Die neue europäische Trägerrakete, die zwei Satelliten ins All befördern sollte, hebt planmäßig vom Weltraumbahnhof Kourou in Französisch-Guayana ab, weicht dann aber vom Kurs ab und muss zerstört werden. Auch der erste Jungfernflug eine Woche zuvor ist bereits an technischen Problemen gescheitert.

Die Ariane beim Start; wenig später stürzt sie mit zwei Satelliten ab.

4. DEZEMBER

Bundesrätin Micheline Calmy-Rey

Genferin in den Bundesrat

Die neue Schweizer Bundesrätin heißt Micheline Calmy-Rey.

Die Vereinigte Bundesversammlung (National- und Ständerat) wählt die 57-jährige Genfer Finanzdirektorin mit 131 von 199 Stimmen im letzten Wahlgang zur Nachfolgerin von Ruth Dreifuss. Beide gehören der Sozialdemokratischen Partei (SPS) an.

Calmy-Rey setzt sich in fünf Wahlgängen durch. Die gleichfalls von sozialdemokratischer Seite nominierte Freiburger Gesundheits- und Sozialfürsorgedirektorin Ruth Lüthi erhält im letzten Wahlgang 68 Stimmen. Der als Kandidat der konservativen Schweizerischen Volkspartei (SVP) angetretene Zürcher Nationalrat Toni Bortoluzzi scheidet im vierten Wahlgang aus.

Calmy-Rey ist das 106. Mitglied des Bundesrates seit 1848. Am 11. Dezember wird über die Verteilung der Ressorts für 2003 entschieden. Danach wechselt der zum Bundespräsidenten für das Jahr 2003 gewählte Bundesrat Pascal Couchepin (FDP) als Nachfolger von Dreifuss ins Eidgenössische Departement des Innern. Bundesrat Joseph Deiss (CVP) übergibt das Außendepartement an die neue Bundesrätin Calmy-Rey und übernimmt von Couchepin das Volkswirtschaftsdepartement. Die übrigen vier Mitglieder der Regierung verbleiben auf ihren bisherigen Posten.

Seit 1959 ist die Verteilung der sieben Bundesräte auf die vier größeren Parteien unverändert. Am 19. Oktober 2003 wählt die Schweiz einen neuen Nationalrat.

2. DEZEMBER

FDP-Vorstand beschließt Möllemann-Rauswurf

Die Liberalen brechen endgültig mit ihrem früheren Bundesvize Jürgen Möllemann.

Der FDP-Bundesvorstand beschließt in Berlin mit großer Mehrheit, ein Parteiordnungsverfahren mit dem Ziel des Ausschlusses einzuleiten. Zuvor hatte Möllemann das ihm am 25. November gestellte Ultimatum verstreichen lassen, die Partei von sich aus zu verlassen.

Möllemann erklärt, ein Rauswurf ohne Anhörung des Betroffenen sei »feige und hinterhältig«. FDP-Chef Guido Westerwelle wirft ihm vor, er habe »im Alleingang die Grundachse der FDP gegen ihren Willen verschieben« wollen (→ 16.5./S. 52) und der Partei damit politisch und moralisch schweren Schaden zugefügt.

Am Tag zuvor hat die NRW-FDP in Düsseldorf den bisherigen Möllemann-Stellvertreter Andreas Pinkwart zum neuen Landeschef gewählt. Der Bundestagsabgeordnete setzte sich im zweiten Wahlgang gegen die stellvertretende Landesvorsitzende Ulrike Flach durch.

Am 20. Oktober hatte Möllemann die sofortige Aufgabe seiner politischen

Der umstrittene Möllemann-Flyer

Neuer Landeschef Andreas Pinkwart

Ämter bekannt gegeben. Er trat als FDP-Landeschef von Nordrhein-Westfalen und als Vorsitzender der Landtagsfraktion zurück. Der am → 23. September (S. 91) bereits als stellvertretender FDP-Bundesvorsitzender demissionierte Politiker war u. a. wegen der undurchsichtigen Finanzierung eines israelkritischen Wahlkampf-Flugblattes in die Kritik geraten.

FDP-Bundesschatzmeister Günter Rexrodt hatte am 18. Oktober Bundestagspräsident Wolfgang Thierse (SPD) darüber informiert, dass eine Spendensumme von 838 000 € gestückelt und anonym auf einem von Möllemann am 20. September eingerichteten Wahlkampf-Sonderkonto gelandet sei. Laut Rexrodt handelt es sich um 145 Bareinzahlungen in Höhe von 1000 bis 8000 € bei 14 Banken.

Die Gesamtsumme entspreche fast exakt dem Betrag, den die Post für die Beförderung der von Möllemann in Eigenregie an die Haushalte in Nordrhein-Westfalen verteilten Flugblätter in Rechnung gestellt habe. Wer jeweils gespendet habe, lasse sich in den meisten Fällen nicht ermitteln. Möllemann erklärt später, das Geld stamme aus seinem Privatvermögen.

8. DEZEMBER

Grüne geben Kuhn und Roth Laufpass

Angelika Beer und Reinhard Bütikofer bilden das neue Führungsduo der Grünen. Der Parteitag in Hannover wählt sie zu Nachfolgern von Claudia Roth und Fritz Kuhn.

Die bisherigen Parteisprecher hatten nicht mehr kandidiert, nachdem ihr Antrag auf befristete Aussetzung der Trennung von Amt und Mandat in einer nächtlichen Sitzung gescheitert

war; Kuhn und Roth wollen ihr Bundestagsmandat behalten. Die frühere Bundestagsabgeordnete Beer und der bisherige Bundesgeschäftsführer Bütikhofer gelten vielen als zweite Wahl.

Knapp zwei Monate zuvor, am 19. Oktober, war der Parteivorstand auf der Bundesdelegiertenkonferenz von Bündnis 90/Die Grünen in Bremen mit dem Versuch gescheitert, das Prinzip der Trennung von Amt und Mandat aufzuweichen und Kuhn und Roth eine erneute Kandidatur für den Vorsitz zu ermöglichen. Nach dem damals gestellten Antrag sollten zwei der sechs Mitglieder des Bundesvorstands Abgeordnete sein dürfen. Er verfehlte um 20 Stimmen die für eine Änderung der Satzung nötige Zweidrittelmehrheit.

Bei der neuerlichen Abstimmung in Hannover fehlen nun acht Stimmen an der Mehrheit, die es ermöglicht hätte, dass Kuhn und Roth bis zur endgültigen Klärung der Frage in einer Urabstimmung unter den Grünen-Mitgliedern Parteisprecher bleiben.

Reinhard Bütikofer gilt parteiintern als Realpolitiker, die Verteidigungsexpertin Angelika Beer wird der pragmatischen Linken zugerechnet.

15. DEZEMBER

Bahnfahren für viele teurer

Begleitet von anhaltender Kritik startet die Deutsche Bahn AG mit dem – erstmals kurz vor Jahresende vorgenommenen – Fahrplanwechsel ein neues Tarifsystem.

Damit will das Unternehmen Frühbucher sowie Fahrgemeinschaften und Familien mit großzügigen Rabatten begünstigen, Pendler müssen hingegen mit höheren Preisen rechnen. Auch wer spontan fährt, zahlt künftig deutlich mehr.

Im Fernverkehr setzt die Bahn auf den ICE und Intercity (IC). Die bisherigen Interregio-Verbindungen werden weitgehend aufgegeben und durch Intercitys oder Nahverkehrszüge ersetzt. Die – deutlich billigere – Bahn-Card bringt nur noch eine Ermäßigung von 25 statt bisher 50 %, dafür aber auf alle Tarife.

Bahnchef Hartmut Mehdorn spricht von einem erfolgreichen Start des umfassend beworbenen Preissystems, schließt aber Nachbesserungen bei Bedarf nicht aus.

19. DEZEMBER

Ver.di legt Verkehr lahm

Im öffentlichen Dienst stehen die Zeichen auf Arbeitskampf.

Die Gewerkschaft Ver.di und die Arbeitgeber können sich in Kassel auf keinen Abschluss einigen. Für die rd. 3 Mio. Arbeiter und Angestellten bei Bund, Ländern und Gemeinden fordert Ver.di mindestens 3 % mehr Lohn und Gehalt. Die Arbeitgeber haben wegen leerer Kassen zuerst eine Nullrunde, dann eine stufenweise Anhebung um 0,9 sowie 1,2 % in 2003 vorgeschlagen.

Streikende Straßenbahnfahrer in München bei Dienstbeginn am 16. Dezember

20. DEZEMBER

Streit um Dosenpfand

Gegner des Dosenpfands scheitern vor dem Bundesverfassungsgericht.

Eilanträge mehrerer Kaufleute der Rewe-Handelsgruppe zum Stopp der Pfandpflicht werden abgewiesen. Laut Verpackungsverordnung ist ab 1. Januar 2003 auf Bier, Mineralwasser und Erfrischungsgetränke in Dosen und Einwegflaschen ein Pfand von 25 Cent bzw. 50 Cent für Behälter mit 1,5 l oder mehr fällig (→ 27.6./S. 63). Der Handel hat noch kein bundesweites Rücknahmesystem aufgebaut.

Leere Getränkedosen und Einwegflaschen in einem Schweriner Geschäft

18. DEZEMBER

Karlsruhe stoppt Gesetz

Das Zuwanderungsgesetz tritt nach einem Urteil des Verfassungsgerichts nicht zum 1. Januar 2003 in Kraft.

Das Bundesverfassungsgericht gibt der Normenkontrollklage von sechs unionsgeführten Länder statt. Die Richter erklären die umstrittene Abstimmung im Bundesrat am → 22. März (S. 27) für verfassungswidrig. Die nicht-einheitliche Stimmabgabe Brandenburgs sei zu Unrecht von Bundesratspräsident Klaus Wowereit (SPD) als Ja-Stimme gewertet worden.

Die Richter bringen damit ein zentrales Reformprojekt der rot-grünen Bundesregierung zu Fall. Bei der Klage ging es allerdings nicht um den Inhalt des Gesetzes; es wurde nur geprüft, ob es verfassungsgemäß zustande gekommen ist. Bundesinnenminister Otto Schily (SPD) kündigt an, die Regierung werde das Gesetz unverändert wieder auf den parlamentarischen Weg bringen und dann im Vermittlungsausschuss nach einen Kompromiss mit der CDU/CSU suchen. Die Union zeigt sich gesprächsbereit, fordert aber Zugeständnisse. Strittig sind u.a. die Aufhebung des Anwerbestopps und die Abschaffung der Aufenthaltsduldung.

Annegret Kramp-Karrenbauer, Peter Müller (beide CDU) Günther Beckstein (CSU) freuen sich.

1. DEZEMBER

42 Millionen mit Aids infiziert

Der Welt-Aids-Tag steht im Zeichen des Kampfes gegen die Immunschwäche-Krankheit.

Weltweit finden Demonstrationen, Mahnwachen, Spendenaktionen und Benefiz-Galas statt. Die EU-Kommission in Brüssel warnt vor einem dramatischen Anstieg der Aids-Toten. Allein in Deutschland leben nach Angaben des Robert-Koch-Instituts ca. 38 000 mit dem HI-Virus infizierte Menschen.

Im Jahr 2002 haben sich weltweit vermutlich 5 Mio. Menschen neu infiziert, vor allem in Asien, Afrika und Osteuropa. Weltweit werden Ende 2002 nach Angaben der UNO 42 Mio. Menschen das Aidsvirus in sich tragen. 95 % aller Infizierten leben in Ländern der Dritten Welt, allein 29,4 Mio. in den afrikanischen Staaten südlich der Sahara.

In Ländern wie Lesotho, Simbabwe und Swasiland sind mittlerweile schon jeweils ein Drittel der Bevölkerung HIV-positiv.

Symbol der Solidarität: Die Aids-Hilfe Halle hängt eine rote Schleife auf.

10. DEZEMBER

Carters Mittlertätigkeit ist nobelpreiswürdig

In Oslo und Stockholm werden die Nobelpreise vergeben.

Aus der Hand des norwegischen Königs Harald V. nimmt Jimmy Carter, früherer Präsident der USA, den Friedensnobelpreis entgegen. Er wird damit für seine Bemühungen geehrt, durch Diplomatie Konflikte zu entschärfen und Alternativen zu einer Politik der Konfrontation zu entwickeln.

Seine jüngste Mission führte Carter im Mai 2002 nach Kuba. Er war zwar Gast des kommunistischen Staatschefs Fidel Castro, besuchte aber auch Dissidenten und pochte vor dem Parlament in Havanna auf die Erweiterung politischer Freiheiten.

Der spektakulärste Erfolg Carters liegt fast ein Vierteljahrhundert zurück. 1978 gelang es dem damaligen US-Präsidenten, den israelischen Regierungschef Menachem Begin und Ägyptens Staatschef Anwar as-Sadat zum Abschluss eines Friedensvertrages zu bewegen. Dafür erhielten beide Politiker den Friedensnobelpreis, der Vermittler ging seinerzeit leer aus.

Wie üblich werden die übrigen Nobelpreise in Stockholm überreicht. »Für ein schriftstellerisches Werk, das die zerbrechliche Erfahrung des Einzelnen gegenüber der barbarischen Willkür der Geschichte behauptet«, erhält der Ungar Imre Kertész den Nobelpreis für Literatur. Es ist das erste Mal, dass einem Autor ungarischer Zunge diese Ehrung zuteil wird. Der Schriftsteller, 1929 in Budapest geboren, wurde wegen seiner jüdischen Herkunft 1944 ins Konzentrationslager Auschwitz verschleppt. Seine dortigen Erfahrungen verarbeitete er in dem 1975 erschienenen »Roman eines Schicksallosen«.

Der Nobelpreis für Chemie wird »für die Entwicklung von Methoden zur Identifikation und Strukturanalyse von biologischen Makromolekülen« an Kurt Wüthrich (Schweiz), John Fenn (USA) und Koichi Tanaka (Japan) verliehen. Die Forschungsarbeit der drei Wissenschaftler habe das Verständnis der Lebensprozesse erweitert und die Entwicklung neuer Heilmittel revolutioniert, heißt es zur Begründung.

»Bahnbrechende Arbeiten in der Astrophysik« werden mit dem diesjährigen Nobelpreis für Physik gewürdigt. Raymond Davis (USA) und Masatoshi Koshiba (Japan) werden für

Der Ungar Imre Kertész (Mitte) hat in Stockholm den Nobelpreis für Literatur entgegengenommen, andere Preisträger – l. Robert Horvitz und John Sulston, r. Daniel Kahneman und Vernon Smith – applaudieren.

den Nachweis kosmischer Neutrinos geehrt. Der dritte Preisträger Riccardo Giacconi, ein US-Amerikaner italienischer Herkunft, gilt als Begründer der modernen Röntgenastronomie.

Der 1 mm lange Fadenwurm Caenorhabditis elegans hat den Gewinnern des Medizinnobelpreises 2002 zu ihrer Ehrung verholfen. Er diente in den 70er Jahren dem Briten Sydney Brenner als Modellorganismus für seine Untersuchungen zum programmierten Zelltod. In den Genen von Menschen, Tieren und Pflanzen ist ein Mechanismus verankert, der alte, beschädigte oder überflüssig gewordene Zellen absterben lässt. Diese sog. Apoptose sorgt z. B. dafür, dass Kaulquappen ihren Schwanz verlieren und zu Fröschen werden können. Die von Brenner angestoßenen Untersuchungen wurden u. a. von seinem Landsmann John Sulston und dem US-Amerikaner Robert Horvitz fortgesetzt, die mit ihm den Nobelpreis teilen.

Der Nobelpreis für Wirtschaftswissenschaften geht 2002 zum dritten Mal hintereinander in die USA, wobei sich zwei Ökonomen die Auszeichnung teilen. Daniel Kahneman führte die Psychologie in die Wirtschaftswissenschaften ein. Seine gemeinsam mit dem inzwischen verstorbenen Amos Tversky entwickelte »prospect theory« erklärt das Verhalten der Menschen in schwer vorhersehbaren Situationen, etwa beim Aktienkauf. Sein Kollege Vernon Smith habe, so die Preisbegründung, das Fundament für die experimentellen Wirtschaftswissenschaften gelegt. Dank seiner Forschungen könnten nun verschiedene volkswirtschaftliche Situationen mit unterschiedlichen Einflussfaktoren durchgespielt werden.

Der 78-jährige Ex-Präsident Jimmy Carter bei der Ehrung in Oslo

1978 auf dem Landsitz des US-Präsidenten in Camp David: Sadat, Carter und Begin (v.l.) leiten den ägyptisch-israelischen Dialog ein.

18. DEZEMBER

Mittelerde-Fans stürmen die Kinos

Mit Premieren um 00.01 Uhr startet in Deutschland der zweite Teil der Fantasy-Saga »Der Herr der Ringe«.

Das dreistündige Epos »Die zwei Türme« des neuseeländischen Regisseurs Peter Jackson ist die Fortsetzung des ein Jahr zuvor angelaufenen ersten Teils »Die Gefährten« nach dem Buch des britischen Schriftstellers J.R.R. Tolkien. Auf die Fortsetzung der in einem Stück zwischen Oktober 1999 und Dezember 2000 gedrehten Trilogie, nämlich auf »Die Rückkehr des Königs«, müssen die Fans wiederum zwölf Monate warten.

Wieder geht es um den Kampf der friedliebenden Bewohner von Mittelerde gegen die schier übermächtige Streitmacht des Bösen. Am Ende des ersten Teils wurden die Gefährten getrennt; jetzt müssen sie allein versuchen, die unheilvollen Pläne des dunklen Herrschers Sauron zu durchkreuzen. Ihr Weg führt sie zu zwei Türmen, die sich zu einer Unheil bringenden Allianz verbündet haben, Or-

Gimli (John Rhys-Davis) und Legolas (Orlando Bloom, vorn) rücken aus.

thanc, die Festung des Zauberers Saruman (Christopher Lee) in Isengart, und Barad-Dur, die Bastion Saurons tief im Lande Mordor. Genau dorthin wollen aber auch der Hobbit Frodo (Elijah Wood) und sein treuer Begleiter Sam (Sean Astin), um den Allmacht verheißenden Einen Ring zu zerstören.

22. DEZEMBER

Favoritensiege bei Sportlerwahl

Franziska van Almsick, Sven Hannawald und die Fußball-Nationalelf sind Sportler des Jahres.

Bei der zum 56. Mal durchgeführten Abstimmung unter Deutschlands Sportjournalisten wird das Comeback der fünffachen Schwimm-Europameisterin Almsick (→ 4.8./S. 85) ebenso gewürdigt wie die einmalige Leistung des Vierschanzentournee-Siegers Hannawald (→ 6.1./ S. 15).

Für die Berlinerin, die mit 3936 Stimmen vor Claudia Pechstein (Eisschnelllauf/3726 Stimmen) und Kati Wilhelm (Biathlon/2324) liegt, ist es nach 1993 und 1995 der dritte Erfolg bei der seit 1947 veranstalteten Wahl. Hannawald (4157) wird vor Basketballer Dirk Nowitzki (2369) und Formel-1-Weltmeister Michael Schumacher (1549) erstmals gekürt.

Wie zuletzt 1996 setzt sich das Fußball-Nationalteam durch (3026) – vor der Basketball-Auswahl (2397) und den Skispringern (1977).

12. DEZEMBER

EM 2008 an Alpenduo

Die 13. Fußball-EM 2008 findet in der Schweiz und Österreich statt.

Das Exekutivkomitee des Europäischen Fußballverbandes UEFA entscheidet in Genf, dass die beiden Alpenländer die Titelkämpfe vom 7. bis 29. Juni 2008 veranstalten werden. Die Schweiz richtet 15 Spiele aus, darunter das Eröffnungsspiel im Berner Wankdorf-Stadion; Österreich organisiert 16 Spiele, auch das Finale im Wiener Ernst-Happel-Stadion.

»Football's best – close to you« haben die beiden Alpenländer ihre aufwändig gestaltete Bewerbung betitelt. Die Schweiz hat zum einzigen Mal mit dem WM-Turnier 1954 ein solches Großereignis ausgerichtet, Österreich scheiterte zweimal mit Bewerbungen um die EM 1996 und 2004.

Im entscheidenden Durchgang setzen sich die Alpenländer mit neun zu drei Stimmen gegen Ungarn durch. Die übrigen Bewerber – Griechenland/ Türkei, Schottland/Irland und Nordic 2008 (Schweden, Dänemark, Norwegen sowie Finnland) – sind bereits vorher ausgeschieden.

»Unser Fußball hat jetzt eine Vision«, freut sich Österreichs Verbandschef Friedrich Stickler (M).

14. DEZEMBER

Münchner souverän Spitze

Mit sechs Punkten Vorsprung geht der FC Bayern in die Winterpause.

Die Münchner verabschieden sich mit einem 0:0 gegen Schalke 04 bis zum Rückrundenstart am 25. Januar 2003 von ihrem Publikum. Härteste Verfolger von »Herbstmeister« FC Bayern sind mit jeweils 33 Punkten Borussia Dortmund und Werder Bremen, das mit dem Brasilianer Ailton (13 Treffer) den besten Torjäger stellt.

Mit 422 Treffern ist die Torausbeute in der Hinrunde der Saison 2002/03 nur um 15 Tore besser als beim Negativrekord 1989/90. Andreas Brehme (1. FC Kaiserslautern) musste als einziger Trainer vorzeitig gehen.

Jens Jeremies (Bayern, l.) und Sven Kmetsch (Schalke) im Duell; das 0:0 gibt den jeweils siegreichen Bayern-Jägern Dortmund und Bremen neue Hoffnung.

JANUAR

■ 1. Januar, Mittwoch
Athen: Griechenland übernimmt turnusgemäß bis zum 30. Juni den Vorsitz im Ministerrat der Europäischen Union.
Internet: http://europa.eu.int/

New York: Deutschland wird für zwei Jahre nicht ständiges Mitglied des UN-Sicherheitsrates.

Marseille: Die 25. Langstreckenrallye Paris–Dakar wird gestartet. Die Ankunft in Scharm el Scheik am Roten Meer ist für den 19. Januar geplant.
Internet: www.dakar2003.nu

■ 6. Januar, Montag
Bischofshofen: Die deutsch-österreichische Vierschanzentournee endet mit dem Springen von der Paul-Ausserleitner-Schanze.
Internet: www.vierschanzen.org

■ 13. Januar, Montag
Kourou: Mit der Europarakete Ariane 5 soll die Raumsonde »Rosetta« zu einer Langzeitmission ins All starten. Ziel der bis 2012 dauernden Reise ist der Schweifstern Wirtanen. Zu der 700 Mio. € teuren Mission gehört ein kleines Landegerät, das auf dem Kometen verankert werden und dann Daten über dessen Urmaterie sammeln soll.
Internet: www.dlr.de

«Rosetta« wird für die Langzeit-Mission auf Herz und Nieren geprüft.

Köln: Die Einrichtungsbranche trifft sich zur Internationalen Möbelmesse imm cologne (bis 19.1.).
Internet: www.koeln-messe.de

Melbourne: Die Australian Open beginnen, in jedem Jahr das erste Grand-Slam-Turnier der Tennisprofis (bis 26.1.).

■ 18. Januar, Samstag
Kairo: An der großen Pyramide von Gizeh fällt der Startschuss zur »Tour d'Afrique«. Die Route bei dem weltweit längsten Radrennen führt die Teilnehmer über 10 500 km in Tagestouren von je 105 km durch elf afrikanische Staaten, bis sie am 18. Mai das Ziel Kapstadt in Südafrika erreichen.

■ 20. Januar, Montag
Viseu: Portugal ist Gastgeber der Handball-Weltmeisterschaft der Männer. Die WM wird in den Städten Aveiro, Lissabon, Caminha, Guimaraes, S. João da Madeira, Povoa de Varzim und Viseu sowie auf der Insel Madeira ausgetragen. Das Finale findet am 2. Februar in Lissabon statt.

■ 22. Januar, Mittwoch
Versailles: Zum 40. Jahrestag des Elysée-Vertrages, mit dem Frankreichs Staatspräsident Charles de Gaulle und der deutsche Bundeskanzler Konrad Adenauer 1963 in Paris die deutsch-französische Aussöhnung besiegelten, treffen sich die Abgeordneten der Parlamente beider Staaten.

Den Haag: Nach dem Bruch der Regierungskoalition unter dem bisherigen christdemokratischen Ministerpräsidenten Jan Peter Balkenende wählen die Niederländer bereits nach acht Monaten wieder ein neues Parlament.

■ 25. Januar, Samstag
Hamburg: Der bisherige Münsteraner Weihbischof Werner Thissen wird in sein Amt als Erzbischof von Hamburg eingeführt.

■ 26. Januar, Sonntag
San Diego: Das XXXVII. Finale um den Super Bowl, die begehrteste Trophäe im American Football, wird diesmal in Kalifornien ausgetragen.
Internet: www.superbowl.com

■ 28. Januar, Dienstag
Jerusalem: Israel wählt nach dem Zerfall der Regierungskoalition vorzeitig ein neues Parlament. Bis zu den Wahlen amtiert Ariel Scharon als Chef einer Übergangsregierung.

FEBRUAR

■ 1. Februar, Samstag
St. Moritz: Mit einer stimmungsvollen Show beginnt die alpine Ski-Weltmeisterschaft. Bis zum 16. Februar stehen der Schweizer Wintersportort

Möchten in Niedersachsen regieren: Sigmar Gabriel, Christian Wulff

und das Engadin ganz im Zeichen der weltbesten Skifahrer.

■ 2. Februar, Sonntag
Wiesbaden/Hannover: In Hessen und Niedersachsen werden neue Landtage gewählt. In Wiesbaden will der seit April 1999 gemeinsam mit der FDP regierende Roland Koch (CDU) Ministerpräsident bleiben, in Hannover tritt Sigmar Gabriel (SPD), der im Dezember 1999 das Amt als damals jüngster Länder-Regierungschef übernahm, erstmals als Spitzenkandidat bei einer Wahl an. In Hessen ist Gerhard Bökel (SPD) der Herausforderer, in Niedersachsen möchte Christian Wulff (CDU) im dritten Anlauf endlich Ministerpräsident werden.

■ 6. Februar, Donnerstag
Berlin: Die Bundeshauptstadt steht bis zum 16. Februar im Zeichen der 53. Internationalen Filmfestspiele.
Internet: www.berlinale.de

■ 9. Februar, Sonntag
Bern: Die Schweizer Stimmbürger sind zu einer Volksabstimmung aufgerufen. Es geht um den Bundesbeschluss über die Änderung der Volksrechte und das Bundesgesetz über die Anpassung der kantonalen Beiträge an Spitalbehandlungen. Weitere Abstimmungstermine im Jahr 2003 sind der 18. Mai, der 19. Oktober und der 30. November.
Internet: www.admin.ch

■ 12. Februar, Mittwoch
Madrid: Mit einem Spiel gegen Spanien startet die deutsche Fußball-Nationalelf ins Jahr 2003. Von den bisher 18 Begegnungen gewann die DFB-Auswahl acht, viermal wurde verloren, sechs Begegnungen endeten unentschieden.
Internet: www.dfb.de

■ 15. Februar, Samstag
Berlin: Die Deutsche Phono-Akademie vergibt zum zwölften Mal den »Echo«, den wichtigsten Musik-Award Europas, wie schon 2002 im Berliner

Bewerber in Hessen: Roland Koch (l.) und Gerhard Bökel

Internationalen Congress Centrum (ICC). Der Preis wird in diesem Jahr in insgesamt 27 Kategorien vergeben. Als ein potenzieller Preisträger gilt Herbert Grönemeyer mit seinem Comeback-Album »Mensch«.

Aachen: Der Vorstandsvorsitzende der Porsche AG, Dr. Wendelin Wiedeking, erhält vom Aachener Karnevalsverein den »Orden wider den tierischen Ernst«. »Mit viel Mut und Geschick«, so die Begründung, »steuert der Chefpilot der Zuffenhausener Edelschmiede das Unternehmen von einem Siegertreppchen zum nächsten.«
Internet: www.aachen.de

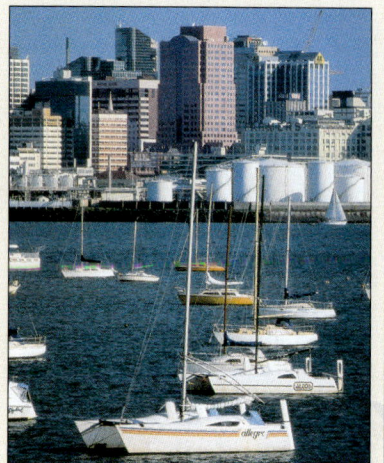

Die Bucht von Auckland, Austragungsort des America's Cup

Auckland: Der 32. America's Cup der Hochseesegler wird ausgetragen. Der Sieger des seit dem 1. Oktober 2002 ausgesegelten Louis Vuitton Cups darf als Herausforderer gegen das verteidigende Team Neuseeland antreten. Das Finale findet als »Best of Nine« statt und soll spätestens am 1. März abgeschlossen sein.
Internet: www.americascup.de

■ 18. Februar, Dienstag
Val di Fiemme: Italien ist Gastgeber der nordischen Ski-Weltmeisterschaften. Die zweiten Welttitelkämpfe im Trentino nach 1991 dauern bis zum 2. März.

23. Februar, Sonntag
New York: Die National Academy of Recording Arts and Science vergibt zum 45. Mal die begehrten Grammy-Musikpreise. Erstmals seit 1998 erfolgt die Preisvergabe wieder in der größten Stadt der USA, und zwar im Madison Square Garden.
Internet: www.grammy.com

27. Februar, Donnerstag
Wien: Der Opernball zählt zu den gesellschaftlichen Höhepunkten in Österreich. Damen tragen Abendkleid, für Herren gilt Frackzwang.
Internet: www.wiener-staatsoper.at

MÄRZ

2. März, Sonntag
Kiel: In Schleswig-Holstein finden Kommunalwahlen statt.

12. März, Mittwoch
Hannover: Die CeBIT, die weltgrößte und wichtigste Messe der Informations- und Telekommunikationstechnik (bis 19.3.) wird eröffnet.
Internet: www.cebit.de

14. März, Freitag
Birmingham: Die Leichtathleten ermitteln ihre Hallen-Weltmeister (bis 16.3.).

16. März, Sonntag
Helsinki: In Finnland wird, traditionell alle vier Jahre am dritten Sonntag im März, ein neuer Reichstag gewählt.
Internet: www.eduskunta.f

Lillehammer: Im norwegischen Olympiaort von 1994 endet die Saison im alpinen Ski-Weltcup.
Internet: www.fis-ski.com

21. März, Freitag
Planica: Mit dem Finale im Skifliegen endet in Slowenien die Weltcup-Saison der Skispringer (bis 23.3.).
Internet: http://skispringen.rtl.de

22. März, Samstag
San Remo: Mit dem Frühjahrsklassiker Mailand–San Remo beginnt die Straßensaison der Radprofis. Schon viermal gewann Eric Zabel.

23. März, Sonntag
Los Angeles: Die Academy of Motion Picture Arts and Sciences vergibt im Kodak Theatre in Hollywood zum 75. Mal die Oscars. Comedy-Veteran Steve Martin soll die Verleihung der Auszeichnungen als Gastgeber moderieren. Ab 2004 werden die begehrtesten Filmpreise der Welt bereits im Februar vergeben. Damit soll die Zeitspanne zwischen dem letztmöglichen Erscheinungstermin für die Filme und der Oscar-Vergabe verkürzt werden.
Internet: www.oscar.com

24. März, Montag
Washington: Die Eiskunstläufer tragen Weltmeisterschaften aus (bis 30.3.).

29. März, Samstag
Nürnberg: Die deutsche Fußball-Nationalelf spielt in der EM-Qualifikation gegen Litauen.

SKISPRUNG-WELTCUP 2003

Datum	Ort
1.1.	Garmisch-Partenkirchen/GER*
4.1.	Innsbruck/AUT*
6.1.	Bischofshofen/AUT*
11./12.1.	Liberec/CZE
18./19.1.	Zakopane/POL
23.1.	Hakuba/JPN
25./26.1.	Sapporo Okura/JPN
1./2.2.	Tauplitz/Bad Mitterndorf/AUT
8./9.2.	Willingen/GER
22./23., 28.2	Val di Fiemme/ITA**
8./9.3.	Oslo/NOR
14./15.3.	Lahti/FIN
21.-23.3.	Planica/SLO***

*Vierschanzentournee ** Nordische Ski-WM ***Skifliegen

DER ALPINE WELTCUP-KALENDER 2003

MÄNNER		FRAUEN	
Datum	Ort (Disziplin)	Datum	Ort (Disziplin)
4./5.1.	Kranjska Gora/SLO (SL, RS)	4./5.1.	Berchtesgaden/GER (SL, RS)
6.1.	Hinterstoder/AUT (RS)	11./12.1.	Innsbruck/AUT (AF, SG)
11./12.1.	Chamonix/FRA (AF, SL)	17.-19.1.	Cortina d'Ampezzo/ITA (AF, RS, SG)
14.1.	Adelboden/SUI (RS)	25./26.1.	Maribor/SLO (SL, RS)
17.-19.1.	Wengen/SUI (2 AF, SL, K)	22./23.2.	Sierra Nevada/ESP (2 AF)
24.-26.1.	Kitzbühel/AUT (AF, SL, SG, K)	1./2.3.	Megève/FRA (2 AF)
28.1.	Schladming/AUT (SL)	6.-8.3.	Are/SWE (SL, RS)
22./23.2.	Garmisch-Partenkirchen/GER (AF, SG)	12.-16.3.	Lillehammer/NOR (AF, SL, RS, SG)
1./2.3.	Yongpyong/KOR (SL, RS)		
7./8.3.	Shiga Kogen/JPN (SL, RS)	AF = Abfahrt, SG Super-G, RS = Riesenslalom, SL = Slalom,	
12.-16.3.	Lillehammer/NOR (AF, RS, SG)	K = Kombination	

APRIL

12. April, Samstag
Nürnberg: Das Nationale Olympische Komitee für Deutschland (NOK) entscheidet über den deutschen Bewerber für die Olympischen Spiele 2012 und den Standort der Segelwettbewerbe.

16. April, Mittwoch
Athen: Auf dem Europäischen Rat werden die Beitrittsverträge mit zehn neuen Staaten unterzeichnet, die mit Wirkung vom 1. Mai 2004 in Kraft treten sollen. Die EU wächst dann um Estland, Lettland, Litauen, Polen, die Tschechische Republik, die Slowakei, Ungarn, Slowenien, Malta und Zypern.

NOK-Präsident Klaus Steinbach

25. April, Freitag
Rostock: Die größte Stadt Mecklenburg-Vorpommerns erwartet bis zum 12. Oktober 2003 mehrere Millionen Besucher zu der Internationalen Gartenbauausstellung (IGA). Zu den attraktivsten Ausstellungsflächen der »grünen Weltausstellung am Meer« gehören die schwimmenden Gärten inmitten der Warnow.
Internet: www.iga2003.de

26. April, Samstag
Helsinki: Bei der 67. Eishockey-Weltmeisterschaft in den finnischen Städten Helsinki, Turku und Tampere (bis 11.5.) spielen die Teams zunächst in vier Vorrundengruppen. Deutschland tritt in der Gruppe A gegen die Slowakei, die Ukraine und eine Mannschaft aus Fernost an.
Internet: www.finhockey.fi

30. April, Mittwoch
Bremen: Im Weserstadion trifft die deutsche Fußball-Nationalelf in einem Freundschaftsspiel auf Jugoslawien.

MAI

1. Mai, Maifeiertag
Frankfurt am Main: Der bisherige stellvertretende ZDF-Chefredakteur Helmut Reitze tritt sein neues Amt als Intendant des Hessischen Rundfunks an. Die Amtsperiode läuft fünf Jahre.

3. Mai, Samstag
Köln: Die Deutsche Welle feiert Jubiläum: Am 3. Mai 1953 war der deutsche Auslandsrundfunk erstmals im Äther zu vernehmen.

10. Mai, Samstag
Lecce: Die 86. Ausgabe des Radklassikers Giro d'Italia beginnt in der süditalienischen Region Apulien und endet nach drei Wochen, 21 Etappen und 3449 Rennkilometern am 1. Juni in der Lombardei im Schatten des Mailänder Doms.

14. Mai, Mittwoch
Cannes: An der Côte d'Azur beginnen die 56. Internationalen Filmfestspiele (bis 25.5.).

16. Mai, Freitag
Berlin: In Deutschland ist eine totale Mondfinsternis zu beobachten.

21. Mai, Mittwoch
Sevilla: Das Finale um den UEFA-Cup wird angepfiffen.

Signet der Internationalen Gartenbauausstellung

24. Mai, Samstag
Riga: In der Skonto-Halle der lettischen Hauptstadt wird der Eurovision Song Contest ausgetragen.
Internet: www.eurovisionsongcontest.de

Dortmund: Die Fußball-Bundesliga beendet ihre 40. Saison.

25. Mai, Sonntag
Bremen: Die Bremische Bürgerschaft wird neu gewählt. Die Freie Hansestadt wird seit 1995 von einer großen Koalition regiert. Bürgermeister und Senator für kirchliche Angelegenheiten sowie für Justiz und Verfassung ist Henning Scherf (SPD), sein Stellvertreter der Finanzsenator Hartmut Perschau (CDU).

26. Mai, Montag
Paris: Die French Open beginnen, das zweite Grand-Slam-Turnier der Tennisprofis (bis 8.6.).

28. Mai, Mittwoch
Berlin: Der erste deutsche Ökumenische Kirchentag steht bis zum 1. Juni unter dem Motto »Ihr sollt ein Segen sein«.
Internet: www.oekt.de

Manchester: In Old Trafford, dem Stadion von Manchester United, wird das Finale der Fußball-Champions League angepfiffen. Titelverteidiger ist Real Madrid.

29. Mai, Himmelfahrt
Aachen: Der Präsident des Europäischen Konvents, Valéry Giscard d'Estaing, erhält den Internationalen Karlspreis zu Aachen. Der seit 1950 vergebene Preis gilt als eine der bedeutendsten europäischen Auszeichnungen und ehrt Bemühungen um die Einigung Europas.
Internet: www.karlspreis.de

31. Mai, Samstag
Sankt Petersburg: Die Nachbildung des weltberühmten Bernsteinzimmers soll zum 300. Jahrestag der Gründung von Sankt Petersburg im Katharinenpalast in Puschkin wieder aufgebaut und der Öffentlichkeit zugänglich gemacht werden. Das Geschenk des Preußenkönigs Friedrich Wilhelm I. an Zar Peter I. ist seit 1945 verschwunden.
Internet: www.tzar.ru

Berlin: Im Olympiastadion wird das Finale um den DFB-Vereinspokal ausgetragen.

JUNI

1. Juni, Sonntag
Berlin: Nachdem die Landtage in Brandenburg und Berlin im Oktober 2002 zugestimmt haben, werden der Ostdeutsche Rundfunk Brandenburg (ORB) und der Sender Freies Berlin (SFB) zum neuen Rundfunk Berlin-Brandenburg (RBB) vereinigt. Die Zweiländeranstalt soll ca. 1700 Mitarbeiter haben.

4. Juni, Mittwoch
München: Die Rolling Stones starten in der Münchner Olympiahalle ihre Europatournee. Es folgen am 6. Juni ein Konzert im Münchner Olympiastadion und am 8. Juni ein Auftritt im Zirkus Krone. Weitere

Die Rolling Stones auf Tour: Mick Jagger und Keith Richards

Tourstationen in Deutschland sind Oberhausen (13.6.), Berlin (15.6.), Leipzig (20.6.), der Hockenheimring (22.6.), Hamburg (24.7.) und Hannover (8.8.). Anlass für die »Forty Licks« World-Tour 2002/03 ist das 40-jährige Bühnenjubiläum der Rockgruppe. Als erstes Rolling-Stones-Live-Konzert gilt der Auftritt im Marquee Club London im Juli 1962.

7. Juni, Samstag
Glasgow: Schottland ist Gegner der deutschen Nationalelf in der EM-Qualifikation. Am 11. Juni folgt das Spiel gegen die Färöer in Torshavn.

14. Juni, Samstag
Newport: Im Rhode Island Sound ertönt der Startschuss zur Daimler-Chrysler North Atlantic Challenge, der ersten Regatta für Hochseesegler, die vom amerikanischen Festland nach Deutschland führt. Das Zielschiff, die MS »Cap San Diego«, wird nach ca. 3500 Seemeilen vor Cuxhaven passiert.

SFB-Intendant Horst Schättle (l.) und Hansjürgen Rosenbauer (ORB) beim Spatenstich in Babelsberg

Anlass zu dieser einmaligen Transatlantik-Regatta auf der nördlichen Route um England ist das hundertjährige Bestehen des Hamburgischen Vereins Seefahrt (HVS).

23. Juni, Montag
Wimbledon: Im Londoner Vorort beginnen die All England Championships der Tennisprofis (bis 6.7.).

JULI

1. Juli, Dienstag
Rom: Italien übernimmt turnusgemäß den Vorsitz im Ministerrat der Europäischen Union.

2. Juli, Mittwoch
Prag: Die 115. IOC-Vollversammlung entscheidet über den Veranstalter der Olympischen Winterspiele 2010. Offizielle Bewerber sind Salzburg, Vancouver und Pyeongchang (Südkorea). In Österreich fanden schon zweimal (1964 und 1976 in Innsbruck) Winterspiele statt, in Kanada einmal (1988 in Calgary).
Internet: www.salzburg-2010.com, www.winter2010.com, http://2010pyeongchang.com

5. Juli, Samstag
Paris: Mit einem Zeitfahren über 6,5 km beginnt die 90. Tour de France. Sie führt die Radprofis über 20 Etappen und insgesamt 3402 km quer durch Frankreich, bis am 27. Juli wieder Paris erreicht ist.

9. Juli, Mittwoch
Frankfurt am Main: Wim Duisenberg, der niederländische Präsident der Europäischen Zentralbank (EZB), will an seinem 68. Geburtstag zurücktreten. Duisenberg hat bereits im Februar 2002 erklärt, dass er aus Altersgründen nicht bis zum Ende seiner Amtszeit 2006 im Amt bleiben wolle. Frankreichs Notenbankchef Jean-Claude Trichet werden die besten Aussichten für die Nachfolge eingeräumt.

12. Juli, Samstag
Berlin: Die Hauptstadt steht im Zeichen der 15. Love Parade.

Cowes: Der Solent zwischen der Südküste Englands und der Insel Wight ist wieder der Austragungsort des Admiral's Cup des Royal Ocean Racing Club (RORC), einer erstmals 1957 durchgeführten Hochseeregatta.
Internet: www.rorc.org

13. Juli, Sonntag
Barcelona: Die internationale Schwimm-Elite trifft sich zu den 10. Weltmeisterschaften (bis 27.7.).

25. Juli, Freitag
Bayreuth: Die 92. Richard-Wagner-Festspiele beginnen (bis 28.8.). Auf dem Spielplan des Eröffnungstages steht eine Neuinszenierung der Wagner-Oper »Der fliegende Holländer« (musikalische Leitung: Marc Albrecht; Inszenierung: Claus Guth; Bühnenbild und Kostüme: Christian Schmidt).
Internet:
www.bayreuther-festspiele.de

26. Juli, Samstag
Salzburg: Die Salzburger Festspiele werden eröffnet (bis 31.8.). Auf dem Programm steht u. a. eine von Dirigent Kent Nagano und Regisseur David McVicar erarbeitete Neufassung von

Die Tour de France 2003 führt im Uhrzeigersinn von Paris aus durch Frankreich.

Jacques Offenbachs phantastischer Oper »Les Contes d'Hoffmann« aus dem Jahr 1881. Erstmals werden dabei einige offenbachsche Original-Couplets vorgestellt, die im Nachlass des Musikforschers Fritz Oeser entdeckt worden sind.
Internet: www.salzburgfestival.at

AUGUST

■ **3. August, Sonntag**
Hamburg: Die Radsport-Elite kommt zu den HEW Cyclassics, dem einzigen Weltcuprennen auf deutschem Boden.

■ **15. August, Freitag**
Zürich: Das Leichtathletik-Meeting »Weltklasse Zürich« bildet zusammen mit den Meetings in Oslo, Rom, Brüssel, Paris und Berlin die Golden-League-Serie.
Internet:www.weltklasse.ch

IAAF GOLDEN LEAGUE MEETINGS		
Datum	Name	Ort
27.6.	Mobil Bislett Games	Oslo (NOR)
4.7.	Meeting Gaz de France	Paris-Saint-Denis (FRA)
11.7.	Golden Gala	Rom (ITA)
10.8.	ISTAF 2002	Berlin (GER)
15.8.	Weltklasse Zürich	Zürich (SUI)
5.9.	Memorial Van Damme	Brüssel (BEL)

■ **20. August, Mittwoch**
Donaueschingen: Die Stadt zwischen Schwarzwald und Bodensee ist Austragungsort der Europameisterschaften im Springreiten (bis 24.8.).

■ **23. August, Samstag**
Saint-Denis: Im Stade de France finden die 9. Leichtathletik-Weltmeisterschaften statt (bis 31.8.).

■ **25. August, Montag**
New York: Die US Open, das vierte Grand-Slam-Turnier der Tennisprofis, beginnt (bis 7.9.).

■ **31. August, Sonntag**
Milwaukee: Die Stadt im US-Bundesstaat Wisconsin bildet die Kulisse für die 100. Geburtstagsfeier des legendären Motorrad-Herstellers Harley-Davidson, zu der Harley-Fans aus aller Welt erwartet werden. 1903 hatten die Firmengründer William S. Harley und Arthur Davidson ihre ersten Motorräder verkauft.

SEPTEMBER

■ **6. September, Samstag**
Reykjavik: Island ist Gegner der deutschen Fußball-Nationalelf in der EM-Qualifikation. Am 10. September empfängt die DFB-Auswahl im Dortmunder Westfalenstadion das Team aus Schottland.

■ **11. September, Donnerstag**
Frankfurt am Main: Die 60. Internationale Automobil-Ausstellung (IAA) präsentiert bis zum 21. September das Neueste aus der Autoszene.
Internet: www.iaa.de

■ **13. September, Samstag**
London: Mit der »Last Night of the Proms« erhalten die traditionellen Promenadenkonzerte (seit 18.7.) ihren glanzvollen Schlusspunkt.
Internet: www.bbc.co.uk/proms

■ **20. September, Samstag**
München: Das 170. Oktoberfest zieht bis zum 5. Oktober wieder Besucher aus aller Welt an.
Internet: www.oktoberfest.de

■ **24. September, Mittwoch**
Schanghai: Die 4. Fußball-Weltmeisterschaft der Frauen findet bis zum 11. Oktober in China statt. Die Gruppenauslosung erfolgt am 24. Mai im chinesischen Wuhan. Spielorte für die 16 Mannschaften sind Schanghai, Hangzhou, Wuhan, Hongkou und Chengdu. Deutschland qualifizierte sich als souveräner Gruppensieger für die Endrunde.

OKTOBER

■ **3. Oktober, Tag der Einheit**
Magdeburg: Die zentrale Veranstaltung zum Tag der deutschen Einheit findet diesmal in der Hauptstadt von Sachsen-Anhalt statt.

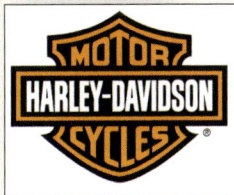

Signet des Motorradherstellers Harley-Davidson

■ **7. Oktober, Dienstag**
Hamilton: In Kanada beginnen die Straßen-Weltmeisterschaften der Radsportler (bis 12.10.).

■ **8. Oktober, Mittwoch**
Frankfurt am Main: Die 55. Frankfurter Buchmesse wird eröffnet (bis 13.10.). Schwerpunktland ist diesmal Russland.

■ **11. Oktober, Samstag**
Hamburg: Mit dem Spiel gegen Island beendet die DFB-Auswahl die Qualifikation für die Fußball-EM 2004 in Portugal.

■ **12. Oktober, Sonntag**
Suzuka: Mit dem Großen Preis von Japan endet die Formel-1-Saison 2003, in der nur 16 statt wie bisher 17 Ren-

nen stattfinden. Wegen des Verbots von Tabakwerbung in Belgien wurde der Grand Prix in Spa-Francorchamps ersatzlos aus dem Rennkalender gestrichen.
Internet: www.stw-online.de

■ **19. Oktober, Sonntag**
Bern: Die Gesamterneuerungswahlen des Schweizer Nationalrates finden statt. Gleichzeitig werden in den meisten Kantonen die Mitglieder des Ständerates neu bestimmt. Die Mitglieder des Landesparlaments werden für vier Jahre gewählt. Die Wahl der Mitglieder des Ständerats, der Kantonsvertretung, erfolgt nach kantonalem Recht. Die meisten Kantone bestimmen ihre Abgeordneten in den Ständerat gleichzeitig mit den Wahlen in den Nationalrat.
Internet: www-parlament.ch

■ **26. Oktober, Sonntag**
Berlin: In Deutschland und den meisten Ländern Europas endet die Sommerzeit (seit 30.3.).

NOVEMBER

■ **1. November, Samstag**
Berlin: Thüringen übernimmt turnusgemäß den Vorsitz im Bundesrat.

■ **2. November, Sonntag**
New York: Profi- und Hobbyläufer treffen sich zum New-York-City-Marathon.

■ **10. November, Montag**
Houston: In der texanischen Stadt be-

FORMEL-1-KALENDER FÜR 2003		
Datum	Name	Ort
9.3.	Australien	Melbourne (Albert Park Circuit)
23.3.	Malaysia	Kuala Lumpur (Sepang)
6.4.	Brasilien	São Paulo (Autodromo J. C. Pace)
20.4.	San Marino	Imola (Autodromo Ferrari)
4.5.	Spanien	Barcelona (Circuit de Catalunya)
18.5.	Österreich	Spielberg (A1-Ring)
1.6.	Monaco	Monte Carlo (Circuit de Monaco)
15.6.	Kanada	Montreal (Circuit Gilles Villeneuve)
29.6.	Europa	Nürburg (Nürburgring)
6.7.	Frankreich	Magny-Cours (Circuit de Nevers)
20.7.	Großbritannien	Silverstone (Silverstone)
3.8.	Deutschland	Hockenheim (Hockenheimring)
24.8.	Ungarn	Budapest (Hungaroring)
14.9.	Italien	Monza (Autodromo Nazionale)
28.9.	USA	Indianapolis (Indy Motor Speedway)
12.10.	Japan	Suzuka (International Racing Course)

ginnt der Masters Cup der Tennisprofis (bis 16.11.).

■ **30. November, Sonntag**
Lissabon: In der portugiesischen Hauptstadt werden die Gruppen zur Endrunde der Fußball-Europameisterschaft 2004 ausgelost. Das Eröffnungsspiel findet am 12. Juni in Porto statt, Austragungsort des Endspiels am 4. Juli ist Lissabon.

DEZEMBER

FIFA FUSSBALL-WELTMEISTERSCHAFT
DEUTSCHLAND 2006

Logo der Fußball-WM 2006

■ **5. Dezember, Freitag**
Frankfurt am Main: Die Qualifikation der Gruppen zur Fußball-Weltmeisterschaft wird ausgelost. Der Start der Qualifikationsspiele erfolgt am 28. Februar 2004.
Internet: www.dfb.de

■ **10. Dezember, Mittwoch**
Oslo/Stockholm: Die Nobelpreise werden vergeben. Am Todestag des Stifters Alfred Nobel werden traditionell der Friedensnobelpreis vom norwegischen König in Oslo und die anderen Nobelpreise vom schwedischen Monarchen in Stockholm überreicht.
Internet: www.nobel.se

■ **17. Dezember, Mittwoch**
Kitty Hawk: Am 17. Dezember 1903 starteten die Brüder Wright zu ihrem ersten Motorflug. Aus diesem Anlass wurde ein baugleiches Flugzeug gefertigt, um zum Jubiläum eine genaue Flugwiederholung am selben Ort zu simulieren.

■ **21. Dezember, Sonntag**
Moskau: Die Bürger in Russland sind zur Parlamentswahl aufgerufen.

■ **31. Dezember, Mittwoch**
São Paulo: Der traditionelle Silvesterlauf wird gestartet.

BUNDESREPUBLIK DEUTSCHLAND

Staatsform: Parlamentarisch-demokratische Bundesrepublik

Bundespräsident: Johannes Rau (seit 1999)

Parlament: Bundestag mit 603 Abgeordneten: SPD (251), CDU/CSU (248), Bündnis 90/Die Grünen (55), FDP (47), PDS (2); Wahl vom 22.9.2002

2. Kabinett Schröder, Koalition aus SPD und Bündnis 90/Die Grünen (seit 22.10.2002)

Bundeskanzler: Gerhard Schröder (SPD; seit 1998; *7.4.1944 in Mossenberg/ Landkreis Detmold)

Vizekanzler und Auswärtiges: Joseph (Joschka) Fischer (Bündnis 90/Die Grünen; seit 1998; *12.4.1948 in Gerabronn/Baden-Württemberg)

Ministerien

Inneres: Otto Schily (SPD; seit 1998; *20.7.1932 in Bochum)

Justiz: Brigitte Zypries (SPD; seit 22.10.2002; *16.11.1953 in Kassel)

Finanzen: Hans Eichel (SPD; seit 1999; *24.12.1941 in Kassel)

Wirtschaft und Arbeit: Wolfgang Clement (SPD; seit 22.10. 2002; * 7.7.1940 in Bochum)

Verbraucherschutz, Ernährung und Landwirtschaft: Renate Künast (Bündnis 90/ Die Grünen; seit 2001; *15.12.1955 in Recklinghausen)

Verteidigung: Peter Struck (SPD; seit 19.7.2002; *24.1.1943 in Göttingen)

Familie, Senioren, Frauen und Jugend: Renate Schmidt (SPD; seit 22.10.2002; *12.12.1943 in Hanau)

Gesundheit und Soziale Sicherung: Ulla Schmidt (SPD; seit 22.10.2002; *13.6.1949 in Aachen)

Verkehr, Bau- und Wohnungswesen: Manfred Stolpe (SPD; seit 22.10.2002; *16.5.1936 in Stettin)

Umwelt, Naturschutz und Reaktorsicherheit: Jürgen Trittin (Bündnis 90/Die Grünen; seit 1998; *25.7.1954 in Bremen)

Bildung und Forschung: Edelgard Bulmahn (SPD; seit 1998; *4.3.1951 in Minden/Westfalen)

Wirtschaftliche Zusammenarbeit und Entwicklung: Heidemarie Wieczorek-Zeul (SPD; seit 1998; *21.11.1942 in Frankfurt am Main)

Kanzleramt

Chef des Kanzleramtes: Frank-Walter Steinmeier (SPD; seit 1999; *5.1.1956 in Detmold)

Staatsminister: Rolf Schwanitz (SPD, seit 1998; *2.4.1959 in Gera); Christina Weiss (parteilos, seit 22. 10.2002 Beauftragte der Bundesregierung für Kultur und Medien; *24.12.1953 in St. Ingbert/Saar)

Die deutschen Bundesländer und ihre Ministerpräsidenten

BADEN-WÜRTTEMBERG

Parlament: Landtag mit 128 Abgeordneten, CDU (63), SPD (45), FDP (10), Bündnis 90/Die Grünen (10); nächste Wahl: 2006

Ministerpräsident:
Erwin Teufel (CDU; seit 1991)

Stellvertreter:
Walter Döring (FDP; seit 1996)

BAYERN

Parlament: Landtag mit 204 Abgeordneten; CSU (123), SPD (67), Bündnis 90/Die Grünen (13), fraktionslos (1); nächste Wahl: 2003

Ministerpräsident:
Edmund Stoiber (CSU; seit 1993)

Stellvertreter:
Günther Beckstein (CSU; seit 2001)

BERLIN

Parlament: Abgeordnetenhaus mit 141 Abgeordneten; SPD (44), CDU (35), PDS (33), FDP (15), Bündnis 90/Die Grünen (14); nächste Wahl: 2005

Ministerpräsident:
Regierender Bürgermeister Klaus Wowereit (SPD; seit 2001)

Stellvertreter:
Klaus Böger (SPD; seit 1999)

BRANDENBURG

Parlament: Landtag mit 89 Abgeordneten; SPD (37), CDU (25), PDS (22), DVU (5); nächste Wahl: 2003

Ministerpräsident:
Matthias Platzeck (SPD; seit 26.6.2002)

Stellvertreter:
Jörg Schönbohm (CDU; seit 1999)

BREMEN

Parlament: Bürgerschaft mit 100 Abgeordneten; SPD (47), CDU (42), Bündnis 90/Die Grünen (10), DVU (1); nächste Wahl: 2003

Ministerpräsident:
Henning Scherf (SPD; seit 1995)

Stellvertreter:
Hartmut Perschau (CDU; seit 1997)

HAMBURG

Parlament: Bürgerschaft mit 121 Abgeordneten; SPD (46), CDU (33), PRO (25), Die Grünen/GAL (11), FDP (6); nächste Wahl: 2005

Ministerpräsident:
Erster Bürgermeister Ole von Beust (CDU; seit 2001)

Stellvertreter:
Ronald Schill (PRO; seit 2001)

HESSEN

Parlament: Landtag mit 110 Abgeordneten; CDU (50), SPD (46), Bündnis 90/Die Grünen (8), FDP (6); nächste Wahl: 2003

Ministerpräsident:
Roland Koch (CDU; seit 1999)

Stellvertreterin:
Ruth Wagner (FDP; seit 1999)

MECKLENBURG-VORPOMMERN

Parlament: Landtag mit 71 Abgeordneten; SPD (33), CDU (25), PDS (13); nächste Wahl: 2006

Ministerpräsident:
Harald Ringstorff (SPD; seit 1998)

Stellvertreter:
Wolfgang Methling (PDS; seit 6.11.2002)

NIEDERSACHSEN

Parlament: Landtag mit 157 Abgeordneten; SPD (83), CDU (62), Bündnis 90/Die Grünen (11), fraktionslos (1); nächste Wahl 2003

Ministerpräsident:
Sigmar Gabriel (SPD; seit 1999)

Stellvertreter:
Gitta Trauernicht (SPD; seit 2000)

NORDRHEIN-WESTFALEN

Parlament: Landtag mit 231 Abgeordneten; SPD (102), CDU (88), FDP (24), Bündnis 90/Die Grünen (16); fraktionslos (1); nächste Wahl: 2005

Ministerpräsident:
Peer Steinbrück (SPD; seit 6.11.2002)

Stellvertreter:
Michael Vesper (Bündnis 90/Die Grünen; seit 1995)

RHEINLAND-PFALZ

Parlament: Landtag mit 101 Abgeordneten; SPD (49), CDU (38), FDP (8), Bündnis 90/Die Grünen (6); nächste Wahl: 2006

Ministerpräsident:
Kurt Beck (SPD; seit 1994)

Stellvertreter:
Hans-Artur Bauckhage (FDP; seit 1999)

SAARLAND

Parlament: Landtag mit 51 Abgeordneten; CDU (26), SPD (25); nächste Wahl: 2004

Ministerpräsident:
Peter Müller (CDU; seit 1999)

Stellvertreter:
Peter Jacoby (CDU; seit 1999)

SACHSEN

Parlament: Landtag mit 120 Abgeordneten; CDU (76), PDS (30), SPD (14); nächste Wahl: 2004

Ministerpräsident:
Georg Milbradt (CDU; seit 18.4.2002)

Stellvertreter:
Karl Mannsfeld (CDU; seit 2.5.2002)

SACHSEN-ANHALT

Parlament: Landtag mit 115 Abgeordneten; CDU (48), PDS (25), SPD (25), FDP (17); nächste Wahl: 2006

Ministerpräsident:
Wolfgang Böhmer (CDU; seit 16.5.2002)

Stellvertreter:
Horst Rehberger (FDP; seit 18. 6. 2002)

SCHLESWIG-HOLSTEIN

Parlament: Landtag mit 89 Abgeordneten; SPD (41), CDU (33), FDP (7), Bündnis 90/Die Grünen (5), SSW (3); nächste Wahl: 2005

Ministerpräsidentin:
Heide Simonis (SPD; seit 1993)

Stellvertreterin:
Anne Lütkes (Bündnis 90/Die Grünen; seit 2000)

THÜRINGEN

Parlament: Landtag mit 88 Abgeordneten; CDU (49), PDS (21), SPD (18); nächste Wahl: 2004

Ministerpräsident:
Bernhard Vogel (CDU; seit 1992)

Stellvertreter:
Andreas Trautvetter (CDU; seit 1999)

ÖSTERREICH

Staatsform: Parlamentarisch-demokratische Bundesrepublik

Bundespräsident: Thomas Klestil (seit 1992)

Parlament: Nationalrat mit 183 Abgeordneten; ÖVP (79), SPÖ (69), FPÖ (18), Grüne (17); Wahl vom 24.11.2002

1. Kabinett Schüssel, Koalition von ÖVP und FPÖ (seit 2000)

Bundeskanzler: Wolfgang Schüssel (ÖVP; seit 2000)

Vizekanzlerin und Bundesministerin für öffentliche Leistung und Sport: Susanne Riess-Passer (FPÖ; seit 2000)

Ministerien

Auswärtige Angelegenheiten: Benita Ferrero-Waldner (ÖVP; seit 2000)

Inneres: Ernst Strasser (ÖVP; seit 2000)

Finanzen: Karl-Heinz Grasser (FPÖ; seit 2000)

Wirtschaft und Arbeit: Martin Bartenstein (ÖVP; seit 2000)

Justiz: Dieter Böhmdorfer (FPÖ; seit 2000)

Bildung, Wissenschaft und Kultur: Elisabeth Gehrer (ÖVP; seit 2000)

Land- und Forstwirtschaft, Umwelt und Wasserwirtschaft: Wilhelm Molterer (ÖV; seit 2000)

Soziale Sicherheit und Generationen: Herbert Haupt (FPÖ; seit 2000)

Verkehr, Innovation und Technologie: Matthias Reichhold (FPÖ; seit 19.2.2002)

Landesverteidigung: Herbert Scheibner (FPÖ; seit 2000)

SCHWEIZ

Staatsform: Republik

Bundespräsident: Kaspar Villiger (FDP; für 2002)

Vizepräsident: Pascal Couchepin (FDP; Bundespräsident für 2003)

Parlament: Nationalrat mit 200 Abgeordneten; Sozialdemokratische Partei (51), Schweizerische Volkspartei (44), Freisinnig-Demokratische Partei (43), Christlichdemokratische Volkspartei (35), Grüne Partei (8), Liberale Partei (6), Evangelische Volkspartei (3), Partei der Arbeit (2), Lega (2), Landesring der Unabhängigen (1), Schweizer Demokraten (1), Sonstige (4); Wahl vom 24.10.1999

Departemente

Auswärtige Angelegenheiten: Micheline Calmy-Rey (SPS; seit 4.12.2002)

Finanzen: Kaspar Villiger (FDP; seit 1995)

Inneres: Pascal Couchepin (FDP; seit 11.12.2002)

Justiz und Polizei: Ruth Metzler-Arnold (CVP; seit 1999)

Volkswirtschaft: Joseph Deiss (CVP; seit 11.12.2002)

Umwelt, Verkehr, Energie und Kommunikation: Moritz Leuenberger (SPS; seit 1995)

Verteidigung, Bevölkerungsschutz und Sport: Samuel Schmid (SVP; seit 2001)

Bundeskanzlerin: Annemarie Huber-Hotz (FDP; seit 2000)

Land (geographische Einordnung)	Fläche (Weltrang) Einwohner¹⁾ (Weltrang) BSP/Kopf²⁾ (Jahr)	Staats- und Regierungsform	Staatsoberhaupt (S) Regierungschef (R)	Mitgliedschaften (Auswahl)³⁾
Afghanistan (Asien)	652 090 km² (40); 26,5 Mio (38); 300 Dollar (1994)	Islamische Republik	Hamid Karsai (S,R)	
Ägypten (Naher Osten)	1 002 000 km² (29); 69,1 Mio (16); 1490 Dollar (2000)	Präsidiale Republik	Husni Mubarak (S); Atif Obaid (R)	Arabische Liga, OAU, WTO
Albanien (Europa)	28 748 km² (139); 3,1 Mio (128); 1120 Dollar (2000)	Präsidiale Republik	Alfred Moisiu (S); Fatos Nano (R)	Europarat, WTO
Algerien (Afrika)	2 381 741 km² (11); 30,8 Mio (34); 1580 Dollar (2000)	Demokratische Volksrepublik	Abdelaziz Bouteflika (S); Ali Benflis (R)	Arabische Liga, OAU, OPEC
Andorra (Europa)	453 km² (179); 0,08 Mio (182); 17 500 Dollar (1997)	Parlamentarisches Fürstentum	Bischof von Urgell/Spanien (S); franz. Präsident (S); Marc Forné Molne (R)	Europarat
Angola (Afrika)	1 246 700 km² (22); 13,5 Mio (62); 290 Dollar (2000)	Republik	José Eduardo dos Santos (S, R)	OAU, WTO
Antigua und Barbuda (Karibik)	442 km² (180); 0,06 Mio (184); 9440 Dollar (2000)	Parlamentarische Monarchie im Commonwealth	Königin Elisabeth II. (S); Lester Bryant Bird (R)	CARICOM, Commonwealth, OAS, WTO
Äquatorialguinea (Afrika)	28 051 km² (140); 0,4 Mio (160); 800 Dollar (2000)	Präsidiale Republik	Teodoro Obiang Nguema Mbasogo (S); Cándido Muatetema Rivas (R)	OAU
Argentinien (Südamerika)	2 780 400 km² (8); 37,5 Mio (31); 7460 Dollar (2000)	Präsidiale Republik	Eduardo A. Duhalde (S, R)	Mercosur, OAS, WTO
Armenien (Asien)	29 800 km² (138); 3,8 Mio (122); 520 Dollar (2000)	Republik	Robert Kotscharjan (S); Andranik Markarjan (R)	Europarat, GUS
Aserbaidschan (Asien)	86 600 km² (111); 8,1 Mio (89); 600 Dollar (2000)	Republik	Hajdar Alijew (S); Artur Rasisade (R)	Europarat, GUS
Äthiopien (Afrika)	1 133 380 km² (26); 64,5 Mio (18); 100 Dollar (2000)	Bundesrepublik	Girma Wolde Giorgis (S); Meles Zenawi (R)	OAU
Australien (Australien)	7 692 030 km² (6); 19,3 Mio (51); 20 240 Dollar (2000)	Parlam. föderative Monarchie im Commonwealth	Königin Elisabeth II. (S); John Winston Howard (R)	Commonwealth, OECD, SEATO, PC, WTO
Bahamas (Karibik)	13 939 km² (155); 0,3 Mio (167); 14 960 Dollar (2000)	Parlamentarische Monarchie im Commonwealth	Königin Elisabeth II. (S); Perry G. Christie (R)	CARICOM, Commonwealth, OAS
Bahrain (Naher Osten)	711 km² (173); 0,7 Mio (157); 7640 Dollar (1998)	Emirat	Scheich Hamad Ibn Isa al-Khalifa (S); Khalifa ibn Salman al-Khalifa (R)	Arabische Liga, Golfkooperationsrat, WTO
Bangladesch (Asien)	147 570 km² (91); 123,2 Mio (9); 370 Dollar (2000)	Präsidiale Republik	Iajuddin Ahmed (S) Khaleda Zia (R)	Commonwealth, WTO
Barbados (Karibik)	430 km² (181); 0,3 Mio (170); 9250 Dollar (2000)	Parlamentarische Monarchie im Commonwealth	Königin Elisabeth II. (S); Owen Arthur (R)	CARICOM, Commonwealth, OAS, WTO
Belgien (Europa)	30 518 km² (136); 10,3 Mio (76); 24 540 Dollar (2000)	Parlamentarische Monarchie	König Albert II. (S); Guy Verhofstadt (R)	Benelux, EU, Europarat, WTO, NATO, OECD, WEU
Belize (Mittelamerika)	22 965 km² (147); 0,2 Mio (171); 3110 Dollar (2000)	Parlamentarische Monarchie im Commonwealth	Königin Elisabeth II. (S); Said Wilbert Musa (R)	CARICOM, Commonwealth, OAS, WTO
Benin (Afrika)	112 622 km² (99); 6,4 Mio (99); 370 Dollar (2000)	Republik	Mathieu Kérékou (S, R);	ECOWAS, OAU, WTO
Bhutan (Asien)	46 500 km² (128); 2,1 Mio (139); 590 Dollar (2000)	Monarchie	König Jigme Singye Wangchuk (S); Lyonpo Kinzang Dorji (R)	
Bolivien (Südamerika)	1 098 581 km² (27); 8,3 Mio (85); 990 Dollar (2000)	Präsidiale Republik	Gonzalo Sánchez de Lozada (S, R)	Andenpakt, OAS, WTO
Bosnien-Herzegowina (Europa)	51 129 km² (124); 4,1 Mio (118); 1230 Dollar (2000)	Republik	Mirko Sarović/Sulejman Tihić/Dragan Čović (S) Dragab Mikerević (R)	Europarat
Botswana (Afrika)	581 730 km² (45); 1,7 Mio (144); 3300 Dollar (2000)	Präsidiale Republik	Festus Mogae (S, R)	Commonwealth, OAU, WTO
Brasilien (Südamerika)	8 514 215 km² (5); 172,6 Mio (5); 3580 Dollar (2000)	Präsidiale Bundesrepublik	Luiz Inácio Lula da Silva (S, R)	Mercosur, OAS, WTO
Brunei (Ostasien)	5 765 km² (162); 0,3 Mio (166); 15 800 Dollar (1995)	Sultanat	Sultan Muda Hassan al Bolkiah (S, R)	ASEAN, WTO
Bulgarien (Europa)	110 910 km² (102); 8,0 Mio (90); 1520 Dollar (2000)	Republik	Georgi Parwanow (S); Simeon Sakskoburggotski (R)	Europarat, WTO
Burkina Faso (Afrika)	274 200 km² (72); 11,9 Mio (67); 210 Dollar (2000)	Präsidiale Republik	Blaise Compaoré (S); Paramanga Ernest Yonli (R))	ECOWAS, OAU, WTO
Burundi (Afrika)	27 834 km² (141); 6,5 Mio (94); 110 Dollar (2000)	Präsidiale Republik	Pierre Buyoya (S, R);	OAU, WTO
Chile (Südamerika)	756 096 km² (37); 15,4 Mio (60); 4590 Dollar (2000)	Präsidiale Republik	Ricardo Lagos Escobar (S, R)	OAS, WTO
China, Volksrepublik (Ostasien)	9 572 419 km² (3); 1 285 Mio (1); 840 Dollar (2000)	Sozialistische Volksrepublik	Jiang Zemin (S); Zhu Rongji (R)	WTO
Costa Rica (Mittelamerika)	51 060 km² (125); 4,1 Mio (117); 3810 Dollar (2000)	Präsidiale Republik	Abel Pacheco de la Espriella (S, R)	OAS, WTO
Côte d'Ivoire (Afrika)	322 462 km² (55); 16,3 Mio (67); 600 Dollar (2000)	Präsidiale Republik	Laurent Gbagbo (S); Pascal Affi N'Guessan (R)	ECOWAS, OAU, WTO
Dänemark (Europa)	43 094 km² (130); 5,3 Mio (104); 32 280 Dollar (2000)	Parlamentarische Monarchie	Königin Margrethe II. (S); Anders Fogh Rasmussen (R)	EU, Europarat, NATO, Nord. Rat, OECD
Deutschland (Europa)	357 022 km² (61); 82,3 Mio (12); 25 620 Dollar (1999)	Parlamentarische Bundesrepublik	Johannes Rau (S); Gerhard Schröder (R)	EU, Europarat, NATO, OECD, WEU, WTO
Dominica (Mittelamerika)	751 km² (171); 0,07 Mio (183); 3260 Dollar (1999)	Parlamentarische Republik	Vernon Shaw (S); Pierre Charles (R)	CARICOM, Commonwealth, OAS, WTO
Dominikan. Republik (Karibik)	48 422 km² (127); 8,5 Mio (84); 2130 Dollar (2000)	Präsidiale Republik	Hipólito Mejía Domínguez (S, R)	CARICOM, OAS. WTO
Dschibuti (Afrika)	23 200 km² (146); 0,6 Mio (158); 880 Dollar (2000)	Präsidiale Republik	Ismail Omar Guelleh (S); Dileita Mohamed Dileita (R)	Arabische Liga, OAU, WTO
Ecuador (Südamerika)	272 045 km² (73); 12,9 Mio (63); 1210 Dollar (2000)	Präsidiale Republik	Lucio Gutiérrez (S, R)	Andenpakt, OAS, OPEC, WTO
El Salvador (Mittelamerika)	21 041 km² (148); 6,4 Mio (96); 2000 Dollar (2000)	Präsidiale Republik	Francisco Flores Pérez (S, R)	OAS, WTO
Eritrea (Afrika)	121 144 km² (97); 3,8 Mio (120); 170 Dollar (2000)	Republik	Issayas Afewerki (S, R)	
Estland (Europa)	43 431 km² (129); 1,4 Mio (145); 3580 Dollar (2000)	Republik	Arnold Rüütel (S); Siim Kallas (R)	Baltischer Rat, Europarat, WTO
Fidschi (Ozeanien)	18 274 km² (151); 0,8 Mio (153); 1820 Dollar (2000)	Republik	Ratu Josefa Iloilo (S); Laisenia Qarase (R)	PC, WTO
Finnland (Europa)	338 145 km² (63); 5,2 Mio (105); 25 130 Dollar (2000)	Parlamentarische Republik	Tarja Halonen (S); Paavo Lipponen (R)	EU, Europarat, Nord. Rat, OECD, WTO
Frankreich (Europa)	543 965 km² (47); 59,5 Mio (20); 24 090 Dollar (2000)	Parlamentarische Republik	Jacques Chirac (S); Jean-Pierre Raffarin (R)	EU, Europarat, NATO, OECD, WEU, WTO
Gabun (Afrika)	267 667 km² (75); 1,3 Mio (148); 3190 Dollar (2000)	Präsidiale Republik	Omar Bongo (S); Jean-François Ntoutoume Emane (R)	Frz. Gemeinsch., OAU, PC, WTO
Gambia (Afrika)	11 295 km² (157); 1,3 Mio (147); 340 Dollar (2000)	Präsidiale Republik	Yaya Jammeh (S, R)	Commonwealth, ECOWAS, OAU, WTO
Georgien (Asien)	69 700 km² (118); 5,2 Mio (106); 630 Dollar (2000)	Republik	Eduard Schewardnadse (S); Awtandil Dschorbenadse (R)	Europarat, GUS, WTO

1) letztverfügbarer Stand; 2) Bruttosozialprodukt; 3) Abkürzungen siehe S. 143

Land (geographische Einordnung)	Fläche (Weltrang) Einwohner [1] (Weltrang) BSP/Kopf [2] (Jahr)	Staats- und Regierungsform	Staatsoberhaupt (S) Regierungschef (R)	Mitgliedschaften (Auswahl) [3]
Ghana (Afrika)	238 537 km² (79) 19,7 Mio (50) 340 Dollar (2000)	Präsidiale Republik	John Agyekum Kufuor (S, R)	ECOWAS, OAU, WTO
Grenada (Karibik)	345 km² (183) 0,09 Mio (179) 3770 Dollar (2000)	Konstitutionelle Monarchie im Commonwealth	Königin Elisabeth II. (S); Keith Mitchell (R)	CARICOM, Commonwealth, OAS, WTO
Griechenland (Europa)	131 957 km² (94) 10,9 Mio (72) 11 960 Dollar (1999)	Parlamentarische Republik	Konstantinos Stephanopoulos (S); Kostas Simitis (R)	Balkanpakt, EU, Europarat, NATO, OECD, WEU, WTO
Großbritannien u. Nordirland (Europa)	243 820 km² (77) 59,9 Mio (21) 24 430 Dollar (2000)	Parlamentarische Monarchie	Königin Elisabeth II. (S); Tony Blair (R)	Commonwealth, EU, Europarat, NATO, OECD, WEU, WTO
Guatemala (Mittelamerika)	108 889 km² (104) 11,7 Mio (66) 1680 Dollar (2000)	Präsidiale Republik	Alfonso Portillo Cabrera (S, R)	OAS, WTO
Guinea (Afrika)	245 857 km² (76) 8,3 Mio (87) 450 Dollar (2000)	Präsidiale Republik	Lansana Conté (S); Lamine Sidime (R)	ECOWAS, OAU, WTO
Guinea-Bissau (Afrika)	36 125 km² (133) 1,2 Mio (149) 180 Dollar (2000)	Präsidiale Republik	Kumba Yala (S); Mário Pires (R)	ECOWAS, OAU, WTO
Guyana (Südamerika)	214 969 km² (82) 0,8 Mio (152) 860 Dollar (2000)	Präsidiale Republik	Bharrat Jagdeo (S); Samuel Hinds (R)	CARICOM, Commonwealth, OAS, WTO
Haiti (Karibik)	27 750 km² (142) 8,3 Mio (86) 510 Dollar (2000)	Präsidiale Republik	Jean-Bertrand Aristide (S); Yvon Neptune (R)	OAS, WTO
Honduras (Mittelamerika)	112 492 km² (100) 6,6 Mio (95) 860 Dollar (2000)	Präsidiale Republik	Ricardo Maduro Joest (S, R)	OAS, WTO
Indien (Asien)	3 287 263 km² (7) 1 027,0 Mio (2) 450 Dollar (2000)	Parlamentarische Bundesrepublik	Avul Pakir Jainulabdeen Abdul Kalam (S); Atal Behari Vajpayee (R)	Commonwealth, WTO
Indonesien (Ostasien)	1 922 570 km² (15) 214,8 Mio (4) 570 Dollar (2000)	Präsidiale Republik	Megawati Sukarnoputri (S, R)	ASEAN, OPEC, WTO
Irak (Naher Osten)	438 317 km² (57) 23,6 Mio (43) 850 Dollar (1992)	Präsidiale Republik, faktisch Einparteiensystem	Saddam Hussein (S, R)	Arabische Liga, OPEC
Iran (Naher Osten)	1 648 000 km² (17) 71,4 Mio (15) 1680 Dollar (2000)	Islamische präsidiale Republik	Mohammed Khatami (S, R)	OPEC
Irland (Europa)	70 273 km² (117) 3,8 Mio (121) 22 660 Dollar (2000)	Parlamentarisch-demokratische Republik	Mary Mc Aleese (S); Bertie Ahern (R)	EU, Europarat, OECD, WTO,
Island (Europa)	103 000 km² (105) 0,3 Mio (168) 30 390 Dollar (2000)	Parlamentarisch-demokratische Republik	Ólafur Ragnar Grímsson (S); Davíd Oddsson (R)	EFTA, Europarat, NATO, Nord. Rat, OECD, WTO
Israel (Naher Osten)	20 991 km² (150) 6,2 Mio (98) 16 710 Dollar (2000)	Parlamentarische Republik	Mosche Katzav (S); Ariel Scharon (R)	WTO
Italien (Europa)	301 316 km² (70) 56,3 Mio (22) 20 160 Dollar (2000)	Parlamentarische Republik	Carlo Azeglio Ciampi (S); Silvio Berlusconi (R)	EU, Europarat, NATO, OECD, WEU, WTO
Jamaika (Karibik)	10 991 km² (159) 2,6 Mio (135) 2610 Dollar (2000)	Parlamentarische Monarchie im Commonwealth	Königin Elisabeth II. (S); Percival James Patterson (R)	CARICOM, Commonwealth, OAS, WTO
Japan (Ostasien)	377 837 km² (60) 127,3 Mio (8) 35 620 Dollar (2000)	Parlamentarische Monarchie	Kaiser Akihito Tsuyu No Mija (S); Junichiro Koizumi (R)	OAS, OECD, WTO
Jemen (Naher Osten)	536 869 km² (48) 19,1 Mio (52) 370 Dollar (2000)	Republik	Ali Abdallah Saleh (S); Abdel Kader Bajamal (R)	Arabische Liga
Jordanien (Naher Osten)	89 342 km² (110) 5,1 Mio (108) 1710 Dollar (2000)	Konstitutionelle Monarchie	König Abdallah II. (S); Ali Abu al-Ragheb (R)	Arabische Liga, WTO
Kambodscha (Ostasien)	181 035 km² (87) 12,0 Mio (65) 260 Dollar (2000)	Konstitutionelle Monarchie	König Norodom Sihanuk (S); Hun Sen (R)	ASEAN
Kamerun (Afrika)	475 442 km² (52) 15,2 Mio (61) 580 Dollar (2000)	Präsidiale Republik	Paul Biya (S); Peter Mafani Musonge (R)	Commonwealth, OAU, WTO
Kanada (Nordamerika)	9 958 319 km² (2) 30,8 Mio (33) 21 130 Dollar (2000)	Parlamentarische Monarchie im Commonwealth	Königin Elisabeth II. (S); Jean Chrétien (R)	Commonwealth, NATO, OAS, OECD, WTO
Kap Verde (Afrika)	4 033 km² (164) 0,4 Mio (163) 1330 Dollar (2000)	Republik	Pedro Verona Rodrigues Pires (S); José Maria Neves (R)	CARICOM, ECOWAS, OAU
Kasachstan (Asien)	2 717 300 km² (9) 16,1 Mio (56) 1260 Dollar (2000)	Republik	Nursultan Nasarbajew (S); Kasymschomart Tokajew (R)	GUS
Katar (Naher Osten)	11 437 km² (157) 0,6 Mio (159) 11 750 Dollar (1997)	Emirat	Scheich Hamad ibn Khalifa at-Thani (S); Abdullah bin Khalifa at-Thani (R)	Arab. Liga, Golfkooperationsrat, OPEC, WTO
Kenia (Afrika)	580 367 km² (46) 30,1 Mio (36) 350 Dollar (2000)	Präsidiale Republik	Daniel arap Moi (S, R)	OAU, WTO
Kirgisistan (Asien)	199 900 km² (84) 5,0 Mio (109) 270 Dollar (2000)	Republik	Askar Akajew (S); Nikolai Tanajew (R)	GUS, WTO
Kiribati (Ozeanien)	811 km² (170) 0,09 Mio (180) 950 Dollar (2000)	Präsidiale Republik	Teburoro Titi (S, R)	Commonwealth, PC, WTO
Kolumbien (Südamerika)	1 141 748 km² (25) 42,8 Mio (27) 2020 Dollar (2000)	Präsidiale Republik	Alvaro Uribe (S, R)	Andenpakt, OAS, WTO
Komoren (Afrika)	1 862 km² (168) 0,7 Mio (156) 380 Dollar (2000)	Bundesrepublik	Azali Assoumani (S, R)	Arabische Liga, OAU
Kongo Demok. Republik (Afrika)	2 344 858 km² (12) 52,5 Mio (23) 110 Dollar (1998)	Präsidiale Republik	Joseph Kabila (S, R)	OAU, WTO
Kongo Republik (Afrika)	342 000 km² (62) 3,1 Mio (129) 570 Dollar (2000)	Republik	Denis Sassou-Nguesso (S, R)	OAU, WTO
Kroatien (Europa)	56 542 km² (123) 4,5 Mio (114) 4620 Dollar (2000)	Republik	Stipe Mesić (S); Ivica Račan (R)	Europarat, WTO
Kuba (Karibik)	110 861 km² (103) 11,2 Mio (69) k.A.	Sozialistische Republik	Fidel Castro Ruz (S, R)	OAS, WTO
Kuwait (Naher Osten)	17 818 km² (152) 2,0 Mio (142) 18 030 Dollar (2000)	Emirat	Jabir al-Ahmad al-Jabir as-Sabah (S); Saad al-Abdallah as-Sabah (R)	Arab. Liga, Golfkooperationsrat, OPEC, WTO
Laos (Ostasien)	236 800 km² (81) 5,4 Mio (103) 290 Dollar (2000)	Volksrepublik	Khamtay Siphandone (S); Boungnang Vorachith (R)	ASEAN
Lesotho (Afrika)	30 355 km² (137) 2,1 Mio (138) 580 Dollar (2000)	Konstitutionelle Monarchie	König Letsie III. (S); Bethuel Pakalitha Moisili (R)	Commonwealth, OAU, WTO
Lettland (Europa)	64 589 km² (121) 2,4 Mio (137) 2920 Dollar (2000)	Republik	Vaira Vike-Freiberga (S); Einars Repse (R)	Baltischer Rat, Europarat, WTO
Libanon (Naher Osten)	10 452 km² (160) 3,6 Mio (127) 4010 Dollar (2000)	Parlamentarische Republik	Émile Lahoud (S); Rafik Hariri (R)	Arabische Liga
Liberia (Afrika)	111 369 km² (101) 2,9 Mio (130) k.A.	Präsidiale Republik	Charles Taylor (S, R)	ECOWAS, OAU
Libyen (Afrika)	1 759 540 km² (16) 5,5 Mio (101) 6600 Dollar (1996)	Volksrepublik auf islamischer Grundlage	Z. M. Zentani (S); Mubarak Abdullah al-Shamikh (R)	Arabische Liga, OAU, OPEC, WTO
Liechtenstein (Europa)	160 km² (188) 0,03 Mio (188) 36 500 Dollar (1998)	Parlamentarische Monarchie	Fürst Hans-Adam II. (S); Otmar Hasler (R)	EFTA, Europarat, WTO
Litauen (Europa)	65 300 km² (120) 3,7 Mio (123) 2930 Dollar (2000)	Republik	Valdas Adamkus (S); Algirdas Brazauskas (R)	Baltischer Rat, Europarat
Luxemburg (Europa)	2 586 km² (166) 0,4 Mio (163) 42 060 Dollar (2000)	Parlamentarische Monarchie	Großherzog Henri (S); Jean-Claude Juncker (R)	Benelux, EU, Europarat, NATO, OECD, WEU, WTO
Madagaskar (Afrika)	587 041 km² (44) 15,5 Mio (59) 250 Dollar (2000)	Republik	Marc Ravalomanana (S); Jacques Sylla (R)	OAU, WTO

1) letztverfügbarer Stand; 2) Bruttosozialprodukt; 3) Abkürzungen siehe S. 143;

Land (geographische Einordnung)	Fläche (Weltrang) / Einwohner[1] (Weltrang) / BSP/Kopf[2] (Jahr)	Staats- und Regierungsform	Staatsoberhaupt (S) / Regierungschef (R)	Mitgliedschaften (Auswahl)[3]
Malawi (Afrika)	118 484 km² (98), 11,6 Mio (68), 170 Dollar	Präsidiale Republik	Bakili Muluzi (S, R);	Commonwealth, OAU, WTO
Malaysia (Ostasien)	329 758 km² (65), 22,6 Mio (45), 3380 Dollar (2000)	Parlamentarisch-demokratische Wahlmonarchie	Tuanku Syed Sirajuddin (S); Datuk Seri Mahathir bin Mohamad (R)	ASEAN, Commonwealth, WTO
Malediven (Asien)	298 km² (185), 0,3 Mio (169), 1960 Dollar (2000)	Präsidiale Republik	Maumoon Abdul Gayoom (S, R)	Commonwealth, WTO
Mali (Afrika)	1 240 192 km² (23), 11,0 Mio (71), 240 Dollar (2000)	Präsidiale Republik	Amadou Toumani Touré (S); Ahmed Mohamed Ag Hamani (R)	ECOWAS, OAU, WTO
Malta (Europa)	316 km² (184), 0,4 Mio (165), 9120 Dollar (2000)	Parlamentarische Republik	Guido de Marco (S); Edward Fenech Adami (R)	Commonwealth, Europarat, WTO
Marokko (Afrika)	458 730 km² (56), 30,4 Mio (35), 1180 Dollar (2000)	Parlamentarische Monarchie	König Mohammed VI. (S); Driss Jettou (R)	Arabische Liga, WTO
Marshall-Inseln (Ozeanien)	181 km² (187), 0,06 Mio (185), 1970 Dollar (2000)	Republik	Kessai H. Note (S, R)	PC
Mauretanien (Afrika)	1 030 700 km² (28), 2,7 Mio (133), 370 Dollar (2000)	Präsidiale Republik	Maaouiya Ould Sid' Ahmed Taya (S); Al-Afia Ould Mohammed Khouna (R)	Arabische Liga, OAU, WTO
Mauritius (Afrika)	2 040 km² (167), 1,2 Mio (150), 3750 Dollar (2000)	Republik im Commonwealth	Karl Offmann (S); Anerood Jugnauth (R)	Commonwealth, OAU, WTO
Mazedonien (Europa)	25 713 km² (145), 2,0 Mio (140), 1820 Dollar (2000)	Republik	Boris Trajkovski (S); Branko Crvenkovski (R)	Europarat
Mexiko (Nordamerika)	1 953 162 km² (14), 97,7 Mio (11), 5070 Dollar (2000)	Präsidiale Bundesrepublik	Vicente Fox (S, R)	OAS, OECD, WTO
Mikronesien (Ozeanien)	702 km² (174), 0,1 Mio (176), 2110 Dollar (2000)	Republik	Leo A. Falcam (S, R)	PC
Moldawien (Europa)	33 800 km² (135), 4,3 Mio (116), 400 Dollar (2000)	Republik	Wladimir Woronin (S); Wasile Tarlew (R)	Europarat, GUS
Monaco (Europa)	1,95 km² (192), 0,03 Mio (187), k.A.	Parlamentarische Monarchie	Fürst Rainier III. (S); Patrick Leclercq (R)	
Mongolei (Asien)	1 566 500 km² (18), 2,6 Mio (132), 390 Dollar (2000)	Republik	Natsagiyn Bagabandi (S); Nambaryn Enkhbayar (R)	WTO
Mosambik (Afrika)	799 380 km² (34), 18,6 Mio (54), 210 Dollar (2000)	Republik	Joaquím Alberto Chissano (S); Pascoal Manuel Mocumbi (R)	OAU, WTO
Myanmar (Asien)	676 552 km² (39), 48,4 Mio (25), 770 Dollar (1997)	Sozialistische Republik, Militärregime	Than Shwe (S, R)	ASEAN, WTO
Namibia (Afrika)	824 292 km² (33), 1,8 Mio (143), 2020 Dollar (2000)	Republik	Samuel Nujoma (S); Theo-Ben Gurirab (R)	Commonwealth, OAU, WTO
Nauru (Ozeanien)	21 km² (191), 0,01 Mio (191), k.A.	Parlamentarische Republik	René Harris (S, R)	Commonwealth, PC
Nepal (Asien)	147 181 km² (92), 23,4 Mio (44), 240 Dollar (2000)	Parlamentarische Monarchie	König Gyanendra (S); Lokendra Bhadur Chand (R)	
Neuseeland (Ozeanien)	270 534 km² (74), 3,8 Mio (119), 12 990 Dollar (1999)	Parlamentarische Monarchie im Commonwealth	Königin Elisabeth II. (S); Helen Clark (R)	Commonwealth, OECD, PC, WTO
Nicaragua (Mittelamerika)	120 254 km² (96), 5,2 Mio (107), 410 Dollar (1999)	Präsidiale Republik	Enrique Bolnos Geyer (S, R)	OAS, WTO
Niederlande (Europa)	41 526 km² (131), 15,9 Mio (58), 24 970 Dollar (2000)	Parlamentarische Monarchie	Königin Beatrix (S); Jan Peter Balkenende (R)	Benelux, EU, Europarat, NATO, OECD, WEU, WTO
Niger (Afrika)	1 267 000 km² (21), 11,2 Mio (70), 180 Dollar (2000)	Präsidiale Republik	Mamadou Tandja (S); Hama Amadou (R)	ECOWAS, OAU, WTO
Nigeria (Afrika)	923 768 km² (31), 116,9 Mio (10), 260 Dollar (2000)	Präsidiale Bundesrepublik	Olusegun Obasanjo (S, R)	Commonwealth, ECOWAS, OAU, OPEC, WTO
Nordkorea (Ostasien)	120 538 km² (95), 23,7 Mio (42), k. A.	Kommunistische Volksrepublik	Kim Jong II (S); Hong Song Nam (R)	
Norwegen (Europa)	323 758 km² (66), 4,4 Mio (115), 34 530 Dollar (2000)	Parlamentarische Monarchie	König Harald V. (S); Kjell Magne Bondevik (R)	EFTA, Europarat, NATO, Nord. Rat, OECD, WTO
Oman (Naher Osten)	309 500 km² (69), 2,5 Mio (136), 4900 Dollar (1996)	Sultanat	Sultan Qabus ibn Said ibn Taimur as-Said (S, R)	Arabische Liga, Golfkooperations-rat
Österreich (Europa)	83 859 km² (112), 8,1 Mio (88), 25 220 Dollar (2000)	Parlamentarisch-demokratische Bundesrepublik	Thomas Klestil (S); Wolfgang Schüssel (R)	EU, Europarat, OECD, WTO
Osttimor (Südostasien)	14 509 km² (154), 0,7 Mio (155), k. A	Republik	José Alexandre »Xanana« Gusmão (S); Mari Alkatiri (R)	
Pakistan (Asien)	796 095 km² (35), 145,0 Mio (6), 440 Dollar (2000)	Föderative Republik	Pervez Musharraf (S); Mir Zafarullah Khan Jamali (R)	WTO
Palau (Ozeanien)	508 km² (177), 0,02 Mio (190), 5000 Dollar (1995)	Präsidiale Republik, mit USA assoziiert	Thomas Remengesau (S, R)	PC
Panama (Mittelamerika)	75 517 km² (115), 2,9 Mio (131), 3260 Dollar (2000)	Präsidiale Republik	Mireya Elisa Moscoso Rodriguez (S, R)	OAS, WTO
Papua-Neuguinea (Ozeanien)	462 840 km² (53), 5,1 Mio (111), 810 Dollar (1999)	Parlamentarische Monarchie im Commonwealth	Königin Elisabeth II. (S); Michael Somare (R)	Commonwealth, PC, WTO
Paraguay (Südamerika)	406 752 km² (58), 5,6 Mio (100), 1440 Dollar (2000)	Präsidiale Republik	Luis Ángel Gonzáles Macchi (S, R)	Mercosur, OAS, WTO
Peru (Südamerika)	1 285 216 km² (19), 25,6 Mio (39), 2080 Dollar (2000)	Präsidiale Republik	Alejandro Toledo (S); Luis Maria Solari de la Puente (R)	Andenpakt, OAS, WTO
Philippinen (Ostasien)	300 000 km² (71), 77,1 Mio (14), 1040 Dollar (2000)	Präsidiale Republik	Gloria Macapagal Arroyo (S, R)	ASEAN, WTO
Polen (Europa)	312 685 km² (68), 38,6 Mio (30), 4190 Dollar (2000)	Republik	Aleksander Kwasniewski (S); Leszek Miller (R)	Europarat, NATO, OECD, WEU, WTO
Portugal (Europa)	91 906 km² (109), 10,0 Mio (78), 11 120 Dollar (2000)	Parlamentarische Republik	Jorge Sampaio (S); José Manuel Durão Barroso (R)	EU, Europarat NATO, OECD, WTO
Ruanda (Afrika)	26 338 km² (144), 7,9 Mio (91), 230 Dollar (2000)	Präsidiale Republik	Paul Kagame (S); Bernard Makuza (R)	OAU, WTO
Rumänien (Europa)	238 391 km² (80), 22,4 Mio (46), 1670 Dollar (2000)	Republik	Ion Iliescu (S); Adrian Nastase (R)	Europarat, WTO
Russland (Asien)	17 075 400 km² (1), 144,7 Mio (7), 1660 Dollar (2000)	Präsidiale Republik	Wladimir Putin (S); Michail Kasjanow (R)	Europarat, GUS
Saint Kitts und Nevis (Karibik)	261 km² (186), 0,04 Mio (186), 6750 Dollar (2000)	Parlam. föderative Monarchie im Commonwealth	Königin Elisabeth II. (S); Denzil Douglas (R)	CARICOM, Commonwealth, OAS, WTO
Saint Lucia (Karibik)	616 km² (176), 0,1 Mio (174), 4120 Dollar (2000)	Parlamentarische Monarchie im Commonwealth	Königin Elisabeth II. (S); Kenny Anthony (R)	CARICOM, Commonwealth, OAS, WTO
Saint Vincent/Grenadinen (Karibik)	389 km² (182), 0,1 Mio (177), 2720 Dollar (2000)	Parlamentarische Monarchie im Commonwealth	Königin Elisabeth II. (S); Ralph Gonsalves (R)	CARICOM, Commonwealth, OAS, WTO
Salomonen (Ozeanien)	27 556 km² (143), 0,4 Mio (161), 620 Dollar (2000)	Parlamentarische Monarchie im Commonwealth	Königin Elisabeth II. (S); Mannasseh Sogavare (R)	Commonwealth, PC, WTO
Sambia (Afrika)	752 614 km² (38), 10,0 Mio (79), 300 Dollar (2000)	Präsidiale Republik	Levy Patrick Mwanawasa (S, R)	Commonwealth, OAU, WTO
San Marino (Europa)	60,57 km² (189), 0,02 Mio (189), k. A.	Parlamentarische Republik	Zwei sog. reg. Kapitäne (Wechsel alle 6 Monate) (S); Staatsrat (R)	Europarat

1) letztverfügbarer Stand; 2) Bruttosozialprodukt; 3) Abkürzungen siehe S. 143

Land (geographische Einordnung)	Fläche (Weltrang) / Einwohner [1] (Weltrang) / BSP/Kopf [2] (Jahr)	Staats- und Regierungsform	Staatsoberhaupt (S) / Regierungschef (R)	Mitgliedschaften (Auswahl) [3]
São Tomé und Príncipe (Afrika)	1001 km² (169); 0,1 Mio (175); 290 Dollar	Präsidiale Republik	Fradique de Menezes (S); Maria das Neves (R)	OAU
Saudi-Arabien (Naher Osten)	2 240 000 km² (13); 21,0 Mio (49); 7230 Dollar (2000)	Absolute Monarchie	König Fahd ibn Abd al-Asis (S, R)	Arab. Liga, Golfkooperationsrat, OPEC
Schweden (Europa)	449 964 km² (54); 8,9 Mio (83); 27 140 Dollar (2000)	Parlamentarische Monarchie	König Carl XVI. Gustaf (S); Göran Persson (R)	Europarat, EU, Nord. Rat, OECD, WTO
Schweiz (Europa)	41 284 km² (132); 7,2 Mio (93); 38 140 Dollar (2000)	Parlamentarische Bundesrepublik	Pascal Couchepin (S); Bundesrat aus sieben gleichberechtigten Mitgliedern (R)	EFTA, Europarat, OECD, WTO
Senegal (Afrika)	196 722 km² (85); 9,7 Mio (81); 490 Dollar (2000)	Präsidiale Republik	Abdoulaye Wade (S); Idrissa Seck (R)	ECOWAS, Franz. Gemeinschaft, OAU, WTO
Serbien und Montenegro (bisher Jugoslawien, Europa)	102 173 km² (106); 10,5 Mio (73); 940 Dollar (2000)	Parlamentarische Bundesrepublik	Vojislav Kostunica (S); Dragiša Pesić (R)	Balkanpakt
Seychellen (Afrika)	455 km² (178); 0,08 Mio (181); 7050 Dollar (2000)	Präsidiale Republik	France-Albert René (S, R)	Commonwealth, OAU
Sierra Leone (Afrika)	71 740 km² (116); 4,6 Mio (110); 130 Dollar (2000)	Präsidiale Republik	Alhaji Ahmad Tejan Kabbah (S,R)	Commonwealth, ECOWAS, OAU, WTO
Simbabwe (Afrika)	390 757 km² (59); 12,1 Mio (64); 460 Dollar (2000)	Präsidiale Republik	Robert Gabriel Mugabe (S, R)	Commonwealth, OAU, WTO
Singapur (Ostasien)	648 km² (175); 4,1 Mio (125); 24 740 Dollar (2000)	Republik	Sellapan Rama Nathan (S); Goh Chok Tong (R)	ASEAN, Commonwealth, WTO
Slowakische Republik (Europa)	49 035 km² (126); 5,4 Mio (102); 3700 Dollar (2000)	Republik	Rudolf Schuster (S); Mikuláš Dzurinda (R)	Europarat, WTO
Slowenien (Europa)	20 273 km² (149); 2,0 Mio (141); 10 050 Dollar (2000)	Republik	Janez Drnovšek (S); Anton Rop (R)	Europarat, WTO
Somalia (Afrika)	637 657 km² (41); 9,7 Mio (80); k. A.	Präsidiale Republik	Abdulkassim Salad Hassan (S); Hassan Abshir Farah (R)	Arabische Liga, OAU
Spanien (Europa)	504 790 km² (50); 39,6 Mio (29); 15 080 Dollar (2000)	Parlamentarische Monarchie	König Juan Carlos I. (S); José María Aznar (R)	EU, Europarat, NATO, OECD, WEU, WTO
Sri Lanka (Asien)	65 610 km² (119); 18,7 Mio (53); 850 Dollar (2000)	Präsidiale Republik	Chandrika Kumaratunga (S); Ranil Wickremasinghe (R)	Commonwealth, WTO
Südafrika (Afrika)	1 219 080 km² (24); 42,8 Mio (28); 3020 Dollar (2000)	Parlamentarische Bundesrepublik	Thabo Mbeki (S, R)	Commonwealth, OAU, WTO
Sudan (Afrika)	2 505 813 km² (10); 29,7 Mio (36); 310 Dollar (–)	Präsidiale Republik, Militärregime	Omar Hassan Ahmed al-Bashir (S, R)	Arabische Liga, OAU
Südkorea (Ostasien)	99 313 km² (107); 47,1 Mio (26); 8910 Dollar (2000)	Präsidiale Republik	Kim Dae Jung (S); Kim Suk Soo (R)	OECD, WTO
Surinam (Südamerika)	163 265 km² (90); 0,4 Mio (164); 1890 Dollar (2000)	Präsidiale Republik	Ronald Venetiaan (S); Jules Ajodhia (R)	OAS, WTO
Swasiland (Afrika)	17 364 km² (153); 0,9 Mio (151); 1390 Dollar (2000)	Monarchie	König Mswati III. (S); Barnabas Dlamini (R)	Commonwealth, OAU, WTO
Syrien (Naher Osten)	185 180 km² (86); 16,1 Mio (57); 940 Dollar (2000)	Präsidiale Republik	Baschar al Assad (S); Mohammed Mustafa Miro (R)	Arabische Liga
Tadschikistan (Asien)	143 100 km² (93); 6,1 Mio (98); 180 Dollar (2000)	Republik	Emomali Rachmonow (S); Akil Akilow (R)	GUS
Taiwan Republik China (Ostasien)	36 006 km² (134); 22,1 Mio (47); 14 200 Dollar (1999)	Republik	Chen Shiu-bian (S); Yu Shyi-kun (R)	WTO
Tansania (Afrika)	945 087 km² (30); 33,7 Mio (32); 270 Dollar (1999)	Präsidiale föderative Republik	Benjamin Mkapa (S); Frederick Sumaye (R)	Commonwealth, OAU, WTO
Thailand (Ostasien)	513 115 km² (49); 60,8 Mio (19); 2000 Dollar (2000)	Konstitutionelle Monarchie	König Rama IX. Bhumibol Adulayedej (S); Thaksin Shinawatra (R)	ASEAN, WTO
Togo (Afrika)	56 785 km² (122); 4,7 Mio (113); 290 Dollar (2000)	Präsidiale Republik	Gnassingbé Eyadéma (S); Koffi Sama (R)	ECOWAS, OAU, WTO
Tonga (Ozeanien)	747 km² (172); 0,1 Mio (178); 1660 Dollar (2000)	Monarchie	König Taufa'ahau Tupou IV. (S); Prinz Lavaka'ata Ulukalala (R)	Commonwealth, PC
Trinidad und Tobago (Karibik)	5128 km² (163); 1,3 Mio (146); 4930 Dollar (2000)	Präsidiale Republik	Arthur N.R. Robinson (S); Patrick Manning (R)	CARICOM, Commonwealth, OAS, WTO
Tschad (Afrika)	1 284 000 km² (20); 7,7 Mio (92); 200 Dollar (2000)	Präsidiale Republik	Idriss Déby (S); Haroun Kabadi (R)	Franz. Gemeinschaft, OAU, WTO
Tschechische Republik (Europa)	78 866 km² (113); 10,3 Mio (75); 5250 Dollar (2000)	Republik	Václav Havel (S); Vladimir Spidla (R)	Europarat, NATO, OECD, WTO
Tunesien (Afrika)	163 610 km² (89); 9,6 Mio (82); 2100 Dollar (2000)	Präsidiale Republik	Zine al-Abidine Ben Ali (S); Mohamed Ghannouchi (R)	Arabische Liga, OAU, WTO
Türkei (Naher Osten)	779 452 km² (36); 65,5 Mio (17); 3100 Dollar (2000)	Parlamentarische Republik	Ahmed Necdet Sezer (S); Abdullah Gül (R)	Balkanpakt, Europarat, NATO, OECD, WTO
Turkmenistan (Asien)	488 100 km² (51); 4,8 Mio (112); 750 Dollar (2000)	Republik	Saparmurad A. Nijasow (S, R)	GUS
Tuvalu (Ozeanien)	26 km² (190); 0,01 Mio (192); k. A.	Konstitutionelle Monarchie im Commonwealth	Königin Elisabeth II. (S); Saufatu Sopoanga (R)	Commonwealth, PC
Uganda (Afrika)	241 139 km² (78); 22,0 Mio (48); 300 Dollar (2000)	Präsidiale Republik	Yoweri Museveni (S); Apolo Nsimbambi (R)	Commonwealth, OAU, WTO
Ukraine (Europa)	603 700 km² (43); 49,6 Mio (24); 700 Dollar (2000)	Republik	Leonid Kutschma (S); Viktor Janukowitsch (R)	GUS, Europarat
Ungarn (Europa)	93 029 km² (108); 10,2 Mio (77); 4710 Dollar (2000)	Parlamentarische Republik	Ferenc Mádl (S); Péter Meggyessy (R)	Europarat, NATO, OECD, WTO
Uruguay (Südamerika)	175 016 km² (88); 3,4 Mio (126); 6000 Dollar (2000)	Präsidiale Republik	Jorge Batlle Ibáñez (S, R)	Mercosur, OAS, WTO
Usbekistan (Asien)	447 400 km² (55); 24,6 Mio (40); 360 Dollar (2000)	Präsidiale Republik	Islam A. Karimov (S); Utkir Sultanov (R)	GUS
Vanuatu (Ozeanien)	12 198 km² (156); 0,2 Mio (172); 1150 Dollar (2000)	Parlamentarische Republik	John Bani (S); Edward Natapei (R)	Commonwealth, PC
Vatikanstadt (Europa)	0,44 km² (193); 0,0004 Mio (192); k. A.	Wahlmonarchie	Papst Johannes Paul II. (S); Angelo Sodano (R)	
Venezuela (Südamerika)	912 050 km² (32); 24,1 Mio (41); 4310 Dollar (2000)	Präsidiale Bundesrepublik	Hugo Chávez Frías (S, R)	Andenpakt, OAS, OPEC, WTO
Vereinigte Arab. Emirate (Naher Osten)	77 700 km² (114); 2,7 Mio (134); 17 870 Dollar (1998)	Föderation von sieben Emiraten	Scheich Said ibn Sultan An-Nahajan (S); Scheich Maktum ibn Raschid al-Maktum (R)	Arab. Liga, Golfkooperationsrat, OPEC, WTO
Ver. Staaten von Amerika (Nordamerika)	9 518 898 km² (4); 281,5 Mio (3); 34 100 Dollar (2000)	Präsidiale Bundesrepublik	George W. Bush (S, R)	WTO, NATO, OAS, OECD, WTO
Vietnam (Ostasien)	331 114 km² (64); 79,2 Mio (13); 390 Dollar (2000)	Sozialistische Republik	Trân Duc Luong (S); Phan Van Kai (R)	ASEAN
Weißrussland (Europa)	207 595 km² (83); 10,1 Mio (74); 2870 Dollar (2000)	Republik	Alexander Lukaschenko (S); Gennadi Nowizki (R)	GUS
Westsamoa (Ozeanien)	2 831 km² (165); 0,2 Mio (173); 1450 Dollar (2000)	Parlamentarische Demokratie	Malietoa Tanumafili (S); Tuilaepa Sailele Malielegaoi (R)	Commonwealth, PC
Zentralafrikanische Republik (Afrika)	622 984 km² (42); 3,6 Mio (124); 280 Dollar (2000)	Präsidiale Republik	Ange-Félix Patassé (S); Martin Ziguélé (R)	Franz. Gemeinschaft, OAU, WTO
Zypern (Naher Osten)	9 251 km² (161); 0,8 Mio (154); 12 370 Dollar (2000)	Präsidiale Republik	Glafkos John Klerides (S, R)	Commonwealth, Europarat, WTO

1) letztverfügbarer Stand; 2) Bruttosozialprodukt; 3) Abkürzungen siehe S. 143

NEKROLOG

Im Nekrolog werden die berühmten Toten des Jahres 2002 vorgestellt. Die in alphabetischer Reihenfolge angeordneten Nachrufe enthalten biografische Angaben über die Verstorbenen. (Redaktionsschluss 15.12.)

RUDOLF AUGSTEIN

*deutscher Journalist und Publizist (*5.11.1923 in Hannover), stirbt am 7. November in Hamburg.*

Als Augstein 1947 den »Spiegel« gründete, war er 23 Jahre alt. Unter seiner Leitung wurde das Magazin mit den investigativen Methoden und der unverwechselbaren »Schreibe« zur Institution. Wegen eines Artikels über ein NATO-Manöver wurde Augstein 1962 unter dem Verdacht des Landesverrats festgenommen. Am Ende der »Spiegel«-Affäre standen 1963 der Sturz von Verteidigungsminister Franz Josef Strauß (CSU) – der Augsteins Intimfeind blieb – und 1965 die Einstellung des Verfahrens gegen den Journalisten. In den 70er und 80er Jahren deckte »Der Spiegel«, dessen Chef inzwischen unter die prägendsten Persönlichkeiten der deutschen Presselandschaft gerechnet wurde, Skandale u. a. um Flick-Parteispenden und Missstände bei der gewerkschaftseigenen Baugesellschaft Neue Heimat auf. Augsteins Einstieg in die aktive Politik blieb ein kurzes Gastspiel: 1972 zog er für die FDP in den Bundestag ein, kehrte aber schon nach 44 Tagen dem Parlament wieder den Rücken.

MATTHIAS BELTZ

*deutscher Kabarettist (*31.1.1945 in Wohnfeld/Kreis Vogelsberg), stirbt am 27. März in Frankfurt am Main.*

Am Abend hatte er im Frankfurter Tigerpalast auftreten sollen, doch dann erschien er nicht. Die Polizei fand den Kabarettisten tot in seiner Wohnung in Frankfurt-Sachsenhausen: Herzversagen. – Matthias Beltz, Jurastudent, gehörte in den 70er Jahren zur Hausbesetzerszene in der Main-Metropole. Nach dem Ende des Vietnamkriegs 1975 stellte er – so schilderte er es im Rückblick – fest, dass die Weltrevolution nicht stattfinden würde, und entschloss sich, Kabarettist zu werden. Aus seinem 1976 gegründeten »Carl Nepps Chaos Theater« ging 1982 das »Vorläufige Frankfurter Front-Theater« hervor, das Beltz mit zwei Mitspielern betrieb. Später trat er solo auf Kleinkunstbühnen auf, spielte im Rundfunk, im Fern-

sehen und schrieb satirische Bücher. Typisch für den Hessen war ein scharfzüngiger Witz, der vor allem seine politischen Freunde aus der linken und grünen Szene traf. 1993 erhielt er den Adolf-Grimme-Preis.

MANFRED BIELER

*deutscher Schriftsteller (*3.7.1934 in Zerbst/Anhalt), stirbt am 23. April in München.*

Seit 1957 als freier Autor tätig, schrieb Bieler Hör- und Fernsehspiele, literarische Parodien und andere Prosawerke, mit seinem Namen verbindet sich jedoch vor allem »Der Mädchenkrieg«, der 1975 erschien und zwei Jahre später von Bernhard Sinkel verfilmt wurde. Auf amüsante Weise erzählt der Roman vom Schicksal dreier Töchter eines Prager Bankdirektors vor dem Hintergrund turbulenter Ereignisse während der Hitlerzeit. Die Örtlichkeit kannte Bieler aus eigenem Erleben: 1964 siedelte er von der DDR nach Prag über, drei Jahre später nahm er die tschechische Staatsbürgerschaft an, um dann 1968, kurz nach dem Einmarsch der Warschauer-Pakt-Truppen, in die Bundesrepublik Deutschland zu emigrieren. Eine breite Leserschaft fanden auch seine Romane »Maria Morzeck oder Das Kaninchen bin ich« (1969), »Der Kanal« (1978) und »Der Bär« (1983).

CAMILO JOSÉ CELA

*spanischer Schriftsteller (*11.5.1916 in Flavia/Galicien), stirbt am 17. Januar in Madrid.*

Mit Romanen, in denen er gegen ästhetische und moralische Normen verstieß, sorgte Cela wiederholt für Provokation, in Spanien wird er gleichwohl zu den Klassikern der Moderne gerechnet. Weniger Anklang fand der Literaturnobelpreisträger von 1989 im Ausland, vielleicht auch deshalb, weil seine

von umgangssprachlichen Wendungen durchsetzten Werke schwer zu übertragen sind. Cela, Sohn einer englischen Mutter und eines spanischen Vaters, veröffentlichte 1942 seinen ersten Roman, »Pascal Duartes Familie«. Es ist der mit großer Freude am brutalen Detail vorgetragene Bericht eines Mörders. Sein bekanntestes Werk, »Der Bienenkorb«, schrieb Cela 1942, er konnte es jedoch unter dem Druck der Franco-Diktatur erst 1951 in abgeschwächter Version veröffentlichen. Fast 300 Personen tauchen in dem Roman auf, dessen Episoden sich zu einem beklemmenden Bild des Alltags in Madrid nach dem Spanischen Bürgerkrieg (1936–1939) fügen. Weitere erfolgreiche Romane waren »San Camilo, 1936« (1969) und »Mazurka für zwei Tote« (1983).

ERWIN CHARGAFF

*US-amerikanischer Biochemiker österreichischer Herkunft (*11.8.1905 in Czernowitz), stirbt am 20. Juni in New York.*

Chargaff legte in den 50er Jahren die Basis für die Molekularbiologie, indem er entdeckte, dass je zwei verschiedene Bausteine der Erbsubstanz DNS sich in einem Molekül gegenüberstehen (Komplementarität); dies war die Voraussetzung für die spätere Entschlüsselung des Aufbaus der DNS durch James Watson und Francis Crick. Später schrieb Chargaff Bücher, in denen er den engen Rationalitätsbegriff der herrschenden Wissenschaft scharf attackierte (»Kritik der Vernunft«; 1983).

EDUARDO CHILLIDA

*spanischer Bildhauer (*10.1.1924 in San Sebastián), stirbt am 19. August in San Sebastián.*

In den abstrakten Metallplastiken Chillidas gehen geometrische und freie Formelemente eine eigenständige Synthese ein. Neben optisch leicht wirkenden, rhythmisch bewegten, spitz auslaufenden Skulpturen finden sich kräftige Vierkantelemente aus Eisen und Stahl, die rechtwinklig abgeknickt und zu kompakten Gebilden verflochten sind. Große Beachtung fanden »Windkämme« (1977) an der Küste von San Sebastián, die Plastik »Berlin« (2000) vor dem Bundeskanzleramt in der deutschen Hauptstadt und »Buscando la Luz« (Die Suche nach dem Licht) vor der Pinakothek der Moderne in München (2002).

PRINZ CLAUS DER NIEDERLANDE

Mit Prinz Claus, dem Ehemann von Königin Beatrix, verlieren die Niederländer eine ihrer beliebtesten Persönlichkeiten. Der seit längerem von

*früher Claus Georg Wilhelm Otto Friedrich Gerd von Amsberg (*6.9.1926 in Dötzingen), stirbt am 6. Oktober in Amsterdam.*

Krankheit Gezeichnete galt nicht nur als perfekter Prinzgemahl, sondern als moralische Instanz. – Claus von Amsberg trat nach dem Studium in den deutschen diplomatischen Dienst ein. Seine spätere Ehefrau, damals noch Kronprinzessin, lernte er 1964 bei einem Polterabend in Adelskreisen kennen. Am 10. März 1966 fand in Amsterdam die Hochzeit statt – begleitet von Protesten der Bevölkerung, die in dem Bräutigam vor allem den Vertreter der früheren Besatzer sah. Doch mit Charme und Anpassungsbereitschaft – er sprach schon bald perfekt Niederländisch – gewann Claus die Herzen. Mit der Rolle, im Schatten seiner Frau (seit 1980 Monarchin) vor allem Repräsentationspflichten wahrzunehmen, kam er zunächst nicht zurecht, doch dann engagierte sich der Prinzgemahl ab 1984 u. a. als Sonderberater der Regierung für Entwicklungsfragen und übernahm weitere öffentliche Ämter.

JAMES COBURN

*US-amerikanischer Schauspieler (*31.8.1928 in Laurel/Nebraska), stirbt am 18. November in Beverly Hills.*

Berühmt wurde Coburn durch seine Rolle in dem John-Sturges-Western »Die glorreichen Sieben« (1960). Nachdem er in einer Reihe von Filmen sein komisches Talent unter Beweis gestellt hatte, bestätigte er in Sam Peckinpahs »Pat Garrett jagt Billy the Kid« (1972) sein Image als raubeiniger, wortkarger Held. 2002 kam die Komödie »Snow Dogs« in die Kinos, in der Coburn einen bärbeißigen Hinterwäldler spielt.

JOHANNES JOACHIM DEGENHARDT

Degenhardt studierte katholische Theologie und Philosophie und wurde 1951 in Paderborn zum Priester geweiht. 1968 ernannte Papst Paul VI. ihn zum Weihbischof und 1974 zum Erzbischof von Paderborn. Am 28. Januar

NEKROLOG

deutscher Kardinal (*31.1.1926 in Schwelm/Nordrhein-Westfalen), stirbt am 25. Juli in Paderborn.

2001 berief Johannes Paul II. den Geistlichen zum Kardinal. Degenhardts Lebensweg sei »vom mutigen Bekenntnis zur Wahrheit Gottes« geprägt gewesen, heißt es nun im Kondolenztelegramm des Papstes. Bescheidenheit, tiefe Frömmigkeit, Papsttreue und eine konservative Grundhaltung brachten Degenhardt wiederholt in Gegensatz zu den Reformkräften in der Kirche. So veranlasste er, dass der kritische Theologe Eugen Drewermann 1991 seine Lehrtätigkeit aufgeben musste.

IVAN DESNY

eigentl. Ivan Nikolai Desnitsky, französischer Schauspieler russischer Herkunft (*28.12.1922 in Peking), stirbt am 13. April in Ascona/ Schweiz.

Der als Sohn eines russischen Diplomaten in China geborene Desny wuchs in Paris auf. Dort debütierte er Ende der 40er Jahre auf dem Theater, bevor ihn der britische Regisseur David Lean für den Film »Madeleine« (1951) engagierte. In der Folgezeit drehte der Franzose mit dem charmanten Akzent u. a. Filme mit Michelangelo Antonioni, Max Ophüls und Rainer Werner Fassbinder (»Die Ehe der Maria Braun«, 1979; »Lola«, 1981). Einen seiner letzten Auftritte im Kino hatte er in André Techinés Psychodrama »Diebe der Nacht« (1996). Seit den 70er Jahren wurde der Schauspieler durch diverse Rollen in TV-Serien und -Krimis einem breiteren Publikum bekannt.

MARION GRÄFIN DÖNHOFF

»Dieses Blatt ist meine Heimat geworden«, erklärte Marion Gräfin Dönhoff 1996 aus Anlass des 50-jährigen Bestehens der liberalen Wochenzeitung »Die Zeit«. 1949 ging die Tochter eines ostpreußischen Gutsbesitzers, die während des Zweiten Weltkriegs im Widerstand gegen Hitler aktiv gewesen war, als »Zeit«-Redakteurin nach Hamburg, 1955 übernahm sie die Leitung des politischen Teils, 1968 wurde sie Chefre-

dakteurin und 1973 Mitherausgeberin des Blattes, dem sie mit ihrem engagierten Eintreten für Ausgleich und Aussöhnung insbesondere mit dem Osten ihren Stempel aufdrückte. Die profilierte Journalistin schrieb etliche Bücher, in denen sie zu Zeitfragen Stellung nahm, den größten Erfolg hatte sie je-

deutsche Journalistin und Publizistin (*2.12. 1909 Schloss Friedrichstein/ Ostpreußen), stirbt am 11. März auf Schloss Crottorf/ Rheinland-Pfalz.

doch mit ihrer Autobiografie »Eine Kindheit in Ostpreußen« (1988). 1971 erhielt Gräfin Dönhoff den Friedenspreis des Deutschen Buchhandels.

HEINZ DRACHE

In den 60er Jahren war der Mann mit dem Bürstenhaarschnitt auf die Rolle des Kommissars abonniert. Er war in etlichen Edgar-Wallace-Filmen, darunter »Der Hexer« und »Der Zinker«, auf der Leinwand zu sehen und erreichte im Fernsehen in dem Francis-Durbridge-Krimi »Das Halstuch« 1962 Traum-Einschaltquoten von 80 %. Nach 15-jähriger Abwesenheit kehrte er 1985 auf den Bildschirm zurück, um als Berliner »Tatort«-Kommissars H.G.

deutscher Schauspieler (*9.2.1923 in Essen), stirbt am 3. April in Berlin.

Bülow auf Ganovenjagd zu gehen. Drache spielte viel und gern Theater, u. a. war er in den 50er Jahren unter Gustaf Gründgens in Düsseldorf in zahlreichen klassischen Rollen zu sehen, in den 70ern und 80ern trat er dann vor allem in leichten Komödien auf.

ALFRED DREGGER

»Die hessische CDU verdankt Dregger unendlich viel« – mit diesen Worten würdigte Hessens Ministerpräsident Roland Koch die Lebensleistung seines national-konservativen Parteifreundes. Der Jurist Dregger wurde 1956 in Fulda jüngster Oberbürgermeister der Bundesrepublik. Seit 1967 Vorsitzender der Hessen-CDU, verdoppelte er den

deutscher Politiker (*10.12.1920 in Münster/Westfalen), stirbt am 29. Juni in Fulda.

Stimmenanteil seiner Partei binnen weniger Jahre, konnte die SPD jedoch nicht aus der Landesregierung verdrängen. Nach der Wahl Helmut Kohls zum Bundeskanzler 1982 übernahm Dregger, der seit 1972 Bundestagsabgeordneter war, von diesem das Amt des Fraktionschefs der Unionsparteien. Trotz zunehmender Kritik an seinem autoritären Führungsstil gab er erst 1991 das Amt an Wolfgang Schäuble ab, 1998 schied er – nicht ganz freiwillig – aus dem Bundestag aus. Mit der Erfindung des CDU-Wahlkampfslogans »Freiheit oder Sozialismus« (1976) bestätigte der alte Frontkämpfer sein Image als Rechtsaußen seiner Partei.

ELISABETH (»QUEEN MUM«)

früher Lady Elizabeth Angela Marguerite Bowes-Lion, britische Königinmutter (*4.8.1900 in London), stirbt am 30. März auf Schloss Windsor.

Die britische Königinmutter habe es besonders geliebt, wenn »Sachen, die perfekt sein sollten, schief gingen«, berichtete ihr Urenkel Prinz William nach ihrem Tod. »Sie hat sich dann kaputt gelacht – und uns alle damit wieder auf den Teppich geholt.« Anekdoten wie diese bestätigen das Bild von der liebenswürdigsten Großmutter der Nation, das die Briten in Zeiten der Skandale im Hause Windsor hoch hielten. Seit 1923 war die Schottin, jüngstes Kind des 14. Earl of Strathmore, mit jenem Mann verheiratet, der 1936 als König Georg VI. den britischen Thron bestieg und in der resoluten Frau eine zuverlässige Stütze finden sollte. Nach dem Tod ihres Mannes 1952 wurde ihre älteste Tochter als Elisabeth II. Königin von Großbritannien und Nordirland, sie selbst war von da an »Queen Mum«.

JOHN ENTWISTLE

britischer Rockmusiker (*9.10.1944 in Chiswick/London), stirbt am 27. Juni in Las Vegas/Nevada.

Am Tag vor dem Auftakt einer Nordamerika-Tournee wurde der Bassist der Rockgruppe »The Who« in einem Hotel tot aufgefunden. Entwistle spielte schon als Schüler mit Pete Townshend

zusammen, dem Stückeschreiber und Gitarristen der 1964 gebildeten Gruppe. Berühmt wurde die Band mit Hits wie »My Generation«, »Pinball Wizard« und »Won't Get Fooled Again« sowie durch die erste Rockoper »Tommy« (1969). Beeindruckt war das Publikum auch darum von »The Who«, weil die Musiker nach einem Auftritt beinahe regelmäßig ihre gesamte Ausrüstung auf der Bühne zertrümmerten.

HANS-GEORG GADAMER

deutscher Philosoph (*11.2.1900 in Marburg), stirbt am 3. März in Heidelberg.

»Sein, das verstanden werden kann, ist Sprache«, lautet das berühmte Diktum des Philosophen, der mit seinem Hauptwerk »Wahrheit und Methode« (1960) zum Begründer der modernen Hermeneutik wurde. Dieser Lehre vom Verstehen geht es um die Aneignung überlieferter Texte im Medium des Wortes. In einem sog. hermeneutischen Zirkel bewegt sich der Lesende von der Reflexion auf das eigene Vorverständnis zum Text in seiner historischen Gebundenheit und wieder zurück, um so dessen Sinn immer genauer zu erschließen. Gadamer war ein Schüler Martin Heideggers und lehrte nach Stationen in Leipzig und Frankfurt am Main ab 1959 bis zu seiner Emeritierung 1968 in Heidelberg.

WOLFGANG GRUNER

deutscher Kabarettist (*20.9.1926 in Rathenow/Havelland), stirbt am 16. März in Berlin.

Für viele Deutsche war er der Inbegriff der Berliner »Kodderschnauze«, der Kabarettist Wolfgang Gruner, der von Beginn an zu den Köpfen des 1949 von Rolf Ulrich gegründeten Ensembles »Die Stachelschweine« gehörte. Bereits in den 50er Jahren spielten sich die Kabarettisten in die Herzen der Berliner und der Berlin-Touristen, für die vor allem in den 60er Jahren ein Besuch der »Stachelschweine« ein »Muss« war. Neben seiner Tätigkeit als Kabarettist trat der Mann mit dem kugelrunden Gesicht auch als Schauspieler in Theater, Film und Fernsehen auf.

LIONEL HAMPTON

Der gelernte Schlagzeuger Lionel Hampton schenkte dem Jazz das Vibra-

---

NEKROLOG

---

phon, das er ab Ende der 20er Jahre zu seinem Hauptinstrument und zu einem vollgültigen Instrument dieser Musikrichtung machte. 1936 stieß er zum Benny-Goodman-Quartett, das nicht

US-amerikanischer Jazz-Musiker (*12.4.1909 in Louisville/ Kentucky), stirbt am 31. August in New York.

nur Swing-Geschichte schrieb, sondern auch wesentlich zur Aufhebung der Rassenschranken im Jazz beitrug, da erstmals schwarze – Hampton und Teddy Wilson – und weiße Musiker – Goodman und Gene Krupa – gemeinsam auftraten. 1937 entstand Hamptons bekannteste Komposition »Flying Home«. 1985 wurde er von den Vereinten Nationen zum »Musikbotschafter« ernannt.

THOR HEYERDAHL

Als Heyerdahl 1947 mit seinem selbst gebauten Balsafloß »Kon-Tiki« den Pazifik von Peru bis Tahiti überquerte, machte ihn dies mit einem Schlag weltberühmt. Unternommen hatte er die Reise, um zu beweisen, dass die Südsee-Inseln von Südamerikanern und nicht von Asiaten besiedelt worden waren. Transozeanische Kontakte blieben das wichtigste Forschungsgebiet des Norwegers, der seine Theorien nur allzu gern im Selbstversuch testete: 1969/70 fuhr er mit dem Papyrusboot »Ra« von Marokko nach Mittelamerika, 1978

norwegischer Zoologe und Ethnologe (*6.10.1914 in Larvik), stirbt am 18. April in Alassio/Italien.

folgte eine Fahrt mit dem Schilfboot »Tigris« von Basra am Persischen Golf nach Afrika. Anerkennung in Fachkreisen fand der Abenteurer allerdings kaum.

MARIANNE HOPPE

Die Tochter eines konservativen mecklenburgischen Gutsbesitzers begann als Theaterschauspielerin in Berlin, Frankfurt am Main und München, bis sie 1934 dank ihrer Rolle in der Verfilmung

deutsche Schauspielerin (*26.4.1911 in Rostock), stirbt am 23. Oktober in einem Pflegeheim bei Siegsdorf.

von Theodor Storms »Der Schimmelreiter« fast über Nacht berühmt wurde. Fortan zählte sie zu den Stars der Ufa und überzeugte in Filmen wie »Eine Frau ohne Bedeutung« (1936), »Der Schritt vom Wege« (1939) und »Romanze in Moll« (1943). Ebenso berühmt waren ihre Interpretationen klassischer Theaterrollen, auch an der Seite von Gustaf Gründgens, mit dem sie von 1936 bis 1946 verheiratet war. Nach Kriegsende wandte sie sich stärker dem Theater der Moderne zu und spielte u. a. bei Claus Peymann und Frank Castorf, in Thomas Bernhards Stück »Jagdgesellschaft« (1974) oder Heiner Müllers »Quartett« (1994).

PAUL HUBSCHMID

Schweizer Schauspieler (*20.7.1917 in Aarau), stirbt am 1. Januar in Berlin.

Groß, schlaksig, jungenhaft und charmant wie er war, blieb Paul Hubschmid bis ins hohe Alter ein gut aussehender Mann. Er selbst betrachtete diesen Vorteil mit Skepsis. »Schöner Mann, was nun«, fragte er in seinen 1994 erschienenen Memoiren, in denen er die Festlegung auf die Rolle des Frauenhelden und Bonvivants eher mit Bitterkeit betrachtete. Der Absolvent des Max-Reinhardt-Seminars stieg zu einem der Stars im Kino der 50er und 60er Jahre auf, u. a. spielte er in »Die Zürcher Verlobung« (1957) und in Fritz Langs »Der Tiger von Eschnapur« (1959), bekam aber kaum Angebote für ernsthafte Charaktere. Zu seiner Paraderolle auf dem Theater wurde Professor Higgins in Carl Loewes Musical »My Fair Lady«.

HILDEGARD KNEF

Als »Hildchen« in dem Film »Die Sünderin« (1951; Regie: Willi Forst) einen Augenblick lang nackt zu sehen war, sorgte dies für einen Skandal. Zuvor hatte die Knef bereits in »Die Mörder sind unter uns« (1946) Furore gemacht,

und bald verabschiedete sie sich in die Vereinigten Staaten, wo sie u. a. als Musical-Star am New Yorker Broadway reüssierte. Ab 1963 trat sie auch in Deutschland als Chansonsängerin in Erscheinung, »Für mich soll's rote

deutsche Schauspielerin und Chansonsängerin (*28.12.1925 in Ulm), stirbt am 1. Februar in Berlin.

Rosen regnen« wurde zu ihrem Markenzeichen. Einzelheiten aus ihrem Leben erfuhr die interessierte Öffentlichkeit in den autobiografischen Romanen, darunter »Der geschenkte Gaul« (1970) und »Das Urteil« (1975), in dem Hildegard Knef freimütig und eindringlich über ihre Krebserkrankung berichtete.

MANFRED KÖHNLECHNER

deutscher Heilpraktiker und Publizist (*1.12.1925 in Krefeld), stirbt am 10. April in Grünwald bei München.

Der promovierte Jurist Manfred Köhnlechner gab 1970 seine Karriere beim Medienkonzern Bertelsmann auf und wurde Heilpraktiker. Das nötige Wissen, insbesondere über Akupunktur, brachte er sich im Selbststudium bei. Mit spektakulären Fernseh-Auftritten suchte er die Öffentlichkeit von seinem Gesundheitskonzept, der Neural- und Ozontherapie oder der »Manager-Diät«, zu überzeugen; die Schulmedizin verhielt sich abwehrend, während seine Patienten ihn geradezu verehrten. In über 30 Büchern legte Köhnlechner seine Ansichten dar, u. a. in »Leben ohne Krebs« (1980).

CHRISTIAN GRAF VON KROCKOW

deutscher Politologe und Publizist (*26.5.1927 in Rumbske/Pommern), stirbt am 17. März in Hamburg.

Krockow, der einer pommerschen Adelsfamilie entstammte, war in den 60er Jahren Hochschullehrer für Politologie in Oldenburg und Göttingen. Einer breiteren Öffentlichkeit wurde er durch Bücher bekannt, in denen er his-

torisch-politische Erfahrungen der Deutschen thematisierte und für eine Aussöhnung mit Osteuropa warb, u. a. »Größe und Elend des deutschen Geistes« (1983), »Heimat – Erfahrungen mit einem deutschen Thema« (1989) und »Vom lohnenden Leben« (1996). Beachtung fanden auch Krockows Biografien, u. a. über Winston Churchill (1999) und Claus Graf Schenk von Stauffenberg (2002), sowie seine Schilderungen von Reisen in die früheren deutschen Ostgebiete.

ALEXANDER LEBED

russischer Politiker und General (*20.4.1950 in Nowotscherkask), stirbt am 28. April bei einem Hubschrauberabsturz in Sibirien.

Alexander Lebed hatte bereits eine glanzvolle militärische Karriere hinter sich – u.a. als Kommandeur in Afghanistan –, als sein politisches Talent zu Tage trat. 1995 gewann er, nach seinem Abschied aus der Armee, ein Direktmandat für die russische Duma. 1996 landete er als Kandidat für das Präsidentenamt im ersten Wahlgang überraschend auf Platz drei. Amtsinhaber Jelzin machte ihn als Dank dafür, dass er ihn bei der anschließenden Stichwahl unterstützte, zu seinem Sicherheitsberater. In dieser Funktion gelang Lebed die Beendigung des ersten Tschetschenienkrieges, doch schon wenig später entließ Jelzin seinen unbequemen Ratgeber. Seit 1998 war Lebed Gouverneur der sibirischen Region Krasnojarsk.

PEGGY LEE

eigentl. Norma Deloris Engstrom, US-amerikanische Sängerin und Schauspielerin (*26.5.1920 in Jamestown/ Norddakota), stirbt am 21. Januar in Bel Air bei Los Angeles.

Nach ihrer Entdeckung durch den »King of Swing« Benny Goodman Anfang der 40er Jahre startete Peggy Lee 1945 ihre Solokarriere, in deren Verlauf sie über 60 Alben mit mehr als 600 Liedern aufnahm. Zu ihren bekanntesten Songs zählen »Fever«, »Mañana« und »Big Spender«, für den sie gleich zwei Grammys bekam. Ihren letzten Hit hatte Peggy Lee, die in den 50er Jahren auch in etlichen Filmen mitwirkte, 1969 mit »Is That All There Is«.

ASTRID LINDGREN

schwedische Kinderbuchautorin (*14.11.1907 in Vimmerby), stirbt am 28. Januar in Stockholm.

Die ebenso fröhliche wie eigensinnige »Pippi Langstrumpf« stand in den 40er Jahren am Anfang von Astrid Lindgrens Karriere, die in den folgenden Jahrzehnten zur bekanntesten Kinderbuchautorin der Welt werden sollte. Ob es nun um »Meisterdetektiv Kalle Blomquist«, um »Die Kinder aus Bullerbü« oder »Michel aus Lönneberga«, um »Lotta aus der Krachmacherstraße«, »Karlsson vom Dach« oder »Ronja Räubertochter« ging, stets betonte Lindgren die Autonomie eines jeden Kindes und warb für ein von Liebe und Solidarität geprägtes Erziehungsideal. 1978 erhielt Lindgren den Friedenspreis des Deutschen Buchhandels, 1994 den Alternativen Nobelpreis.

GERHARD LÖWENTHAL

deutscher Journalist (*8.12.1922 in Berlin), stirbt am 6. Dezember in Wiesbaden.

Bevor er zum Fernsehen kam, machte Löwenthal beim Rundfunk Karriere. Während des (später abgebrochenen) Studiums arbeitete er ab Ende 1945 beim DIAS, dem späteren RIAS Berlin, bei dem er es bis zum stellvertretenden Programmdirektor brachte, eine Position, die er 1954 bis 1958 auch beim Sender Freies Berlin innehatte. Seit 1963 war Löwenthal beim ZDF, 1969 startete sein »ZDF-Magazin«, in dem er u. a. Menschenrechtsverletzungen des SED-Regimes in der DDR anprangerte. Wegen Löwenthals polarisierender Moderation und der harten Attacken u. a. auf Willy Brandts Ostpolitik war die Sendung höchst umstritten. 1987 wurde der radikale Konservative, wie er es selbst formulierte, nach 585 Sendungen »zwangspensioniert«.

KLAUS LÖWITSCH

Seine Ausbildung als Schauspieler absolvierte Löwitsch in Wien, und hier hatte er 1955 in dem Musical »Kiss me Kate« den ersten Bühnenerfolg. In den 60er Jahren spielte er u. a. an den Münchner Kammerspielen, trat aber

auch in Filmen auf. In den 70ern begann die Arbeit mit Rainer Werner Fassbinder, der Löwitschs ruppigen Charme schätzte und mit ihm u. a. »Der Händler der vier Jahreszeiten« (1971) und »Despair« (1977) drehte. Im TV fand Löwitsch nach Auftritten in Literaturverfilmungen und Krimiserien

deutscher Schauspieler (*8.4.1936 in Berlin), stirbt am 3. Dezember in München.

1989 die ihm auf den Leib geschriebene Rolle des hart gesottenen Detektivs »Peter Strohm«. 1996 kündigte er, der Festlegung müde, die Serie auf. Für Schlagzeilen sorgte Löwitsch 2001, als er wegen sexueller Belästigung zu einer Geldstrafe verurteilt wurde.

JOSEPH LUNS

niederländischer Politiker (*28.8.1911 in Rotterdam), stirbt am 17. Juli in Brüssel.

Nach dem Studium der Rechtswissenschaften in Leiden und Amsterdam promovierte Luns 1937 zum Dr. jur. Er trat 1938 in den diplomatischen Dienst der Niederlande ein und verbrachte einen Teil des Zweiten Weltkriegs mit der Regierung im Exil in London. U. a. war Luns Gesandtschaftsrat und Ständiger Delegierter bei der UNO in New York (1949–1952). Danach gehörte er als Vertreter der Katholischen Volkspartei der Regierung an und hatte von 1956 bis 1971 das Amt des Außenministers inne. 1967 erhielt er für seine Verdienste um die europäische Einigung in Aachen den Karlspreis. Von 1971 bis 1984 war Luns der fünfte Generalsekretär der NATO.

MARGARET ROSE

»Die Zeit und das Leben haben Prinzessin Margaret nicht gut behandelt«, konstatierte die angesehene britische Tageszeitung »Times« anlässlich des Todes der jüngeren Schwester von Königin Elisabeth II. Margarets Romanze mit dem Fliegeroffizier Peter Townsend sorgte Anfang der 50er Jahre für Schlag-

britische Prinzessin (*21.8.1930 in Glamis/ Schottland), stirbt am 9. Februar in London.

zeilen, doch auf Druck des Königshauses musste sie auf eine Heirat mit dem geschiedenen Familienvater verzichten. Ihre 1960 geschlossene Ehe mit dem Fotografen Anthony Armstrong-Jones (Lord Snowdon), aus der zwei Kinder hervorgingen, verlief glücklos und wurde 1978 offiziell geschieden. Die Prinzessin führte fortan ein unstetes Jetset-Leben. In ihren letzten Lebensjahren verschlechterte sich ihr Gesundheitszustand, zuletzt sah man sie im Rollstuhl und mit schwarzer Brille.

WINNIE MARKUS

deutsche Filmschauspielerin (*16.5.1921 in Prag), stirbt am 8. März in München.

Eine Mischung von bürgerlicher Sittenstrenge und weiblichem Charme attestierten die Kritiker Winnie (Maria Eveline) Markus, die mit 18 Jahren am Wiener Theater in der Josefstadt debütierte. 1939 stand sie in »Mutterliebe« zum ersten Mal in einer Nebenrolle vor der Kamera und hatte noch im selben Jahr in »Brand im Ozean« ihre erste Hauptrolle. Bis zum Ende des Dritten Reiches drehte Winnie Markus bei der Ufa 25 Filme. Zwischen 1945 und 1960 war sie in weiteren gut 30 Filmen zu sehen, dann zog sie sich zurück und heiratete in zweiter Ehe den »Salzbaron« Adi Vogel, dessen Firma jedoch 1976 unter der Schuldenlast zusammenbrach. 1980 feierte die Schauspielerin ein Bühnen-Comeback am Renaissance-Theater in Berlin und war auch in zahlreichen Fernsehserien zu sehen, so ab 1996 in »Zwei Münchner in Hamburg«.

WOLFGANG MISCHNICK

deutscher Politiker (*29.9.1921 in Dresden), stirbt am 6. Oktober in Bad Soden.

Mischnick war einer der führenden FDP-Politiker der Nachkriegszeit. 23 Jahre lang – von Januar 1968 bis Janu-

ar 1991 – leitete er als dienstältester Vorsitzender die Geschicke der FDP-Fraktion im Bundestag. Von 1964 bis 1988 war der »Erzliberale« auch stellvertretender FDP-Parteivorsitzender. Der 1939 in die Wehrmacht eingezogene Mischnick flüchtete nach Kriegsende in den Westen und trat in Frankfurt am Main der FDP bei. Er gehörte 1954 bis 1957 dem Hessischen Landtag und anschließend bis 1994 dem Bundestag an und war von 1961 bis 1963 Vertriebenenminister.

INGE MORATH

US-amerikanische Fotografin österreichischer Herkunft (*27.5.1923 in Graz), stirbt am 30. Januar in New York.

Morath arbeitete ab 1946 in Wien als Textredakteurin für Zeitschriften, bevor sie 1951 ihr Talent für die Fotografie entdeckte. 1953 wurde sie als eine der ersten Frauen in die Foto-Agentur Magnum aufgenommen. Fotografische Reisen führten sie in den 50er Jahren u. a. in den Nahen Osten, nach Mexiko, Tunesien und in die USA, wo sie sich niederließ. Bei Filmaufnahmen zu »Misfits« 1960 lernte sie den Dramatiker Arthur Miller kennen, den sie 1962 heiratete. Seit den 70er Jahren wurde ihr fotografisches Werk in aller Welt in Ausstellungen präsentiert.

GEORGE NADER

US-amerikanischer Filmschauspieler (*19.10.1921 in Pasadena), stirbt am 4. Februar in Woodland Hills bei Los Angeles.

Nader wirkte zwar in mehr als 50 Spielfilmen und US-Serien mit, bekannt wurde er aber vor allem durch die Titelrolle in den acht zwischen 1965 und 1968 in Deutschland gedrehten Krimis um den FBI-Agenten Jerry Cotton. In den 50er Jahren spielte Nader in zahlreichen US-Filmen die Rolle des gut aussehenden Draufgängers. Schon Ende der 50er Jahre verlängerten die Universal-Studios seinen Vertrag nicht, TV-Serien, in denen er mitspielte, blieben erfolglos. Zuletzt erschien Nader 1973 in dem Science-Fiction-Streifen

NEKROLOG

»Beyond Atlantis« auf der Leinwand. Anders als sein Freund Rock Hudson schaffte Nader es nie, von den »B-Pictures« loszukommen, möglicherweise eine Folge seines »Coming-out« als Homosexueller zu einer Zeit, als dies in Hollywood noch nicht opportun war.

RUDOLF NOELTE

deutscher Regisseur (*20.3.1921 in Berlin), stirbt am 7. November in Garmisch-Partenkirchen.

Die Besonderheit des Regisseurs Noelte lag in der subtilen Schauspielerführung, die er u. a. in Inszenierungen von Dramen Anton Tschechows (»Drei Schwestern«, 1965; »Der Kirschgarten«, 1970) unter Beweis stellte. Von seiner Kammerspielregie profitierten ebenso Aufführungen von Molière-Komödien (»Der Menschenfeind«, 1973; »Der Geizige«, 1991). Durch seine Inszenierungen von »Die Kassette« (1960) und »Der Snob« (1964) wurde der Dramatiker Carl Sternheim wiederentdeckt. Noelte begann 1948 am Hebbel-Theater in Berlin, arbeitete in der Stadt u. a. am Schillertheater und an der Freien Volksbühne, führte aber auch in München, Wien und Zürich sowie bei den Salzburger Festspielen Regie.

JOHN RAWLS

US-amerikanischer Philosoph (*21.2.1921 in Baltimore/Maryland), stirbt am 24. November in Lexington/Massachusetts.

Rawls, seit 1960 Professor in Harvard, reihte sich mit seinem Hauptwerk »Eine Theorie der Gerechtigkeit« (1972) unter die großen politischen Denker des 20. Jahrhunderts ein. Um Kriterien zu gewinnen, nach denen sich beurteilen lässt, ob eine Gesellschaft gerecht eingerichtet ist, ging er – die Idee des Gesellschaftsvertrags aus der englischen und französischen Aufklärung fortspinnend – von einem Gedankenexperiment aus: Menschen, denen ihre persönliche Identität, ihre besonderen Fähigkeiten und Wünsche verborgen sind, verständigen sich darüber, nach welchen Bedingungen eine Gesellschaft aufzubauen wäre. Das Ergebnis des Experiments: Jedes Individuum braucht umfassende persönliche und politische Rechte, etwa das auf freie Meinungsäußerung, persönlichen Besitz und politische Mitbestimmung; ferner muss Chancengleichheit gewährleistet sein.

LUISE RINSER

deutsche Schriftstellerin (*30.4.1911 in Pitzling/Oberbayern), stirbt am 17. März in Unterhaching.

Die nach einem Psychologie- und Pädagogikstudium von 1934 bis zu einem Berufsverbot 1940 als Lehrerin tätige Rinser saß 1944/45 wegen »Hochverrats und Wehrkraftzersetzung« im Frauengefängnis Traunstein in Haft (»Gefängnistagebuch«, 1946). Ab 1945 arbeitete sie acht Jahre als Literaturkritikerin für die »Neue Zeitung« in München und war 1953 bis 1959 mit dem Komponisten Carl Orff verheiratet. Zu den bekanntesten ihrer mehr als 30 Romane, Essays, Tagebücher und Reiseschilderungen zählen »Mitte des Lebens« (1950), »Daniela« (1953), »Der Sündenbock« (1955), »Abenteuer der Tugend« (1955), »Ich bin Tobias« (1966), »Mirjam« (1983) und »Abaelards Liebe« (1991). Die zeitlebens aus einer christlichen, aber durchaus kirchenkritischen Position heraus gesellschaftspolitisch engagierte Rinser kandidierte 1984 für die Grünen erfolglos gegen Richard von Weizsäcker (CDU) für das Amt des Bundespräsidenten.

YVES ROBERT

französischer Filmregisseur (*19.6.1920 in Saumur), stirbt am 10. Mai in Paris.

Robert debütierte 1942 in Lyon als Schauspieler am Theater und wechselte in den 50er Jahren als Regisseur zum Film, wo er mit seinem dritten Streifen, »Der Krieg der Knöpfe« (1961), den Durchbruch schaffte. Später verhalf er dem Komiker Pierre Richard mit »Der große Blonde mit dem schwarzen Schuh« (1972) und der »Der große Blonde kehrt zurück« (1974) zu internationalem Ruhm. Nach der Komödie »Ein Elefant irrt sich gewaltig« (1976) hatte Robert noch einmal viel Erfolg mit »Der Ruhm meines Vaters« (1989) und »Das Schloss meiner Mutter« (1990) nach den Jugenderinnerungen des provenzalischen Schriftstellers Marcel Pagnol.

NIKI DE SAINT PHALLE

französische Malerin und Objektkünstlerin (*29.10.1930 in Neuilly-sur-Seine), stirbt am 21. Mai in San Diego.

Niki de Saint Phalle verbrachte ihre Jugend in den USA und kehrte erst 1950 nach Paris zurück. Zuerst als Fotomodell tätig, verwirklichte sie ab 1955 ihre künstlerischen Ambitionen. Bekannt wurde sie 1956 mit ihren »Schießbildern«, bei denen Farbbeutel auf Gipsreliefs zum Platzen gebracht wurden. Ab den 60er Jahren schuf sie – in allen denkbaren Farben und Größen – die fröhlichen »Nanas«, die wohl berühmtesten Puppen der Kunstgeschichte. Die mächtigste ist 29 m lang und wurde 1966 im Moderna Museet in Stockholm gezeigt. In der südlichen Toskana gestaltete die Künstlerin den 1997 eingeweihten »Giardino di Tarocchi« (»Garten der Tarotkarten«) mit 20 teilweise begehbaren großen Objekten.

WOLFGANG SCHNEIDERHAN

österreichischer Geiger (*28.5.1915 in Wien), stirbt am 18. Mai in Wien.

Schneiderhan, der in der Tradition der Wiener Geigenschule stand, war langjähriger Konzertmeister der Wiener Symphoniker und Philharmoniker. 1937 gründete er das nach ihm benannte Streichquartett, das vor allem für seine Mozart- und Beethoven-Interpretationen höchstes Lob erntete; es bestand bis 1951. Danach spielte Schneiderhan v. a. Klaviertrios mit Edwin Fischer und Enrico Mainardi. Hinzu kamen Lehrtätigkeiten u. a. in Salzburg und Wien.

ROD STEIGER

US-amerikanischer Schauspieler (*14.4.1925 in Westhampton/ New York), stirbt am 9. Juli in Los Angeles.

In seinen vielen Film-, Fernseh- und Theaterarbeiten galt Steiger als bulliger, zugleich aber sensibler und wandlungsfähiger Charakterdarsteller. Er spielte korrupte Politiker und skrupellose Baulöwen ebenso wie einen KZ-Überlebenden in »Der Pfandleiher« (1964) und den Franzosenkaiser Napoleon in »Waterloo« (1969). Steiger debütierte 1950 in Ibsens »Ein Volksfeind« am Broadway und machte zuerst durch TV-Rollen auf sich aufmerksam. 1954 hatte er seinen Durchbruch beim Film in »Die Faust im Nacken«. Kurz nach dem Höhepunkt seiner Karriere als Südstaaten-Sheriff in »In der Hitze der Nacht« (1967, Oscar) verfiel Steiger allerdings in Depressionen, unter denen er jahrelang litt. Später war er u. a. in »Der Zauberberg« (1982), »Mars Attacks« (1996), »Verrückt in Alabama« (1998) und »End of Days – Nacht ohne Morgen« (1999) zu sehen.

RICHARD STÜCKLEN

deutscher Politiker (*20.8.1916 in Heideck), stirbt am 2. Mai in Weißenburg.

Stücklen stammte aus einer katholischen Handwerkerfamilie und wuchs in einem politisch geprägten Milieu auf. Sein Vater war Bürgermeister, ein Onkel SPD-Reichstagsabgeordneter. Der studierte Elektroingenieur gehörte 1945 zu den Mitbegründern der CSU und saß für seine Partei von 1949 bis 1990 im Bundestag, so lange wie kein anderer Abgeordneter in der Geschichte der Bundesrepublik Deutschland. Stücklen war 1957 bis 1966 Bundespostminister und führte u.a. die Postleitzahl sowie den Telefonselbstwählbetrieb ein; anschließend war er bis 1976 Vorsitzender der CSU-Landesgruppe im Bundestag. 1976 bis 1979 und 1983 bis 1990 hatte er das Amt des Bundestags-Vizepräsidenten inne, 1979 bis 1983 war er Präsident des bundesdeutschen Parlaments.

SIEGFRIED UNSELD

deutscher Verleger (*28.9.1924 in Ulm), stirbt am 26. Oktober in Frankfurt am Main.

Nach Abitur (1942), Wehrdienst (1942 bis 1945) und einer Buchhandelslehre in Ulm (1946/47) studierte Unseld in Tübingen Germanistik, Philosophie und Bibliothekswissenschaften und trat am 7. Januar 1952 in den Suhrkamp Verlag ein, dessen Leitung er nach dem Tode von Peter Suhrkamp (31.3.1959) übernahm. Unseld, der im Mai 1963 die Reihe edition suhrkamp ins Leben rief, machte Suhrkamp zu einem international renommierten Verlag, bei dem die Autoren mit ihrem Werk selbst im Vordergrund standen und dessen intellektueller und künstlerischer Anspruch das geistige Leben der Bundesrepublik prägte.

BARBARA VALENTIN

deutsche Schauspielerin (*15.12.1940 in Wien), stirbt am 22. Februar in München.

Als »Busenwunder« und »deutsche Jayne Mansfield« wurde die gelernte Kosmetikerin Ende der 50er Jahre vom Produzenten Wolf Hartwig (»Schulmädchenreport«) für den Film entdeckt und machte dank üppiger Oberweite und zahlreicher Affären bald Schlagzeilen. In der Zusammenarbeit mit Rainer Werner Fassbinder – u. a. in »Effi Briest« (1972) und »Lili Marleen« (1980) – reifte sie zur Charakterdarstellerin. Nach drei gescheiterten Ehen, u. a. 1976 bis 1983 mit dem Filmregisseur Helmut Dietl, zog sich Valentin weitgehend aus der Öffentlichkeit zurück. Mit dem an Aids erkrankten Queen-Sänger Freddie Mercury lebte sie bis zu dessen Tod 1991 zusammen.

CYRUS VANCE

US-amerikanischer Politiker (*27.3.1917 in Clarksburg/West Virginia), stirbt am 12. Januar in New York.

Nach einem Jura-Studium in Yale und einer Tätigkeit als Anwalt begann Vance seine politische Karriere als stellvertretender Verteidigungsminister (1964 bis 1967) und Sonderbotschafter in Zypern (1967), Korea (1968) und bei den Vietnam-Verhandlungen in Paris (1968/69). Als Außenminister (1977–1980) unter dem demokratischen Präsidenten Jimmy Carter wirkte er u. a. beim Camp-David-Abkommen von 1979 mit. Aus Protest gegen die Militäraktion zur Befreiung der Geiseln in der US-Botschaft in Teheran trat er im April 1980 zurück. Zwischen 1991 und 1993 bemühte er sich als UNO-Vermittler gemeinsam mit dem Briten David Owen um ein Ende des Jugoslawienkonflikts.

HENRI VERNEUIL

eigentl Achod Malakian, französischer Filmregisseur (*15.10.1920 in Rodosto/Türkei), stirbt am 11. Januar in Paris.

Der gebürtige Armenier kam als Vierjähriger mit seinen Eltern nach Marseille. Soziale Ungerechtigkeit, finstere Intrigen und finanzielle Gaunereien lieferten den Stoff für seine mehr als 30 Filme. Mit Fernandel drehte er u. a. »Der Totentisch« (1951), »Verbotene Früchte« (1952), »Der Hammel mit den fünf Beinen« (1954) und »Staatsfeind Nr. 1« (1954). Bekannt wurden auch »Der Clan der Sizilianer« (1969), »Der Körper meines Feindes« (1976), »I ... wie Ikarus« (1979) und »Tausend Milliarden Dollar« (1982), ferner die 1991/92 gedrehten autobiografischen Filme »Die Straße zum Paradies« und »Heimat in der Fremde«.

FRITZ WALTER

deutscher Fußballnationalspieler (*31.10.1920 in Kaiserslautern), stirbt am 17. Juni in Enkenbach-Alsenborn.

Zwischen 1940 und 1942 sowie 1951 und 1958 bestritt Walter 61 Länderspiele und schoss für die deutsche Nationalmannschaft 33 Tore. Er führte am 4. Juli 1954 die deutsche Elf zum 3:2 über Ungarn im WeltmeisterschaftsEndspiel von Bern und galt als »verlängerter Arm« von Nationaltrainer Josef Herberger. Von 1938 bis 1959 spielte Walter 379-mal für den 1. FC Kaiserslautern und erzielte 306 Tore. Fünfmal stand er mit den Pfälzern im Endspiel um die Deutsche Meisterschaft. Er wurde 1951 und 1953 Meister und 1953 als erster deutscher Fußballer mit dem Silbernen Lorbeerblatt ausgezeichnet.

GÜNTER WAND

deutscher Dirigent (*7.1.1912 in Elberfeld), stirbt am 14. Februar in Ulmiz/Schweiz.

Wand studierte in Köln und München und sammelte in seiner Heimatstadt Elberfeld (heute Stadtteil Wuppertals), in Allenstein und in Detmold erste Erfahrungen als Dirigent. 1939 wurde er zum Ersten Kapellmeister an die Kölner Oper berufen. Als Generalmusikdirektor und Leiter des Gürzenich-Orchesters in Köln (1946–1973), das er zu internationalem Ruf führte, und als Chefdirigent des NDR-Sinfonieorchesters (1982–1991), wo er bis zuletzt Ehrendirigent war, erwarb sich Wand vor allem als Interpret der sinfonischen Werke von Anton Bruckner, Franz Schubert, Ludwig van Beethoven und Johannes Brahms internationalen Ruf. 1959 wurde er als erster deutscher Dirigent in die damalige Sowjetunion eingeladen. 1989 gab er beim Chicago Symphony Orchestra sein gefeiertes Amerika-Debüt.

HERBERT WERNICKE

deutscher Regisseur und Bühnenbildner (*24.3.1946 in Auggen/Breisgau), stirbt am 16. April in Basel.

Wernicke galt als einer der wichtigsten zeitgenössischen Opernregisseure. Er studierte Musik in Braunschweig und München und begann seine Karriere als Bühnenbildner in Landshut, Wuppertal und Berlin. Als Regisseur arbeitete u. a. für die Salzburger Festspiele und die Opernhäuser in München, Venedig, Madrid und New York. Er inszenierte ab 1978 Opern in opulenten, teils auch verstörenden Bildern, u. a. den »Ring des Nibelungen« (Brüssel 1991), den »Rosenkavalier« (Salzburger Festspiele 1995) und »Don Quijote« (Madrid 2000). Wernicke wurde 1997 von der »Opernwelt« zum Musiktheaterregisseur des Jahres gekürt.

GERT WESTPHAL

deutscher Schauspieler und Sprecher (*5.10. 1920 in Dresden), stirbt am 10. November in Zürich.

Gert Westphal war Schauspieler, Regisseur und Hörspielleiter bei Radio Bremen und beim SWR, bekannt wurde er jedoch als Vorleser. Er gab der Figur des Rezitators moderne Züge, indem er die Mittel des Tonstudios konsequent nutzte, sodass die über den Äther ausgestrahlte Stimme den Status der »Nachträglichkeit« gegenüber einer leibhaftigen Lesung verlor. Seinen Durchbruch erlebte er 1963, als er im NDR die »Josephsromane« von Thomas Mann las. Dem Lübecker Autor blieb er verpflichtet, aber auch Fontane und Goethe las Westphal viel und gern. Typisch für ihn war, dass er jeder Romanfigur eine eigene akustische Physiognomie zu geben verstand.

BILLY WILDER

US-amerikanischer Filmregisseur und -autor österreichischer Herkunft (*22.6.1906 in Sucha bei Krakau), stirbt am 27. März in Beverly Hills.

Wilder kam 1926 nach Berlin, wo er sich u. a. als Reporter durchschlug. Sein Skript für den Stummfilm »Menschen am Sonntag« (1929) war sein Entree bei der Ufa, für die er einige seiner rd. 60 Drehbücher schrieb. 1933 emigrierte er über Frankreich in die USA. Hier drehte er von 1942 bis 1981 insgesamt 26 Filme – vom gesellschaftskritischen Streifen bis zum turbulenten Leinwandlustspiel. Zu Klassikern wurden »Frau ohne Gewissen« (1944), »Das verlorene Wochenende« (1945, zwei Oscars), »Eine auswärtige Affäre« (1948), »Boulevard der Dämmerung« (1950, ein Oscar), »Das verflixte siebente Jahr« (1955), »Zeugin der Anklage« (1958), »Manche mögen's heiß« (1959), »Das Apartment« (1959, drei Oscars), »Eins, zwei, drei« (1961), »Das Mädchen Irma la Douce« (1963), »Avanti, avanti!« (1972), »Extrablatt« (1974) und »Buddy Buddy« (1981). 1986 erhielt er einen Oscar für sein Lebenswerk.

HELMUT ZACHARIAS

deutscher Violinist (*27.1.1920 in Berlin), stirbt am 28. Februar in Brissago/ Schweiz.

Der als Sohn eines Geigers und Komponisten in Berlin geborene Violinist und Komponist absolvierte von 1936 bis 1939 ein Musikstudium und war von 1939 bis 1941 Mitglied des Berliner Kammerorchesters. Nach 1945 mit eigenem Orchester und als Jazz-Violinist tätig, arbeitete er ab 1948 vorwiegend beim NWDR in Hamburg und von 1952 an als Solist und Entertainer. Zacharias wurde mit 13 Mio. verkauften Tonträgern, über 400 Eigenkompositionen und ca. 1400 von ihm arrangierten Titeln weltbekannt. Hits wie »Wenn der weiße Flieder wieder blüht« (1956) und »Tokyo-Melodie« (1964) machten den »Zaubergeiger« auch über die Grenzen der Bundesrepublik hinaus bekannt.

Das Personenregister enthält alle in diesem Buch genannten Personen. Nicht berücksichtigt sind mythologische Gestalten, Eintragungen in Tabellen, im Ausblick und im Anhang mit Ausnahme des Nekrologs. Kursive Zahlen verweisen auf Abbildungen.

Das Sachregister enthält Suchwörter zu den in einzelnen Artikeln behandelten Ereignissen. Kalendariumseinträge sind nicht in das Register aufgenommen. Politische Ereignisse finden sich unter den betreffenden Ländernamen; dies gilt auch für Deutschland. Andere Ereignisse sind Oberbegriffen wie »Arbeit und Soziales«, »Film« oder »Wirtschaft« zugeordnet.

ABKÜRZUNGEN

ASEAN	= Vereinigung südostasiatischer Nationen
Benelux	= Wirtschaftsunion zwischen Belgien, den Niederlanden und Luxemburg
CARICOM	= Karibische Gemeinschaft und gemeinsamer Markt
ECOWAS	= Wirtschaftsgemeinschaft westafrikanischer Staaten
EU	= Europäische Union
EFTA	= Europäische Freihandelsassoziation
GUS	= Gemeinschaft Unabhängiger Staaten
Mercosur	= Gemeinsamer südamerikanischer Markt
NATO	= Organisation des Nordatlantikvertrages
OAS	= Organisation amerikanischer Staaten
OAU	= Organisation für afrikanische Einheit
OECD	= Organisation für wirtschaftliche Zusammenarbeit und Entwicklung
OPEC	= Organisation Erdöl exportierender Länder
PC	= Pazifische Gemeinschaft
WEU	= Westeuropäische Union
WTO	= Welthandelsorganisation

Abbildungen auf dem Umschlag
(von links oben nach rechts unten)

- Sven Hannawald gewinnt alle vier Wettbewerbe der Vierschanzentournee (6. Januar)
- Taucher versuchen im niedersächsischen Dannenberg einen gefährdeten Deichabschnitt des Elbe-Jeetzel-Kanals abzudichten (22. August)
- Bundeswehr-Einheit als Teil der International-Security-Assistance-Force in Afghanistan (29. März)
- Leo Kirch muss für seine KirchGruppe Insolvenz anmelden (8. April)
- Oscar-Preisträger Halle Berry und Denzel Washington (24. März)
- Lavafontänen am Südhang des Ätna (26. November)
- Der niederländische Kronprinz Willem-Alexander heiratet seine argentinische Brau Máxima Zorreguieta (2. Frebruar)
- Brasiliens Fußballnationalmannschaft gewinnt das Endspiel gegen Deutschland durch zwei Ronaldo-Tore mit 2:0 (30. Juni)
- Feuerwerksraketen vor der Europäischen Zentralbank in Frankfurt/Main zu Ehren der Euro-Einführung (1. Januar)
- Koalitionsvertrag zwischen SPD und Bündnis 90/Die Grünen (16. Oktober)

© für die Abbildungen

Archiv für Kunst und Geschichte, Berlin (1); Associated Press GmbH, Frankfurt (4) – Ashkenazi (1) – Augstein (2) – Baker (1) – Blaha (1) – Bruno (1) – Carter (1) – Caulkin (1) – Chartrand (1) – Chernin (1) – Cito (1) – Corner (1) – Das (3) – de la Mauviniere (1) – Dejong (1) – Del Pozo (1) – Delay (1) – Delilc (1) – Di Baia (1) – Djansezian (1) – EFE (1) – ESA (1) – Euler (1) – Feder (1) – Federal Emergency Management Agency/Booher – Giles (1) – Ginovski (1) – Gnedt (1) – Griffith (1) – Gruber- Fashion Wire Daily (1) – Guttenfelder (1) – Hrusa (1) – Hyun-tack (1) – Inouye (1) – Jackson (1) – Jayi-hyoung (3) – Joshi (1) – Keplicz (1) – Keystone/Schmidt (1) – Khan (1) – Koechler (1) – Kovacs (1) – Kralj (1) – Laure (1) – Levy (1) – Linsley (1) – Luna (1) – Maizzi (1) – Mari (1) – Mark (1) – Marquez (1) – Marti (1) – Mayo (1) – Metzel (1) – Mills (1) – Munita (1) – Nabil (1) – Paris (1) – Phillip (1) – Pitman (1) – Plunkett (1) – Plutsch (1) – Pobedinsky (1) – Pressens Bild/ Lundahl (1) – Prinsloo (2) – Rothermel (1) – Rousseau (1) – Sancetta (1) – Sarbakshshian (1) – Sasahara (2) – Saxon (1) – Sazonov (1) – Sezer (1) – Shah (2) – Shinkarenko (1) – Sladky (1) – Steinberg (1) – Stevens (1) – TASR/Majersky (1) – Terrill (1) – The U.S. Geological Survey (1) – Townson (1) – Trovati (1) – Villa (1) – Vranic (1) – Whiteside (1) – Wolfson (1) – Yung-cheng (1) – Zak (1) – Zemlianichenko (2) – Zilwa (1); Bertelsmann AG, Gütersloh (1); Bongarts, Hamburg – Hassenstein (1) – Schnupfer (1); CDU-Bundesgeschäftsstelle (1); Cinetext Bild- und Textarchiv GmbH, Frankfurt (8); Corbis-Bettmann, New York – AFP (1) – Reuters (3) – Springer (1) – UPI (1); Jürgen Detmers, Berlin (1); dpa, Frankfurt (16) – Abad (1) – afp (1) – Airbus Military Company (1) – Almeida (1) – Altwein (7) – Antonov (2) – Artinger (1) – Asfouri (1) – Athenstädt (1) – Bachmann (2) – Balzarini (1) – Barrenechea (1) – Barreto (1) – Baum (5) – Belaid (2) – Berg (1) – Berliner Verlag (1) – Bouys (1) – Brakemeier (1) – Brambatti (1) – Breloer (6) – Büttner (3) – Carbone (1) – Carstensen (1) – Charlet (1) – Chirikov (2) – Coex (1) – Coffrini (2) – Collet (1) – Cuevas (1) – Deck (1) – Dedert (1) – Dennis (1) – Ekstromer (1) – Elsner (2) – Endig (5) – epa (5) – epa afp (4) – epa ansa (1) – epa NTV (1) – Ernert (1) – Feferberg (1) – Felix (2) – Fernandez (1) – Firouz (1) – Förster (1) – Franke (10) – Frazza (1) – Fromm/Thüringer Allgemeine (1) – Gerten (3) – Getty (3) – Gindl (1) – Gonzalez (1) – Grimm (6) – Grubitzsch (2) – Guillaud (1) – Haid (1) – Hanschke (1) – Hesse (2) – Heyer (3) – Hiekel (1) – Hirschberger (5) – Imaginechina (1) – Ison (1) – Jansen (1) – Jenatsch (1) – Jensen (2) – Kahana (1) – Kalaene (2) – Kasper (1) – Kersten (1) – Kitamura (2) – Kluge (2) – Kneffel (1) – Kovarik (1) – Kumm (6) – Lai (1) – Lampen (2) – Langenstrassen (1) – Leonhardt (1) – Mächler (1) – Maelsa (1) – May (1) – Mettelsiefen (1) – Moczulski (1) – Montgomery (1) – Morin (1) – Multhaup (1) – Naccari (1) – Nasa (1) – Navy (1) – Nelson (1) – Niedringhaus (2) – Nietfeld (5) – Nikishin (1) – OK FIFA WM 2006 (1) – Olson (1) – Olsson (1) – Ossinger (1) – Oudenaarden (1) – Pearson (1) – Pfarrhofer (1) – Pfeiffer (2) – Pid (1) – Pilick (6) – Polizei (1) – Pur nomo (1) – Rasulov (1) – Rehder (3) – Richardsen (1) – Roessler (3) – SAT.1 (1) – Scheidemann (4) – Schindler (1) – Schmidt (1) – Schnatmeyer (1) – Schrader (4) – Schutt (1) – Seeger (1) – Segretain (1) – Settnik (8) – Seyllou (1) – Sigurdson (1) – Silverman (2) – Stache (3) – Stillwell (1) – Stratmann (1) – Theiler (1) – Thieme (1) – Thissen (1) – Thorset (1) – Tibbon (1) – Toernstroem (1) – Torkelsson (1) – Trezzini (1) – Tschauner (1) – Ugarte (1) – Urban (1) – Utrecht (1) – Van Beek (1) – Vennenbernd (1) – Vergara (1) – Villagran (3) – Voss (1) – Weigel (1) – Weihrauch (2) – Xhemaj (1) – Zucchi (1); ESA-ESTEC, Noordwijk – Van der Geest (1); Faces by Frank, München (1); Harley-Davidson GmbH, Flörsheim-Wicker (1); Harvard Photo Services, Cambridge – Staff Photographer Jane Reed/Harvard News Office (1); Matthias Horn, Berlin (1); IGA Rostock 2003 (1); Interfoto, München (5); Keystone Pressedienst GmbH, Hamburg (4); Public Address, Hamburg (2); Sipa Press, Paris – Klein (1) – Otan (1); SWR/Schweigert – Südwestrundfunk Stuttgart (1); TopFoto, Kent (1); Wissen Media Verlag GmbH, Gütersloh (3); ZDF, Mainz (1).

Abbildungen auf dem Einband: Associated Press GmbH, Frankfurt: Hannawald, Kirch, Oscar-Verleihung; dpa, Frankfurt: Hochwasser, Bundeswehr, Ätna, Hochzeit, Fußball-WM, Euro-Einführung, Koalitionsvertrag.

Trotz größter Sorgfalt konnten die Urheber des Bildmaterials nicht in allen Fällen ermittelt werden. Wir bitten gegebenenfalls um Mitteilung.

© 2003 Wissen Media Verlag GmbH, Gütersloh/München

Autoren: Beatrix Gehlhoff, Ernst Christian Schütt, Hamburg
Textredaktion: Petra Schuldt
Bildredaktion: Ursula Thorbrügge, Andreas Zevgitis
Satz und Litho: JOSCH Werbeagentur GmbH, Essen
Druck: westermann druck GmbH, Braunschweig

ISBN 3-577-14222-7